教育学原理与应用

（第二版）

主　编◎魏晨明　董守生
副主编◎孙慧英　孙晓清　刘向前

华东师范大学出版社
·上海·

图书在版编目（CIP）数据

教育学原理与应用/魏晨明，董守生主编. —2版. —上海：华东师范大学出版社，2024
ISBN 978-7-5760-4927-5

Ⅰ.①教… Ⅱ.①魏…②董… Ⅲ.①教育学 Ⅳ.①G40

中国国家版本馆CIP数据核字（2024）第089580号

教育学原理与应用（第二版）

主　　编	魏晨明　董守生
责任编辑	刘　雪
责任校对	陈梦雅　时东明
版式设计	庄玉侠　俞　越

出版发行	华东师范大学出版社
社　　址	上海市中山北路3663号 邮编 200062
网　　址	www.ecnupress.com.cn
电　　话	021-60821666　行政传真 021-62572105
客服电话	021-62865537　门市（邮购）电话 021-62869887
地　　址	上海市中山北路3663号华东师范大学校内先锋路口
网　　店	http://hdsdcbs.tmall.com

印刷者	上海市崇明县裕安印刷厂
开　　本	787毫米×1092毫米　1/16
印　　张	17.5
字　　数	432千字
版　　次	2024年11月第2版
印　　次	2024年11月第1次
书　　号	978-7-5760-4927-5
定　　价	55.00元

出 版 人　王　焰

（如发现本版图书有印订质量问题，请寄回本社客服中心调换或电话021-62865537联系）

前言

走向应用的教师教育学

有人说"21世纪是教育学的世纪"。从广义的教育而言,人类社会就是教育的社会,而其他社会活动如经济活动、政治活动等都局限在社会的某一个领域或阶层,只有教育渗透在人类社会的每一个角落。尤其是在信息技术及互联网广泛运用的今天,可以说只要有人的地方就有教育的存在。人类社会发展最本质的推动力来源于教育培养的人才。因此,教育学应然成为人类学科知识体系中的显学。

作为未来教师的师范生和现实从事教书育人工作的教师,首先要学习教育学,这是不言自明的事了,任何一级的师范院校都设有教育学或类似教育学的课程;任何一个教师要取得教师资格证,都必须通过这门课程的考试。然而,教育学是一门怎样的学科?教师与教育学为何具有如此密切的关联?学习教育学对教师究竟有什么价值?是为了获得几个学分,换取一张毕业证书,还是懂得怎样做一个好教师?随着时代的发展,人们对教师的要求发生了什么变化?教育学如何适应教师职业和当今教育改革的发展变化?从教育学学科自身而言,上述问题都要通过教育学的发展和创新来回应。随着教育改革的不断深入和教师职业的专业化,教育学要在继承传统的基础上不断创新,以适应教育实践和教师职业发展的需要,这势必要求教育学走出囿于理论学术的固有窠臼,走向适合教师应用和关注教育实践的学科发展方向。

一、教师职业专业化呼唤教师的教育学

职业是社会劳动分工的必然产物,并随着社会劳动分工的深化而发展变化。关于职业的含义,不同的人有不同的说法。在英文中,occupation和vocation都叫职业。前者是指社会分工,如职业分类等,应用范围较广;而后者则侧重于个人意义,如职业能力等。

美国学者泰勒在《职业社会学》中指出:"职业的社会学概念,可以解释为一套成为模式的与特殊工作经验有关的人群关系。这种成为模式的工作关系的整合,促进了职业结构的发展和职业意识形态的显现。"

日本社会学家尾高邦雄认为，职业是某种一定的社会分工或社会角色的持续的实现，因此职业包括工作、工作场所和地位。他指出，职业是社会与个人或整体与个人的结合点，通过这一点的动态相关，形成了人类社会共同生活的基本结构。整体靠个体通过职业活动来实现，个体则通过职业活动对整体的存在和发展作出贡献。

美国教育家、哲学家杜威将职业概括为"职业不是别的，是可以从中得到利益的一种活动"。根据《中国大百科全书·社会学》中的解释，"职业是随着社会分工而出现的，并随着社会分工的稳定发展而构成人们赖以生存的不同的工作方式"。职业不是从来就有、永恒不变的，而是在历史的一定阶段产生并随着社会分工和劳动分工的变化而不断发生变化的。职业生活是当今人类社会最基本、最重要的一种生存状态。对于我们生活中的绝大多数成年人而言，职业通常是人们的首要身份。

《国际标准职业分类（2008）》将职业分为10个大类：① 管理者；② 专业人员；③ 技术和辅助专业人员；④ 办事人员；⑤ 服务与销售人员；⑥ 农业、林业和渔业技工；⑦ 工艺和相关行业工；⑧ 工厂、机械操作与装配工；⑨ 初级职业；⑩ 武装军人职业。

职业是随着社会分工的出现而出现的，指人们为了谋生和发展而从事的相对稳定的、有收入的、专门类别的社会劳动，它要求劳动者具有一定的生活素质和专业技能。职业是对人们的生活方式、经济状况、文化水平、行为模式、思想情操的综合性反映，也是一个人的权利、义务、职责的具体表现，还是一个人社会地位的一般性表征。

由此，也可以说，职业是人的社会角色的一个极为重要的方面。不仅如此，职业还往往成为一个人最基本的符号、最主要的特征。职业能反映一个人的社会身份、社会地位与自身的文化、能力、素质水平等。

教师职业的概念在不同的时代有着不同的表述，古今中外的思想家和教育家也从不同的侧面为教师职业做过界定。我国汉代的杨雄认为："师者，人之模范也。"唐代的韩愈则提出："师者，所以传道受业解惑也。"苏联教育家加里宁认为"教师"有两种含义："按狭义解释，是专门学科的讲授者；按广义解释，是指有威望的、明智的、对人们有巨大影响的人。"在《教育大辞典》中，"教师"是"学校中传递人类科学文化知识和技能，进行思想品德教育，把受教育者培养成一定社会需要的人才的专业人员"[①]。所谓教师，是指肩负着培养人的神圣使命，承担人类科学文化传承任务的专业人员。教师职业是由这样的专业人员在社会分工条件下所从事的借助于文化培养并实现文化承续与发展的连续性活动。因此，从广义讲，教师是教育机构中所有工作人员的总称；从狭义讲，教师专指教育机构，尤其是学校中从事教育教学工作的专业人员。

随着社会的发展，教育机构日趋多元化，非学校组织正越来越多地承担起教育的使命，教师已不再是学校的专利。但无论何种组织，只有以教育为主要宗旨，其成员才有成

---

① 顾明远.教育大辞典（增订合编本）[M].上海：上海教育出版社,1998:684.

为教师的可能。一些以商业推销为目的的培训班等，虽也具有某种教育意义或某些教育活动，其人员也自称教师，但由于它主要以商业营利为目的，不在本书的教师研究之列。（本书所称"教师"在多数意义上指中小学教师。）

进入21世纪以来，对教师职业地位的法律认定逐渐开始明朗化。世界各国及有关国际组织日益在此问题上达成共识，指出教师职业属专门职业，教师是专业人员，并在有关的法律法规条文中多次肯定了这一点。现代教师由此获得了明确的法律承认，而"专业人员说"也因此成为目前社会及学界大多数人的集中看法。由此，教师职业的专业化成为现代教师发展的核心命题。教师职业的专业化是指教师在整个职业生涯中，通过专门训练和终身学习，逐步习得教育专业的知识与技能，并在教育专业实践中不断提高自身的从教素质，从而成为教育专业工作者的专业成长过程。它包含双层意义：一是指教师个体通过职前培养，从一名新手逐渐成长为具备专业知识、专业技能和专业态度的成熟教师及其可持续的专业发展过程；二是指教师职业整体从非专业职业、准专业职业向专业性质职业进步的过程。教师职业的专业化要求教师系统掌握教育专业的知识与技能，不断获得实践训练的机会，使之在掌握教育理论知识的基础上形成教育职业技能，并成为专业化的教师。这要求在教师职前培养和职后训练中不断学习和积累教育学的知识与技能，并内化为自身的教育专业素养。所以，教师职业的专业化对教育学自身提出了更高的要求，需要从教师专业化的角度对教育学的内容和教学方式进行革新。

二、教育改革与发展力求实践的教育学

自改革开放尤其是跨入21世纪以来，我国的教育改革与发展日新月异，并取得了显著成绩。在近十几年来的新一轮基础教育课程改革中，一些新的教育理念和教学方式被提了出来，如以学生发展为本，突出学生的主体性；强调"知识与技能、过程与方法以及情感、态度与价值观"的整合；改变课程评价过分强调甄别与选拔的静止观，树立评价促发展的发展观；强调自主学习、合作学习、探究学习等学习方式；提倡"教育要回归生活，关注实践"等。这些改革激起了一线教师冲破旧观念与旧体制束缚的热情，改变了教育生态，拓展了教育创新的空间，同时也为我国教育学的发展提供了不竭的动力。教育学面对如火如荼的教育改革与发展，理应进行创新，以回应教育改革与发展的现实需要。教育学研究回应教育改革与发展的需要，应从以下几方面展开。

一是面向教育日常。随着高等教育的大众化，我国已从"精英教育"走向"大众教育"的时代。毫无疑问，作为国民教育的基础教育是成"人"而不是成"家"的教育，是一项为每一个学生的人格发展与学业发展奠基的事业。但在我国的基础教育界，一些中小学却背离了基础教育的基本性质与功能定位，任意地拔高了基础教育的宗旨，背离了教育常识。基础教育在任何国家的国民教育制度中都是决定其国民素养的最重要、最基础的阶段，因此，今日国际教育界倡导的"卓越教育"绝不是满足少数"尖子生"的教育，而是旨在保障每一个学生的基本学习权利的教育。理想的学校应是一个"和而不同"的"学习共同体"，是每一个学生、每一个教师乃至每一个家长都得以成长的天地。当然，"学

共同体"的创建,不仅需要"自上而下"地进行包括教育法制建设、学校标准化建设,乃至"核心素养"的界定与课程标准的精细化在内的顶层设计,而且需要基层学校中每一个教师凭借自身的实践"自下而上"地进行富有智慧的革新创造。

二是回答教育现实问题。随着教育改革的逐步深入,教育实践形态发生了一系列的变化,教育学要反映教育实践的变革,对新的教育理念、学习方式、课程形态进行重新界定。对教育学原有的基本概念和命题进行更新,如"什么是课程""教学与课程的关系""教学方式""课程与教学的评价"等。对于诸如此类的概念和问题,反映教育发展和实践的教育学,应当从理论与实践的结合上做出进一步的梳理与澄清。如果说产业社会时代学校教育的功能是"知识传递",那么知识社会时代学校教育的功能则是"知识建构"。国际知名的"学习金字塔"告诫我们,单靠教师的讲解获得的知识,其巩固率只有5%,而基于学生自身的活动体验建构的知识,其巩固率达90%。那种迷醉于缺乏信度与效度的"应试能力",或者仅仅满足于"低阶认知能力"而不聚焦"核心素养"发展的课程与教学,造就不了真才实学,更谈不上对学生的实践能力与创新精神的培育。教育改革和实践需要课堂的转型,从"以教师为中心"走向"以学生为中心"。课堂,原本就是教师依托教材、引导学生展开探究和学会思维的空间——学生不断暴露自己的无知与困惑,引发认知冲突,活跃集体思维,习于相互倾听、存于彼此尊重的空间。佐藤学从苏格拉底的对话思想出发,认为学习是相遇与对话,是与客观世界对话(文化性实践)、与他人对话(社会性实践)、与自我对话(反思性实践)的三位一体的活动。教学的实践是对话性的、交往性的,而当代教育科学的发展,特别是认知科学、儿童学、教育神经科学的积累,可以为我们解读这种对话性、交往性教学带来理论支撑。

三是回归课堂。教育的变革体现在课堂的改变上,任何教育改革最终要落实到课堂上。一线教师唯有把握了学校课程的整体结构,才能紧扣"核心素养→课程标准(学科素养与跨学科素养)→单元设计→课时计划"这一环环相扣的链条,展开有效的"协同学习"的教学活动。归根结底,学生是"学习的主体"。教师的课堂设计需要从"定型化"走向"情境化"研究。"借班上课"之类的"公开教学"或许是一种无奈;对新任教师而言,或许有一定的借鉴价值,但这种课堂绝不是真实的课堂。教师走向"反思性实践家"需要满足三个条件:读懂儿童、吃透教材、有教学追求。教师的教学实践能力是在日常的教学实践中借助"案例分析"培养起来的。教师成长的主要途径就是教师之间相互切磋的"校本研修"。优秀的教师善于会通"心理逻辑""学科逻辑""教学逻辑",他们是"双料"的专家,即儿童专家与学科专家。国际教师学研究归纳的教师专业成长"三大定律"——"越是扎根教师的内在需求越是有效,越是扎根教师的鲜活经验越是有效,越是扎根教师的实践反思越是有效"[1],很值得我们关注。

我国教育改革的实践已经远远走在了教育理论的前面,教育学者必须直面现实的教育世界,勇于承担教育责任,解决教育现实问题,在潜心教育改革实践、服务教育改革实践

---

[1] 钟启泉.教师研修的挑战[N].光明日报,2013-05-22(16).

的过程中,打造自身的理论功底与实践品格,书写面向实践的教育学。

三、教育学自身发展需要应用的教育学

教育学作为一门科学形成于西方资本主义初期,以夸美纽斯的《大教学论》为标志,教育学进入独立学科阶段,后经赫尔巴特、杜威等教育家的发展,到20世纪末已发展成一门比较成熟的学科。

赫尔巴特建立了规范的教育学,在心理学基础上建立教育的方法论,在伦理学的基础上建立教育的目的论,对班级教学、教学过程、教学原则提出了系统的原理,形成了教师、课堂、教学的教学过程"三中心"理论。20世纪上半叶,以杜威为代表的实用主义教育理论,提出了一系列以实用主义哲学为主导,以儿童为中心,以经验为基础,以活动为主要手段,以人与社会的生长为最终目的的教育观点。杜威亲自主持了芝加哥实验学校的实验工作,想借此检验自己的教育主张。杜威还发表了大量的论文与著作,到国外宣讲自己的教育思想和考察别国的教育,因而对教育实践产生了广泛影响——20世纪上半叶在世界范围内形成了以杜威实用主义教育思想为主的教育改革运动。与此同时,由德国教育家梅伊曼和拉伊为创始人的实验主义教育学也产生了世界性的影响。

20世纪下半叶,西方教育思想流派纷呈,在不同的国家里或不同的时期内形成不同的优势,其中影响较大的有要素主义、改造主义、永恒主义、存在主义、文化主义、分析主义、结构主义等。这些流派都以某种哲学为指导思想,提出一套教育主张。但在现实中,真正以某一流派主张为依据的教育实践并不多,要想完全贯彻一派主张的教育实践几乎是不可能的,因为它们各自都具有某种极端性,自然也都从不同角度对教育问题做了较以往更深入的探讨。西方的教育学理论实际上已经走到了需寻求新的综合的趋势。

在20世纪教育理论的发展中,特别要指出的是以马克思主义学说为指导的马克思主义教育理论在社会主义国家的崛起和发展。19世纪中叶开始形成和发展起来的马克思主义学说,为人们科学地认识教育的性质、功能以及发展教育理论,提供了锐利的思想武器。它指出了在阶级社会中教育的阶级性,揭露了资本主义社会中资产阶级教育的阶级实质,阐明了社会生产力发展对科学、技术需求的增长,以及在整个社会发展中基础性的、革命性的意义。它还指出了无产阶级为了取得自身的解放必须运用教育这一重要的工具,并描述了未来理想的共产主义社会的教育远景和指明了实现理想的基本途径。马克思主义哲学中揭示的事物辩证发展的普遍规律,对认识教育现象和教育理论的发展具有重要的方法论意义。无产阶级革命政党在领导人民的革命斗争过程中和建立了无产阶级专政的政权后,都确立了用马克思主义的理论与观点指导有关的教育实践。

在哲学、心理学以及其他相关的社会科学和人文科学发展的文化背景推动下,在一些出色的教育理论家、实践家和科研人员的创造性劳动中,教育学写出了自己的新篇章。到20世纪末,教育学形成了丰富而多样的教育理论体系和教育流派,逐渐形成了一个学科群,可统称其为教育学科。在教育学科这个名称下,形成了教育学科的诸多科目,如教育原理类的教育哲学、教育原理等;教育史类的包括各种不同国别的本国教育史和按不同

地域划分的外国教育史,还有按历史阶段划分的各种断代教育史等;教学研究类的如教学论、课程论、学习论、各门学科的教学法或各门学科的教学(或教育)论、教学技术手段学等;思想品德教育类的德育原理、德育心理学等;学校管理类的学校行政学、学校管理学、教育督导、教育测量与评价等;不同阶段或类别的学校教育学,如学前教育学、小学教育学、中学教育学、高等教育学、职业技术教育学等;教育研究方法类的教育研究方法、教育统计、教育规划、教育预测等;还有比较教育学等。

除上述所列科目外,还产生了一批运用其他学科的理论和方法来研究教育现象的交叉学科,如教育经济学、教育政治学、教育文化学、教育社会学、教育人类学、教育信息学、教育传播学、教育心理学、教育社会心理学等。

从这样一个学科群中,我们看到教育学的分化是先沿着将时间、空间和整体性研究对象进行分解,再分别做专门研究的方式进行的。同时,学科群中已经出现了有关教育研究方法的学科和运用相关学科的理论与方法研究教育的学科,这对教育学科的继续发展具有重要意义。这些新学科的出现,不仅使人们对教育的认识变得丰富、清晰、细致、准确,而且展示出教育研究的不同层面和不同角度,为下一步形成对教育整体的科学的、辩证的认识提供了丰富的思想与理论材料。这些学科群的产生对提高教师教育实践的自觉程度、科学化水准和效益具有积极的、不可替代的作用,虽然并非每个师范生都要学习这些学科,但它们丰富了师范教育中教育类课程的内容,在未来教师的教育信念、认识和行为技能、技巧的形成方面具有理论指导的意义。①

随着21世纪人类教育改革的不断深入和发展,教育学研究在原有丰富的理论基础上,发展的方向就是注重理论与实践的结合,注重教育理论的应用和解决教育的实际问题。为此,本书在对教育学基本知识和原理进行概括、总结、提炼的基础上,突出"应用"的特点,力争实现"三个贴近"。一是贴近学生实际。一个人的成长是家庭教育、学校教育和社会教育共同作用的结果,教育学应该从学生成长的家庭、学校和所处的时代出发,结合其思想实际、生活实际和学习实际,对个体成长中的教育问题给予解答或解决。二是贴近社会。教育现象是社会现象的一个缩影,教育改革是整个社会改革的一个组成部分。本书注重对教育社会功能的反映,既重视社会发展对教育的制约作用,同时又体现教育对社会发展的积极的推动作用。贴近社会就要求教育必须要面向未来,要以发展的眼光来进行诠释。三是贴近教育实践。随着我国新一轮基础教育课程改革的深入推进,需要教育学贴近教育实践的第一线,介绍当代教育和教学改革的新动向,以及当代教育改革家的教育实践,让学生感觉到教育改革和教育家就在自己的身边,从而增强学生的责任感和使命感,更好地掌握教育科学的基本知识。

党的二十大报告指出,要加强教材建设和管理。教材是我国教育的重要阵地,应紧扣时代的脉搏,将党的二十大精神及习近平总书记关于教育的重要论述落实到教材中,为加强教材建设和管理作出贡献。本书的编写者均为长期从事师范专业"教育学"课程教育

---

① 叶澜.新编教育学教程(第二版)[M].上海:华东师范大学出版社,2006:12.

教学研究的骨干教师,大多数教师都有二三十年以上的"教育学"本科课堂教学的经历,他们把自己长期教育教学研究的成果融合到学科体系和内容中,贡献了自己的智慧。本书的编写由魏晨明、董守生任主编,孙慧英、孙晓清、刘向前任副主编。承担执笔任务(以章节先后为序)的是:魏晨明、董守生、陈海霞(前言、第三章);张爱华、臧日霞、孙来勤(第一章、第二章、第四章);孙晓清、孙慧英、庄国萍(第五章、第六章、第七章);刘向前、王玲、王金素(第八章);朱勇、倪烈宗、赵嘉(第九章、第十章)。魏晨明、董守生、孙晓清负责本次的教材修订工作,并对全书进行了校对和整理。孙慧英、孙晓清、刘向前协助主编魏晨明、董守生做了部分统稿、校对和整理工作。

  本书可作为高等院校师范类专业学生学习教育学的教材,也可作为广大中小学教师接受各类继续教育的教育学教材,还可作为广大考生备考教师资格考试和教育硕士考试的参考书。

  本书在编写过程中参考了诸多学者的相关成果,在此谨表谢意。由于编者水平有限,缺点和不足在所难免,恳请有关专家、学者和读者批评指正。

编者
2024年1月

目录

第一章 教育与教育学 / 1

第一节 教育及其历史发展 / 3
第二节 教育学及其历史发展 / 15

第二章 教育的基本原理 / 27

第一节 教育与人的发展 / 29
第二节 教育与社会发展 / 36

第三章 教育目的 / 47

第一节 教育目的概述 / 49
第二节 教育目的的价值取向 / 52
第三节 我国的教育目的 / 54

第四章 教师与学生 / 63

第一节 教师 / 65
第二节 学生 / 82
第三节 师生关系 / 86

第五章　课程 / 95

第一节　课程概述 / 97
第二节　课程编制 / 105
第三节　新课程改革 / 121

第六章　教学（上）/ 131

第一节　教学概述 / 133
第二节　教学过程 / 137
第三节　教学原则 / 146

第七章　教学（下）/ 155

第一节　教学组织形式 / 157
第二节　教学工作的基本环节 / 161
第三节　教学方法 / 168
第四节　教学评价 / 177

第八章　德育 / 183

第一节　德育概述 / 185
第二节　德育过程 / 194
第三节　德育原则 / 201
第四节　德育途径与方法 / 208

第九章　班主任工作 / 225

第一节　班主任工作概述 / 227
第二节　班主任工作内容和方法 / 229
第三节　新时期班主任工作 / 239

第十章　学校教育制度 / 245

第一节　学校教育制度概述 / 247
第二节　我国现代学制的沿革与改革 / 250

主要参考文献 / 265

第一章
教育与教育学

　　亲爱的同学,当你打开这本书的时候,你已经浸润于前人智慧的结晶中十年有余。或许你觉得教育就是让你学到了很多科学知识,其实教育和教育学的内容十分丰富。如果你选择教育作为职业发展方向,就必须先明了,教育到底是什么?作为一门社会科学的教育学,它研究的主要内容是什么?和你的同学们互相交流一下看法,你一定会发现有许多不同的见解,其中比较一致的看法是什么?作为未来的教育工作者,哪位教育家是你心目中的榜样呢?请大家带着以上问题,走进"教育学原理与应用"这门课程。

通过本章的学习,你能够:
- 理解和掌握教育的概念
- 理解关于教育起源的不同学说
- 了解不同时期教育发展的主要特点
- 明确教育学的研究对象
- 了解教育学的产生与发展历程
- 掌握国内外著名教育家的代表著作和主要教育思想

【本章结构】

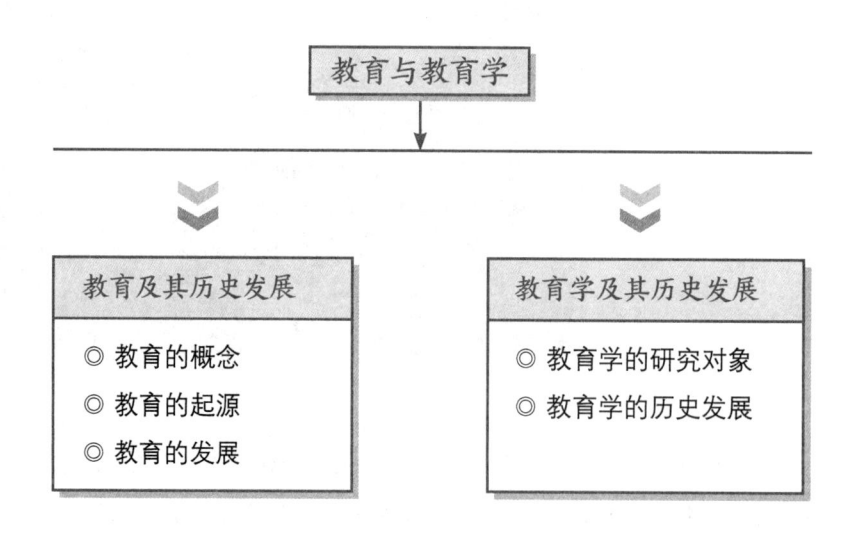

```
                    教育与教育学
                         │
          ┌──────────────┴──────────────┐
          ▼                             ▼
   教育及其历史发展                 教育学及其历史发展
   ◎ 教育的概念                    ◎ 教育学的研究对象
   ◎ 教育的起源                    ◎ 教育学的历史发展
   ◎ 教育的发展
```

本章主要是回答"什么是教育和教育学"的问题,它有助于你更加科学地理解教育的概念和内涵,明确教育学的研究对象,初步认识教育学这门学科。我们从界定教育的概念开始,先介绍几种影响较大的教育起源论,阐述教育产生与发展的历史脉络,总结不同时期教育发展的主要特点,然后分析教育学的研究对象和发展概况。

第一节
教育及其历史发展

教育是什么？教育活动缘何产生？不同历史阶段的教育呈现出何种时代特点？教育的发展与改革在当代社会呈现出何种趋势？这些是每一个学习教育或者关心教育的人都必须认真思考的问题。

一、教育的概念

（一）教育的词源分析

在西方，教育一词源于拉丁文 educare，本义为"引出"，意思是采用一定的手段，把某种本来就潜藏在人身上的东西引发出来，由一种潜质转变为现实状态。在现代英语中，教育一词是"education"，就是由拉丁语发展而来的。

教育一词在中国最早见于《孟子·尽心章句上》中"得天下英才而教育之"[①]一句。《说文解字》对教育的分字解释是，"教，上所施，下所效也"，"育，养子使作善也"。但是从先秦时期到20世纪初，人们很少把"教"和"育"合成一个专有名词来使用，大多只单用一个"教"或"学"字来指代教育的事情。

> **专栏1-1**
>
> **"君子有三乐"**
>
> 君子有三乐，而王天下不与存焉。父母俱存，兄弟无故，一乐也。仰不愧于天，俯不怍于人，二乐也。得天下英才而教育之，三乐也。
>
> ——《孟子·尽心章句上》

"教"的甲骨文常用写法是"𠧧"，金文的写法是"𣪊"。有学者这样将其拆解开并加以解释：教的左下方的"子"是小孩子的象形，表示教育对象；左上方的"爻"是龟甲纹路的象形，是占卜符号，象征事物变化之理，含有万事万物知识的意思，是教育的内容；右方的"攵"（音pu）像手持鞭子或棍子击打，含有督促的意思，是教育的手段或方式；"教"（音jiao），在《说文解字》的注解是效仿，表示小孩子的学习行为，是教育的过程或途径。各个图画组合成一个"教"字，表示成人手持棍棒督促小孩子模仿做事或学习知识。

---

① 孟柯.孟子[M].梁海明,译注.太原：山西古籍出版社,1999：190.

图 1-1 荀子

荀子（约前313—前238），战国末期赵国人。主张人性有恶，否认天赋的道德观念，强调后天环境和教育对人的影响。主要著作：《荀子》。

（二）教育的定义

什么是教育？古今中外许多哲学家、思想家、教育家从不同角度对此作过多种解释，呈现出多元化的特点。我国古代的思想家荀子说："以善先人者谓之教。"东汉学者许慎在《说文解字》一书中说："教，上所施，下所效也"，"育，养子使作善也"。古希腊哲学家柏拉图在其著作《理想国》中说："教育就是心灵的转向。"日本学者认为："所谓教育，乃是把本是作为自然人而降生的儿童，培育成为社会一员的活动。"[1]法国著名社会学家涂尔干则认为："教育是年长的几代人对社会生活方面尚未成熟的几代人所施加的影响。……教育在于使年轻一代系统地社会化。"[2]英国教育家斯宾塞认为教育是"为我们的完满生活做好准备"[3]。美国教育家杜威认为"教育是生活的过程，是生长，是经验的改造与改组"[4]。

图 1-2 柏拉图

柏拉图（Plato，前427—前347），古希腊伟大的哲学家，也是全部西方哲学乃至整个西方文化最伟大的哲学家和思想家之一。西方客观唯心主义的创始人。主要著作：《理想国》。

图 1-3 涂尔干

涂尔干（Émile Durkheim，1858—1917），又译为迪尔凯姆、杜尔凯姆尔，法国犹太裔社会学家、人类学家，社会学创始人。主要著作：《自杀论》《社会分工论》。

图 1-4 斯宾塞

斯宾塞（Herbert Spencer，1820—1903），英国哲学家、社会学家，"社会达尔文主义之父"。他所提出的学说把进化理论应用在社会学上尤其是教育学上。主要著作：《心理学原理》《教育论》。

---

[1] ［日］筑波大学教育学研究会.现代教育学基础[M].钟启泉,译.上海：上海教育出版社,1986：3.
[2] 张人杰.国外教育社会学基本文选（修订版）[M].上海：华东师范大学出版社,2009：8.
[3] 张焕庭.西方资产阶级教育论著选[M].北京：人民教育出版社,1979：419.
[4] 华东师范大学教育系,杭州大学教育系.现代西方资产阶级教育思想流派论著选[M].北京：人民教育出版社,1980：6.

关于教育的概念，尽管有不同的理解与表述，但人们普遍认为，教育是一种有目的地培养人的社会活动。这是教育这一社会现象与其他社会现象的根本区别，是教育的本质特点。①

在教育学中，为了更好地表述教育的概念，在明确教育是培养人的社会活动的基础上，我们可以从广义的教育和狭义的教育两个方面来理解教育。广义的教育指凡是增进人们的知识和技能、影响人们的思想品德的活动。②这种教育自从有了人类社会以来就已产生了，并广泛存在于生产生活当中，如文化、宗教、政治、经济等社会活动对人的影响，这都属于广义的教育。狭义的教育主要指学校教育，是教育者根据一定社会（或阶级）的要求，有目的、有计划、有组织地对受教育者的身心施加影响，把他们培养成为一定社会（或阶级）所需要的人的活动。③这种教育是人类发展到一定历史阶段的产物。当人类社会经历了漫长的发展之后，社会活动日趋复杂化、多样化，此时再仅仅通过非专门的教育活动来影响人的身心变化，已难以适应时代发展的需要。于是，一种专门从事培养人的教育活动——学校教育，从生产、文化、宗教、政治、经济等活动中分化独立出来，并日益发展。本书主要研究狭义的教育。

> **图1-5 杜威**
>
> 杜威（John Dewey, 1859—1952），美国著名哲学家、教育家，实用主义哲学的创始人之一，功能心理学的先驱，美国进步主义教育运动的代表。他提倡从儿童的天性出发，促进儿童的个性发展。主要著作：《我的教育信条》《学校和社会》《民主主义与教育》《明日之学校》。

二、教育的起源

（一）神话起源说

神话起源说是人类关于教育起源的最古老的观点，为多种宗教所坚持。这与宗教的本体论有关，即相信人世间的万事万物都是由神或上帝或天等最高主宰者创造出来的。教育同其他社会现象一样都遵循并按照神的意志而创设，教育活动从目的到内容及形式都要体现宗教信仰和教义，使人的发展皈依于神的要求或顺应天的规定。这种观点与人们认识世界的方式有关，也受制于早期人类的知识水平和思维方式。在科学发达和科学知识日益普及的今天，这种观点已经很少有人相信，而只是作为一种解释路径具有其学术讨论的价值。

（二）生物起源说

生物起源说的代表人物是19世纪法国哲学家、社会学家勒图尔诺（Charles Létourneau）和英国教育家沛西·能（Thomas Percy Nunn）。勒图尔诺在《各人种的教育

---

① 王道俊，郭文安. 教育学[M]. 北京：人民教育出版社，2009：16.
② [日]筑波大学教育学研究会. 现代教育学基础[M]. 钟启泉，译. 上海：上海教育出版社，1986：3.
③ 《中国大百科全书》总编委会. 中国大百科全书（第二版）（第11卷）[Z]. 北京：中国大百科出版社，2009：438.

演化》一书中认为，教育是一种在人类社会范围以外，远在人类出现之前就已产生的现象。他根据对动物生活的观察，认为在动物界里也存在着教育现象，如母隼教幼隼，母鸭带雏鸭、燕雀、欧椋鸟等各种禽类的示范与学习；兽类中的母熊教幼熊、母象教幼象以及老兔教小兔等。教育不仅在脊椎动物中存在，非脊椎动物中也存在教育和学习过程。后来出现的人类教育不过是继承了早已存在的教育形式，并在此基础上获得了某些新的性质。①

勒图尔诺从生物学的观点出发，把动物界生存竞争和天性本能看成是教育的基础。按照他的看法，动物是基于生存与繁衍天性本能而产生了把"经验""技巧"传给小动物的行为，这种行为便是教育的最初形式与发端。而沛西·能甚至认为动物中智商最高的猩猩也有思维、有情感、有意志。他在1923年不列颠协会教育科学组织大会上以《人民的教育》为题，解释说"教育从它的起源来说，是一个生物学的过程"，"生物的冲动是教育的主要动力"。教育的产生完全来自动物的本能，是种族发展的本能需要。②

教育的生物起源说是第一次正式提出有关教育起源的学说，与神话起源说相比，对问题的解释走上了科学的道路。它以达尔文生物进化论为指导，把教育的起源归之于动物的本能行为，教育过程即按生物学规律进行的本能展开的过程。其不足之处在于：没有注意到人类的教育行为具有社会性和目的性，与动物的养育行为有着本质上的差别；仅从外显行为而没有顾及教育的意向性对教育起源问题所做的论断，把教育起源问题生物学化了。

（三）心理起源说

心理起源说的主要代表人物是美国教育家孟禄（Paul Monroe）。孟禄在其所著的《教育史教科书》中，从心理学的观点出发，根据原始社会没有学校、没有教师、没有教材的原始史实，判定教育应起源于儿童对成人的无意识模仿。

图1-6 孟禄

孟禄（Paul Monroe，1869—1947），美国教育家，教育"心理起源论"的代表人物。1897年获芝加哥大学哲学博士学位。1902年任哥伦比亚大学师范学院教授，1915—1923年任该院院长。主要著作：《教育史教科书》《中等教育原理》。

教育的心理起源说是从心理的角度来看学习活动，将模仿视为教育的途径之一。其局限性在于把全部教育都归之于无意识状态下产生的模仿行为，而教育是在人的意识支配下产生的目的性行为。"无意识模仿"是遗传性的，是先天的和本能的，而教育行为是文化的和社会性的，如果说教育是一种本能的话，也是一种人类本能，而不是动物的本能。

教育的生物起源说和心理起源说从不同角度揭示了教育的起源，但共同缺陷是都忽视了教育的社会属性，没有区分动物的本能行为与教育作为一种自觉有意识的活动之间的本质差别，同样导致了教育起源问题的生物学化解释。

---

① 瞿葆奎.教育学文集：教育与教育学[M].北京：人民教育出版社，1993：156—177.
② [英]沛西·能.教育原理[M].王承绪，赵端瑛，译.北京：人民教育出版社，1992：8.

（四）劳动起源说

劳动起源说也被称为社会起源说，在肯定他人有益尝试和提出问题的贡献的基础上，通过分析早期人类活动特点和制造工具的历史，认为教育起源于劳动，生产和人的发展的需要是其社会根据。恩格斯说："劳动是从制造工具开始的。"[①]在开始制造工具以前，人类的祖先是类人猿（古猿），属于动物的范畴。开始制造工具以后，人类的祖先已是猿人，是属于人类的范畴。猿人是人类刚刚从动物界脱离出来的最初的始祖。在原始社会里，最根本的社会需要是物质资料的生产。恩格斯指出，劳动"是整个人类生活的第一个基本条件，而且达到这样的程度，以至我们在某种意义上不得不说'劳动创造了人本身'"[②]。人类社会的历史是和人类的产生一起开始的，即人类和人类社会是同时起源的。劳动创造了人类，创造了社会，也创造了教育。大脑和语言的发展与完善，是教育产生的必不可少的条件。持这一观点的学者很多，主要集中在苏联和我国，这也是我国多数教育学者认可的观点。

三、教育的发展

教育是随着社会的产生而产生的，也是随着社会的发展而发展的。教育的发展大致经历了四个阶段。

（一）原始社会的教育

在原始社会里，生产力水平很低，人人劳动，人们的劳动只能维持最低限度的生活，没有剩余产品，生产资料公有，共同享受，没有剥削、没有阶级。这种社会状况决定了当时的教育具有以下几个特点。

1. 教育的非独立性

原始社会的教育尚未从社会生产和生活中分化出来，成为一种独立的社会活动。其主要表现是没有专门的教育场所和专门从事教育的人员，没有相对固定的教育对象和专门的教育内容，教育活动渗透在生产和生活之中，因此也不可能有什么教育制度可言。这一特征使我们看到教育在初始阶段几乎完全融合在整个社会生活之中，具有十分明显的社会性。例如，当成年人去采集、渔猎、种植和放牧时，便把儿童带在身边，让他们先观摩学习成年人的劳动，然后从事一些辅助劳动，逐步提高到担负主要劳动。当成年人在处理劳动成果、举行宗教仪式和婚丧礼仪时，也让儿童参加、观摩，并通过不断地学习掌握风俗习惯、道德规范。

2. 教育的原始性

原始社会的教育是一种原始的、自然形态的教育。原始社会的教育内容是简单的，这与人类群体智能水平低下、经验积累方式简陋有关。教育内容同其生产劳动、社会生活的具体环境和实际需要相一致，以各种劳动技能和社会生活习俗为主。由于没有

---

① 中共中央马克思恩格斯列宁斯大林著作编译局.马克思恩格斯文集(第三卷)[M].北京：人民出版社,1972：513.
② 中共中央马克思恩格斯列宁斯大林著作编译局.马克思恩格斯文集(第三卷)[M].北京：人民出版社,1972：508.

文字和书籍,教育的方法主要是口头语言的传授、动作的示范与模仿以及生活中的耳濡目染。

3. 教育的平等性

在原始社会中,由于没有私有制、没有阶级、没有剥削,这就决定了受教育的机会均等,所有的儿童和青少年都同样地享有受教育的权利。他们只是根据年龄和性别的不同,接受不同内容的教育而已。如男童侧重于渔猎和军事训练,女童侧重于种植、缝衣、做饭等方面的教育。

(二)古代社会的教育

古代社会包括奴隶社会和封建社会两个时期。尽管生产力发展水平和政治经济状况各不相同,但相同的剥削阶级社会性质和落后的生产工具、手工操作的劳动方式、自给自足的自然经济形态,使这两个社会形态下的教育存在着一些共同的特征。

1. 学校教育的产生

在古代教育阶段,人类历史上第一次出现了狭义的教育——学校教育。据《礼记》等史书记载,我国夏朝就有了"庠、序、校"等教育机构,这是世界上最早的学校。据《学记》记载,每500家行政区域(党)设"庠",每12 500家行政区域(术)设"序",国都设"大学"。到了商代,又出现了"瞽宗"(本是乐人的乐庙,后成为学乐的场所,这是最早的音乐学校)。到了西周,已出现了"国学"和"乡学",国学设在王城称"辟雍",设在诸侯国称"泮宫"。此时,在西方,古希腊的斯巴达和雅典这两个奴隶制城邦设立了训练武士、商人和政治家的学校。

到了封建社会,我国的学校教育有了进一步的发展,出现了官学、私学、书院(相当于现在的国办、民办科研机构)。汉代的太学,属中央官学,是世界上最早的大学。南朝的儒学馆、史学馆、文学馆、玄学馆,是世界上最早的专科学校。到了唐朝,整个学校教育制度已达到相当完备的程度。中央有"二馆"(即弘文馆和崇文馆,只收皇帝、皇后及其亲属的子弟和宰相的子弟)和"六学"(包括"国子学"——只收文武三品以上官员的子弟,"太学"——只收五品以上官员的子弟,"四门学"——只收七品以上官员的子弟,"律学、书学、算学"——只收八品以上官员的子弟);地方上有州学、府学、县学。到了宋代,书院大为发展,著名的书院有:白鹿洞书院(位于今江西省九江市)、岳麓书院(位于今湖南省长沙市)、应天府书院(位于今河南省商丘市)、嵩阳书院(位于今河南省登封市)、石鼓书院(位于今湖南省衡阳市)、茅山书院(位于今江苏省句容市)。书院的产生和发展,开启了讲学、民主讨论的先声。此时,西欧则出现了骑士学校和教会学校。

2. 教育与生产劳动相分离

学校的产生,使教育成为一种独立的社会形态,也使得教育逐步走上与生产劳动相分离的道路。这种分离使人类积累的生产经验,从直接的经验形态中抽象出来,上升为知识形态,通过学校教育扩大其传播范围,对社会的生产和文化起着重要的作用。但这种优越性,由于统治阶级控制了教育的主动权,而没有得到很好的发挥,学校仅仅成为统治阶级培养官吏和知识分子的场所,使其职能的发挥受到了限制。尤其是到了封建社会,这种导向使人们逐步形成了"学而优则仕"的思想,教育成为一种造仕途径,从根本上与社会生产相分离。这种思想背离了教育的本质,是十分有害的,至今对人们的思想观念仍有深远的影响。这也是我们当前教育思想和教育观念改革和转变的重要内容之一。我国"樊迟问稼"的故事与西方的"文雅教育"思想都说明了教育与生产劳动的脱离。

> 专栏1-2
>
> ## 文雅教育
>
> 文雅教育即自由教育,也叫博雅教育,是西方教育史上的一种教育观点和教育思想,是以一般文化修养课程为主要内容来促进人的智慧、道德和身体等多方面发展的教育思想。最早提出者是亚里士多德,他认为教育功能有文雅和实用两个方面,在受教育者学习的学科中,有的是高尚文雅的,专供闲暇和享受之用;有的是低贱而不文雅的,为实际所需,服务于实利。他主张对于具有高尚灵魂的人和自由民,只寻求效用和实利是不相宜的,而学习高尚文雅的学科则能形成高尚的心灵,使人的灵魂各个部分得到自由发展,以便从事心灵的沉思,研讨真理和进行哲学的思考。
>
> ——顾明远.教育大辞典(第一卷)[M].上海:上海教育出版社,1990:46.

3. 教育带有鲜明的阶级性和严格的等级性

统治阶级垄断了学校,"学在官府""以吏为师""政教合一",只有他们的子弟才能受到学校教育,被培养成未来的统治者和士大夫。奴隶和农民的子弟则被排斥在学校大门之外,只能在生产中被训练成劳动者或奴仆,这就使教育带有鲜明的阶级性。同时,统治阶级内部森严的等级关系,也使教育具有严格的等级性。

4. 教育内容、方法有所发展,但比较缓慢

我国奴隶社会的教育内容主要是"六艺":礼——包括政治、历史和以"孝"为本的伦理道德教育;乐——属于综合艺术,包括音乐、诗歌和舞蹈;射、御——以射箭、驾兵车为主的军事技术训练;书、数——包括读、写、算等基础文化课。到了封建社会,提倡尊孔、读经、尽忠、尽孝,学校以"四书"(《大学》《中庸》《论语》《孟子》)和"五经"(《诗经》《尚书》《礼记》《易经》《春秋》)为主要内容,宣扬"三纲"(君为臣纲、父为子纲、夫为妻纲)和"五常"(仁——事父母,义——从兄长,智——明白以上二者的道理并坚持下去,礼——孝和悌在礼节上的表现,信——老老实实去做)及"生死由命、富贵在天"等封建伦理思想。此时,在西方,古希腊奴隶制下的斯巴达教育,以军事内容为主,同时还学习文法、修辞、辩证法(称为"旧三艺")。中世纪欧洲教会学校的教育又增加了算术、几何、天文、音乐(与"旧三艺"合称"七艺")。

在教学方法上,古代社会一直采用个别教学,口耳相传,虽然总结了宝贵的启发式经验,但死记硬背、引经据典仍是普遍存在的现象。

（三）近代社会的教育

16世纪至19世纪末，世界进入近代社会。新大陆的发现及第一次工业革命给世界带来了巨大的变化，也使教育发生了巨大的变化。19世纪以后的近代教育主要有以下特点。

1. 国家加强了对教育的重视和干预，公立教育崛起

19世纪以前，欧美国家的学校教育多为教会或行会主持，国家并不重视。19世纪以后，随着经济的较快发展，资产阶级政府逐渐认识到公共教育的重要性，并逐渐建立了公共教育系统。

2. 初等义务教育的普遍实施

由于科学技术的广泛运用与社会生产力迅速发展，这使得教育不仅要培养统治者，而且要培养合格的劳动者。从19世纪后半期起，各主要资本主义国家先后推行以普及初等教育为主的义务教育制度。

普鲁士在1763年颁布强迫教育法令，规定5—13岁儿童必须接受义务教育。德国在1872年颁布《普通教育法》，规定6—14岁的八年初等教育为义务教育。英国在1870年颁布《初等教育法》，建立5—12岁的七年初等义务教育制度。日本于1872年颁布《学制》，规定6—14岁的八年初等义务教育制度。法国于1881年和1882年先后颁布教育法令，规定对6—13岁儿童实施免费的、世俗的初等义务教育。

3. 教育的世俗化

教育从宗教中分离出来。有些国家明确规定，宗教、政党不得干预学校教育。

4. 教育的法治化

重视教育立法，依法治教。西方近代教育发展的一个明显特点就是重视教育立法，教育的每次重要进展或重大变革，都以法律的形式予以规定和提供保证。如1852年美国马萨诸塞州的《义务教育法》，1870年英国的《初等教育法》，1872年德国的《普通教育法》，1881—1882年法国的《费里法案》，1886年日本的《小学校令》等。

（四）现当代社会的教育

1. 现代教育的特点

同处现代社会的资本主义与社会主义，虽然存在生产关系的差异，但社会的生产力具有相似性，两者都面临着如环境、资源、人口、粮食等共同问题。在这些问题以及其他重大的国际问题上，两者存在着许多共同利益与认识，其教育也表现出如下许多共通性。

（1）教育的生产性不断增强，教育同生产劳动从分离走向结合。在现代社会，随着机器大工业生产的发展和科学技术的进步，从事生产的劳动者就需要具有一定的科学知识和技术。这样，学校教育日益与生产劳动相结合。现代教育与生产劳动的逐步结合，促使现代教育成为劳动力再生产的重要手段，也成为科学知识再生产和发展科学技术的重要手段，对提高社会生产效率和增加社会财富起着重要作用，因此，现代教育具有明显的生产性。

专栏1-3

2023年全国教育事业发展基本情况

2023年，全国共有各级各类学校49.83万所，比上年减少2.02万所，下降3.9%；各级各类学历教育在校生2.91亿人，比上年减少151.26万人，下降0.52%；专任教师1 891.78万人，比上年增加11.42万人，增长0.6%。

1. 学前教育普及水平进一步提升

2023年，学前教育毛入园率91.1%，比上年提高1.4个百分点，提前完成"十四五"规划目标。全国共有幼儿园27.44万所。其中，普惠性幼儿园23.64万所，占全国幼儿园的比例86.16%，比上年增长1.2个百分点。学前教育在园幼儿4 092.98万人。

2. 义务教育扩优提质进一步推进

全国共有普通小学14.35万所。全国小学招生1 877.88万人，比上年增加176.5万人，增长10.37%；在校生1.08亿人，比上年增加103.97万人，增长0.97%。

全国共有初中5.23万所，招生1 754.63万人，比上年增加23.25万人，增长1.34%。在校生5 243.69万人，比上年增加123.1万人，增长2.4%。

3. 高中阶段办学条件进一步改善

2023年，高中阶段毛入学率91.8%，比上年提高0.2个百分点。全国共有普通高中学校1.54万所，比上年增加355所；招生967.8万人，比上年增加20.26万人，增长2.14%；在校生2 803.63万人，比上年增加89.75万人，增长3.31%。

4. 高等教育入学机会进一步增加

2023年，高等教育毛入学率60.2%，比上年提高0.6个百分点，提前完成"十四五"规划目标。全国共有高等学校3 074所，比上年增加61所。其中，普通本科学校1 242所（含独立学院164所）；本科层次职业学校33所；高职（专科）学校1547所；成人高等学校252所。另有培养研究生的科研机构233所。各种形式的高等教育在学总规模4 763.19万人，比上年增加108.11万人，增长2.32%。

全国共招收研究生130.17万人，比上年增长4.76%。其中，招收博士生15.33万人，比上年增长10.29%；硕士生114.84万人，比上年增长4.07%。在学研究生388.29万人，比上年增长6.28%。其中，在学博士生61.25万人，比上年增长10.14%；在学硕士生327.05万人，比上年增长5.59%。

——节选自《2023年全国教育事业发展基本情况》

（2）教育的公共性、普及性和多样性日益突出。现代教育的对象不再是某一阶层的人，而是全体社会成员。随着教育对象的不断扩大，教育日益普及，同时也日趋多样化。从某种意义上来说，现代教育已经渗透到社会生活的各个层次和领域，形成了一个复杂、庞大、开放的系统。它既包括制度化教育，也包括非制度化教育；既包括基础教育，也包括高等教育；既包括全日制教育，也包括非全日制教育等。

（3）教育的科学化水平日益提高。在教学内容上，自然科学知识的教学内容大大增加;在教育手段上,科学的教学方法和现代化的教学技术得到广泛推广与应用。

2. 当代教育发展的趋势

第二次世界大战后,世界的经济、政治、文化等都迎来新的发展空间,经济的高速发展,政治格局的重新调整,信息技术的突飞猛进,都使教育面临着新的机遇和挑战。在教育"波浪式"发展的过程中,可以看到当代教育发展的一般趋势。

(1)教育的全民化。全民教育是自20世纪90年代以来在全世界兴起的基本教育运动,其目的是使所有人都能受到教育,特别是使适龄儿童都进入小学,降低辍学率,扫除所有中青年文盲。这一运动得到各国特别是发展中国家的积极响应,并形成一种跨世纪的、席卷全球的教育思潮。1990年,联合国教科文组织召开的世界全民教育大会通过了《世界全民教育宣言》,提出了20世纪90年代的全民教育目标。概括来说,全民教育所追求的,主要是以下三个方面:一是入学机会的均等(使学校教育面向所有人);二是落实教育的基础性(确保每个成员获得社会所需要的基本知识、技能或态度);三是满足学习者基本的学习需要(通过图书馆、社会教育机构等)。

(2)教育的终身化。所谓终身教育,指人们在一生各阶段当中所受各种教育的总和,是人所受不同类型教育的统一和综合。它包括教育体系的各个阶段和各种方式,既有学校教育,又有社会教育;既有正规教育,也有非正规教育。它主张基于每一个人的需要以最好的方式提供必要的知识和技能。终身教育思想成为很多国家教育改革的指导方针。最初提出这一概念的是曾任联合国教科文组织成人教育局局长的朗格朗,其代表作品为《终身教育引论》一书。这本书所确立的终身教育思想,在联合国教科文组织的大力推动下,在后来的《学会生存——教育世界的今天和明天》《学习——内在的财富》中得到了进一步的阐述。有人说,终身教育动摇了传统教育的大厦,无异于一场哥白尼的革命。但是必须注意的是,"终身教育并不是一个体系,而是建立一个体系的全面组织所依据的原则,而这个原则又是贯穿在这个体系的每个部分的发展过程之中的"[①]。归结起来,终身教育的终极目标,不外乎通过教育增强人本身的自主学习能力,或者说"自我教育能力",也就是叶圣陶先生所说的"教是为了不教"的境界。

(3)教育的民主化。教育民主化首先是指教育机会均等,包括入学机会的均等,教育过程中享有教育资源机会的均等和教育结果的均等;其次是指师生关系的民主化;最后是指教育活动、教育方式和教育内容的民主化,为学生提供更多的自由选择的机会。民主化是当代教育改革的重要目标,也是判断一个教育制度或体系优异的重要尺度。教育民主化包括两个方面。一是教育的民主。这是政治上的民主向教育领域拓展的结果,即使受教育权成为一项普遍的民主的权利,并为不同种族、性别、阶层、信仰的公民所享有。二是民主的教育。它深入了教育过程的内部,是教育内涵的深化,即将专制的、灌输的、不充分民主的教育改造成民主的教育。它所要求的是所有的受教育者都能享受到体现民主特征和要求的教育。民主的实质,无非是对人的权利的尊重和肯定,也就是人民享有参与和管理公共事务的权利。民主的教育,也就是对教育中人的权利的

---

① 联合国教科文组织国际教育发展委员会.学会生存——教育世界的今天和明天[M].华东师范大学比较教育研究所,译.北京:教育科学出版社,1996:223.

图1-7 朗格朗

朗格朗(Paul Lengrand, 1910—2003),法国人,毕业于巴黎大学,在中小学从教多年,并长期活跃在法国成人教育战线上。1948年开始,他在联合国教科文组织中任职,被称为"终身教育之父"。主要著作:《终身教育引论》《成人教育与终身教育》《终身教育问题》。

图1-8 叶圣陶

叶圣陶(1894—1988),我国现代作家、教育家、文学出版家和社会活动家,有"优秀的语言艺术家"之称。曾任教育部副部长、人民教育出版社社长和总编。主要著作:《隔膜》《线下》《倪焕之》《脚步集》。

专栏1-4

终身教育

终身教育是一项真正的教育计划。像任何同类计划一样,它面向的是未来;它设想培养一种新型的人;它是一种价值体系的传播者;它设计一个社会的计划;它形成一种新的教育哲学……

终身教育是唯一能够适应现代人、适应现代生活在转变中的世界上和社会中的人的教育。这样的人必须使自己能够不断地适应新情况。因此,他必须是能动的,具有想象力和创造性。此外,他必须能在各种集团中工作,并能从多科性的观点出发解决问题。终身教育应保障每个人都充分表现自己的人格,因而,它是实现民主的有利因素。

——[瑞士]查尔斯·赫梅尔.今日的教育是为了明日的世界——为国际教育局写的研究报告[M].王静,赵穗生,译.北京:中国对外翻译出版公司,1983:27.

尊重和肯定,即教育中的人有权参与和管理教育事务的权利。具体来说,它涉及学校管理、教学过程、学生社团等方面的内容。总之,教育民主化,不仅意味着学校教育准入的开放性,也意味着学校中教师和学生参与管理与教学的自主性。

(4)教育的信息化。教育信息化有两层含义:一是把提高信息素养纳入教育目标,培养适应信息社会的人才;二是把信息技术手段应用于教学与科研,注重教育信息资源的开发和利用。教学是教育领域的核心工作,教育信息化的核心内容是教学信息化。教学信息化,就是要使教学手段科技化、教育传播信息化、教学方式现代化。教育信息化,要求在教育过程中较全面地运用以计算机、自媒体和网络通信为基础的现代信息技术,促进教育改革,从而适应正在到来的信息化提出的新要求,对深化教育改革、实施素质教育,具有重大的意义。

（5）教育的全球化。全球化是20世纪90年代以来人类发展的重要课题。它是一个动态的发展过程，是以经济为主导的多领域、全方位的全球一体化过程。教育也是全球化关涉的重要领域。教育全球化，意味着各国教育的全球一体化，包括目标和内容的调整（如采用原版教材）、质量标准的确立（如ISO全面教育质量管理标准）、国际交流的加强（如相互承认学位、彼此交流学生）等。

党的十八大以来，习近平总书记高度重视立德树人在教育中的重要地位和作用，多次强调要坚持把立德树人作为根本任务，他指出，"实现中华民族伟大复兴的中国梦，物质财富要极大丰富，精神财富也要极大丰富"。学校是人才培养的主阵地，人才培养一定是育人和育才相统一的过程，而育人是本。基础教育是立德树人的事业，各级各类学校要坚持把立德树人作为学校办学的根本，把立德树人内化到学校的建设和管理各领域、各方面、各环节，做到以树人为核心，以立德为根本。学校要紧紧围绕立德树人的根本任务，加快构建充满活力、富有成效、更加开放、有利于学校科学发展的体制机制。

党的二十大报告进一步明确提出实施科教兴国战略的基本原则："必须坚持科技是第一生产力、人才是第一资源、创新是第一动力，深入实施科教兴国战略、人才强国战略、创新驱动发展战略，开辟发展新领域新赛道，不断塑造发展新动能新优势。"同时，对实施科教兴国的路径和目标进行了阐述，"要坚持教育优先发展、科技自立自强、人才引领驱动，加快建设教育强国、科技强国、人才强国，坚持为党育人、为国育才，全面提高人才自主培养质量，着力造就拔尖创新人才，聚天下英才而用之"[①]。

本节小结

本节主要界定了教育的概念，介绍了几种影响较大的教育起源说：神话起源说、生物起源说、心理起源说和劳动起源说；阐述了教育产生与发展的历史脉络，总结了不同时期教育发展的特点；分析了当代世界教育发展的趋势。

关键术语

教育　教育起源说　发展阶段　终身教育　全民教育　教育民主化　教育信息化　教育全球化

讨论与应用

1. 结合本节所学，谈谈下面几位专家或名人对教育的理解。

黄全愈认为，教育"重要的不是往车上装货，而是向油箱注油"。

雅斯贝尔斯认为，真正的教育是用一棵树摇动另一棵树，一朵云推动另一朵云，一个灵魂唤醒另一个灵魂。

爱因斯坦曾说，我学习中等，按学校的标准，我算不上是个好学生，不过后来我发现，能忘掉在学校学的东西，剩下的才是教育。

---

① 本书编写组.党的二十大报告辅导读本[M].北京：人民出版社，2022：30.

2.结合本节所学,谈谈你对以下文字的理解。

中西教育差异的比较,一方面丰富了我们对于教育的认知和理解,但另一方面,模式化、概念化和抽象化的二元对立也损害了我们对于教育的正确认知和理解。

解决当代中国的教育问题,不仅需要眼睛向外,学习借鉴西方的教育理念和模式,更需要的是眼睛向内,从古代中国伟大的教育思想和实践中汲取智慧与力量。

西方教育是一面镜子,可以让我们从"他者"的角度更清楚地看到自身的问题,但教育的"真经"其实存在于我们的内心。

第二节 教育学及其历史发展

学习教育学的人,首先都会问:什么是教育学?教育学到底是研究什么的?人们对教育活动的认识经历了一个怎样的过程?本节将通过回答这些问题,引领大家走进一个丰富多彩的教育世界。

一、教育学的研究对象

我国教育理论界普遍认为,教育学是研究人类教育现象、揭示教育规律的一门科学。

教育现象是教育活动在运动发展中的表现形式,是教育活动外在的、表面的特征,包括教育社会现象和教育认识现象。教育作为社会生活的一个方面,是人类社会生活不可缺少的组成部分,是与社会的政治、经济、文化、科技等因素相互联系和影响的,所以说教育现象必然是社会现象。例如,适龄儿童上学的问题、学校的设置问题、考试制度改革的问题、教育方向的问题等,表面上看都属于教育内部的问题,但其实质上都是整个社会发展和社会生活的缩影。教育活动又是认识现象,是人们认识世界、改造世界的过程,是接受前人的经验、掌握人类已有知识的活动,如识字、算术、外语等各种学科学习,人们各种能力的形成和发展。

教育规律是指教育内部诸因素之间、教育与其他事物之间具有本质性的联系,以及教育发展变化的必然趋势。例如,在人类历史上,各个阶段的教育都有所不同,但各个阶段的教育都受当时的生产力和政治经济制度以及社会的文化生活所制约,则是一个具有普遍性的规律。教育广泛地存在于人类社会生活之中。人们为了有效地进行教育工作,需要对它进行研究,以便总结教育经验,认识教育规律。

基于以上分析,我们认为,教育学是研究人类教育现象、揭示教育规律的一门科学。

二、教育学的历史发展

教育学是随着社会的发展和人类教育经验的丰富而逐渐形成和发展起来的一门学科。教育学的产生和发展,大体上可以分为以下几个阶段。

(一)教育学的萌芽阶段

在奴隶社会和封建社会里,教育学处于萌芽阶段,还没有成为一门独立的学科。这段历史很长,在欧洲从古希腊、古罗马开始到英国资产阶级革命之前(公元前5世纪到公元16世纪),在我国从春秋战国开始到清朝末年(公元前6世纪到公元19世纪),才完成了教育学的萌发和孕育。在这漫长的岁月里,教育学虽然没有形成独立的学科,但有不少思想家和教育家,以自己的哲学观点为基础,结合着政治观和伦理观等来探讨教育方面的问题,总结概括教育经验,积累了丰富的教育思想遗产。

图 1-9 昆体良

昆体良(Marcus Fabius Quintilianus,约35—约100),古罗马著名的教育家。他主张对儿童的教育应是鼓励的,能激发他们兴趣的。主要著作:《论演说家的教育》(又译《雄辩术原理》)。

在我国,孔子提出了启发式教学、有教无类、因材施教、学思结合等许多可贵的教育主张。后来儒家思孟学派撰写的《学记》是人类历史上最早出现的专门的教育文献。它比西方最早的教育著作——古罗马教育家昆体良所写的《论演说家的教育》(又译《雄辩术原理》)一书还早300多年。《学记》全书虽只有1229个字,却对教育的作用,教育制度,教育和教学的原则、方法以及师生关系等问题,做了精辟的论述,如"教学相长""及时而教""不陵节而施""长善救失""道而弗牵""强而弗抑""开而弗达""禁于未发""循序渐进"等观点和主张,这不仅在当时是教育史上的创举,至今还闪烁着耀眼的光芒,对教育实践具有指导意义。韩愈的《师说》、朱熹的《语录》、颜元的《存学编》等,对师生关系、如何读书与学习,都做过精湛的论述。

在欧洲,古希腊和古罗马的文化遗产中,也有着丰富的教育思想和教育经验。古希腊哲学家苏格拉底在教学方法问题上,提出了"助产术",主张以问答的方式,引导学生认识自己观点的不足之处,进行思索,从而获得知识。柏拉图在《理想国》中,总结了当时的雅典和斯巴达的教育经验,提出了一个比较系统的教育制度,规定了不同阶级的人的不同的教育内容。亚里士多德在其著作《政治学》中提出教育要适应儿童的年龄阶段,进行德智体多方面和谐发展的教育思想。古罗马教育家昆体良的《论演说家的教育》主要论述了辩论的各种理论和方法问题,被称为"世界上第一本研究教学法的书"。

但是,无论我国还是西方,古代思想家、教育家们的教育思想,都和他们的政治、伦理、哲学思想混合在一起,缺乏独立的范畴和命题,没有形成体系;反映其教育思想的言论多混杂在他们的政治、伦理、哲学等著作当中,以及后人记载他们教育言行的文献之中;对教育经验的论述,多是现象的描述和自我经验的概括总结,缺少科学的理论分析。这些历史事实说明,当时的教育学还没有从哲学、政治等学科中分化出来,形成自己独立的学科体系,因而只可以说是教育学的萌芽或雏形。

图 1-10 苏格拉底

苏格拉底(Socrates,前469—前399),古希腊著名的思想家、哲学家、教育家。他主张首先要培养人的美德,教人学会做人,成为有德行的人;其次要教人学习广博而实用的知识;最后,要教人锻炼身体。这些主张形成了一套独特的教学法,人们称之为"苏格拉底方法"或"产婆术",即教育要引导人们产生正确的思想。

图 1-11 亚里士多德

亚里士多德(Aristotle,前384—前322),古希腊人,世界古代史上伟大的哲学家、科学家和教育家之一,堪称希腊哲学的集大成者。他认为理性的发展是教育的最终目的,重视练习与实践的作用。在师生关系上,他主张"吾爱吾师,吾更爱真理"。主要著作:《政治学》《形而上学》《论灵魂》《论美德和邪恶》。

(二)教育学的独立和规范阶段

17世纪以后,随着生产力的发展,科学的进步,人们对教育问题认识的不断深入和系统,教育学逐渐从哲学中分离出来,成为一门独立的学科,并得到了极大发展。1623年,英国哲学家培根发表《论科学的价值和发展》一文,首次在科学分类中将"教学的艺术"划为一个独立的研究领域,这标志着教育学有了自己独立的学科地位。捷克教育家夸美纽斯、英国哲学家与教育家洛克、法国启蒙思想家卢梭以及瑞士教育家裴斯泰洛齐等都对这一时期教育理论与实践的发展作出了很大贡献。尤其是夸美纽斯1632年出版的《大教学论》,对促进教育学的独立起了很重要的作用,是近代最早的一部教育学著作,也是教育学独立形态的标志。夸美纽斯本人被尊崇为"教育史上的哥白尼"和资产阶级教育学的鼻祖。在《大教学论》这部著作中,他提出了普及初等教育,主张建立适应学生年龄特征的学校教育制度,论证了班级授课制度,规定了广泛的教学内容,提出了教学的直观性、彻底性、量力性等原则,高度评价了教师的职业,强调了教师的作用。这些教育思想为以后教育理论的发展留下了宝贵的财富。

继夸美纽斯的《大教学论》之后,西方资产阶级教育家又陆续出版了许多教育著作,这些著作一般都具有比较完整的理论体系,如英国教育家洛克的《教育漫话》,法国教育家卢梭的《爱弥儿》,瑞士教育家裴斯泰洛齐的《林哈德和葛笃德》,德国教育家赫尔巴特

图 1-12 培根

培根（Francis Bacon, 1561—1624），英国文艺复兴时期最重要的散文家、哲学家。英国唯物主义哲学家，实验科学的创始人，是近代归纳法的创始人。主要著作：《新工具》《论科学的增进》《学术的伟大复兴》。

图 1-13 夸美纽斯

夸美纽斯（Johann Amos Comenius, 1592—1670），捷克伟大的民主主义教育家，西方近代教育理论的奠基者。他主张通过教育使人获得和谐发展。泛智论是其教育思想的核心。主要著作：《母育学校》《大教学论》《语言和科学入门》。

图 1-14 洛克

洛克（John Locke, 1632—1704），英国哲学家，是启蒙时代最具影响力的思想家和自由主义者。他提出了心灵是一块"白板"的假设，提出"绅士教育"理论。主要著作：《论宽容》《政府论》《人类理解论》《教育漫话》。

图 1-15 卢梭

卢梭（Jean-Jacques Rousseau, 1712—1778），法国伟大的启蒙思想家、哲学家、教育家、文学家，法国大革命的思想先驱，杰出的民主政论家和浪漫主义文学流派的开创者，启蒙运动最卓越的代表人物之一。主要著作：《论人类不平等的起源和基础》《社会契约论》《爱弥儿》《忏悔录》。

图 1-16 裴斯泰洛齐

裴斯泰洛齐（Johann Heinrich Pestalozzi, 1746—1827），瑞士著名的民主主义教育家。他认为教育的目的在于全面、和谐地发展人的一切天赋力量和能力。他指出学校的教学必须成为教育的手段。主要著作：《林哈德和葛笃德》。

图 1-17 赫尔巴特

赫尔巴特（Johann Friedrich Herbart, 1776—1841），德国哲学家、心理学家，科学教育学的奠基人，被称为"教育科学之父"。他第一次明确提出"教育性教学"的思想，强调教学应该是一个统一完成的过程，提出形式教学阶段理论。主要著作：《普通教育学》《心理学教科书》《教育学讲授纲要》《心理学应用于教育科学》。

的《普通教育学》，福禄贝尔的《人的教育》，第斯多惠的《德国教师培养指南》等。其中从一门规范学科的建立的角度来说，通常以赫尔巴特的《普通教育学》作为代表作品。

1806年，赫尔巴特出版了《普通教育学》，这是一本自成体系的教育学著作。书中指出，教育学要成为一门独立学科必须在相关学科基础上形成自己的基本概念，进而形成独立的教育思想。由此，他在伦理学上建立起教育目的论，认为教育的最高目的就是道德；在心理学的基础上建立起教学方法论，根据受教育者的心理活动规律确立了教学的四个步骤：明了、联合、系统、方法；在师生关系上，强调教师的绝对权威，强调教育外部的灌输作用；在方法上，重视严格的管理和训练。赫尔巴特的教育思想对19世纪以后的教育实践和教育思想产生了很大影响，他的理论主张开创了一个重要流派——传统教育派。赫尔巴特被看作是传统教育学的代表。

图1-18 福禄贝尔

福禄贝尔（Friedrich Wilhelm August Fröbel, 1782—1852），德国教育家，学前教育的鼻祖。他创办了世界上第一所"幼儿园"，主张游戏和手工作业应是幼儿时期最主要的活动。主要著作：《人的教育》《慈母曲及唱歌游戏集》《幼儿园教育学》。

图1-19 第斯多惠

第斯多惠（Friedrich Adolf Wilhelm Diesterweg, 1790—1866），德国教育家。他因其终生从事师范教育，致力于发展国民教育，被誉为"德国教师的教师"，提出完人教育的三项教育原则。主要著作：《德国教师培养指南》。

总之，在这一阶段中，教育学已具有独立的形态，成为一门独立的、规范的科学，对教育问题的论述，逐渐从现象的描述过渡到理论的论证，重视教育要适应儿童的身心发展和天性，开始运用心理学的知识来论述教学问题。但是，学者们对自己的理论的论证方法，不是依靠与自然现象相类比，便是采用思辨式的演绎和推理，未能运用实证和实验的方法来研究教育问题，因而他们的教育著作表现出科学性不足的问题。

（三）教育学的发展多样化阶段

随着科学技术的发展，心理学、社会学、法律学、伦理学、政治学等经验学科逐渐兴起。这些学科的知识和研究方法（如实证方法、实验方法）对教育学的发展起了巨大的作用。自19世纪50年代以来，世界上出现了各种各样的教育学，教育学的发展进入了一个多样化阶段。

1. 实验教育学

实验教育学是19世纪末20世纪初在欧美一些国家兴起的以教育实验为标志的教育思想流派，主要代表人物是德国教育学家梅伊曼和拉伊，其代表著作为梅伊曼的《实验教育学纲要》和拉伊的《实验教育学》。

实验教育学反对以赫尔巴特为代表的思辨教育学，它重视运用自然科学的范式研究

第一章 教育与教育学

图 1-20 梅伊曼

梅伊曼(Ernst Meumann, 1862—1915),德国教育学家和心理学家,实验教育学的创始人之一。1901年他在《德意志学校》杂志上发表一系列文章,首次提出"实验教育学"的名称,与拉伊共同创办《实验教育学》杂志。主要著作:《实验教育学纲要》。

图 1-21 狄尔泰

狄尔泰(Wilhelm Dilthey, 1833—1911),德国哲学家,历史学家,心理学家,社会学家,精神科学的创始人。他主张要了解人的历史和社会现实存在的各种联系,就得再度体验人的各种生活,只有通过这种"体验"才能达到"理解"。主要著作:《精神科学导论》《黑格尔青年时代的历史》。

教育问题,主张把自然科学实验方法和技术应用于教育研究,让数理统计和心理测量等学科的发展成果成为教育统计和测量的重要基础,从而为教育实验提供科学的手段和方法,形成科学的教育实验模式。但实验教育学也有其局限性,它片面强调儿童的生物性,忽视了社会因素,过分推崇实验方法,视之为教育研究的唯一方法,从而走上了"唯科学主义"的迷途。

2. 文化教育学

文化教育学亦称精神科学教育学,是19世纪末产生于德国的一种教育思潮,主要代表人物是狄尔泰。

19世纪以来,由于科技理性的发展,造成人的精神世界被疏离、被异化,文化教育学主张把人看作完整的人,而不是把人当作物。文化教育学派强调"教育是文化过程",认为教育的目的不只是传递、创造文化本身,而是通过这一过程促进人的人格生成和灵魂的唤醒,教育的本质在于陶冶人性。"教育绝非单纯的文化传递,教育之为教育,正在它是一个人心灵的'唤醒',这是教育的核心所在。"①文化教育学主张发挥教师和学生个体两方面的积极作用,"体验""理解""陶冶""唤醒"等成为文化教育学流派的方法论,主张以文化财富去陶冶学生,追求个性的养成和人格的发展。

3. 实用主义教育学

实用主义教育学是19世纪末20世纪初在美国兴起的一种教育思潮,主要代表人物是美国的杜威、克伯屈等人,代表作有杜威的《民主主义与教育》和克伯屈的《设计教学法》。

对于什么是教育,杜威提出了三个核心的命题:"教育即生活""教育即生长""教育即经验的改造或改组"。由此,杜威进一步提出"学校即社会",强调学校与社会生活的联系,主张"在做中学",在问题中学。在教育目的上,杜威指出,教育过程之外没有目的,教育目的在教育过程之中,儿童的生长即教育的目的。针对传统教育学派的教师中心、课堂中心、教材中心,杜威提出了儿童中心、活动中心、经验中心,强调儿童学习的独立性和创造性,开创了另一个教育流派——现代教育派,他本人被看作是

---

① 邹进.现代德国文化教育学[M].太原:山西教育出版社,1992:73.

现代教育学的代表。杜威的教育主张适应了20世纪前半期美国社会的变化,也对世界教育改革起到了推动作用。但由于其理论过于强调以儿童、活动、经验为中心,忽视了系统知识的传授,忽视了教师的主导作用等,使其理论主张带有狭隘经验主义的色彩。

4. 马克思主义教育学

马克思主义教育理论产生于苏联。20世纪以来,苏联和我国教育家根据并运用马克思主义基本原理对现代教育的若干问题进行了研究。克鲁普斯卡娅的《国民教育与民主主义》,被认为是运用马克思主义观点阐述教育学的第一本著作。此外,还有加里宁的《论共产主义教育和教学》、凯洛夫的《教育学》,以及我国教育理论家杨贤江的《新教育大纲》等著作。

马克思主义教育学的基本观点包括:教育是一种社会历史现象,在阶级社会中具有阶级性;教育起源于社会性生产劳动;教育的根本目的是促使学生的全面发展;培养全面发展的人的唯一方法是将教育与生产劳动相结合;教育一方面受政治、经济、文化的制约,另一方面又反作用于它们,具有促进社会政治、经济、文化的发展的巨大作用。

5. 批判教育学

批判教育学产生于20世纪70年代,其代表人物有美国的鲍尔斯、金蒂斯、阿普尔,法国的布迪厄,以及巴西的保罗·弗莱雷等。批判教育学针对当代资本主义学校教育中的种种不平等、不公正进行批判,提出"教育应该是政治的",是不可能保持价值中立的,认为教育是维护现实社会不公平和不公正,造成社会差别、歧视和对立的根源。批判教育学流派思想复杂,基于不同的思想基础与社会背景,不同流派有不同的特点。但是追求对传统教育的批判与"解放",强调运用批判理论通过批判的研究方法进行教育研究与分析,是各流派批判教育学的共同特征。

图1-22 布迪厄

布迪厄(Pierre Bourdieu, 1930—2002),法国社会学家。他主张社会科学的研究必须克服主体与客体、文化与社会、结构与行为等普遍存在的理论对立面。主要著作:《实践理论大纲》《教育、社会和文化的再生产》。

(四)当代教育学的发展

1. 教育学的理论深化及应用研究

自20世纪50年代以来,由于科学技术的迅速发展,知识的掌握和智力开发成了提高生产效率和发展经济的主要因素,知识经济初见端倪。为此,许多国家对教育事业和教育科学更为重视,促进了教育理论的深化和对应用问题的研究。在理论的深化方面,近几十年来出现了几部较为著名的教育学著作。

1956年,美国心理学家布卢姆制定出了教育目标的分类系统。他把教育目标分为认知目标、情感目标、动作技能目标三大类,每类目标又分成不同的层次,排列成由低到高的

图1-23 布卢姆

布卢姆（Benjamin Bloom, 1913—1999），美国著名教育家和心理学家。他建立了教育目标分类系统，提出"掌握学习"理论。主要著作：《教育目标分类学》《掌握学习》。

图1-24 布鲁纳

布鲁纳（Jerome Seymour Bruner, 1915—2016），美国心理学家、教育学家。他对认知心理理论的系统化和科学化作出贡献，提倡发现学习法。主要著作：《思维之研究》（1956年与人合作）《教育过程》《教学理论探讨》。

图1-25 赞科夫

赞科夫（Leonid Vladimirovich Zankov, 1901—1977），苏联心理学家、教育家。他提出了高难度、高速度、理论知识起指导作用、使学生理解学习过程及使全体学生都得到发展的原则。主要著作：《教学与发展》《教学论与生活》。

阶梯，这可以帮助教师更加细致地去确定教学的目的和任务。

1963年，美国教育心理学家布鲁纳出版了《教育过程》一书，强调要使学生理解由基本概念、基本原理组成的学科的基本结构以及它们之间的相互联系与规律性。他重视学生能力的培养，提倡发现学习。

1975年，苏联心理学家、教育家赞科夫进行教学改革实验的总结——《教学与发展》一书出版。这本书批评了苏联传统的教学理论对发展学生智力的忽视，强调教学应走在学生发展的前面，促进学生的一般发展。

图1-26 巴班斯基

巴班斯基（Pavl Andreevich Babansky, 1927—1987），苏联教育科学院院士、副院长，苏联著名教育家、教育学博士。他提出教学过程最优化的原理。主要著作：《教学过程最优化：一般教学论方面》。

1972年以后，教育学家巴班斯基的系列著作接连出版，其中的代表作品为《教学过程最优化：一般教学论方面》。此书认为应该把教学看作一个系统加以考察，以便做到最佳处理教育问题。巴班斯基将现代系统论的方法引进教学论的研究，是使教学论进一步科学化的新探索。

与此同时，苏联富有创造精神的教育心理学家苏霍姆林斯基的教育理论也日益得到关注。他从自己二十多年的中学校长的实践出发，潜心研究教育理论，对教育和教学提出了许多独特的见解，如教师要无限地关心爱护儿童，重视学生德智体美劳全面发展，关于学校管理工作的意见等。他的教育理论反映在他的40多部教育专著、100多篇论文、1200多篇童话和短篇小说中，这些成果被译成29种文字发行。他的论著被誉为"活的教育学"和"学校生活的百科全书"。目前，在我国较为知名的有《给教师的一百条建议》《把整个心灵献给孩子》《关心孩子的成长》等。

图1-27 苏霍姆林斯基

苏霍姆林斯基（Vasyl Olexandrovych Suchomlinsky, 1918—1970），苏联著名教育实践家和教育理论家。他提出把青少年培养成为"全面和谐发展的人，社会进步的积极参与者"。全面发展，即智育、体育、德育、劳动教育和审美教育全面发展。主要著作：《给教师的一百条建议》《把整个心灵献给孩子》《教育的艺术》。

专栏1-5

中国教育学百年发展历程

中国教育学科的百年发展大致可以以中华人民共和国成立为分界，划分为两大时期。这两大时期又可根据教育学科发展呈现出的基本状态和主要特征分为六个阶段。其中，出现过三次历史性中断和三次大的转向。

第一阶段是从1901年到1919年（或1915年）。它从翻译、介绍日本学者编写的教育学始，到国人自己编著教育学呈第一次高潮止。上述两类教育学著作，其内容基本以德国教育学家赫尔巴特的学说为依据和框架。这是直接向日本"引进"以介绍赫尔巴特教育理论为主的发展阶段，是近代教育学在中国的初建阶段，也是中国传统教育思想研究与教育学科建设中断的开始。

第二阶段是从1919年到1949年。这是中国教育学界由向日本学习转为向欧美学习的阶段，也是中国教育学界开始形成教育学研究的专门队伍和代表人物，同时出现结合中国教育实际与问题展开独立研究的阶段。这一阶段总体上可称为积聚和建设的阶段。就学科建设由向日本学转为向欧美学，并由此带来各学科在内容体系、形态上的变化而言，这一阶段可视为是引进方向的第一次整体转向。

第三阶段是从1949年到1957年（或1956年）。这是教育学界批判杜威、批判解放前国内"资产阶级教育思潮"的时期，也是全面引进苏联教育学科领域教科书的时期。中国教育学领域里发生了"引进"方向的第二次整体转向，由学西方转向学苏联。

第四阶段是从1957年到1966年。本阶段以1958年的"教育革命"为重要事件，出现了教育学作为党的教育方针、政策解释和毛泽东有关教育语录的诠释的独特意识形态化的现象。第一次出现"教育学中国社会主义化"的努力，这可称为教育学科由外学转为向内树的第三次大转向。

第一章 教育与教育学　23

> 第五阶段是从1966年到1976年。"文化大革命"使教育学领域遭受非常严重的破坏,是第三次中断时期。
> 第六阶段是从1977年至2000年。总体而言,这一阶段学科建设不断加强,学术观点趋向多元,学术视野日渐拓展,国际交流日益加强,且形成了教育学科的当代体系。尽管不同科目发展不平衡,但学科建设中的反思批判意识普遍增强,中国教育学科建设因"元研究"的出现而开始进入"自为时期"。这是中国教育学科建设从恢复到繁荣并开始走向独立化的时期。
> ——叶澜.中国教育学发展世纪问题的审视[J].教育研究,2004(07):3-17.

在理论深化的同时,应用方面的研究也得到了加强。人口问题、家庭问题、伦理问题、犯罪问题、就业问题、劳动者素质问题都是教育学研究的重要课题,这标志着教育学功能的扩大和深化。就学校教育本身而言,各国也面临着许多实际问题,如怎样加强和改进道德教育;课程改革怎样既适应科技迅速发展的需要又不增加学生的负担;职业技术教育怎样适应生产和技术不断革新的需要;发展中国家怎样迅速有效地扫除文盲、普及教育等。这些应用问题的研究正在有力地推动着教育科学和教育事业的发展。

2.教育学研究方法的变革和进步

教育学的发展是同研究方法的更新密切相关的。夸美纽斯运用感觉论、经验法研究教育问题,因而他的教育学特别强调直观性教学,强调遵循儿童的自然天性。实验法、测量法被引入教育学研究之后,许多难以捉摸的潜在现象得到了客观的揭示和定量的说明。这不仅增强了教育学的应用性,而且更提高了理论观点的科学性和准确性。近几十年来,教育学研究方法的演进经历了一个由单一到综合、由方法到方法论的发展过程。随着研究的深入,人们往往将"几种方法"结合起来,或者从中做出适当的选择,而致力于研究方法的最优化,如在教育学研究中出现的由定量研究向定性研究转变、定量与定性并重的情形就是明证。[1]这样不仅能多维度、多视角地研究一个问题,从而克服研究结果的片面性;同时还能够运用最佳方法,选择便捷的途径,提高研究的效率。教育学研究方法的变革的标志之一是引进了其他社会科学和自然科学的研究方法。这不仅将历史法、文献法、比较法、因果树法引入教育学研究,甚至把矩阵法、优选法以及模糊数学也应用于教育研究,以期从"模糊中求精确","获得与事物本来面目相接近的一致的参数"。[2]

教育学研究方法的重大突破是科学方法论以及横断科学原理的引进。从20世纪50年代开始,系统论、控制论、信息论就跨入了教育学研究领域。20世纪80年代以后,耗散结构、协同学、突变论这"新三论"又引起了教育学界的重视。多学科的合作

---

[1] 钟以俊,龙文祥.教育科学研究方法[M].合肥:安徽大学出版社,1997:33—34.
[2] 瞿葆奎.教育学文集:教育研究方法[M].北京:人民教育出版社,1988:466.

研究意味着运用若干独特的研究方法来研究教育问题,教育学领域出现了"方法无界限"的局面。常规研究方法的改进、各学科研究方法的引进和多种方法的最优结合,无疑会使教育研究者的视野更加开阔。这正是当今教育学界思想活跃、新论迭出的原因所在。

本节小结

本节主要分析了教育学的研究对象,阐述了教育学的产生发展历程,介绍了不同时期国内外著名教育家的代表著作及其主要教育思想,以及一些哲学、教育论著中的教育思想和一些教育学流派的教育观点。

关键术语

教育学　教育现象　教育规律

讨论与应用

1. 下面几段文字摘自《学记》,试着将其翻译成白话文,并分析其反映的教育思想。

(1) 虽有嘉肴,弗食,不知其旨也;虽有至道,弗学,不知其善也。是故学然后知不足,教然后知困。知不足,然后能自反也;知困,然后能自强也。故曰:教学相长也。

(2) 大学之法:禁于未发之谓豫,当其可之谓时,不陵节而施之谓孙,相观而善之谓摩。此四者,教之所由兴也。

(3) 君子既知教之所由兴,又知教之所由废,然后可以为人师也。故君子之教,喻也。道而弗牵,强而弗抑,开而弗达。道而弗牵则和,强而弗抑则易,开而弗达则思。和易以思,可谓善喻矣。

2. 查阅相关资料,尝试分析以下两位教育家思想观点的异同。

杜威认为,"教育即生活""学校即社会""做中学"。
陶行知认为,"生活即教育""社会即学校""教学做合一"。

"讨论与应用"
答题思路与要点
(扫描二维码)

本章复习思考题及答案
(扫描二维码)

拓展阅读书目
(扫描二维码)

02
第二章
教育的基本原理

　　人生之初,如林中幼苗,成材几何,在于教育。但是,十年树木,百年树人,教育是极其复杂的,你在教育的实践中越深入,对此体会就越深刻。但教育不是绝望的泥潭,而是能让你经常处于发展和提高的欣喜之中——只要你坚持在科学理论的指导下实践。请你从自身发展过程深入思考,人的发展受哪些因素影响?根据人的发展规律应该采取怎样的教育措施?请你和同学分享自己的观点,找出那些容易被忽视或违背的发展规律。

通过本章的学习,你能够:
- 理解影响人发展的基本因素及其作用
- 掌握人的身心发展的规律
- 理解一定社会的生产力发展水平、政治经济制度与科技文化等因素对教育的影响和制约
- 明确教育的社会功能
- 理解教育的相对独立性及其表现

【本章结构】

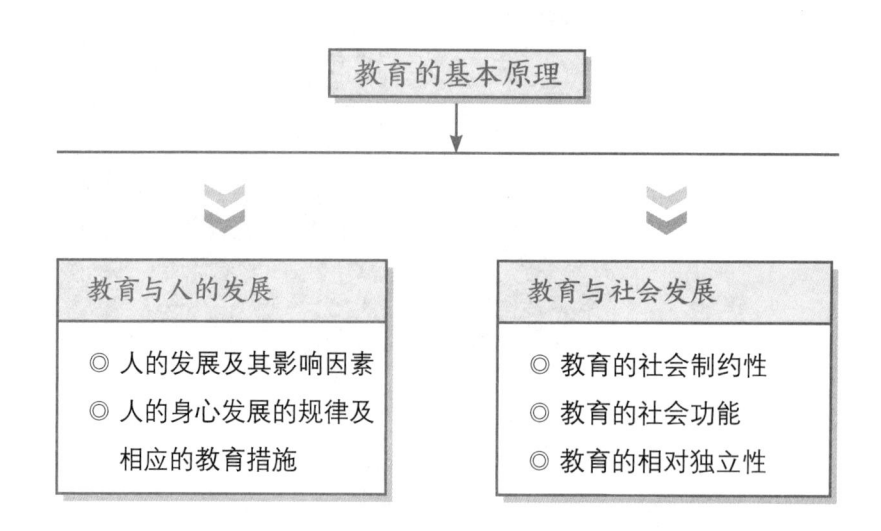

```
                     教育的基本原理
                    ┌────────┴────────┐
              教育与人的发展          教育与社会发展
           ◎ 人的发展及其影响因素    ◎ 教育的社会制约性
           ◎ 人的身心发展的规律及    ◎ 教育的社会功能
             相应的教育措施          ◎ 教育的相对独立性
```

本章主要是回答"教育与人的发展""教育与社会发展"的关系问题,它有助于你明确教育对人发展的作用,正确处理教育与人的发展的关系,正确理解教育与社会发展的关系,这是做好教育工作的重要保障。我们首先分析教育与人的发展,从人的发展的内涵说起,进而挖掘影响人的发展的因素,探讨人的身心发展的基本规律及相应的教育措施;然后分析教育与社会发展的关系,从教育的社会制约性、教育的社会功能和教育的相对独立性三方面进行分析。

第一节
教育与人的发展

教育的对象是人,教育是有目的地培养人的社会活动。教育工作者必须了解人的发展的含义、特点和规律,认识影响人的发展的基本因素,明确教育对人的发展的重大作用,正确处理教育与人的发展的关系。这是按照科学规律做好教育工作、提高教育质量的重要保障。

一、人的发展及其影响因素

(一)人的发展的含义

人的发展有多种含义,这里所讲的人的发展指人的个体发展,是一个人从生命开始到生命结束的全部人生过程中,在身心两个方面所发生的一切变化。

人的发展包括身体和心理两方面的发展。身体发展是指机体的各种组织系统(骨骼、肌肉、循环系统、神经系统、呼吸系统等)的发育及其机能的增长,是人的生理方面的发展。心理发展是指感觉、知觉、注意、记忆、思维、想象、情感、气质、意志、性格等方面的发展,是人的精神方面的发展。人的身体发展与心理发展是紧密联系的:身体发展是心理发展的物质基础,心理发展影响着身体发展。

(二)影响人的发展的基本因素

人的发展取决于多种因素,是诸种因素相互作用与建构而形成的结果。人们对这些因素有不同划分,对其在人的发展中的作用也有不同的认识和评价。我们将从遗传、环境、教育和个体的主观能动性在人的发展中的作用进行探讨。

1. 遗传在人的发展中的作用

(1)遗传素质是人的发展的物质基础和生理前提,为人的发展提供了可能性。遗传是指人从上代继承下来的生理解剖上的特点,如机体的结构、形态、感官和神经系统的特点及本能、天赋倾向等。这些遗传的生理特点,也叫遗传素质,是人的发展的自然的或生理的前提条件。如果没有这些生理条件,人的发展就无法实现。例如,正因为人有大脑,才为人的心理发展提供了物质和生理的前提条件,在后天的环境和教育的影响下,人才可以学习极为复杂的文化与科学技术,发展自身的智慧与能力,进行发明与创造,这是其他动物所不能做到的。

(2)遗传素质的成熟程度制约着人的发展过程及年龄特征。遗传素质本身有一个发展与成熟的过程,主要表现为人的身体的各种器官的形态、结构及其机能的发展变化与完善。如幼儿学走路,青少年身高的剧增、骨髓构造的变化、心肺和大脑的发

专栏 2-1

印度"狼孩"的故事

1920年10月,印度传教士辛格(Singh)在印度加尔各答的丛林中发现两个被狼哺育的女孩。

大的女孩约8岁,小的1岁半左右。据推测,她们必是在半岁左右时被母狼带到洞里去的。辛格给她们起了名字,大的叫卡玛拉(Kamala),小的叫阿玛拉(Amala)。当她们被领进孤儿院时,一切生活习惯都同野兽一样,不会用双脚站立,只能用四肢走路。她们害怕日光,在太阳下,眼睛只睁开一条窄缝,而且会不断地眨眼。她们习惯在黑夜里看东西。她们经常白天睡觉,一到晚上则活泼起来。每天晚上10点、1点和3点循例发出非人非兽的尖锐的怪声。她们完全不懂语言,也发不出人类的音节。她们两人经常动物似的蜷伏在一起,不愿与他人接近。她们不会用手拿东西,吃起东西来真的是狼吞虎咽,喝水也和狼一样用舌头舔。在吃东西时,如果有人或有动物走近,她们便呜呜作声去吓唬人。在太阳下晒得热时,她们便张着嘴,伸出舌头来,和狗一样地喘气。她们不肯洗澡,也不肯穿衣服,并随地便溺。

她们被领进孤儿院后,辛格夫妇异常爱护她们,耐心抚养和教育她们。总的说来,小的阿玛拉的发展比大的卡玛拉的发展快些。进了孤儿院2个月后,当她渴时,她开始会说"bhoo(水)",并且较早对别的孩子的活动表现兴趣。遗憾的是,阿玛拉进院不到1年,便去世了。卡玛拉用了25个月才开始说第一个词"ma",4年后一共只学会了6个字,7年后增加到45个字,并曾说出用3个字组成的句子。进入孤儿院16个多月后卡玛拉才会用膝盖走路,2年8个月后才会用两脚站起来,5年后才会用两脚走路,但快跑时又会用四肢爬行。卡玛拉一直活到17岁。但她直到去世还没真正学会说话,智力只相当于人类三四岁的孩子。

——[印度]J.A.L.辛格.狼孩:对卡马拉和阿玛拉的抚养日记[M].陈甦新,李青,编译.长春:吉林人民出版社,1982.

育、性的成熟等。遗传素质的成熟程度,为不同年龄阶段的人的身心特点提供了可能性,并制约着人的发展的年龄特征。例如,人们常说"三翻、六坐、八爬叉,十个月会喊大大",这反映了人的遗传素质的发展过程。如果让6个月的婴儿学走路,不但是徒劳的,而且是无益的。同理,让4岁的儿童学高等数学,也是不可能成功的。只有当人体的发展具有了一定的生理条件,才可以为学习一定的知识技能提供可能性。据研究,人的思维发展与脑的重量发展是密切相连的,人脑平均重量发展的趋势是:新生儿为390克,8—9个月的婴儿为660克,2—3岁的幼儿为990—1 011克,6—7岁的幼儿为1 280克,9岁的儿童为1 350克,12—13岁的少年儿童大脑平均重量已和成人差不多了,即达到1 400克。所以,《中华人民共和国义务教育法》规定小学入学的年龄为6周岁是有科学依据的。

(3)遗传素质的差异性对人的发展有一定的影响。人的遗传素质是有差异的,其差异不仅表现在体态和感觉器官的功能上,也表现在神经活动的类型上。比如,在医院的婴儿室里,你可以看到,出生几天后的婴儿表现各不相同:有的比较安静,容易入睡;有的则手脚乱动,大哭大喊。从一两岁的孩子身上,你可以看到,他们在对外界事物反应的快慢、情感表现的强弱和是否容易转移等方面,也存在着差异,这都与神经活动的类型密切相关。近年来,遗传学有了迅速发展,关于遗传基因的研究,证明了遗传基因里存在着的物质有核糖核酸(简称RNA)和脱氧核糖核酸(简称DNA),这些物质的排列结构及其活动,与人的发展有着密切的关系。遗传素质的差异,对于人的发展有很大的影响。例如,一个生来就失明的孩子,不可能培养他成为一个画家;一个生来就失聪的孩子,就很难把他培养成为音乐家。所以,遗传素质对于人的发展是具有一定的影响的,据此,我们应当高度重视优生优育问题。

(4)遗传素质具有可塑性。随着环境、教育和实践活动的作用,人的遗传素质会逐渐地发生变化,这就说明了遗传素质具有可塑性。就遗传基因来说,"在基因组中的DNA决定了个体在生理上的、结构上的和行为上的潜在性能,但并非所有的潜在性能都必定可以在那个正在发育着的个体中获得实现"[①]。科学实验还证明,神经细胞中核糖核酸的含量与人在积极活动中所接受的感觉刺激有直接联系,刺激的数量和种类可以加速或延缓先天的生长因素。根据形态学的研究证明,视觉输入的刺激能在不同程度上影响大脑皮层的厚度、神经元的大小、树突分支的多少、视神经的精细度等。人的生活经验证明,人们由于长期进行某一方面的训练,就可以使脑的某一方面反应能力提高,如印染技工可能比一般人具有较强的颜色鉴别能力,酿酒工人具有较敏锐的鉴别酒质的能力。人的遗传素质发展的过程,也因人的生活条件的不同而发生变化,如今日的青少年与之前的相比,在身高、体重上都有所增加,性成熟期提前了,智力的发展也有所提前与增强。综上所有这些,都说明遗传素质是具有可塑性的。

由上述可见,遗传素质影响人的发展。遗传素质在儿童的发展中起着重要作用,它不仅为儿童的发展提供了物质基础和生理前提,而且为其发展提供了可能性。这一原理带给我们的启示有如下两个方面。一是教育要因势利导、顺势而为,要善于引导和保护儿童的天性,发现和激发儿童的某些天赋,培养他们的"一技之长",而不要拔苗助长、逆势而为,这就是当前教育界盛行的教育功能有限论的观点。二是要正确看待遗传素质和后天环境的关系。实际上,遗传素质只是为儿童的发展提供了可能性,而要获得真正的成长、成才还需要后天的学习。天资聪慧的孩子具有未来良好发展的可能性,但也未必就能成功,如果教育不适当,就会使遗传素质比较好的孩子趋于平凡,如宋朝王安石笔下的方仲永;天资愚钝的人虽然有先天弱势,但通过后天的努力仍然可能成功。所以,遗传不决定人的发展。遗传决定论或教育万能论都是具有片面性的。

2.环境在人的发展中的作用

遗传素质是人的发展的物质基础和生理前提,但也只是为人的发展提供了先天可能性,要把这种发展的可能性转化为发展的现实性,还有赖于后天生活中的环境影响。环境是人的发展的现实根基与资源。

环境是围绕在个体周围并对个体自发地发生影响的外部世界,主要包括自然环境和社会环境。自然环境指环绕在人类周围直接或间接影响人类生存与发展的自然界,如阳光、

---

① [美]E.J.加德纳.遗传学原理[M].杨纪珂,汪安琦,译.北京:科学出版社,1984:382.

空气、水土等,是人类生存的基本条件。社会环境指人类在自然环境基础上创造和积累的物质文化、精神文化和社会关系的总和,主要包括人类赖以生存和发展的物质条件、人与人之间复杂的社会关系以及社会意识形态等。因而,从广义上来说,教育也包括在环境这一概念之中。为了突出学校教育在人的身心发展中的自觉性、目的性和计划性的特点,以区别于环境影响的某种程度的自发性,我们把学校教育从环境中分离出来,放在后面单独学习。

环境是不断发展的,它的发展也对人的发展提出了客观要求,因而也推动着人的身心发展,成为人身心发展的动力。环境在人的发展中的作用主要体现在以下两个方面。

第一,环境是人身心发展不可缺少的外部条件。人是社会中的人,人从一出生就生活在一定的人与人的关系体系中。在人类社会中,每个社会成员之间都结成一定的社会关系,因而人具有社会性的特点,人的发展永远不能离开其赖以生存的社会环境。

一个人从出生时起,就一直受着环境的各种影响。在环境的影响下,儿童的身心得以发展,获得一定的生活经验、知识和语言能力,形成各种思想意识和行为习惯。在不同历史时期、不同地域、不同民族、不同社会阶级与阶层中生活的人,他们的思想意识、道德品质、知识才能和行为习惯都有明显的差别,使每个人的思想、品行、才能与习性无不打上历史、地域、民族文化、社会阶级与阶层的烙印。一个人的身心能否得到发展和发展到什么程度,都与他所处的社会环境分不开,社会环境是一个人得以发展的现实条件和现实源泉,对人的发展起着重要的不可替代的作用。

如果没有社会环境的影响,生物人就不可能获得人的社会发展。人们曾多次发现"狼孩""猴孩"。这些事例充分说明,人的身心发展是受后天环境影响和制约的,遗传素质仅仅为人的发展提供生理基础和发展的可能性。如果没有后天的人类所创造的文明生活,没有后天的社会文化的滋养,人就不可能从自然人成长为所处时代的社会人。

第二,环境推动和制约着人身心发展的速度和水平。环境是人发展的必要条件。环境对个体发展的影响有积极和消极之分,如古人云:"近朱者赤,近墨者黑;声和则响清,形正则影直。"一般来说,经济发达的地区,良好的社会生活条件或社会文化条件,可以加速年轻一代身心发展的进程;相反,不良的社会生活和文化氛围,则会阻碍年轻一代身心发展的进程。

由上述可见,环境对人的身心发展具有一定的影响,但环境影响不决定人的发展,因为个体受环境的影响不是消极被动的,而是积极能动的实践过程。环境对人的发展的影响要通过个体的主观努力和社会实践活动才能实现。有的人在良好的环境中却没什么成就,甚至走向与环境要求相反的道路;有的人在恶劣的环境中却能"出淤泥而不染",成为很有作为的人。因此,那种否定人的主观能动性、忽视人们所从事的各种实践活动、无视人的主观状态在其发展中的作用、片面夸大环境对人的发展的作用的观点,特别是"环境决定论"的观点是错误的。

3. 教育在人的发展中的作用

马克思从生产劳动的角度理解教育的作用,把教育理解为提升劳动者素质和能力的重要途径——"为改变一般人的本性,使它获得一定劳动部门的技能和技巧,成为发达的和专门的劳动力,就要有一定的教育或训练"[①]。教育能够帮助人们学习新知识,掌握新技

---

① 中共中央马克思恩格斯列宁斯大林著作编译局.马克思恩格斯文集(第五卷)[M].北京:人民出版社,2009:200.

能,增长新本领,提高思想道德素质和科学文化素质,培养综合能力和创新思维,获得发展自身、奉献社会、造福人类的能力。从广义上说,教育是社会环境的一部分,但它是社会环境中特殊部分。教育,特别是学校教育,与遗传素质和自发的环境影响相比,在人的身心发展中起着主导作用。学校教育之所以在人的发展中起主导作用,是由其特点决定的。

学校教育是一种有目的地培养人的活动,它规定着人的发展方向。教育是以教育人为主要目的的活动。学校教育能排除和控制一些不良因素的影响,给人以更多的正面教育,有利于思想品德的培养,使人按照正确的方向发展,更使年轻一代健康地成长。在其他活动中,人与人之间产生的各种影响作用也会具有一定的教育意义。但是,由于那些活动影响的自发性、复杂性、方向性、稳定性等,它们不能按照社会的需求去影响人,因而也不能造就适应社会发展的人。

学校教育给人的影响比较全面、系统和深刻。学校教育是根据一定社会的要求,按照一定的目的,选择适当的内容,利用集中的时间,有计划地、系统地向学生进行各种科学文化知识的教育,并进行一定的思想品德教育。而环境中其他方面的影响,往往是自发的、偶然的、片段式的,是不能与学校教育相比拟的。学校教育是通过专业人员来进行工作的,这些专业人员明确教育的目的,熟悉教育的内容,懂得教育这个转化活动的规律和方法,对学生的思想、学业、身体等全面培育,能自觉地促进学生按照一定的方向去发展。

学校教育在人的身心发展中起主导作用。这种主导作用是相对的、有条件的。学校教育主导作用的发挥依赖于教育自身的状况,包括学校的物质条件、师资队伍、教育管理者的水平等方面;依赖于学习者的主观能动性;依赖于学习者的家庭环境的影响,包括家长的职业类别和文化程度、家庭的经济状况和自然结构;依赖于社会发展的状况,包括生产力水平、科技发展、社会环境、社会文化传统和民族心态以及公民整体素质等。当社会影响和家庭教育与学校教育相一致,且学生又能积极主动参与教育活动时,教育者才能够按照教育规律做好工作,学校教育就能发挥其主导作用。反之亦然。此外,教育对于某些遗传素质有缺陷的儿童更困难一些,需付出更多的精力。因此,我们不能把学校教育的主导作用无条件地夸大,而忽视遗传素质、环境和个体的主观能动性这些条件,否则就可能犯"教育万能论"的错误。

4. 个体的主观能动性在人的发展中的作用

个体的主观能动性,是指人的主观意识和活动对于客观世界的积极作用,包括能动地认识客观世界和积极地改造客观世界,并统一于人们的社会实践活动中。主观能动性来自解决不断提高的社会要求和人已有的心理发展水平之间的矛盾,是通过活动表现出来的,是人类认识、改造环境或自我的能力与活动。主观能动性的活动表现有:个体进行身体的、有价值的生命活动;个体获得对世界和自身的认识的心理活动;个体扩大范围、丰富内容和提高人的身心发展水平的社会实践活动。

个体的主观能动性是人的一种内在需要和动力,是一种寻求发展的积极动机和渴望。比如当学习者具备了积极的学习动机时,环境和教育的外因才能发挥相应的作用。学习者的学习积极性越高,教育发挥的作用也就越大。在同样的环境和教育条件下,每个学生发展的特点和成就主要取决于他自身的态度,决定于他在学习、劳动实践中所付出的精力。外因必须通过内因才能起作用,这是人人皆知的道理。所以,个体的主观能动性是人的发展的内在动力,个体实践是影响人发展的决定性因素。

二、人的身心发展的规律及相应的教育措施

自然界和人类社会都有自己的规律,人的身体和心理的发展也同样有着自己的规律。教育者只有了解了这些规律,才能采取相应的教育措施来促进青少年的身心健康发展。

(一)人的身心发展具有顺序性

人的身心发展是具有一定顺序的,是一个由低级到高级、由简单到复杂、由量变到质变的连续不断的发展过程。在生理方面,身体的发展是先头部后四肢,先中心后边缘,如躯体的发展是自上而下,即头部→颈部→躯干→下肢;大脑皮层的发展是:枕叶→颞叶→顶叶→额叶。心理机能的发展顺序是:由无意注意到有意注意,由机械记忆到意义记忆,由具体形象思维到抽象逻辑思维,由喜怒哀乐等一般情绪发展到理智感、道德感、美感等高级情感。

人的身心发展具有顺序性,这决定了我们的教育活动必须根据身心发展的这一特点循序渐进地进行。无论是知识技能的学习还是思想品德的发展,教育活动都应由浅入深,由简到繁,由易到难,由少到多,由具体到抽象,循序渐进。

(二)人的身心发展具有阶段性

儿童的发展,在一定年龄阶段,往往反映出一些新的生理与心理变化的典型特点。这些典型特点的出现,标志着儿童的发展进入了一个新的发展时期。人们根据这些特点的典型性与普遍性,确定了儿童发展的阶段性。每个阶段都有其普遍的与典型的特点,这些特点与前后阶段既有差别性,又有连续性,共同构成不同年龄阶段的年龄特征。儿童的生长发育是以年龄为基础的,为此,儿科学根据不同年龄机体的生理、解剖、心理等的成熟度,将儿童年龄划分为胎儿期、新生儿期、婴儿期、幼儿期、学龄前期、学龄期和青春期七个阶段。

人的身心发展的阶段性要求教育应从学生的实际出发,尊重不同年龄阶段学生的特点,并根据这些特点提出不同的发展任务,采用不同的教育内容和方法,进行有针对性的教育。

(三)人的身心发展具有不均衡性

个体身心发展并不是按相同的速度直线发展的,其发展的速度、成熟水平是不均衡的。这种不均衡性,从总体发展来看,主要表现在两个方面。一方面,人的身心的同一方面的发展,在不同的年龄阶段,发展速度和水平是不均衡的。例如,个体身高体重的增长,在人的成长中有两个加速发展期:第一个加速发展期出现在婴儿期(从出生时的50厘米左右增长到75厘米左右),第二个加速发展期则在青春发育期。在这两个时期,个体身高与体重的发展较之其他年龄阶段要迅速得多。另一方面,个体在不同的年龄阶段不同方面的发展具有不均衡性。有些方面的发展在较早年龄阶段就已经达到较高的发展水平,有些方面则要到较晚的年龄阶段才能达到较为成熟的水平。例如,感知觉是认识的低级阶段,儿童的感知觉的发展比高级形式的判断、推理等逻辑思维能力的发展要早许多。再

如,身心两方面的发展也是不同步的。人的生理成熟以性机能成熟为标志,男性一般比女性的性成熟晚2—3年,由于食物营养和社会文化的影响,现代社会人的生理成熟时期提前了。心理上的成熟则以独立思考能力、较稳定的自我意识和个性的形成为标志。由于社会发展对个体要求的逐步提高,学习年限的延长,独立生活和工作的期限推后,这使人的心理成熟也向后推移。这样一来,个体身心发展的不平衡性表现得更为突出。

认识个体发展的不均衡性,有助于我们明确儿童发展的最佳期和关键期,使教育与儿童身心发展的成熟状况相适应,从而提高教育的针对性和有效性。许多心理学家和教育家认为,在智力发展的关键期,环境与教育对智力发展影响的效果超过其他时期若干倍。例如,1—3岁是口头语言学习的关键期;4—5岁是书面语言学习的关键期;5岁以前是音乐学习的关键年龄;10岁以前是外语学习和一般动作技能掌握的关键年龄;等等。因此,教育要适应人的发展的不均衡性,在身心发展的关键期提供相应的教育内容。

(四)人的身心发展具有个体差异性

尽管正常人的发展要经历一些共同的发展阶段,但由于人的遗传、环境、教育和主观能动性的不同,其发展的速度、水平以及发展的优势领域千差万别,彼此间表现出发展的个别差异。个体差异性有多种层次。从群体的角度看,首先,表现为男女性别的差异。这不仅是自然性上的差异,还包括由性别带来的生理机能和社会地位、角色、交往群体的区别,这些区别在一定程度上造成不同发展方面与水平上的差别。其次,从个体的角度看,主要表现在:不同儿童的同一方面发展的速度和水平各不相同,如两个同龄儿童,有的某方面才能表现较早,有的则很晚;不同方面发展的相互关系存在差异,如有的学生第二信号系统的发展占优势,数学能力强,但绘画能力差,而有的学生则相反;不同青少年儿童具有不同的个性心理倾向,不同年龄的儿童具有不同的兴趣、爱好和性格等。

人的身心发展的个别差异性要求教育必须深入了解学生,针对学生不同的发展水平以及不同的兴趣、爱好和特点进行因材施教,引导学生扬长避短、发展个性,促进学生的全面发展。

本节小结

本节围绕"教育与人的发展",介绍了人的身心发展的内涵,分析了影响人的身心发展的四大因素,即遗传、环境、教育和个体的主观能动性;探讨了人的身心发展的规律,即顺序性、阶段性、不均衡性、个体差异性以及相应的教育措施。

关键术语

人的发展 遗传 环境 教育的主导作用 个体的主观能动性

讨论与应用

1. 请运用教育与人的发展的相关理论,分析下述观点。

霍尔:一两的遗传胜过一吨的教育。

华生：给我一打健康而又没有缺陷的婴儿，把他们放在我所设计的特殊环境里培养，我可以担保，我能够把他们中间的任何一个人训练成我所选择的任何一类专家——医生、律师、艺术家、商界首领，甚至是乞丐或窃贼，而无论他的才能、爱好、倾向、能力，或他祖先的职业和种族是什么。

爱尔维修：人受了什么样的教育，就成为什么样的人……教育是万能的，它甚至还能创造天才。

2. 试用教育与人的发展关系的原理分析以下现象。

《伤仲永》中的方仲永小时候天资比常人聪慧，五岁就能作诗，但到了十二三岁时，写的诗已经大不如前了，年至二十岁左右，则"泯然众人矣"。而世界著名生物学家达尔文从小被认为智力低下，但剑桥的博物学者汉斯罗在与达尔文的交往中发现他有极强的观察力，于是亲自推荐他作为自然科学工作者参加贝格尔舰的考察航行，才使他后来取得了卓著的成绩。

第二节

教育与社会发展

一、教育的社会制约性

教育是培养人的活动，教育也是社会大系统中一个重要的子系统。教育因满足人与社会的需要而产生，也随着人的发展与社会的发展而发展。教育目的、教育制度、教育内容与教育方式，以及教育发展的规模与速度，无一不受到社会的生产力发展水平、政治经济制度与文化等因素的影响和制约，这就是教育的社会制约性。这种制约性，具体表现在以下几个方面。

（一）生产力对教育的制约

生产力是整个社会存在和发展的决定力量，它推动和制约着整个社会的发展，也必然推动和制约着教育的发展。教育发展水平的最终决定因素是生产力，教育所要培养的人的能力、教育的结构、内容、方法和组织形式等都要受到生产力发展水平的制约。

1. **生产力的发展水平制约着教育事业发展的规模和速度**

办教育需要一定的人力和物力，如办多少学校、学校的规模多大、学习年限多长、办学经费多少等，都必须有一定的物质条件做保证。没有相应的物质条件，教育无从谈起。因而，一方面，生产力的发展为教育提供了物质条件和基础；另一方面，当教育的发展超过了生产力的承受能力，占用过多的资金和人力时，社会必将对其进行调整，以使教育的发展适应生产力发展的水平。

2. 生产力的发展水平制约着人才培养的需求和教育结构

培养什么样的人,既受制于社会的政治经济制度,也与生产力发展水平有密切的联系,这在教育发展的不同历程中有明显体现。例如,前面所讲的奴隶社会和封建社会中的学校教育,不培养劳动者,而资本主义社会的学校教育则必须承担培养生产工作者的任务,都是受生产力的发展水平所制约的。这就说明,不同的生产力发展水平对培养人的需求提出了不同的要求。再者,生产力的发展也必然引起教育结构的变化。设立什么样的学校,开设什么样的专业,各级各类学校与各种专业之间的比例如何,都受到一定历史时期生产力发展的水平和产业结构所制约。在现代社会,基础教育的普及,中等职业教育的发展,高等专科教育和成人教育的开展,以及电子计算机和自动控制等新型专业的设置,都是生产力发展的必然结果。可见,学校教育结构必须反映经济的技术结构和产业结构的发展变革。

表2-1 1978—2017年各级学校招生和毕业生人数及其比率

(单位:万人)

年代	1978	1980	1985	1990	1995	2000	2005	2010	2015	2017
高校招生	40.2	28.1	61.9	60.9	92.6	220.6	504.5	661.8	737.8	761.5
高中毕业	682.7	616.2	196.6	233.0	201.6	301.5	661.6	794.4	9 797	775.7
高考理论录取率	5.8%	4.6%	31.5%	26.1%	45.9%	73.2%	76.3%	83.3%	75.3%	98.2%
高中招生	692.9	383.4	257.5	249.8	273.6	472.7	877.7	836.2	796.6	800.1
初中毕业	1 692.6	964.7	998.3	1 109.1	1 227.4	1 607.1	2 106.5	1 748.6	1 417.6	1 397.5
中考理论录取率	40.9%	39.7%	25.8%	22.5%	22.3%	29.4%	41.7%	47.8%	56.2%	57.3%
初中招生	2 006.0	1 550.9	1 349.4	1 369.9	1 752.3	2 263.3	1 976.5	1 715.5	1 411.0	1 547.2
小学毕业	2 287.9	2 053.3	1 999.9	1 863.1	1 961.5	2 419.2	20 195	1 739.6	1 437.3	1 585.9
小升初理论录取率	87.7%	75.5%	67.5%	73.5%	89.3%	93.6%	97.9%	98.6%	98.2%	98.8%

数据来源:2018年中国统计年鉴,国家统计局网站。

3. 生产力的发展促进着教学内容、教学方法和教学组织形式的发展与改革

生产力的发展促进着科学技术的发展与更新,也必然促进着教学内容的发展与更新。在14世纪以前,学校教育中自然科学的课程,一般只有算术、几何、天文等学科;到了14—16世纪,学校中增加了地理和力学;17世纪以后,又增加了代数、三角、物理、化学、动物学、植物学等学科。随着现代科学技术的发展,原子物理、电子计算机、遗传工程、激光、海底开发、控制论、信息论、系统论等新兴科学技术,逐渐纳入了

专栏 2-2

教育部印发通知部署做好2024届全国普通高校毕业生就业创业工作[①]

日前,教育部印发《关于做好2024届全国普通高校毕业生就业创业工作的通知》(以下简称《通知》),部署各地各高校深入贯彻落实党中央、国务院决策部署,实施"2024届全国普通高校毕业生就业创业促进行动",多措并举促进高校毕业生就业。

《通知》指出,高校毕业生是国家宝贵的人才资源。各地各高校要把高校毕业生就业作为重中之重、摆在更加突出的位置,健全就业促进机制,强化统筹部署、协同联动和高校责任,调动各方力量形成全员促就业工作合力。

《通知》强调,大力开拓市场化社会化就业渠道。持续深入开展"高校书记校长访企拓岗促就业专项行动",认真落实"两个100"要求,提升访企拓岗工作实效。推进实施"万企进校园"计划,为毕业生提供更多优质岗位信息。全面推广使用国家大学生就业服务平台,深入开展"24365携手促就业精准服务"。充分发挥全国就指委和行业协会作用,加强分行业分区域就业市场建设。加大民营企业、中小企业招聘推介力度,鼓励中小企业更多吸纳高校毕业生。

《通知》明确,充分发挥政策性岗位吸纳作用。推动各地各部门尽早安排党政机关、事业单位、国有企业等招考和各类升学、职业资格考试,为毕业生争取更多求职时间。大力挖掘基层就业空间,继续组织实施好"特岗计划""三支一扶""西部计划"等基层就业项目,拓展实施"城乡社区专项计划""大学生乡村医生专项计划"。鼓励各地出台优惠政策,吸引更多毕业生到基层一线就业创业。畅通入伍绿色通道,积极鼓励高校毕业生应征入伍。

《通知》要求,推进构建高质量就业指导服务体系。把就业教育和观念引导作为"三全育人"的重要内容,引导毕业生树立正确的成才观、职业观、就业观。加强生涯教育和就业指导,修订完善就业指导课程教学要求,遴选打造一批优秀就业指导课程和教材。充分运用现代信息技术,为学生提供个性化、精准化、便捷化的就业指导服务。办好首届全国大学生职业规划大赛。强化就业实习实践,帮助学生增强就业能力、获取就业机会。积极营造平等就业环境,切实维护毕业生就业权益。重点关注脱贫家庭、低保家庭、零就业家庭、残疾等困难群体毕业生,建立帮扶工作台账,"一对一"提供精准就业帮扶。深入实施"宏志助航计划"。推进对口开展就业帮扶援助。

《通知》强调,完善就业监测与评价反馈机制。认真落实毕业去向登记制度,严格落实就业监测工作"四不准""三不得"要求,确保就业数据真实准确。进一步完善就业工作综合评价指标体系,破除单一评价导向,推动各地和高校全面提升就业工作

[①] 中华人民共和国教育部.教育部印发通知部署做好2024届全国普通高校毕业生就业创业工作[EB/OL].(2023-12-05)[2024-04-25].http://www.moe.gov.cn/jyb_xwfb/gzdt_gzdt/s5987/202312/t20231205_1093187.html.

能力和服务水平。完善就业状况反馈机制,深入开展高校毕业生就业状况跟踪调查,持续实施毕业生去向落实率红黄牌提示制度,引导高校及时优化调整学科专业,提高人才培养质量。

《通知》要求,各地各高校要切实落实就业"一把手"工程,逐级压实工作责任,确保就业安全稳定。认真落实机构、人员、场地、经费"四到位"要求,加强省级教育行政部门和高校就业服务机构和工作队伍建设,按比例配备校级就业工作人员。大力开展就业总结宣传,推进就业政策宣传进园区、进企业、进高校、进社区,广泛宣传各地各高校和用人单位促就业的好经验、好做法,积极营造全社会关心支持高校毕业生就业的良好氛围。

学校的教学内容。与普通基础教育相比较,中等、高等教育的教学内容因反映现代生产迅猛发展而变革得更快,直接导致教学内容的改革,学科、专业的分化与重组,教科书、教学参考书的不断更新,力求及时反映生产发展、科技革新和科研的最新成果。教学方法和教学组织形式的变革也是一样,如班级教学组织形式的产生,实物、图片、实验、幻灯片、录音、录像、影视、电脑与网络在教学中的运用,多媒体教学的产生、改进与推广,都是以生产力的发展为前提条件的。

(二)政治经济制度对教育的制约

政治经济制度决定着教育的性质。也就是说,政治经济制度决定着教育的政治思想方向,即教育"培养什么人、怎样培养人、为谁培养人"等一系列教育的根本问题。

1. 政治经济制度决定着教育的领导权

掌握了政权就掌握了教育的领导权。在阶级社会中,统治阶级大多通过制定教育法律、颁布教育方针政策、规定教育目的、明确教育内容、任免教育行政人员和教师、控制教育经费的分配和使用等手段,将教育权掌握在自己手中,进而培养为本阶级服务的人。

2. 政治经济制度决定着受教育的权利

在一个社会里,让哪些人受教育,达到什么程度,受什么样的教育,教育的结果如何,都是由社会的政治经济制度决定的。在社会主义社会,新的社会关系理应使每个社会成员都拥有政治经济上的平等地位。因此,社会发展的目标是使每个社会成员享有同等的受教育权利和机会,即每个人接受教育的性质、层次和类型不是依据个人家庭的政治经济背景,而是取决于个人的理想、抱负、知识基础和智力水平等。

3. 政治经济制度决定着教育目的的性质

教育的根本任务是培养人。"培养什么人、怎样培养人、为谁培养人"等一系列根本问题,都是由社会的政治经济制度决定的。因而,政治经济制度不同,教育的目的也就不同。

4. 政治经济制度制约着教育内容、教育结构和教育管理体制

为了实现不同的教育目标,不同社会政治经济条件下的教育有着不同的教育内容,尤其是社会科学方面的内容。特定社会的教育结构也是由该社会的社会结构、经济结构决定的。教育的管理体制更直接受制于社会的政治经济制度,如在政治经济上实行中央集权的国家,在教育管理体制上多强调集中统一;在政治经济上实行地方分权的国家,在教育管理体制上也多强调地方自主。

(三) 文化对教育发展的制约

教育是社会文化的一部分,它是社会文化这个大系统中的一个要素。作为社会文化要素的教育,必然受到社会文化的影响。

1. 文化水平影响着教育发展水平

不同社会阶段和不同国家的文化发展水平的差异决定了教育的存在形态,进而决定了教育的发展水平。在古代社会,由于生产力水平较为低下,人类对整个自然界、社会所知甚少,原始宗教文化较为昌盛,文化发展水平较低,教育发展水平也就停留在以原始教义为主要内容的发展层面上。在近代社会,文化水平处于自然科学初步发展的阶段,它决定了教育发展水平处于科学教育的近代教育发展阶段。在现代社会,文化水平以推崇科学、反思科学为主,这决定着教育发展水平处于以理性反思科学为主要内容的教育发展阶段。随着人类文化水平的提高,教育发展水平将会达到更高的层次。

2. 文化传统制约着教育活动过程

文化传统影响教育活动过程。文化传统由价值体系、知识经验、思维方式、语言符号组成,这几个组成部分融入教育活动中,影响着教育的诸多方面。价值体系调控制约着教育的发展轨迹与变革;思维方式和知识经验影响着教育的全过程;语言符号作为文化传统传承的条件与工具也深深影响着教育活动。这几个部分相互协调、配合,生成了不同的教育体系。此外,由于文化传统不同,即使是同样发展水平和同样社会制度的国家,其教育活动实施也存在一定差异。

3. 文化变迁影响着教育发展变革

文化不是静止的,而是不断变迁的,这种变迁影响着教育的发展与变革。文化变迁是指文化内容或结构的变化,通常表现为新文化的增加和旧文化的改变,亦即文化与文化之间的传播或文化自身的创造。[1]文化变迁表现为纵横两个方向:文化的历史性发展和同时性跨域交融。文化的历史性发展表明,随着文化自身的不断发展,教育内容和形式也会发生相应的变化;文化的同时性跨域交融表明,多元文化之间的借鉴和创新性发展,将促使教育与时俱进,及时吸收世界范围内的优秀文化及先进的教育理念,摈除传统教育的弊端,促进教育体制的改革。

---

[1] 谭光广,冯利,陈朴.文化学辞典[M].北京:中央民族学院出版社,1988:134.

专栏2-3

如何理解文化自信是更基础、更广泛、更深厚的自信

文化自信,是一个国家、民族、政党对自身文化价值的充分肯定,对自身文化生命力的坚定信念。坚定文化自信,是事关国运兴衰、事关文化安全、事关民族精神独立的大问题。坚定文化自信,充分体现了中国共产党高度的文化自觉和文化担当,凸显出中国特色社会主义的文化根基、文化价值和文化理想。

习近平同志强调:"文化自信,是更基础、更广泛、更深厚的自信,是更基本、更深沉、更持久的力量。"坚定中国特色社会主义道路自信、理论自信、制度自信,说到底就是要坚定文化自信。

文化自信之所以更基础、更广泛、更深厚,就在于文化具有极强的渗透性、持久性,像空气一样无处不在、无时不有,能够以无形的意识、无形的观念,深刻影响有形的存在、有形的现实,深刻作用于社会发展和文明进步,既是民族凝聚力和创造力的重要源泉,又是综合国力竞争的重要因素。

……

自古以来,中华文化形成了自强不息、厚德载物、和合共生、穷变通久等一系列核心价值,为中华民族生生不息、发展壮大提供了丰厚滋养,使中华民族得以在危急关头一次次化险为夷、凤凰涅槃、浴火重生,也使中华文化在面对外来文明时能够兼容并蓄、海纳百川,不断自我丰富、自我发展。

——节选自《习近平新时代中国特色社会主义思想基本问题》

二、教育的社会功能

教育的社会功能体现在两方面:一方面,教育被社会发展所制约;另一方面,教育也能动地反作用于社会,对社会生产力、社会政治经济制度及社会文化的发展起着巨大的促进作用,由此实现着教育的社会功能。

(一)教育的政治功能

教育具有鲜明的政治特征,它承担着培养政治人才、传播思想与形成舆论、促进政治民主化的重要使命。

1. 教育通过培养人才为社会政治服务

通过培养人才来作用于政治,这是教育对政治作用的一个主要方面。自古以来,任何一种政治制度,要想得到实现、巩固和发展,必须有一定的人才作为支柱,而这些人才的培养,在很大程度上是依靠学校教育。教育可以培养大批的政治家和管理人才,直接为政治制度服务。

2. 教育通过传播思想与形成舆论作用于一定的政治

通过教育宣传一定阶级和政府的政治纲领、方针、路线和政策是教育对政治的基

本功能,其主要包括两个方面。一方面,学校是知识分子和青年学生聚集的地方,师生对社会上的各种主张、思想做出反应,对于进步的符合时代潮流的政治观点和政治变革,进行积极的学习、研究和宣传,扩大其影响,从而促进社会政治进步和变革;对于消极腐败的社会政治理论和观点,进行有效的抵制,不让其在社会上扩散和蔓延。另一方面,学校对于社会政治的决策,即政治路线、方针、政策的确定具有咨询作用,特别是高等学校在这方面的功能更为显著。

3. 教育可以促进政治民主化

政治民主化是近现代世界性的政治发展趋向,教育可以促进社会政治民主化。通过教育培养具有一定政治素质的社会公民,是教育维系社会政治稳定的一个突出表现。社会统治阶级总是要通过教育造就公民,使受教育者具有国家、政府或执政党所需求的政治理想与政治信念。正是教育的推动,使公民的民主意识、民主观念得以养成。民主意识又与科学意识密切相关,公民缺乏科学知识素养也就无法提高其民主的素养。因此,国家教育事业的发展和全体国民科学文化水平的不断提高,是实现社会政治民主化的重要前提与保证。

(二)教育的经济功能

经济功能是指教育所具有的促进经济发展的作用。教育可以通过实现劳动力和科学技术的生产,通过创新科学技术,促进生产力的发展,从而推动社会经济的进步。生产力的发展推动和制约着教育的发展,而教育对于社会生产力的发展也起着巨大的促进作用。

1. 教育通过提高劳动者素质促进经济发展

教育是劳动力再生产的重要手段之一,把可能的劳动力变为现实的劳动力,提高劳动者素质,从而促进生产的发展。今天的教育决定着明天的科学文化和经济发展,由此可见,教育对促进生产力的发展、增加社会财富起着重要作用。

2. 教育是科学知识再生产的重要手段,把科学知识转化为生产力

教育使科学知识得到普及,先进的生产经验得到推广,从而提高劳动生产效率,促进生产力发展。教育能够生产新的科学技术、发展科学。教育的主要职能是传递

专栏 2-4

2023年国家科技三大奖高校仍是主力

2023年度国家科学技术奖初评通过的59项国家自然科学奖项目、52项国家技术发明奖通用项目、132项国家科学技术进步奖通用项目中,国家自然科学奖以高校作为第一完成人的有45项,占总数的76.3%;国家技术发明奖以高校为第一完成人有40项,占总数的76.9%。

——参考《国家科学技术奖励工作办公室公告第100号》

人类已有的科学知识,但它也担负着发展科学、产生新的科学知识技术的任务,这在高校表现得尤为突出。

3. 教育是经济发展的重要因素

在传统的观念中,教育是一种纯粹的消费事业,但随着社会的不断发展,人们逐渐认识到教育所带来的经济功能。"经济靠科技,科技靠人才,人才靠教育。教育发达——科技进步——经济振兴是一个相辅相成、循环递进的统一过程,基础在于教育。"首先,当今世界,人才资源作为经济社会发展第一资源的特征和作用更加明显,人才越来越成为推动经济社会发展的战略性资源。而培养人才,根本要依靠教育。其次,教育可以为民族振兴和社会进步提供创新动力。"纵观人类发展历史,创新始终是一个国家、一个民族发展的重要力量,也始终是推动人类社会进步的重要力量。"[1] "大力发展教育,可以服务国家战略需求,形成更多更先进的创新成果,研发新的科学技术,发明创造新的生产工具,加速科学技术在生产上的应用,促进社会生产的大规模与高水平发展,为实现民族振兴和社会进步提供源源不断的动力支撑。"[2]

(三)教育的文化功能

教育与文化之间有着天然的联系,它本身就是社会文化的重要载体,具有促进文化延续和发展的重要作用。具体来说,教育的文化功能包括以下四个方面。

1. 教育具有文化传递、保存功能

教育作为培养人的活动,它以文化为中介,客观上起着文化的传承和普及作用。正因为教育的独特作用,才使得人类积累的文化代代相传。教育是文化传播和保存的最有效的工具。

2. 教育具有文化选择、批判功能

教育作为一种特定的文化,它必须对浩瀚的文化做出选择,根据社会发展的需要和学生发展的需要,对社会现实的文化状况进行分析和评价,去伪存真,向学生提供科学的、有功能的文化。这既能引导社会文化向健康的方向发展,更能培养和提高教育者的文化选择与批判能力,最终促进学生的全面发展。

3. 教育具有文化交流、融合功能

教育主要通过两条途径促进文化的交流和融合。一是内在的教育过程本身。教育过程本身通过对不同文化的学习,对文化进行选择、整合,形成新的文化,继而促进文化的不断丰富和发展。二是外在的交流活动,如通过互派留学生、对外学术交流和合作等,促进不同民族文化间的相互吸收、相互融合。

4. 教育具有文化更新、创造功能

教育对文化的选择、批判和融合功能,也就是构建新的文化特质和体系,使文化得到不断的更新和发展。另外,教育不仅直接生产新的文化,如新的作品、新的思想和新的科学技术,还通过培养创新人才来从事文化创造活动。

---

[1] 习近平.习近平谈治国理政[M].北京:外文出版社,2014:267.
[2] 《习近平总书记教育重要论述讲义》编写组.习近平总书记教育重要论述讲义[M].北京:高等教育出版社,2020:76.

三、教育的相对独立性

教育为适应社会的生存与发展而产生、发展,受社会发展的制约,具有对社会的依存性,这是一个方面;另一方面,教育又是一种主体性的实践活动,在能动地反作用于社会发展的过程中,具有主体自身的价值取向与行为选择,由此实现着教育的社会功能,并表现出自身的相对独立性。教育的社会功能与教育的相对独立性是一致的。可以说,教育的社会功能是教育的相对独立性的依据和主要体现。如果教育没有自己特有的社会功能,便不可能发展成为社会的一个重要的子系统,形成教育的相对独立性。所谓教育的相对独立性,是指作为社会一个子系统的教育,它对社会的能动作用具有自身的特点和规律性,它的发展也有其连续性和继承性。这主要表现为以下三个方面。

(一)教育是培养人的活动,主要通过所培养的人作用于社会

教育尤其是学校教育不同于生产、经济与政治的特点就在于:它是一种有意识地影响人、培养人、塑造人的社会活动。它主要通过引导和促进年轻一代的身心发展,包括他们的社会化、德智体美劳等方面的发展,使他们成长为社会活动的积极参与者和继承人,以保证并促进社会的生存、延续与发展。总之,通过培养人来适应并推进社会向前发展,是教育特有的重要社会功能。这一社会功能将随着社会的加速发展,使个人的能动性、创造性也随之迅速增强。我们必须坚持与弘扬教育这一特性,以便有效地推进社会的发展。如果离开了这一特点,急功近利地推行教育为生产服务或为政治服务,那就可能排斥或削弱教育的培育人的主要特点和社会功能,危及社会所需要的各种人才的数量与质量,严重影响社会的发展变革。

(二)教育具有自身的活动特点、规律与原理

教育的对象是人,而人具有天赋的能动性、可塑性和创造潜能等特点,具有特殊的身心发展和成熟的规律。教育、教学及其相关活动,不仅必须认识、遵循和创造性地运用这些基本特点与规律才能卓有成效地培育人才,而且应当重视和遵循前人在这一方面总结的宝贵经验,形成的科学原理,诸如因材施教、循序渐进、启发诱导、教学相长、尊师爱生等原则,才能快捷有效地达到前人已达到的水平,并在此基础上继续发展、前进。如果忽视教育的特点、规律与原理,企图用经济的、政治的规律、原理及做法简单地取而代之,则会造成对教育工作的严重干扰或破坏,降低了教育的效率与水平,影响了人才质量,带来不可弥补的损失。

(三)教育具有自身发展的传统与连续性

由于教育有自身的特点、规律与特有的社会功能,它一经产生、发展便将形成和强化其相对独立性,主要包括:形成由教育者、受教育者、教育内容及方法组成的特定教育结构;形成有一定教育理念、师生关系、文化内容与方法组合的活动模式;逐步建立形式化、班级化、制度化、系统化的教育组织形式;逐步构建不断分化与综合的学科课程,以及按专业、系、院、校运行的学科规则与专业职业规范等方面整合的教育系统。这是教育发展积累的宝贵智慧、资源和财富,它具有发展的连续性和继承性。因此,我们无论是办学校、

发展教育事业、进行教育改革，都要重视与借鉴教育的历史经验，都应在原有的基础上积极改进、稳步向前，切不可无视教育的相对独立性、轻率地否定教育的连续性。否则，这将不可避免地会给教育带来一定的紊乱，甚至出现质量严重下滑，使教育改革或发展大起大落。

由于教育具有上述相对独立性，我们在分析研究教育问题时，不能仅仅从生产力的发展水平、经济与科技发展水平、政治制度与文化要求来考察教育，还应当重视教育的相对独立性，注重发挥教育特有的社会功能，注意遵循教育自身的规律性和发展的连续性，要始终把教育摆在优先发展的战略地位。那种不顾教育的相对独立性，甚至视学校教育为政治、经济的附庸，在教育工作中任意将教育、教学活动机械地从属于政治、经济活动，或依政治、经济上的惯常做法简单取代教育特有的做法，轻率地否定教育的特点、规律，都是有损于教育工作的，也是不利于政治、经济与文化的发展的，因而是需要认真防止或纠正的。但是，我们也不能把教育的相对独立性，理解为绝对独立性。因为教育归根到底是由生产力的发展水平和政治经济制度的性质决定的，受民族文化的发展状况与需求的制约，也就是说教育的社会制约性仍是其根本的特性。每一时代的教育应当从以往的教育中继承什么，应当在哪些方面做出新的改革和发展，也是与这一时代的生产力发展水平、政治经济制度状况和民族文化发展状况相适应的。生产力的发展，政治经济制度的变革，文化的演进，迟早会引发和推进教育的变革与发展。如果把教育的相对独立性当作绝对的独立性，就会使教育走向"超经济""超政治""超文化"的错误道路，从而使教育发展丧失社会基础和动力。

本节小结

本节主要分析了教育与社会发展的关系，一方面，教育的发展受到一定社会的生产力发展水平、政治经济制度与文化等因素的制约，具有对社会的依存性；另一方面，教育也能动地反作用于社会，对社会生产力、社会政治、经济制度及社会文化的发展起着巨大的促进作用，由此实现着教育的社会功能，并表现出自身的相对独立性。

关键术语

教育与社会发展　教育的社会制约性　教育的社会功能　教育的相对独立性

讨论与应用

1. 请结合教育的政治功能的基本观点分析下面的案例。

英国历史上50多位首相中毕业于牛津大学、剑桥大学两校的就多达30位以上。而且，牛津大学、剑桥大学两校作为国际名校，还为其他国家培养出了许多杰出的政治领导人，如美国前总统克林顿、菲律宾前总统阿罗约等。有一份资料显示，英国当年399位保守党议员中就有94位毕业于牛津大学，75位毕业于剑桥大学。在美国，高级政治人才大多毕业于诸如哈佛大学、耶鲁大学、普林斯顿大学等名牌大学。在日本，70%的高级文职人员毕业于东京大学。

哈佛大学350年校庆时，有人问校长，哈佛大学最值得自豪的是什么？校长回答道，哈佛最引以为豪的不是培养了6位总统、36位诺贝尔奖获得者，最重要的是"给予每个学生以充分的选择机会和发展空间，让每一颗金子都闪闪发光"。

2. 阅读下列材料，请用教育与经济关系的理论分析说明其中的教育观点。

（1）子适卫，冉有仆。子曰："庶矣哉！"冉有曰："既庶矣，又何加焉？"曰："富之。"曰："既富矣，又何加焉？"曰："教之。"

（2）战后日本在经济极端困难的条件下，仅用一年的时间，中小学教育就达到普及程度，入学率达99.27%，并且达到高中普及。教育的普及，及时为日本的经济建设提供了大量的合格人才。从1949年起，日本经济开始逐渐恢复，1955年日本工矿生产指数上升到180.7；超过投降前1944年最高水平178.9，并进入高速增长期。

随着产业经济的发展以及国家财政规模的扩大，日本政府采取了投巨资以教育的政策。在1959—1969年间，国民收入增长2.3倍，但总教育经费却增长3倍。在这一期间，日本的中、高等教育得到了快速发展。日本高中升学率1958年为53.7%，20世纪60年代中期超出70%，20世纪70年代达到了80%。日本高等教育的升学率由1958年的16%，上升到1965年的25.4%。

中、高等教育的发展为日本经济输送了大量高素质的人才。1956—1972年，日本经济出现了三次高速增长的高潮。1967年，日本经济超过了英、法；1968年超过西德，在资本主义国家跃居第二。1972年日本国民生产总值达到849 780亿日元，约为1955年的五倍。

3. 结合下面的描述，谈一下人口与教育的关系。

（1）20世纪末，我国出现了大量的农村小学"撤并"，相应地，原先许许多多的村小学都"消逝"了，这在很大程度上是因为当时我国实行的独生子女的计划生育政策。

（2）自改革开放以来，我国的人口政策经历了"独生子女""单独二孩""全面两孩""可生三孩"。直至2023年，我国人口第一次出现下降。照此趋势，教育将会出现怎样的变化？

第三章
教育目的

　　同学们，当你看到这里时，相信你已经有了十几年的求学生涯，而且你大概也明白接受教育是你人生中的必经之路。不知道你是否思考过这样的问题：为什么你需要在学校度过那么多的时间？你是为什么而学习的呢？你学习的目的与老师、家长对你的期望是一样的吗？请你与同学们分享各自的观点。

通过本章的学习,你能够:
- 掌握教育目的的概念
- 掌握素质教育的内涵
- 了解教育目的的价值取向
- 明确我国的教育目的

【本章结构】

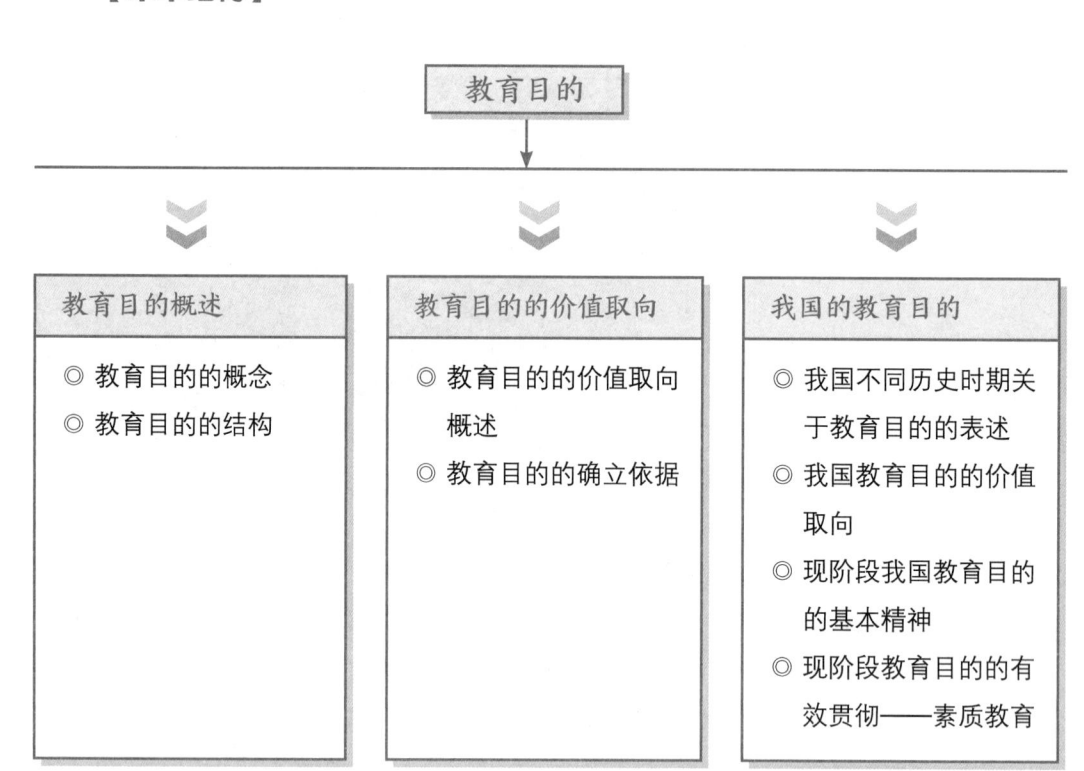

```
                        教育目的
           ┌───────────────┼───────────────┐
           ▼               ▼               ▼
     教育目的概述     教育目的的价值取向     我国的教育目的

    ◎ 教育目的的概念   ◎ 教育目的的价值取向   ◎ 我国不同历史时期
    ◎ 教育目的的结构     概述                 关于教育目的的表述
                      ◎ 教育目的的确立依据   ◎ 我国教育目的的价值
                                             取向
                                           ◎ 现阶段我国教育目的
                                             的基本精神
                                           ◎ 现阶段教育目的的有
                                             效贯彻——素质教育
```

本章主要是回答"什么是教育目的"与"我国的教育目的"的问题,它有助于你更加专业地理解教育目的的概念,理解我国教育目的制定的依据,从而更好地理解和把握我国教育目的的实现途径与方式。

第一节
教育目的概述

一、教育目的的概念

所谓教育目的,是指社会对教育所要造就的社会个体的质量规格的总的设想或规定。一定的教育目的集中反映着一定社会政治经济和生产力发展的要求。社会制度和发展水平不同,其教育目的也不同。教育目的包括学校的教育目的、学生家长的教育目的和学生的自我教育目的等。在这里,我们所探讨的主要是学校的教育目的。

(一)学校的教育目的集中地反映了一定社会对人的要求

家长或其他不是以培养人作为其专职的社会组织或机构,对人的发展所持的期望和要求,往往与整个社会这样或那样的要求不相符合,这或是由于其所处地位的局限性,或是由于其他各种活动与教育活动在目的上存在的矛盾造成的。相比之下,学校作为专门培养人的机构,在确定教育目的时,会受到社会对其的制约,因而在反映社会要求方面也就必然更为精确、更为全面。

(二)学校中的教育者对教育目的的认识更为自觉

教育目的是在教育过程开始时就一直存在着的,它不仅存在于社会意识之中,而且存在于个别教育者的思想之中。一般来说,学校中的教育者对教育目的具有较高的自觉性,在教育过程开始时,教育目的就较清楚地存在于教育者的观念之中。正是因为学校教育者具有较自觉的教育目的,因此,这种教育目的对整个教育过程就能发挥较大的制约作用,使教育过程能够始终按照既定的教育目的去进行。

(三)学校的教育目的更科学地反映了受教育者可能和应当发生的变化

教育作为一种实践活动,就是按照一定的主观意图,使受教育者身心产生自然发展过程中所不可能产生的某种新形态和新特征。教育目的就是预见通过某种教育实践可以产生的某种新形态、新特征。学校的教育目的,一般说来总是比较科学地预见受教育者发展的客观要求及其结果。

为了更好地理解教育目的的概念,在这里有必要弄清教育目的与教育方针的关系。教育目的是教育方针的重要组成部分,教育目的的确立及其内容必须符合教育方针的规定。一般来说,教育方针由三部分组成:第一,教育的性质和方向;第二,教育目的;第三,实现教育目的的途径和方法。

教育目的与教育方针的不同,具体表现在三个方面。第一,教育目的是理论性术语,是学术性概念,是教育学原理或教育基本理论研究的内容或范畴;而教育方针是工作术语,是政治性概念,属于教育政策学或教育行政学范畴。第二,教育目的着重对人才培养的质量规格做出规定,指向受教育者个体;而教育方针反映的则是国家对教育事业整体的要求和希望,定位的是教育事业在国家上层建筑或意识形态领域的地位和作用。[①]第三,教育目的具有理想性,是教育工作者和学生通过教育活动追求的终极目标;而教育方针则是教育事业发展的指导思想,是教育工作当前必须落实的要求。

二、教育目的的结构

教育目的的结构,是指在国家教育的总目的指导下,由各级各类学校的培养目标以及实现这些目标所必需的课程与教学目标构成的教育目标系统,它们由抽象到具体形成了一个完整的目标体系结构。一般来说,这一目标体系由四个层次构成[②]。一是国家或社会所规定的教育总目的,即代表国家或社会对受教育者提出的总要求,它是各级各类学校所要遵循和实现的总要求。二是各级各类学校的培养目标,即在总目的的指导下,依据学校的层次、性质、人才培养的具体质量规格的不同,形成的不同学校的不同培养目标。三是课程目标,即课程方案设置的各个课程所规定学习应达到的要求或标准。四是教学目标,是指教师在实施课程计划过程中,在完成某一阶段(如一节课、一个单元或一个学期)的教学工作时所期望达到的要求或结果。

专栏 3-1

美国的教育目标

1. 1990年提出的"美国2000年教育目标"[③]

(1)所有的美国儿童入学时乐于学习。

(2)中学毕业率至少提高到90%。

(3)美国学生在4、8、12年级毕业时,业已证明有能力在英语、数学、自然科学、历史和地理学科内容方面迎接挑战。美国的每所学校要保证儿童学会合理用脑,以使他们为做有责任的公民进一步学习,以及在我们现代经济中谋取有创建性的职业做好准备。

(4)美国学生在自然科学和数学成绩方面居世界首位。

(5)每个美国成年人将能读书识字,并将掌握在全球经济中进行竞争以及行使公民的各种权利和责任所需的知识和技能。

(6)每所美国学校将没有毒品和暴力,并将提供一个秩序井然的有益于学习的环境。

2. 1994年提出的《2000年目标:美国教育法》[④]

(1)为上学做好准备。

---

① 郑金洲.教育通论[M].上海:华东师范大学出版社,2000:185.
② 王道俊,郭文安.教育学[M].北京:人民教育出版社,2009:85.
③ 李复新.《美国2000年教育战略》评介[J].课程·教材·教法,1994(09):57-58,56.
④ 圳耀.美国2000年国家八大教育目标[J].世界教育信息,1994(07):15-17.

（2）完成学业。

（3）学生成绩和个人品德表现。

（4）师范教育与专业发展。

（5）数学与科学。

（6）成人教育与终身学习。

（7）使美国学校成为安全、有纪律、无毒品和酒精制品的学校。

（8）家长的参与。

3.2001年提出的教育目标[①]

（1）消除处境不利学生与其伙伴之间的成绩差距。

（2）通过"阅读第一"来提高识字。

（3）扩大灵活性,减少官僚主义。

（4）奖励成功和处罚失败。

（5）促进获得信息的家长的选择。

（6）提高教师质量。

（7）为21世纪创设更安全的学校。

教育目的各层次之间的关系是：从教育目的到教学目标是抽象到具体的关系，后者是前者的具体化，只有实现了具体的教学目标，才能达到实现教育总目的的要求；反过来，从教学目标到教育目的是具体到抽象的关系，上一个层次的教育目标是下一个层次教育目标的依据、任务和方向，对下一个层次目标起制约和指导作用，而课程目标、教学目标又是教育目的、培养目标实现的保障。[②]

本节小结

教育目的包括学生家长的教育目的、学校的教育目的和学生的自我教育目的等，我们所探讨的主要是学校的教育目的。学校的教育目的规定了一个国家人才培养规格的总要求。教育目的的结构丰富，由四个层次构成，各层次之间关系密切，从低到高实现教育目的。

关键术语

教育目的　教育方针　结构

---

① 赵中建.不让一个儿童落后——美国布什政府教育改革蓝图述评[J].上海教育,2001(05):57-62.

② 王道俊,郭文安.教育学[M].北京：人民教育出版社,2009:86.

> 👥 **讨论与应用**
>
> 结合本节所学，思考不同国家、不同时代的教育目的存在差异的原因。

古希腊雅典教育要求培养身心和谐发展的人；斯巴达教育要求培养骁勇善战的人；近代英国则着重培养具有绅士风范的良好公民。我国封建社会要求培养明人伦的士大夫；我国现阶段的教育目的强调"教育必须为社会主义现代化建设服务、为人民服务，必须与生产劳动和社会实践相结合，培养德智体美劳全面发展的社会主义建设者和接班人"。

第二节 教育目的的价值取向

一、教育目的的价值取向概述

所谓教育目的的价值取向，是指教育目的的提出者或从事教育活动的主体依据自身的需要对教育价值做出选择时所持的一种倾向。人们对教育活动的价值选择，历来有不同的见解和主张。其中，争论最多、影响最大、最根本的问题是，教育活动究竟是更加注重个人个性的发展，还是更加注重于社会发展的需要？在教育史上，存在个人本位论和社会本位论两种观点。

个人本位论者主张教育目的应当从受教育者的本性出发，而不是从社会需要出发。他们认为，教育的目的在于把受教育者培养成人，充分发展受教育者的个性，增进受教育者的个体价值。在他们看来，个人价值高于社会价值，社会只有在有助于个人的发展时才有价值，教育的价值评价也应当以其对个人的发展所起的作用来衡量。

社会本位论者与个人本位论者观点相反。他们主张教育目的要根据社会需要来确定，人只是教育加工的原料，人的发展必须服从社会需要。他们认为，教育的目的在于把受教育者培养成符合社会准则的公民，使受教育者社会化，保证社会生活的稳定与延续。

由此可见，个人本位论和社会本位论这两个关于教育目的的主张，在处理社会和个人关系上各执一端，都是不恰当的。只有将社会发展需要与个人发展需要正确地结合起来，才是比较科学的观点。教育是发展人的一种特殊手段，教育目的所指向的就是作为个体的发展，离开了人自身的发展，教育就无从反映和促进社会的发展，教育本身也不会存在。同时个人的生存、发展也离不开社会，一个人只有与其他人相结合，成为社会中的一员，才能获得生存发展的手段和条件；个体的发展要以社会的发展为基础，要受社会发展的制约，要服从社会发展的需要。教育的任务就在于促进人去适应其所处的社会关系、社会生活条件，获得其所能获得的发展，因而教育目的不可能不受社会的制约。

二、教育目的的确立依据

（一）教育目的由一定社会政治、经济制度所决定

一定社会需要什么样的人，具有什么样的政治方向和思想意识，需要哪些类型与规格的劳动力，都集中地反映在所制定的教育目的上。教育目的是随着政治经济制度的变革而改变的，并与一定的政经济制度相适应。

在我国古代从奴隶社会向封建社会过渡的时期，孔子和孟子把教育当作实行"德治""仁政"的工具，提出培养"君子"和感化"小民"的教育目的。后来，历代封建王朝的统治者，都采用"明人伦"的教育目的，维护封建制度。西方资本主义社会提出了双重教育目的，一方面把资产阶级的子弟培养成为善于经营管理的资本家；另一方面把工人阶级子女培养成为具有一定科学技术、能创造高额利润的生产者。而在社会主义社会，劳动人民成了国家的主人，掌握了教育的领导权，劳动人民有了受教育的权利，其教育目的是把受教育者培养成"有理想、有道德、有文化、有纪律"的、德智体美等全面发展的社会主义建设者和接班人，体现了无产阶级与广大劳动人民的根本利益。

（二）教育目的受生产力发展水平所制约

由于人的发展与生产力的发展有着内在的联系，因而，生产力发展必然影响着人的发展。在古代社会，生产力发展水平很低，科学技术处于萌芽状态，人们生活在以手工技术为基础的自然经济的条件下，劳动者依靠从实践中积累的经验和技艺进行物质生产。同这种生产力发展水平相适应的古代社会劳动者的教育，主要是在劳动活动中进行的；从劳动活动中分离出来的专门教育领域——学校教育，则为脱离直接生产劳动的阶层所垄断，它的目的主要是为国家机构培养各种官吏，注重政治的、伦理的陶冶。在近现代社会，随着机器生产和商品经济的发展，以及科学技术在生产中的广泛运用，学校教育主要培养生产管理人员、生产技术人员，以及有一定文化和职业技能的熟练工人。第二次世界大战以后，出现了新的科学技术革命的浪潮，带来了社会生产力的飞跃发展，引起了物质生产乃至生活方式、思维方式、价值观念的巨大变化。面对新的科学技术革命的高潮，无论是资本主义国家还是社会主义国家，都在寻求经济对策和社会对策，纷纷把教育提高到前所未有的重要地位。所有这些都说明，教育目的直接受到生产力发展水平的制约。

（三）教育目的的确立还要符合受教育者身心发展的需要

教育目的的确立要考虑受教育者的认知发展、心理发展和生理发展的规律和过程。教育目的所勾勒的受教育者所要形成的素质结构，是社会规定性在受教育者个体上的体现，它不只是表明社会规定性，而且也包含着个体的心理、生理特征。

教育目的主要是通过各级各类学校的教育活动实现。在把教育目的具体化为各级各类学校的培养目标时，不能不关注受教育者的身心发展水平和原有经验。

受教育者在教育活动中不仅是教育的对象，而且也是教育活动的主体。受教者作为教育对象在教育活动中的主体地位，是教育活动对象区别于其他活动对象的显著特点。教育目的的提出不能不考虑到这个特点，从而为受教育者能动性的发挥留下广阔余地。

本节小结

教育目的的价值取向有个人本位论与社会本位论的争论,而教育目的的制定要依据生产力发展水平、政治经济制度及受教育者的身心发展水平。

关键术语

价值取向　依据

讨论与应用

以下论述分别反映了教育目的的何种价值取向?

《学记》中有句话,"君子如欲化民成俗,其必由学乎","古之王者建国君民,教学为先"。

裴斯泰洛齐认为:"为人在世,可贵者在于发展,在于发展各人天赋的内在力量,使其经过锻炼,使人能尽其才,能在社会上达到他应有的地位。这就是教育的最终目的。"

涂尔干认为:"教育在于使青年社会化,在我们每个人之中,造成一个社会的我。这便是教育的目的。"

第三节
我国的教育目的

一、我国不同历史时期关于教育目的的表述

1957年,在生产资料所有制的社会主义改造基本完成以后,毛泽东同志在最高国务会议上指出:"我们的教育方针,应该使受教育者在德育、智育、体育几方面都得到发展,成为有社会主义觉悟的有文化的劳动者。"1958年,中共中央、国务院《关于教育工作的指示》又指出"培养有社会主义觉悟的、有文化的劳动者","正确地解释了全面发展的涵义",是我国"教育的目的"。这是中华人民共和国成立后对教育目的的第一次明确表述。

1981年,中国共产党第十一届六中全会一致通过了《关于建国以来党的若干历史问题的决议》,提出要"加强和改善思想政治工作,用马克思主义世界观和共产主义道德教育人民和青年,坚持德智体全面发展……脑力劳动与体力劳动相结合的教育方针"。

1985年,《中共中央关于教育体制改革的决定》又指出:教育要为我国的经济和社会发展培养各级各类合格人才,"所有这些人才,都应该有理想、有道德、有文化、有纪律,热爱社会主义祖国和社会主义事业,具有为国家富强和人民富裕而艰苦奋斗的献身精神,都应该不断追求新知,具有实事求是、独立思考、勇于创造的科学精神"。人们把《中共中央关于教

育体制改革的决定》的这一段话简化为"四有""两热爱""两精神",并把它当作教育目的。

1993年2月,中共中央、国务院颁发的《中国教育改革和发展纲要》提出:"教育必须为社会主义现代化建设服务,必须与生产劳动相结合,培养德、智、体全面发展的建设者和接班人。"这是到目前为止我国现行的教育目的最早的表述。

1995年颁布的《中华人民共和国教育法》规定:"教育必须为社会主义现代化建设服务,必须与生产劳动相结合,培养德、智、体等方面全面发展的社会主义事业的建设者和接班人。"这个教育方针是当时比较通行的对教育目的比较规范的表述。2015年第二次修正的《中华人民共和国教育法》规定:"教育必须为社会主义现代化建设服务,为人民服务,必须与生产劳动和社会实践相结合,培养德、智、体、美等方面全面发展的社会主义建设者和接班人。"2021年第十三届全国人民代表大会常务委员会第二十八次会议将《中华人民共和国教育法》对教育目的的规定修改为:"教育必须为社会主义现代化建设服务、为人民服务,必须与生产劳动和社会实践相结合,培养德智体美劳全面发展的社会主义建设者和接班人。"

2010年,《国家中长期教育改革和发展规划纲要(2010—2020年)》提出我国的教育目的是:"全面贯彻党的教育方针,坚持教育为社会主义现代化建设服务,为人民服务,与生产劳动和社会实践相结合,培养德智体美全面发展的社会主义建设者和接班人。"这为我国教育事业的未来发展指明了方向。

2017年,党的十九大报告中指出:"全面贯彻党的教育方针,落实立德树人根本任务,发展素质教育,推进教育公平,培养德智体美全面发展的社会主义建设者和接班人。"这再次重申并强调了我国新时代的教育目的。

2018年,全国教育大会阐明了新时代"培养德智体美劳全面发展的社会主义建设者和接班人"这一教育的根本目标,赋予教育"国之大计,党之大计"新的战略地位和使命任务。

2018年,全国人民代表大会通过的《中华人民共和国宪法修正案》再次明确规定"国家培养青年、少年、儿童在品德、智力、体质等方面全面发展"。2022年,党的二十大报告中指出"教育、科技、人才是全面建设社会主义现代化国家的基础性、战略性支撑","要坚持教育优先发展、科技自立自强、人才引领驱动,加快建设教育强国、科技强国、人才强国"。第一次提出了教育、科技和人才一体化建设与发展的重大论断,更加凸显了教育在建设和实现中国式现代化中的战略地位和作用。

2023年,习近平总书记在致信全国优秀教师代表的信中,提出了中国特有的教育家精神,即"心有大我、至诚报国的理想信念,言为士则、行为世范的道德情操,启智润心、因材施教的育人智慧,勤学笃行、求是创新的躬耕态度,乐教爱生、甘于奉献的仁爱之心,胸怀天下、以文化人的弘道追求"。教育家精神的提出,为新时代高素质教师队伍建设指明了前进方向,提供了根本遵循。

二、我国教育目的的价值取向

2016年12月,习近平总书记在全国高校思想政治工作会议上指出,我国高等教育发展方向要与我国发展的现实目标和未来方向紧密联系在一起,为人民服务,为中国共产党治国理政服务,为巩固和发展中国特色社会主义制度服务,为改革开放和社会主义现代化建设服务。

(一) 坚持教育为人民服务

中国共产党来自人民、根植人民、服务人民,任何时候都把群众利益放在第一位。人民立场是中国共产党的根本政治立场,是马克思主义政党区别于其他政党的显著标志,是党保持先进性和纯洁性的内在要求。教育是党的重要事业,坚持教育为人民服务是党全心全意为人民服务宗旨的具体体现。

(二) 坚持教育为中国共产党治国理政服务

坚持教育为中国共产党治国理政服务,是坚持和发展中国特色社会主义事业的根本要求,是巩固党的执政基础、提高党的执政能力、确保党长期执政和国家长治久安的现实需要。

(三) 坚持教育为巩固和发展中国特色社会主义制度服务

任何国家、任何社会都把教育作为维护政治统治与维护社会稳定的重要手段。我国是中国共产党领导的社会主义国家,这就决定了我们的教育必须把巩固和发展中国特色社会主义制度作为重要使命,培养一代又一代立志为中国特色社会主义奋斗终身的有用人才,使广大受教育者都自觉成为中国特色社会主义制度的拥护者和捍卫者。

(四) 坚持教育为改革开放和社会主义现代化建设服务

教育都是在服务自己国家发展的过程中成长起来的,改革开放和社会主义现代化建设促进了当代教育事业的快速发展,为当代中国教育发展提供了广阔的历史舞台。教育发展必须适应新时代改革开放和社会主义现代化建设的新形势、新要求,把为改革开放和社会主义现代化建设服务作为条件。

三、现阶段我国教育目的的基本精神

(一) 培养社会主义建设者

古今中外,每个国家都是按照自己的政治要求来培养人的。习近平总书记指出:"关于教育和办学,思想流派繁多,理论观点各异,但在教育必须培养社会发展所需要的人这一点上是有共识的。"我国的教育是社会主义教育,这是由国家性质决定的。《中华人民共和国教育法》规定,要遵循宪法确定的基本原则,发展社会主义的教育事业,这是我们坚持社会主义办学方向的根本遵循。"我国教育要培养的是社会主义建设者和接班人,而不是旁观者,更不是反对派和掘墓人……没有什么比培养建设者和接班人重要……社会主义教育要理所当然地坚持社会主义办学方向。"[1]

我们对社会主义建设者的理解应坚持以下观念。

---

[1] 《习近平总书记教育重要论述讲义》编写组.习近平总书记教育重要论述讲义[M].北京:高等教育出版社,2020:92.

1. 坚持培养"劳动者"的观念

马克思曾指出,在理想的社会里,"任何个人都不能把自己在生产劳动这个人类生存的自然条件中所应参加的部分推到别人身上"。列宁也明确告诉我们,"无产阶级的目的是建成社会主义,消灭社会的阶级划分,使社会全体成员成为劳动者"。毛泽东在提出社会主义教育目的的同时也指出,"要提倡勤俭建国……社会主义制度的建立给我们开辟了一条到达理想境界的道路,而理想境界的实现还要靠我们的辛勤劳动"。这些论述直到今天仍具有巨大的现实意义。

2. 坚持全面的人才观念

在科学技术高速发展的今天,我们要进行社会主义现代化建设,不仅需要科学技术人才,而且还需要经济、文化、教育、政治等各类人才;不仅需要高级人才,而且也需要中、初级人才;不仅需要以脑力劳动为主的人才,而且也需要以体力劳动为主的人才。我们的事业只有依靠各级各类人才的合力才能前进,我们的教育目的也应当包括培养各级各类不同层次的人才。

3. 坚持体力劳动和脑力劳动相结合的观念

社会主义的教育目的要培养劳动者,但这里所说的劳动者既包括以体力劳动为主的劳动者,也包括以脑力劳动为主的劳动者。在社会主义条件下,体力劳动者和脑力劳动者都是劳动者。而且,社会主义的劳动者还应该是一种新型的劳动者,"劳动人民要知识化,知识分子要劳动化"。社会主义理想的劳动者是脑力劳动与体力劳动相结合的劳动者。

(二)要求学生在德、智、体、美、劳等方面全面发展

习近平总书记指出,社会主义建设者和接班人既要有高尚道德,又要有真才实学。新时代新形势对社会主义建设者和接班人提出了新的更高要求,既包括思想品德、知识学识、创新能力、动手能力,也包括身体素质、艺术修养、人文气质、劳动技能。"我们培养的人,必须树立共产主义远大理想和中国特色社会主义共同理想;必须具有爱国情怀,时刻不忘自己是中国人;必须坚持立德为先、修身为本;必须具有丰富学识、真知灼见、世界眼光;必须树立高远志向,具有勇于奋斗精神;必须具备德智体美劳综合素质,全面发展。"[①] 从人才的合理素质结构来看,学生应该在德、智、体、美、劳等方面获得全面发展,这也是我国教育目的的基本点之一。其中,德是指思想品德,是构成人精神面貌的主要成分,在个体发展中起导向和动力的作用;智是指知识和智力,是人认识客观世界的能力与水平,是个体发展的重要内容;体是指身体的器官的构造及机能,是个体发展的物质基础;美是指美的需要与鉴赏美、创造美的能力,是调节个体生活和劳动的杠杆,也是创造才能的源泉;劳是指劳动技术,是指对生产基本原理的掌握与运用,是个体从事生产劳动、变革客观世界的能力与条件。上述德、智、体、美、劳五个因素是紧密联系、辩证统一的,每个因素的发展都关系到其他因素的发展,它们相互包含、相互促进。

[①] 《习近平总书记教育重要论述讲义》编写组.习近平总书记教育重要论述讲义[M].北京:高等教育出版社,2020:60.

(三)培养独立个性

培养受教育者的独立个性,就是要使受教育者的个性自由发展,增强受教育者的主体意识,培养受教育者的开拓精神、创造才能,提高受教育者的个人价值。"个性"是一个人的主体性、独立性、创造性和自由性在社会关系中的集中体现。

长期以来,我国教育在指导思想上未能很好地把全面发展和独立个性结合起来,忽略了对受教育者独立个性的培养,从而也损害了受教育者的全面发展。这是我们教育的不足之处,也是我们教育改革所要解决的重要课题。然而,我们并不赞成那种与社会利益、社会秩序背道而驰、为所欲为的个性。在现实的社会生活中,也的确存在与社会发展需要逆向或异轨的个性化要求,对于这种所谓的个性化或自由发展,必须加以教育、约束,使其回到教育目的所要求的轨道上来。但是这毕竟是少数人的问题,我们不能因为少数人的问题而忽视或排斥广大受教育者独立个性的培养。[①]

全面发展与培养独立个性并不互相排斥。所谓全面发展,是指受教育者个体必须在德、智、体、美、劳等诸方面都得到发展,不可或缺,即个性的全面发展。所谓独立个性,是指德、智、体、美、劳等素质在受教育者个体身上的特殊组合,不可一律化,即全面发展的个性。二者是辩证统一的关系。事实上,全面发展在不同的受教育者身上必然会呈现出不同的个人特点,有不同的经历与经验和不同的智慧品质,在兴趣爱好、价值观念、人生追求等方面也不完全一样。

四、现阶段教育目的的有效贯彻——素质教育

(一)素质的内涵与结构

1. 素质的内涵

人的素质指在先天遗传的基础上,在后天环境和教育影响下,通过人的社会化学习、交往和实践而形成的具有社会价值的身心组织的要素、成分、结构及其质量水平。

2. 素质的结构

(1)自然素质,指由遗传获得的生理素质。自然素质主要包括生理解剖特征(性别、身高、体重、骨骼、神经系统、感觉器官、运动器官等)和生理机能特征(体质、反应速度、负荷限度、适应能力、抵抗能力等)。人的自然素质具有先天遗传和个体差异性。自然素质虽是先天遗传的,但可以采用有效的方式,加以发展或矫正(如体魄的锻炼、神经系统和脑的训练等),使其得到进一步的发展。

(2)心理素质,主要包括智力和非智力因素。智力因素,也称为人的一般能力(与人在音乐、美术、体育等方面特殊才能相对应),包括人的观察力、注意力、记忆力、想象力和思维能力,俗称为智力的"五把刀子"。非智力因素,包括三大系统:一是动力系统,即个性的倾向性,包括动机、需要、兴趣、情感等要素;二是特征系统,即个性心理特征,包括气质、性格、意志等要素;三是调节系统,即自我意识,包括自我认识、自我体验和自我监控

---

① 王道俊,郭文安.教育学[M].北京:人民教育出版社,2009:104.

与调节等要素。心理素质在素质结构中占有独特地位,人的自然遗传素质、身心潜能的开发和实现程度,以及社会文化历史经验在人的身心结构中内化、积淀的程度,都会在心理素质上反映出来。因此,心理素质具有先天遗传和后天因素相结合的特点。

(3)社会文化素质,主要包括五个方面:一是科学素质,包括经验、知识、技能、科学理论、科学的信念和世界观、信息处理能力、劳动生产技术、职业素养、创造才能等方面;二是政治素质,包括政治方向、民主意识、社会责任感、政治与法律知识、历史知识、社会理想等方面;三是道德素质,包括伦理知识、道德价值、道德感等方面;四是审美素质,包括审美知识、审美趣味、艺术鉴赏力、审美观、美的创作能力等方面;五是劳动素质,包括劳动知识、技能和能力、劳动态度及社会适应能力等方面。

专栏 3-2

中国式现代化的"五大"特征

中国式现代化,是中国共产党领导的社会主义现代化,既有各国现代化的共同特征,更有基于自己国情的中国特色。

——中国式现代化是人口规模巨大的现代化。我国十四亿多人口整体迈进现代化社会,规模超过现有发达国家人口的总和,艰巨性和复杂性前所未有,发展途径和推进方式也必然具有自己的特点。我们始终从国情出发想问题、作决策、办事情,既不好高骛远,也不因循守旧,保持历史耐心,坚持稳中求进、循序渐进、持续推进。

——中国式现代化是全体人民共同富裕的现代化。共同富裕是中国特色社会主义的本质要求,也是一个长期的历史过程。我们坚持把实现人民对美好生活的向往作为现代化建设的出发点和落脚点,着力维护和促进社会公平正义,着力促进全体人民共同富裕,坚决防止两极分化。

——中国式现代化是物质文明和精神文明相协调的现代化。物质富足、精神富有是社会主义现代化的根本要求。物质贫困不是社会主义,精神贫乏也不是社会主义。我们不断厚植现代化的物质基础,不断夯实人民幸福生活的物质条件,同时大力发展社会主义先进文化,加强理想信念教育,传承中华文明,促进物的全面丰富和人的全面发展。

——中国式现代化是人与自然和谐共生的现代化。人与自然是生命共同体,无止境地向自然索取甚至破坏自然必然会遭到大自然的报复。我们坚持可持续发展,坚持节约优先、保护优先、自然恢复为主的方针,像保护眼睛一样保护自然和生态环境,坚定不移走生产发展、生活富裕、生态良好的文明发展道路,实现中华民族永续发展。

——中国式现代化是走和平发展道路的现代化。我国不走一些国家通过战争、殖民、掠夺等方式实现现代化的老路,那种损人利己、充满血腥罪恶的老路给广大发展中国家人民带来深重苦难。我们坚定站在历史正确的一边、站在人类文明进步的一边,高举和平、发展、合作、共赢旗帜,在坚定维护世界和平与发展中谋求自身发展,又以自身发展更好维护世界和平与发展。

——党的二十大报告(节选)

（二）素质教育的内涵与特征

1. 素质教育的内涵

目前，我国教育界对中小学素质教育内涵的研究，由于角度不同，其定义也不尽相同。但在众多表述不一的定义中，我们依然可以发现以下几个共同点：第一，强调素质教育是以全面提高全体学生的基本素质为根本目的的教育；第二，强调素质教育是符合社会发展和人的发展的实际需要的教育；第三，强调充分开发智慧潜能；第四，强调个性的全面和谐发展，强调心理素质的培养。据此，我们可以将素质教育定义为：依据人的发展和社会发展的实际需要，以全面提高全体学生的基本素质为根本目的，以尊重学生个性、注重开发人的身心潜能及注重形成人的健全个性为根本特征的教育。

2. 素质教育的特征

（1）素质教育是面向全体学生的教育。1999年，《中共中央国务院关于深化教育改革全面推进素质教育的决定》指出"全面推进素质教育，要坚持面向全体学生"。素质教育倡导人人有受教育的权利，强调在教育中每个人都得到发展，而不是只注重一部分人，更不是只注重少数人。每个人、每一位学生都能得到发展，是每一个人、每一个学生的基本权利，我们应该尊重这种权利，保护这种权利，创造条件实现这种权利。

（2）素质教育是促进学生全面发展的教育。素质教育是一种启发式的教育，它把学生看成是学习、认识、发展的主体，把教育教学的出发点建立在调动学生的主动性和积极性上，这种教育致力于引导学生主动探索、积极思维、生动活泼地发展。

（3）素质教育是促进学生个性发展的教育。素质教育是全面发展的教育，是从教育对所有学生共性要求的角度来看的。但是，每一个学生都有其不同的认知特征、不同的欲望需求、不同的兴趣爱好、不同的价值取向、不同的创造潜能。素质教育强调要把学生的全面发展与个性发展结合起来，既充分重视学生共性的发展，也要注重学生的个体差异，使每一个学生都成为具有高度自主性、独立性与创造性的人。

（4）素质教育是以培养创新精神为重点的教育。创新能力是一个民族进步的灵魂，是国家兴旺发达的不竭动力。一个没有创新能力的民族，难以屹立于世界前列。所谓创新精神，主要包括好奇心、探究兴趣、求知欲，对新异事物的敏感，对真知的执著追求，以及对发现、发明、革新的强烈愿望等。创新精神是以实践为依托的，它是实践过程中勇于开拓、不断进取的内在力量。而素质教育的任务就在于不断开发蕴藏于个体生命之中的创新潜能，培养个体的创新精神，增强个体的实践能力。

本节小结

从我国教育目的的发展过程可以看出，我国教育目的的基本精神，即培养学生成为国家未来的主人。这一目的的实现必须依靠素质教育的实施。

关键术语

历史陈述　基本精神　素质教育

讨论与应用

1. 有人说实施素质教育首先是要取消考试,请你运用素质教育的有关原理并结合以下材料对这一观点进行分析。

A学校某高二学生考过这样一道历史试题:成吉思汗的继承人窝阔台,死于公元哪一年? 最远打到哪里?

B学校也有类似的历史试题,考法却是这样:成吉思汗的继承人窝阔台,当初如果没有死,欧洲会发生什么变化? 试从经济、政治、社会三方面分析。

2. 以下这段话引起了你怎样的思考,请你从教育的根本目的出发对中国当前的教育进行反思。

当代有位教育专家兼作家这样叹息中国的教育:"要想使中国的每一个孩子都有一个好前程,现在中国父母唯一要做的恰恰不再是帮助学校把他们的考分再提高一些,而是保护好自己孩子的天赋别再受学校的侵害吧!"

| "讨论与应用"答题思路与要点（扫描二维码） | 本章复习思考题及答案（扫描二维码） | 拓展阅读书目（扫描二维码） |

04

第四章

教师与学生

　　人在一生中能遇到好老师，是幸福而幸运的。传我以道，解我之惑，帮助成长，增益发展。当你想起曾遇到过的那些好老师，他们究竟好在哪里？他们有哪些共同特点？和同学们交流一下，看有哪些不同的看法？记录这些关键词，这有助于你总结出科学理性的认识。结合自己的亲身体会，你觉得应该构建怎样的师生关系？自己以后怎样才能成长为好老师？和同学们分享你的观点，形成正确的认知，将会对你今后的职业生涯提供有益的帮助。

通过本章的学习,你能够:
- 理解教师的内涵及其任务
- 掌握教师的劳动特点、职业素养
- 了解教师专业发展的内容、阶段和途径
- 明确学生的本质属性和学生在教育过程中的地位
- 理解新型师生关系的特点
- 掌握建立良好师生关系的基本策略

【本章结构】

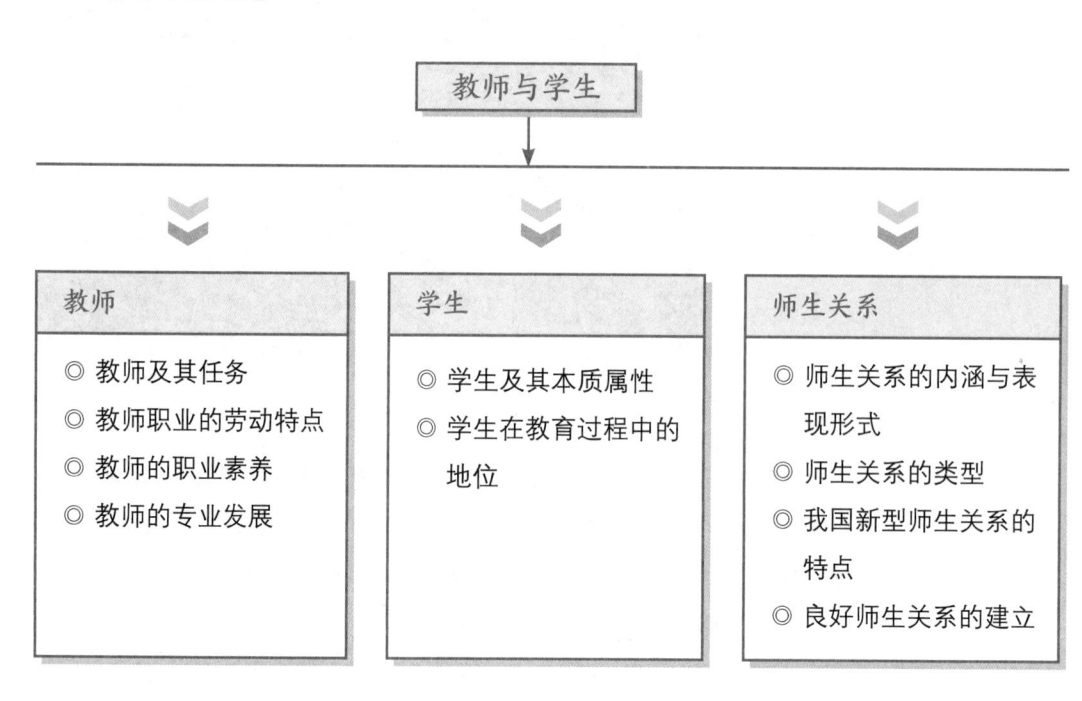

```
                        教师与学生
    ┌──────────────────────┼──────────────────────┐
    ▼                      ▼                      ▼
   教师                    学生                  师生关系
◎ 教师及其任务      ◎ 学生及其本质属性    ◎ 师生关系的内涵与
◎ 教师职业的劳动特点 ◎ 学生在教育过程中的     表现形式
◎ 教师的职业素养       地位              ◎ 师生关系的类型
◎ 教师的专业发展                        ◎ 我国新型师生关系的
                                          特点
                                        ◎ 良好师生关系的建立
```

　　本章主要是回答"教师与学生"的相关问题,它有助于你更加深入地了解教师与学生,明确师生关系,树立正确的教师观和学生观,做到科学施教。我们首先分析教师,介绍了教师的内涵及其任务,探讨了教师职业的劳动特点,分析了教师的职业素养,阐述了教师专业发展的内涵、内容、阶段和途径;然后分析学生,介绍了学生的本质属性,明确了学生在教育过程中的地位;最后分析师生关系,介绍了师生关系的表现形式和类型,探讨了我国新型师生关系的特点和建立良好师生关系的策略。

第一节 教师

一、教师及其任务

（一）教师的内涵

《中华人民共和国教师法》提出：教师是履行教育教学职责的专业人员，承担教书育人，培养社会主义事业建设者和接班人、提高民族素质的使命。教师职业是人类社会中最古老的职业之一。而教师作为一种独立的职业，在人类社会发展的历史长河中已有几千年之久，它是以人类教育教学活动发展为基础的。从广义看，教师泛指传授知识、经验、技能的人；从狭义看，教师专指学校的专职教师，是指接受一定社会的委托，受过专门教育和训练，在学校中以对学生的身心施加特定的影响，把学生培养成为一定社会所需要的人为主要职责的专业人员。在本书中，我们所研讨的教师就是从狭义上来理解的。

（二）教师的任务

教师的根本职责是教书育人。现代教师职业的任务是引导、帮助和促进学生成长，主要体现在以下三个方面。

第一，做好教学工作是教师的主要任务。教师要明确教育目的和学校的培养目标，遵循教育教学规律和学生身心发展规律，组织好教学活动，使学生掌握课程标准所规定的文化科学知识和技能，发展学生的智力与能力。

第二，培养学生健全的人格。教师应通过教学活动、课外活动、班主任工作、社区活动等多种途径教育学生，培养学生树立正确的人生观、世界观和价值观，帮助学生形成自尊、诚信、正直、善良、乐观、毅力等优秀人格特征。

第三，培养学生具有强健的体格和良好的心理素质。这是作为合格的未来社会建设者的基本要求。

二、教师职业的劳动特点

（一）教师劳动的复杂性

1. 教师的劳动对象是复杂的

教师的劳动对象，不是固定的无生命的物体，而是有思想、有情感、有个性的活生生的人。教师的对象之所以是复杂的，就在于对象的千差万别。一个班级中有着不同性别、不同的家庭出身、不同的社会背景的学生，他们的发展受各自的遗传素质、后天生活的影响，使得他们的性格、情感、需要、意志品质等也不完全相同。同时，每个学生的个性又是

第四章 教师与学生

发展变化的。教师面对的是这些变化而又独特的精神世界,不可能用同样的方法要求所有的学生。因此,教师必须根据学生个体的差异,采取不同的方法,只有这样才能做到有的放矢。

2. 教师的劳动任务是复杂的

教师既要教书,还要育人;既要传授知识、培养技能,又要发展智力、培养能力;既要帮助他们树立正确的人生观、世界观,培养良好的道德品质,形成文明的行为习惯,又要陶冶健康的情感,锻炼坚强的意志和性格;既要关心学生的思想、学习,又要关心他们的身心健康;既要面向全体,又要照顾个别差异。教育就是要使每个学生得到全面、和谐而自由的发展。

3. 教师的劳动过程是复杂的

教师的劳动是以文化传播为中介的精神劳动,是一个运用智力的过程,是一个综合使用、消化、传递、发现科学知识技能的复杂的脑力劳动过程。教师的劳动与一般的精神劳动是不同的。一般的精神劳动虽然也要运用智力,但其完全受生产者自己意志的控制。而教师的劳动不同,教师的劳动不能完全以教师的意志为转移。因为学生虽是教育的对象,但在教育过程中学生是学习的主体,教师不能以自己的意志代替学生的意志。教育过程虽然由教师来设计,但教师要了解学生的需要,反映他们的学习需求,激励他们的学习积极性和自觉性。教师劳动对象的这种双重性,增加了教师的工作难度,使他们的工作过程具有特殊的复杂性和艰巨性。

4. 教师劳动的手段是复杂的

教师对学生的影响不仅有知识,而且有人格、品行等,具有影响的全面性;不仅受个别教师的影响,而且会受到教师集体的影响,具有影响的全员性;不仅有学校的影响,而且有来自社会、家庭的影响,具有影响的全方位性。教育要有效地促进学生的全面发展,必须保持教育影响的一致性,优化组合各种影响,使之发挥最佳的合力。然而,教师要把这些复杂多样的影响有效地组织到教育过程中,做到来自各方面影响的协调一致,本身就是一种复杂的工作。

总之,教师劳动对象的复杂性,决定了教师的劳动任务是全面复杂的,劳动的手段、劳动的过程等都是复杂的。归根结底,这是因为人是复杂的,所以培养人的工作理应是复杂的。有的人认为有知识的人都可以做教师,从事教育工作,这是对教师劳动的复杂性的估计不足。正因为教师劳动是复杂的,所以只有专业化的人员才能从事教育工作。

(二)教师劳动的创造性

"教师工作是变动不居,最富有创造性的劳动。"[1] 教师劳动的创造性不是表现在对未知领域的探索和发现,而是表现在创造性地运用教育、教学规律,在复杂多变的教育情境中去影响、引导正在发展中的人的工作上。

1. 从劳动对象上看需要创造性

教师劳动的对象是多样而复杂的,即每个学生的生理条件、生存环境、个人的先天禀

---

[1] 王道俊,郭文安.教育学[M].北京:人民教育出版社,2009:445.

赋和后天努力程度都是不同的,这就要求教师在教学中必须创造性地选择不同的方法,对不同的学生区别对待,因材施教。在教师劳动过程中,教育情境是难以一一预设的,各种突发情况随时可能发生,因此,教师劳动的创造性还表现在具有对各种突发情况及时而智慧地回应和处理的教育机智。教育机智是指教师善于根据具体情况的变化创造性地进行教育的才能。优秀教师和班主任的成功原因之一就是具有良好的教育机智。

2. 从劳动内容上看需要创造性

教师的教学内容虽然已经由教材和教学大纲确定下来,但是即使相同的内容,不同的教师也会讲出不同的韵味,这就是教师对教学内容创造性加工和处理的结果。所以,教师的劳动并不是僵化刻板地按照教材的安排去照本宣科,而是需要预先在智慧和汗水的交织下进行创造性的加工和制作。

3. 从劳动方法上看需要创造性

教师在教学中如何组织教学过程,采用什么样的教学方法,运用什么样的教学手段,如何唤起学生的学习兴趣,怎样培养学生的良好品德,如何养成学生良好的习惯,如何实现师生之间的思想对话和情感交流等,都需要教师进行创造性的思考和实施。另外,教师也需要根据时代和社会的发展变化不断地更新和变换教学方法,充分学习和吸收新的变化所带来的成果,并将这些成果创造性地运用到自己的教学组织和教学方式的改变中。

(三)教师劳动的示范性

教师劳动与其他行业劳动最主要的区别就是教师劳动具有融劳动手段与劳动者于一体的特点。教师首先是劳动者,通过知识技能的传授,武装学生的头脑,发展学生的能力;同时,教师又是劳动的手段,通过自身的示范性行动和影响力使学生获得智力的发展和品德的养成。也就是说,教师渊博的学识会成为学生努力的方向,教师高尚的行为会成为学生追求的理想。《说文解字》中将"教"解释为"教,上所施,下所效也";另有"师者,人之模范也""学为人师,行为示范""为人师表"等对教师职业的形象描述,这些都说明了教师劳动的示范性。所以,教师必须身体力行,以身作则,充分认识到身教重于言教的意义,时时处处用自己的积极行为和良好个性来影响学生,以取得最佳的教育效果。

(四)教师劳动的长期性

"十年树木,百年树人",人的成长是一个长期的过程,所以教师的劳动也具有长期性的特点。一个人思想的成熟、学识的积累、能力的提升,需要经过多次的再认识和再实践才能逐步达到较高的境界。教师在培养学生的过程中,需要付出长期的大量的艰辛劳动。教师对学生的影响,可能以一种潜在的形态存在着,要等待一定的机会和场合,甚至是在学生步入社会、对社会作出贡献时才能最终体现出来,这种效果显示的长期性也可以称为后效性或长效性。因此,我们应从长远需要出发,从可持续发展的眼光来看待教师劳动的意义。"教师的教育劳动独特之处是为未来工作。"[①] 教师劳动的长期性决定了教师不能急功近利,而应踏踏实实地为学生的良好素质发展奠定基础,坚持不懈,厚积薄发,源远流长地做好教育工作。

---

① [苏联]B.A.苏霍姆林斯基.帕夫雷什中学[M].赵玮,王义高,蔡兴文,等译.北京:教育科学出版社,1983:2.

（五）教师劳动的合作性

教师的劳动表面上是以个体的形式进行的，但并不是孤立的，教师的劳动必须在合作的前提下以个体的方式呈现。这种合作包括两个方面：一个是教师与学生的合作；另一个是教师之间的合作。

师生双边的共同活动体现出合作性。传统的教育把教师当作主体，学生成为教师随意支配的对象，教学是对学生的知识灌输和说教，这实际上是一种教师的"独白"活动。现代教育认为，学生也是教育活动的主体；教育活动是师生双边的共同活动，他们通过交往、对话、合作，共同研究教育内容；教师不再是知识的灌输者、独霸者，而是学生的合作者、支持者、引导者。通过师生合作中的教师引导，促进学生的自我建构。没有师生的共同合作，就不可能有真正的教育，也不可能有学生的发展。

教师之间的分工体现出合作性。每个学生的发展都不是某一教师个体劳动的成果，而是教师集体合作的成果。由于这个特点，教师个体的劳动必须置于集体合作的背景之下，自觉树立集体合作的观念，保持教育影响的一致性，通力合作，协调各个教师、各种教育影响的力量，共同促进学生的成长。每个教师的劳动只有置身于良好的教育集体之中，才能最大限度地发挥自己的教育才能，取得良好的教育效果。

三、教师的职业素养

2012年我国新制定并印发了《幼儿园教师专业标准（试行）》《小学教师专业标准（试行）》《中学教师专业标准（试行）》（以下统称《教师专业标准》）。2014年9月，习近平总书记在同北京师范大学师生代表座谈时发表了重要讲话，就"怎样才能成为好老师"这一问题，首次提出了做好老师，要有理想信念、有道德情操、有扎实学识、有仁爱之心的精准回答。2016年12月，习近平总书记在全国高校思想政治工作会议上提出，教师要做学生锤炼品格、学习知识、创新思维、奉献祖国的引路人。根据教师劳动的特点和相关研究结论，结合《教师专业标准》与《中共中央国务院关于全面深化新时代教师队伍建设改革的意见》《教师教育振兴行动计划（2018—2022年）》等文件要求，我们认为新时代教师的职业素质应涵盖以下几个方面。

（一）专业精神

在"四有"好老师标准中，有理想信念、有道德情操、有仁爱之心，就是对教师专业精神的高度概括。其中，有理想信念是好老师的首要标准；道德情操是教师践行教育使命的重要品质；没有爱心的人不可能成为好老师。专业精神是教师对教师职业所抱有的理想、信念、态度、价值观和道德操守等方面的倾向性系统，主要包括以下三个方面。

1. 高尚的职业道德

教师职业道德简称为师德，是教师在教育教学活动中应当遵守的道德规范和行为准则。2008年9月1日，中华人民共和国教育部、中国教科文卫体工会全国委员会发出关于重新修订和印发《中小学教师职业道德规范》的通知，对教师的职业道德提出如下要求：爱国守法、爱岗敬业、关爱学生、教书育人、为人师表、终身学习。2012年，党的十八大报告首次提出"把立德树人作为教育的根本任务"。2016年,习近平总书记在全国高校思想政治工作会议上强调,加强师德师风建设要坚持"四个相统一",即坚持教书和育人相统一,坚持言传和身教相统一,坚持潜心问道和关注社会相统一,坚持学术自由和学术规范相统一。2017年,党的十九大报告又提出"全面贯彻党的教育方针,落实立德树人根本任务"的要求,既体现了教育的本质要求,又明确了教育的根本使命。2018年,《中共中央国务院关于全面深化新时代教师队伍建设改革的意见》明确提出,加强教师中华优秀传统文化和革命文化、社会主义先进文化教育,着力提升思想政治素质,全面加强师德师风建设。2022年,党的二十大报告进一步强调了"加强师德师风建设,培养高素质教师队伍,弘扬尊师重教社会风尚"的重要性。2023年9月9日,习近平总书记在致全国优秀教师代表的信中,提出了中国特有的教育家精神,即"心有大我、至诚报国的理想信念,言为士则、行为世范的道德情操,启智润心、因材施教的育人智慧,勤学笃行、求是创新的躬耕态度,乐教爱生、甘于奉献的仁爱之心,胸怀天下、以文化人的弘道追求"。

2. 正确的教育理念

教育理念是教师在对教育工作充分理解基础上形成的教育理性认识和教育价值观念。教师在肩负教书育人使命的同时,首先应该对教育的原理有深刻的领会和理解,在此基础上形成自己正确清晰的教育观念、教育理想与信仰以及教育价值取向,这样才能有正确的教育态度与合理的教育行为,才能在发挥学生的主体性和能动性、组织教育教学活动、培养学生人格和才能等方面发挥恰当而有效的主导作用。

3. 崇高的敬业精神

崇高的敬业精神,要求教师能够从教育工作中感受到作为教师的乐趣和实现自己的人生价值。它在教育实践中会呈现出以下三种方式:一是具有以师为乐的人生生活方式,即把为师从教作为终生追求并乐在其中的生活方式,而不是简单的谋生手段;二是以师为荣的人生价值实现方式,即有为师从教的光荣感和自豪感,把教育工作当作人生价值的重要体现;三是以师为贵的生命意义存在方式,即把为师从教作为人生的全部意义和生命价值的重要体现。

专栏4-1

心有大我,至诚报国的黄大年

黄大年是我国著名的地球物理学家,吉林大学地球探测科学与技术学院教授。2009年,黄大年同志毅然放弃国外优越条件回到祖国,刻苦钻研、勇于创新,取得了一系列重大科技成果,填补了多项国内技术空白。2017年1月8日,他不幸因病去世,年仅58岁。习近平总书记对黄大年同志先进事迹作出重要指示,号召学习他心有大我、至诚报国的爱国情怀;教书育人、敢为人先的敬业精神;淡泊名利、甘于奉献的高尚情操。

（二）专业知识

教师自古就被称为"智者"，好老师要有扎实学识。习近平总书记强调，教师应是学问之师，扎实的知识功底、过硬的教学能力、勤勉的教学态度、科学的教学方法是教师的基本素质，其中知识是根本基础。[①]

1. 通识文化知识

教师的工作，有点像蜜蜂酿蜜，需要博采众长，尤其是课程日趋综合化的今天，更是如此。所以教师需要一个宽广的知识面，需要广博的通识文化知识。通识文化知识主要包括当代的科学技术知识和人文社会科学的知识，以及工具性学科的扎实知识和熟练运用的技能，如计算机、外语的知识技能等。

2. 所教学科知识

学科的专业知识，主要指教师所任教学科的知识，如语文知识、数学知识等，这是教师胜任岗位的基本保证。专业化的教师在学科知识上能够做到以下几方面。第一，对学科的基础性知识、基本技能有广泛而准确的理解，熟练掌握相关的技能、技巧，达到"熟、透、化"的程度。第二，懂得本学科的历史和发展趋势，了解学科发展的动因和该学科的社会价值。第三，了解学科的相关知识，尤其是学科知识的背景和研究的方法论、相关学科知识间的相关点、学科之间的联系等。第四，对学科知识要有一定的深度，了解该学科研究的最新成果，能够把本学科知识变成自己的一种学术造诣，清楚表达出来。

3. 教育学科知识

教育学科知识主要指能帮助教师认识教育的对象、组织教育教学活动和开展教育研究的知识。这类知识包括如下四个类别。第一类是基础理论知识，含教育教学的一般理论、儿童发展的一般理论，它主要帮助教师掌握教育教学的规律，形成正确的教育理念。第二类是学科教育知识，主要帮助教师认识所教学科的性质，学科教育的目标、原则、方法等，具备学科教育的正确理念，掌握该学科的教育教学方法。第三类是教师职业技能知识，主要包括从事教育教学所需要的"三字一话"技能、班主任工作的技能、少先队指导的技能、心理咨询与教育的技能、特殊儿童的教育技能、现代教育技术、多媒体课件制作技术等。第四类是教育研究的知识，帮助教师掌握教育研究的基本程序和方法，发展研究能力。

4. 教师个人的实践知识

教师个人的实践知识是一种"临床性知识"，是教师经过长时间有意识的积累而形成的教育教学智慧，表现为教师对待和处理教育问题时体现出的个人特征。个人的实践知识具有明显的情境性，是教师对复杂和不断变动的教育情境的一种判断和处理，它受个人的经历、意识、风格及行为方式的影响。"教师从新手成为一个成熟的专业人员，这一过程基本上是在学校发生的，教师的实践性知识在其中起了决定性作用。"[②] 因此，真正支配教师行为的是个人的实践性知识。教师在每次教学后都要进行反思，总结经验，吸取教训。经过这样长时间的累积，教师会形成一些个性化、独到化乃至富有规律性的做法，这些做法就是实践性知识（见图4-1），也就是专家教师所必须具备的教学智慧。

---

① 《习近平总书记教育重要论述讲义》编写组.习近平总书记教育重要论述讲义[M].北京：高等教育出版社,2020：212.
② 陈向明.实践性知识：教师专业发展的知识基础[J].北京大学教育评论,2003(01)：104—112.

图 4-1 教师个人的实践知识

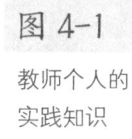

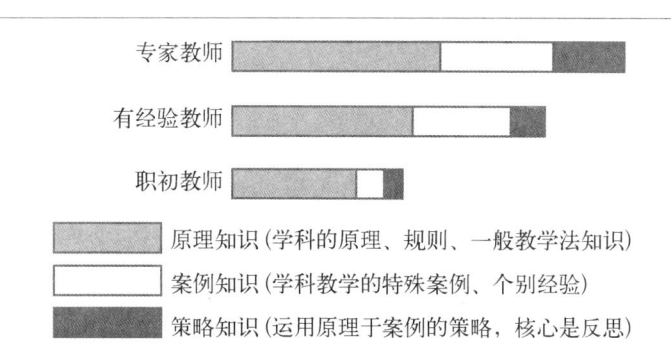

专家教师
有经验教师
职初教师

■ 原理知识（学科的原理、规则、一般教学法知识）
□ 案例知识（学科教学的特殊案例、个别经验）
■ 策略知识（运用原理于案例的策略，核心是反思）

（三）专业技能

1. 教师的专业技巧

教师的专业技巧主要指教学技巧，它是在教学过程中教师从事教学活动的一般熟练技能，其功能在于引导学生的学习活动，并调节课堂气氛与学生的注意力，使教学活动能顺利进行。

教学技巧是指教师在教学活动中熟练运用专业知识和实际经验顺利完成某种教学活动的方式。教师使用教学技巧，可以引导学生学习、调节课堂气氛和学生的注意力，使教学活动顺利进行。在教学过程中，教师经常使用的教学技巧主要有：（1）导入技巧，即唤起学生的注意力，刺激学生的学习兴趣；（2）强化技巧，即适时对学生正确的学习行为给予奖励；（3）变化刺激的技巧，即变换感觉途径、交流模式和语言声调等；（4）提问技巧，即训练、改善学生的反应，增强学生的参与程度；（5）分组活动技巧，即组织小型的学生小组、指导咨询、鼓励协作；（6）教学媒体运用技巧，即板书的设计、教具的使用、现代化教学手段的掌握；（7）沟通与表达技巧，即书面语言的使用、口头语言的表达、体态语言的运用；（8）结束技巧，即总结学习的表现、提出问题要点、复述学习重点；（9）补救教学的技巧，即学生的个别辅导和作业指导。

2. 教师的专业能力

教师的专业能力是教师完成一定教育教学活动的本领。

一是教育能力。教育能力指教师具有寓教于学的能力，根本意义在于促进学生成人。教育能力要求教师能够将思想品德教育与学科知识的教学有机结合，通过寓教于教、寓教于学，使学生受到良好的陶冶，并能够逐渐形成远大的理想、坚定的信念、向上的精神、健康的思想、良好的修养等。《国家中长期教育改革和发展规划纲要（2010—2020年）》指出，教师应把德育渗透于教育教学的各个环节，贯穿于学校教育、家庭教育和社会教育的各个方面。加强马克思主义中国化最新成果教育，引导学生形成正确的世界观、人生观、价值观；加强理想信念教育和道德教育，坚定学生对中国共产党领导、社会主义制度的信念和信心；加强以爱国主义为核心的民族精神和以改革创新为核心的时代精神教育；加强社会主义荣辱观教育，培养学生团结互助、诚实守信、遵纪守法、艰苦奋斗的良好品质；加强公民意识教育，树立社会主义民主法治、自由平等、公平正义理念，培养学生成为社会主义合格公民。

二是教学能力。教学能力是一名专业化教师必须具备的成功完成教学任务的专业能力，它的根本意义在于促进学生成才。根据时代发展的要求，现代教师所必须具备的教学能力包括教学设计能力、教学实施能力、教学评价能力等。具体来说，教学设计能力主要表现为教师具有良好的教学计划构建、教学方法选择、教学形式安排和问题呈现的能力；教学实施能力主要表现为教师在教学过程中能够积极拓展学生的学术视野、激活思维方式、培养创新智慧，优化知识结构，讲透实质知识，讲准内容知识，讲好方法知识，讲清发展知识的能力；教学评价能力是教师在教学的全过程中，能够将教学活动本身作为对象，不断地对其进行积极主动的检查、评价、反馈、控制和调节的能力。教师应该通过提高自身的教学能力，进而提高学生的学习能力、实践能力和创新能力，培养学生学会知识技能，学会动手动脑，学会生存生活，学会做人做事。

图 4-2
教学能力结构

教学能力
- 教学设计能力
  - 处理教材和使用教参能力
  - 选择教学方法能力
  - 教具设计和操作能力
  - 教案编写能力
- 教学实施能力
  - 组织教学能力
  - 语言表达能力
  - 板书能力
  - 实验与教具使用能力
- 教学评价能力
  - 对学生的学习状况诊断能力
  - 组织学生进行练习能力
  - 考试命题和评价能力
  - 教学效果自我评价能力

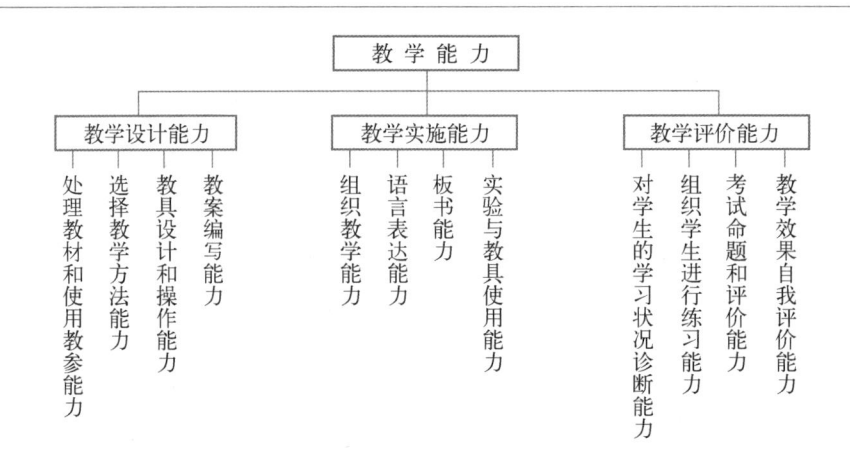

三是教育管理能力。教管能力即教师所具有的对于学校、班级、团队、活动等的管理能力，它的根本意义在于促进教育的成功。一个优秀的教师必须同时是一个优秀的管理者，在学校管理中具有责任意识，在班级管理中具有争先意识，在团队管理中具有合作意识，在各种活动管理中具有创新意识；在管理工作中能够精于顶层设计、勤于过程操作、善于总结凝练形成管理文化；同时，掌握科学高效的管理策略，在管理工作中能够做到定位有前瞻性、内容有系统性、方法有操作性、成果有标志性。教师通过发挥管理智慧和管理技巧，可使各项教育工作生动活泼、高效有序地开展，从而为师生创造一个良好的学习与工作环境，这是教育获得成功的重要保证。

四是教科研能力。教科研能力即教师从事教育教学研究的能力，教科研能力和水平的高低是一位优秀教师和普通教师的重要区别之一。高水平的教师必须同时是一位研究者，以科研促进教学，以教学促进科研。学校中的教育科研主要包括领导层面的教育管理，教师层面的学科教学，学生的思想品德教育，以及班主任管理、班主任工作等。教育科研能力的形成途径主要有两种：一是参与别人的教研课题；二是自己主持研究教研课题。不管采取哪种途径，都需要研究者个人的持续学习、独立思考、深刻思维和创新的构建。只有经历这样的思考和研究过程，才能推动教师产生独到的教育主张和观点，提出科学的教育理念和理想，形成系统的教育思想和理论，也才能推动教师从一个普通的教书匠走向卓越教师,并进而成为教育家。

五是终身学习能力。终身学习是教师实现自我发展的前提。教师终身学习的途径主要有以下两种:一是参加系统的终身学习,包括积极参加继续教育、校本研习、各类成人教育以及远程教育学习等;二是不断加强自学,包括钻研教材、听课与评课、阅读与积累、外出考察与观摩以及公开课、教学大奖赛等教学活动。教师的终身学习本身就是一种榜样示范。教师只有树立终身学习的理念,并付诸行动,才会影响学生的学习态度及行为;教师只有具备不断学习的能力,才能提高学生的学习能力;教师只有自身学而不厌,才能教出学而不厌的学生。

(四)身心素质

教师从事着繁重的教书育人工作,工作压力大,对身体素质的要求高。身体素质主要包括:生理发育正常,体质健壮无病;有良好的生活、卫生、健康及娱乐的习惯和技能;会科学地安排和利用时间,讲求速度效益,反应敏捷,能适应现代化生活的高节奏要求。

教师是人类灵魂的工程师,是学生的一面镜子,是学生学习的榜样。一个塑造健康心灵的教师,其自身首先应是心理健康的。面临社会变革,生活、工作节奏加快,教师自身也常常会遇到诸多的紧张、焦虑和不愉快等不良情绪。教师不仅要掌握调节学生情绪的方法,更重要的是要能战胜自己,掌握调整自己情绪的方法,时刻保持良好的心境,善于控制自己消极的情绪,不断训练和提高应急行为能力,在面对工作中突如其来的偶发事件时,能保持冷静,处置得当。

教师心理健康应具有以下标准。第一,对教师角色认同。热爱教育工作,勤于教育工作,能积极投入教育工作中,将自身的才能在教育工作中表现出来,并由此获得成就感和满足感,免除不必要的忧虑。第二,具有良好和谐的人际关系。第三,正确地了解自我、体验自我和控制自我。对现实环境有正确的感知,能平衡自我与现实、理想与现实的关系。第四,具有教育独创性。在教学活动中不断学习,不断进步,不断创造。能根据学生的生理、心理和社会性特点富有创造性地理解教材,选择教学方法,设计教学环节,使用教学语言,布置作业等。第五,在教育活动和日常生活中,均能真实地感受情绪并恰如其分地控制情绪。教师劳动和服务的对象是人,因此情绪健康对于教师而言尤为重要。具体表现在:保持乐观积极的心态;不将生活中不愉快的情绪带入课堂,不迁怒于学生;能冷静地处理课堂情境中的不良事件;克制偏爱情绪,一视同仁地对待学生;不将工作中的不良情绪带入家庭。[1]

四、教师的专业发展

(一)教师专业发展的内涵

教师专业发展,又称教师专业成长,是指教师在整个专业生涯中,依托专业组织、专门的培养制度和管理制度,通过持续的专业教育,习得教育教学专业技能,形成专业理想、专业道德和专业能力,从而实现专业自主的过程。它主要包括教师群体的专业发展和教师

---

[1] 俞国良,曾盼盼.论教师心理健康及其促进[J].北京师范大学学报(人文社会科学版),2001(01):20—27.

个体的专业发展。

教师群体的专业发展是指教师职业不断成熟、逐渐达到专业标准,并获得相应的专业地位的过程。它既是教师个体专业化的条件和保障,同时也最终代表着教师职业的专业化。

教师个体的专业发展是指教师根据社会发展的要求和职业发展需要,通过接受专业训练和自主学习,不断获取专业知识,增长专业技能,提升专业水平,由一个专业新手发展成为专家型教师或教育家型教师的持续发展的历程。

(二)教师专业发展的内容

1. 情意系统的发展

情意系统是指教师对待教育事业、对待学生的观点和态度,以及教师个人工作和生活中的积极情感和高尚人格等。它是教师专业活动和行为的动力系统,也是教师形象的重要特征。教师在教育教学工作中具有什么样的世界观和方法论,是教师专业行为的理性支点和专业发展的精神内核,决定着教师在专业发展的道路上能走多远。同时,教师的积极情感和高尚人格也是影响教育教学效果的重要因素。教师的积极情感会感染和激励学生积极向上。教师的理性人格也会潜移默化地影响学生。因此,教师必须通过专业规范训练逐步养成教育专业人员的意识和态度,拥有自觉按照专业规范来调整自己的思想言行的素养。教师在行使教育职权时,运用专业精神和态度来教会学生学习,以博大的胸怀感染学生情操,而不是靠强迫、压制他们来达到教育的目的。学生可通过教师教育,将从事教育事业的理想转化为献身教育的实际行动,对教师职业有清醒的认识和高度的责任感,形成正确、坚定的职业理想以及正确的教育观,树立素质教育的理念,并以此作为今后从事教育教学活动的行为规范和价值取向。

专栏 4-2

我国一些地区的教师誓词

教师誓词一:

我是光荣的人民教师,我在国旗下庄严宣誓,忠诚党的教育事业,全面贯彻教育方针,爱岗敬业,尽心尽责;热爱学生,为人师表;严谨治学,积极创新;因材施教,注重实践;师生平等,教学相长;终身学习,求真求善;团结协作,勇于开拓;廉洁从教,乐于奉献,为实现现代化作出贡献。

教师誓词二:

我是光荣的人民教师,我在国旗下庄严宣誓:

忠于人民教育事业,履行教师神圣职责,贯彻国家教育方针,全面实施素质教育;热爱学生,做学生良师益友,为人师表,铸教师高尚人格;追求真理,崇尚科学;依法治教,教书育人;勤勉敬业,严谨治学;团结协作,终身学习;与时俱进,开拓创新;为中华民族伟大复兴,为人类社会的文明进步,奉献全部力量。

教师誓词三：

我是一名人民教师，面对国旗我庄严宣誓：

忠诚人民教育事业，履行教师神圣职责，贯彻国家教育方针，全面实施素质教育。依法治教，教书育人；追求真理，崇尚科学。勤勉敬业，严谨治学；因材施教，注重实践。热爱学生，为人师表；尊重学生，教学相长。廉洁从教，乐于奉献；终身学习，勇于创新。做学生良师益友，铸教师高尚人格。为祖国培养优秀人才，为人类社会文明进步而奋斗终身！

教师誓词四：

我宣誓——教师是我光荣的选择！

我懂得：我的肩头从此负有多少生命的重托！

走上这个神圣的岗位，我的每时每刻都在传承文明的薪火，我的一言一行都应成为下一代的楷模。

我知道：学生对我很需要，我对学生很重要。因此，对放弃责任的诱惑，我必须拒绝；对违背良知的利益，我必须割舍。为学生付出所有，是我最高的准则。即使面对误解和委屈，我仍将恪守崇高的职业道德。

用智慧开启智慧，用爱心托起爱心，平等地对待每一位学生，为他们构筑迈向成功的基座。我要始终具备与职业相称的能力，以终身学习完善和超越自我。

光大行知思想！

学习斯霞品格！

忠诚人民的教育事业，是我庄严的承诺！

教师誓词五：

我是光荣的人民教师，我庄严宣誓：忠于人民的教育事业，学为人师、行为世范，爱岗敬业、关爱学生，严谨笃学、教书育人，勇于创新、奋发进取，淡泊名利、志存高远，为建设长江上游地区教育中心和西部地区教育高地，实现中华民族伟大复兴，奉献全部智慧和力量！

2. 知识系统的发展

专门知识是构成专业标准的依据，是专业结构中的一个重要组成部分。教师的专业知识由基础文化知识、学科专业知识、教育教学知识、教学实践知识组成。教师在专业发展过程中知识系统的发展主要包括量的拓展和质的深化。其中，量的拓展指教师要与时俱进，不断更新知识，扩大自己的知识含量和知识范围。学生在校期间必须刻苦学习，掌握教育教学必备的广博的科学文化知识、精深的学科专业知识、新兴学科与相邻学科的知识、扎实的教育学和心理学的理论知识等。质的深化指教师从对知识的理解、掌握，到应用、批判，再到知识的深化与创新，在自己已有专业知识的基础上建构自己的知识体系，形成个体独到的感悟、体验和经验总结。通过专业知识和手段的提高，教师运用专业技能从事教学教育工作，并提升教育水平，使自己成为一个适应未来社会、教育、科技发展的高素质教育专业人才。

3. 能力系统的发展

教师的专业能力是教师综合素质的最突出的外在表现,也是评价教师专业性的核心因素。它主要包括教育实践能力和教育科研能力。教育实践能力是衡量教师专业能力水平的一项重要指标,是专业能力中的核心内容,它包括教学设计能力、表达能力、教育教学组织管理能力、教育教学交往能力、教育教学机智、反思能力等。教育科研能力和水平则体现教育实践与教育理论的密切结合,是教师对学生、对教育教学实践和理论进行的探索,发现问题,并试图解决问题的能力,是教育教学创新对教师发展的必然要求,是教师专业发展的基本保证。

(三) 教师专业发展的阶段

1. "关注"阶段发展论[①]

富勒和布朗根据教师所关注的焦点问题,把教师的发展分为四个阶段:任教前的关注阶段、早期关注生存阶段、关注教学情境阶段、关注学生发展阶段。每个阶段都有其不同的发展特征。

(1) 任教前的关注阶段。此阶段是师资养成时期,学生仅是想象中的教师,没有教学经验,仅关注自己。

(2) 早期关注生存阶段。处于这一阶段的教师非常关注自己的生存适应性。他们经常关心的问题是学生是否喜欢自己以及他人对自己的评价。由于这种生存的忧患,新教师会把大量的时间花费在如何与学生相处上,如有些教师可能想方设法控制学生,而不是让学生获得学习上的进步,非常注重对课堂的控制和管理。

(3) 关注教学情境阶段。当教师感到自己完全能够生存时,他们将越来越关注学生的成绩而进入关注情境的阶段。在这一阶段,教师所关注的是如何教好每一堂课的内容,他们总是关心诸如班级大小、时间压力和对教学材料的准备是否充分等一些与教学情境有关的问题。

(4) 关注学生发展阶段。当教师顺利适应了前两个阶段后,将进入关注学生发展的阶段。在这一阶段,教师将考虑学生的个别差异,认识到不同的学生有不同的情感和社会需要。教师关注学生不同的需要以及如何通过教学更好地影响他们的成绩和表现。事实上,有些教师从来就没有进入到这一阶段。

2. "教学专长"阶段论[②]

美国亚利桑那州立大学的伯林纳在对教师教学专长发展的研究中,受人工智能(AI)研究领域中"专家系统"的思路的启发,提出了教师教学专长发展的五阶段理论。伯林纳还在大量的定性与定量研究基础上,对教师教学专长不同发展阶段的特征进行了详细论述。

(1) 新手。新手教师是指刚刚从事教学工作的教师,他们处理问题刻板地按照特定

---

① Fuller, F., Bown, O. Becoming a Teacher [M] //K. Ryan (Ed). Teacher Education (The 74th year book of the study of education). Chicago: University of Chicago Press, 1975: 25-52.

② 张学民,林崇德,申继亮.论教师教学专长的发展与教师教育[J].中国教育学刊,2007(05): 69-74.

的规则、规范和计划,非常理性,但缺乏灵活性。新手教师需要了解与教学有关的一些实际情况和具体复杂的教学情境,对他们来说,通过现实的亲身实践积累经验比学习理论知识更重要。

（2）进步的新手。在这一阶段中,教师将自己的实践经验与所学的知识逐步联系起来,并找出不同情境中的一些相似性,而且有关情境知识也在增加。教师的经验对教学行为的指导作用在提高,能够忽略或打破一些僵死的规则,使教育的灵活性增大。但教师不能很好地区分教学情境中的重要信息和无关信息,对自己的教学行为还缺乏一定的责任感。

（3）胜任型教师。处于这一阶段的教师,能按个人的想法处理事件、选择信息,并能够对所做的事情承担更多的责任。因此,与前两个阶段相比,他们有更强烈的成功与失败的体验。但胜任型教师的教学行为,还没有达到快捷、流畅和灵敏的程度。

（4）能手。处于这一阶段的教师,教学技能接近了认知自动化的水平,而且具有较强的直觉判断能力。这种直觉判断使教师能够更精确地预测事件。他们能从积累的丰富经验中,综合地识别出情境的相似性,甚至从截然不同的事件中看到其中的联系。

（5）专家。如果说新手、进步的新手和胜任型教师处理教学问题都是理性化的,能手处理问题是直觉的,那么,专家处理问题则是非理性的。他们对教学情境的判断不仅靠直觉把握,而且能以非分析性的方式,凭借他们的经验准确地发现问题,并采取合适的解决方法。他们的行为表现出流畅、有灵性,不需要刻意的思维加工和理性分析,知道在什么时间和什么地方该做什么事情,会灵活地采用多种多样的方法。

3. "自我更新"阶段论[①]

我国学者叶澜等人在参考国外教师专业发展研究成果的基础上,提出了以教师专业的自我更新为取向的五个发展阶段:"非关注"阶段、"虚拟关注"阶段、"生存关注"阶段、"任务关注"阶段、"自我更新关注"阶段。

（1）"非关注"阶段。这是指进入正式教师教育之前的阶段。在这一阶段,立志从教者在对教师专业发展"非关注"的状态下,无意识之中以非教师职业定向的形式形成了较为稳固的教育信念,具备了一些"直觉式"的"前科学"知识,这只是一种从教的可能性,还谈不上什么专业发展。但是,与教师专业发展相关的一般能力有很大部分是在这一阶段形成的。

（2）"虚拟关注"阶段。这一阶段反映的主要是职前学习阶段师范生的发展状况。职前师范生的学习阶段,虽然有意识要做教师,也学习了做教师必须具备的知识,但他们不接触中小学实际,没有真正从事教师的工作,使其教师专业的学习带有某种虚拟性。师范生缺少专业教师的体认,加上"虚拟的"专业学习环境,使得师范生的专业人员意识和自我专业发展意识淡薄。

（3）"生存关注"阶段。这是正式做教师的最初阶段。这一阶段要由师范生转换成正式教师的角色,而且面临教学的压力,自己对教学尚不熟练,因此,"聚变与适应"是这一阶段突出的特点。这种环境的聚变从反面激起了初任教师强烈的自我专业发展的忧患意识,迫使他们特别关注教师专业发展中的最低要求——专业活动的"生存技能",尚谈

---

① 叶澜.教师角色与教师发展新探[M].北京:教育科学出版社,2001:276-321.

不上对"自我更新"能力的关注及其发展。

（4）"任务关注"阶段。在度过了初任期之后，决定留任的教师逐渐步入了"任务关注"阶段。随着教学基本"生存"知识、技能的掌握，教师的自信心也日渐增强，由关注自我的生存，转到更多地关注教学。这一阶段教师的专业发展由仅仅关注"生存"技能，转到更多地关注广阔的专业发展。但这一阶段教师的专业发展受职称的晋升、他人的评价影响比较大，发展的意识主要来自外界，自我发展的意识还比较弱，发展尚不成熟。

（5）"自我更新关注"阶段。经过了"任务关注"阶段的教师，已经完全掌握了教学机制和课堂管理策略，更加关注课堂内部的活动及其成效，关注学生是否真的在学习，关注教学内容是否真的适合学生，关注学生的个体差异等。教师在这一阶段的教学关注点，逐渐由关注情境转向关注学生。随着专业技能的日渐成熟，教师有了更多的时间和机会对自己的专业发展进行反思，也有了较明确的自我专业发展意识，这是一种自觉的意识，它指向教师内在专业结构的改进和提高。

教师专业发展达到成熟的时间有长有短，少则3年、5年，多则10年、20年。教师专业发展的各个阶段是依次渐进的，但并不是所有的教师都能达到最后一个成熟的阶段。有的教师可能终身都只能处于初任教师的专业化水平，有的教师专业成熟的年限要短些，有的教师专业成熟的年限可能要长些。总之，从教师的整个职业生涯来看，专业发展有成熟期，也有保守期和衰退期。

专栏4-3

教师的专业发展

澳大利亚联邦政府在2010年3月8日正式公布了新的《全国教师专业标准》。该标准将教师的专业发展分为毕业教师、熟练教师、娴熟教师和主导教师四个阶段。四个专业等级围绕三项专业要素——专业知识、专业实践和专业发展，共形成七大标准。它明确了对各专业等级教师的知识、技能和性格要求，为澳大利亚中小学教师的职业晋升提供一个全国统一框架。

1. 毕业教师

毕业教师拥有经过认可的资格证书，拥有规划和管理成功学习的知识、技能、价值观和特质，能够达到注册教师的所有要求。他们具有成为专业的学习者的愿望，并以学习者的姿态来期望学生。他们拥有献身精神、热情和人际沟通能力，在学校及广泛的社区中能够发挥专业作用，并为学校整体运行作出贡献。

2. 熟练教师

熟练教师能够展示过硬的专业知识、成功的教学实践及有效的专业发展。他们能够达到基本专业标准。他们是专业团体的成员，能够与同行、学生及家长有效互动。

3. 娴熟教师

娴熟教师是拥有并不断完善教学内容、教学法和有关学生方面的知识，并能将这些知识应用于实践使学习结果最大化的教师。他们知道如何与同行、家长及社区团体合作,如何吸引他们参与并支持学生的学习及健康。他们能够对专业团体作出积极贡献。

4. 主导教师

主导教师是掌握所教学科的知识内容、教学法,了解影响学生学习的各项因素,并应用这些知识来改进教学与学习质量的杰出教师。他们拥有影响他人改进教学实践的专业和个体特质。他们能够成功开展一些有助于教学与学习质量提高、学校和专业团体的健康发展的创新计划。他们能够促进建立并保持富有成效的专业关系。

(四)教师专业发展的途径

1. 职前的教师专业教育

职前的教师专业教育为培养教师专业人才服务,把学术性、师范性和服务性结合起来,注重师范生专业信念体系的形成和敬业精神的培养,建构反映教师专业所需要的知识和技能的课程体系,加强教育理念与实践的联系,建立有效的教育实习制度。以往,我国的职前教师培养部分一直由师范院校承担,职后培养部分由教育学院承担,往往使职前和职后教育相分离。20世纪末,我国教师教育在逐渐发生着变化:在推进教师教育的一体化,建立教师终身教育体系的同时,推进教师教育的开放化。国家鼓励综合性大学和非师范类高校参与到教师教育体系中来,吸收非师范教育资源,形成多样化的教师培养体系,使"定向型"与"开放型"教师培养模式并存。在开放、多元的教师教育体系中,传统的师范院校既可以在现有的基础上加强教师的专业教育,也可以逐步过渡到综合性大学,在综合性中凸显教师教育的特色。

2. 新教师的入职教育

教师的入职教育是由师范生转变为正式教师的一个过渡环节,这个环节对师范生能否尽快成为一个专业化的教师非常关键。新教师的入职教育有一个安排有序的计划,主要由有经验的导师进行现场指导。较为常见的方式是新教师入职后在工作岗位上的师徒结对活动,新教师先跟随优秀教师听课,学习并模仿他们的教学行为,然后在他们的指导下实现自己的专业成长。在我国,各级师范院校还承担了短期的系统培训工作,其目的是向新教师提供系统而持续的帮助,使之尽快转变角色、适应环境。

3. 在职教师的专业发展教育

教师的在职教育,主要着眼于知识更新、教学研究和提高业务能力,旨在真正建立教师的终身教育体系。根据实施的主体不同,在职教师的专业发展教育可以分为三个方面:以国家为主体的教师继续教育、以学校为主体的校本培训、以教师为主体的自主专业发展。

以国家为主体的教师继续教育,是与职前培养相衔接的中小学教师的继续教育,是教师教育的重要阶段和促进教师专业化的主要途径,也是教师适应当代社会知识更新的必然选择。我国十分重视教师的继续教育，一方面调整职后教育机构的设置，实现职前培养与职后培训一体化；另一方面把教师继续教育制度化。1999年正式颁布的《中小学教师继续教育规定》指出，"参加继续教育是中小学教师的权利和义务"。教师的继续教育一方面指向教学的内容，力求更新知识；另一方面指向教育理念和教学方法帮助教师反思自己的教学生活，提升其专业化水平。

以学校为主体的校本培训，是指在教育行政部门和教师培训机构的规划指导下，以教育现场为本位，由中小学校长组织领导、由教师任职学校自主开展，紧密结合学校工作实践，以提高学校教学质量和办学效益、促进教师专业发展和职业修养为目的的教师在职培训形式。我国于20世纪90年代开始对教师校本培训进行有计划的试点和系统的理论研究。校本培训一般从改革传统的课堂灌输式传授知识的陈旧方法入手，采取优秀教师与新教师结成师徒、举办短期培训班、校际之间的观摩与交流、反思性教学、组织教师研究教材等方式，对在职教师进行现代教学理论、教育思想、职业道德修养，现代教学方法、教学模式、名家教学风格，教师教育教学基本技能和能力，现代教育技术，学科最新的基本理论及教育改革信息等多方面知识内容的培养与更新。

以教师为主体的自主专业发展，主要有经常性的自我反思、主动收集教育改革信息、研究教育教学中的各种关键事件、经常与自我保持专业发展对话、与其他教师保持合作与交流等方式。专家型教师具有主动发展的意向，能够不断地学习、实践、反思、研究和写作，从而促进其自我更新。因此，教师的自主专业发展是确立专业理想、积淀专业情感、提高专业技能、形成专业风格的关键。

图 4-3
专家型教师发展途径

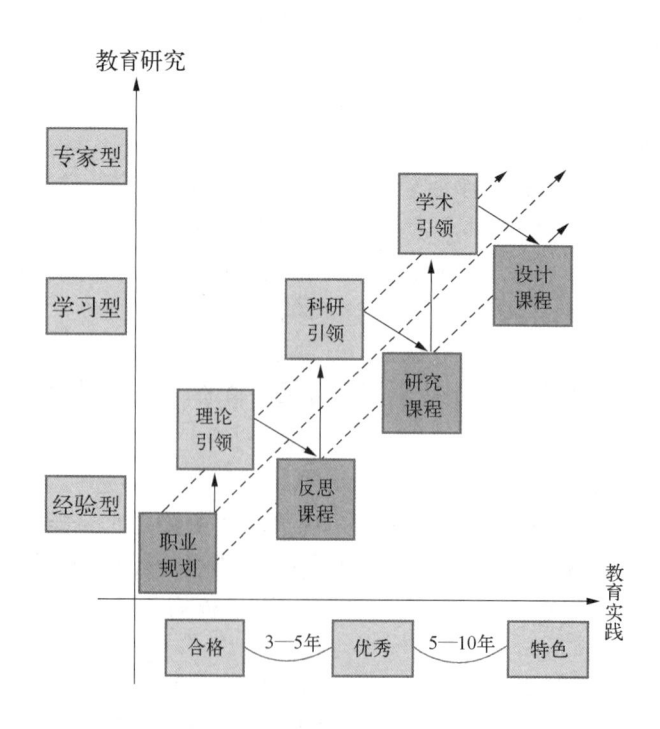

本节小结

本节主要介绍了教师的内涵、任务,探讨了教师职业的劳动特点,即复杂性、创造性、示范性、长期性和合作性;分析了教师的职业素养,即专业精神、专业知识、专业技能和身心素质;阐述了教师专业发展的内涵、内容、阶段和途径。

关键术语

教师　劳动特点　职业素养　专业发展

讨论与应用

1. 下面这则教学案例反映了 A 教师哪方面的问题?请从教师职业素养的角度谈谈如何帮助 A 教师解决这一问题。

书到用时方恨少

A 教师上公开课,听课的人特别多,有学校领导、教师,也有许多外地的教师。A 教师在引经据典时,讲到千古传诵的《木兰辞》中花木兰女扮男装、替父从军的故事。不巧,这时有位学生突然举手问道:"我国古代妇女都要裹小脚,而裹了小脚的妇女怎能行军作战呢?"面对这突如其来的提问,A 教师显得十分尴尬,半晌答不上来。过了一会儿,A 教师诚恳地对学生说:"这个问题我还没有想到,待我下课后查阅相关知识再做回答。"

2. 请从教师职业道德素养的角度对该教师的做法进行分析评价。

一名乡村教师的开场白

城市学生杜某,大学毕业后通过招教考试成为一名乡村教师。在认真备课、反复试讲后,他满怀信心地走上讲台。刚做完自我介绍,一个男生突然站起来说道:"老师,我们条件不好,学习基础又差,你会喜欢我们吗?"杜老师没有回答,微笑地看着他问:"你会不会嫌弃自己的家人?"男生马上回答:"当然不会,一家人怎么会嫌弃呢?"杜老师转向全班同学郑重地说,"我既然成了同学们的老师,大家就成为了一家人,我当然不会嫌弃你们了。同学们只看到了自己的不足,却没有看到自己的长处,朴实、能吃苦,只要我们共同努力,都会成为优秀学生的。老师喜欢你们,看好你们!"这一开场很快便抓住了孩子们的心。

3. 以下是全国特级教师李吉林老师的成长经历。请从教师专业发展的角度,结合案例分析从一名普通教师成长为优秀教师或专家型教师,应从哪些方面提升自己。

"不断塑造自我"

40 年前,我是一名师范生,走出师范的校门,便走进了小学,这一进去就是 40 年。青春年华,黄金岁月全给了小学生。不少师范生和年轻的老师常给我写信,要我传授做个好老师的"秘诀"。这秘诀就是 40 年磨得的一句话:不断塑造自我,努力提高自身素质。

在自我塑造中,最重要的是心灵的塑造,这是对高尚精神境界的追求。我爱学生,学生也爱我,我把"教师"与"美好"联系在一起,把"育人"与"祖国"联系在一起。

这样的精神世界驱动着我,鞭策着我,不敢怠惰,不肯荒废。于是,我会为寻找孩子们观察的野花,在郊外的河岸、田埂专心致志地识别、挑选。我会为了优选孩子们学习课文最佳的情境,在灯下静静地想着、画着、做着各种生动的而又最简洁的教具,一遍又一遍地摆弄着、比画着,从不厌倦。我会为了让孩子们直接感知教材获得鲜明的印象,在家人熟睡的时候,一个人在厨房里练习"范读课文";或者在第一场大雪后,我会兴致勃勃地带着孩子们去找腊梅,去看望苍翠的"松树公公",然后和孩子们在雪地里打雪仗。这些带着浓郁稚气的,甚至伴随着"痴情"的个性色彩,也许有不少人是不理解的,但这却是当好小学教师所需要的情怀,这也是一个教师的思想素质,具备了这样的思想素质,才能做到"诲人不倦""爱生乐教"。

当一个好教师除了要有较好的思想素质,还要有较高的业务素质。我在读师范时,认真学好各门功课,还认真学画画、练美术字、参加诗歌朗诵会、创作舞蹈。我也很喜欢音乐,学指挥、练习弹琴,夏天在小小的琴房里练琴,尽管蚊子叮,浑身是汗,却乐趣无穷,整个身心都沉醉在琴声中了。这些经历在我后来的工作中发挥了很大的作用。我探索的"情境教学",运用音乐、图画、表演等手段把学生带入情境,从某种意义上来说,也得益于当年在师范读书时打下的坚实基础。

近20年来,为了搞教育科研我又如饥似渴地学习了教育学、心理学和美学,还阅读了许多中外教育家的论述及国外教学实验的专栏,做了不少"读书卡片"。学习,对一个教师来说是永无止境的追求。我常常用屈原的话来勉励自己:"路漫漫其修远兮,吾将上下而求索。"因此,我抓紧一切时间学习,还经常练笔。这些年来,我常常谢绝许多邀请,专心在家伏案写作,将情境教学、情境教育实验上升到理论加以概括。这些实验成果得到许多专家领导的高度评价,如果没有锲而不舍的精神是做不到这一点的。

第二节
学生

一、学生及其本质属性

(一)学生的内涵

何谓"学生"?《现代汉语词典》将其解释为:"在学校读书的人"或"向老师或前辈学习的人"。由此可见,学生有狭义与广义之分。《现代汉语词典》中的解释,前者即为狭义的学生,后者为广义的学生。我们这里研究的是狭义的学生,即在大、中、小学及幼儿园等正规学校中专门从事学习活动的人。

（二）学生的本质属性

1. 学生是具有完整性的人

在教育活动中，学生不是单纯的学习者，而且体验着全部的教育生活。如果不能从完整人的意义上认识学生，教育活动就容易脱离学生实际，造成学生人格的分裂和生命的缺损。教育者要把学生作为完整的人来对待，就必须反对那种割裂人的完整性的做法，应该还学生完整的生活世界。现代教育以促进学生的全面和谐发展为目标，就是对学生完整生命意义的追寻。

2. 学生是具有独特性的人

世间没有两个完全相同的人，一个人之所以是他自己而非他人，就在于他自身的独特性。学生是具有独特性的人，这就要求教育者承认并尊重学生的个性差异，注意保护学生的良好个性，并为学生良好的个性发展创造条件，而不是去遏制、压抑和抹杀这种个性及独特性，不可要求千人一面。

3. 学生是处于发展中的人

学生作为未成年人，教育者不能以成人的标准来要求他们。

（1）学生是具有发展潜能的人。作为正在发展中的未成年人，学生从入学到毕业期间，其身心都处于飞速发展的阶段，处于一个从不成熟趋于成熟的时期，具有极大的发展潜能，表现出极强的可塑性。只要教育得法，就可以使他们获得最佳的发展。从某种意义上来讲，教育的任务就是挖掘学生的潜能，促成其发展。教育者必须以发展的、动态的眼光来对待学生，相信学生的生命潜能是发展的。教育者应当清楚，即便是处于落后的学生，这种落后也是暂时的，是可以改变的。

（2）学生是具有发展需要的人。作为正在发展中的未成年人，学生的身心都还没有成熟，处于发展的过程中，在许多方面还有待完善。因此，在学生发展的过程中不可能尽善尽美，总是伴随着各种各样的问题。这都是正常的，是其不成熟的表现，也正是因为这种不成熟，才使其更需要发展。学生的发展是需要时间和过程的，而不是一蹴而就的。理解了这一点，教育者才能正确对待学生发展过程中的错误和不足，才能在教育中给予学生耐心的指导，以促进学生的发展。

（3）学生是需要教育者给予发展指导的人。作为正在发展中的未成年人，学生的身心发展尚不成熟，其判断是非的能力还比较弱，因此，教育者需要给予他们发展的引导。现代教育提倡尊重学生，并不是纵容学生、放任学生，而是要以一种负责任的态度在其需要的时候给予应有的指导，积极发挥教育的作用。只有在教育者的关怀、帮助、引导下，学生的发展才是自觉的。

4. 学生是以学习为主要任务的人

以学习为主，这是学生质的规定性，也是学生区别于社会上其他人的根本特点。如果教育者无视这一特点，就会从根本上取消学生这一角色。这种以学习为主的特点，规定了学生的行为方式，赋予了他们接受教育的社会义务和使命感，以及不断地促进自身发展的意愿和责任。

学习是学生的本职工作，是社会赋予他们的义务与权利。学生是参与教育过程的主体，是学习的主体。学生的学习是沿着由感性知识上升到理性知识，然后再运用到实践中这样一个系统的程序而展开的。学生的学习既是学生掌握知识、技能,发展智力和能力的过程,也是学生形成思想观点、立场和道德品质的过程;既是学生身体发育成长的过程,也是学生逐渐社会化的过程。只有充分发挥学生的主体意识,让学生在学习过程中表现出自主性、能动性、创造性的特征,他们才会以主人翁的姿态投入学习,从而收到良好的效果。

二、学生在教育过程中的地位

关于学生在教育过程中的地位问题,在教育史上有两种截然不同的观点。一种是以德国教育家赫尔巴特为代表的"教师中心论",把学生看成是可以随意涂抹的白纸,可以任意填灌的容器,在教育过程中教师处于绝对的权威状态,学生只能被动地服从教师,是消极被动地接受教育的客体,处于"从属地位"。另一种是以美国实用主义教育家杜威为代表的"学生中心论",即"儿童中心主义",把学生看成是教育过程的中心。"学生中心论"认为全部的教育教学都应该从学生的兴趣和需要出发,教师只能作为"自然人"去引导学生的兴趣,满足学生的需要,而不能干涉学生的活动。"学生中心论"的观点把学生提到了绝对的权威状态,从而走向了另一个极端。这两种观点都不适当地贬低或抬高了学生在教育过程中的地位。那么,如何正确地认识学生在教育过程中的地位呢?总体上说,学生既是教育的对象,又是教育过程的主体,是主体与客体的统一体。

(一)学生是教育的对象

在师生共同参与的教育活动中,学生是教育的承受者,是教育的对象,一切教育活动都是为了学生的成长和发展。这是学生自身成长的需要,也是社会发展的需要。在学校教育中,学生的学习是在教师的组织引导下,有计划、有目的、有组织地进行的。就整个教育过程而言,教育方针与政策的执行、教育计划的实施、教育活动的设计都是由教师决定的。在教育过程中,教师是组织者、引导者,而学生是受教育者、教育的对象。

(二)学生是教育过程中学习的主体

在教育过程中,学生是学习的主人。教育过程虽然是在教师引导下学生的认识和实践过程,但教师的引导只是外因,外因必须通过内因起作用。教师不可能把教育内容灌注到学生的头脑中,只能通过学生的自我生成、自主建构。知识的传授、能力的培养、素质的提高、思想品德的形成,都必须通过学生的积极思维和行动。只有通过学生自身的观察、思考、评价、选择、领悟与应用,教师给予学生的影响与启示才能成为他们的精神财富,内化为他们的心理品质。一切教育目的的实现,不可能由教师单独完成,必须有学生积极主动地参与。因此,学生在学习过程中的主体地位是任何人不能取代的。

如果教师"目中无人",无视学生发展的规律、特点与水平,无视学生的主体的需要与内在的动因,一味将知识强加于学生,那么教师授予学生的人类社会经验就不可能有效地内化为学生的个体经验,并引导和促进其身心发展,反而成为对学生的专制力量和沉重负担,压抑其发展。因此,教师必须认识到学生是教育过程中学习的主体,在教育过程中要把调动学生的主动性、发挥学生的主体作用列为第一要务,并作为检验教师的主导作用是否有效发挥的主要标准,使教师的主导作用科学化。

学生在教育过程中具有教育对象与学习主体的双重地位。"教师中心论"和"儿童中心论"在理论上都是不科学的,只有把两个方面统一起来,才能充分发挥教育的作用,促进学生的健康成长。

本节小结

本节主要介绍了学生的内涵,揭示了学生的本质属性,即学生是具有完整性的人,学生是具有独特性的人,学生是处于发展中的人,学生是以学习为主要任务的人;分析了学生在教育过程中的地位,即学生既是教育的对象,又是教育过程的学习主体,是主体与客体的统一体。

关键术语

学生　学生的本质属性　学生的地位

讨论与应用

1. 请阅读下面的材料:四个"到底",再运用学生在教育过程中的地位与作用的理论分析这一教育现象。

目前,在基础教育的课程教学中常有以下几种倾向:一是"一讲到底",满堂灌,讲得过多,讲得过细,面面俱到;二是"一练到底",满堂练,备课找题单,上课用题单,讲解对答;三是"一问到底",满堂问,常常将一句意思完整的话截成几段,老师问上半句,学生答下半句,直到学生钻进教师事先设计好的框子里才肯罢休;四是"一看到底",满堂看,没有指导,没有提示,没有具体要求。

2. 请结合下面两个事例,谈谈现阶段我国教师应该具备什么样的学生观才有利于学生发展。

(1)英国科学家麦克劳德上小学的时候曾偷偷地杀死了校长家的狗,这无疑是错误的。幸运的是麦克劳德遇到了一位高明的校长,校长的惩罚是要麦克劳德画两张解剖图:狗的血液循环图和骨骼结构图。正是这个包含理解、宽容和善待的"惩罚",使小麦克劳德爱上了生物学,并最终因发现胰岛素在治疗糖尿病中的作用而使他走上了诺贝尔奖的领奖台。

(2)据报载:一位学生在课堂上无精打采,直打瞌睡,教师发现后并未板着面孔去训斥,而是从故事说开去。他说,英国著名前首相丘吉尔,每天都工作到凌晨两三点钟才就寝,并说:"我的觉有一半是在汽车上睡的。"教师说:"我看,有的同学的觉有一半是在课堂上睡的。"又说:"丘吉尔被人称为一只勇猛的狮子。我看现在在课堂上睡觉的同学,今后也可能成为一只勇猛的狮子。"这位教师幽默的语言使得大家包括那位打瞌睡的学生都笑了起来,使课堂教学在轻松的气氛中继续进行下去。

第三节 师生关系

教育活动是在师生关系中展开并完成的。师生关系是教育过程中最基本、最重要的人际关系。师生关系的性质和水平对教育活动及效果具有重要作用,对学生身心发展会产生深刻的影响。

一、师生关系的内涵与表现形式

(一)师生关系的内涵

师生关系是指教师和学生在教育教学活动中为完成一定的教育任务,以"教"和"学"为中介而形成的一种特殊的社会关系,主要包括彼此所处的地位、作用和态度等。师生关系是教育活动过程中人与人关系中最基本、最重要的关系。

(二)师生关系的表现形式

1. 社会关系

师生关系首先表现为社会关系。教师和学生首先是社会成员,他们之间必然存在着其他社会成员所共同具有的一些社会关系。师生之间的社会关系是以年轻一代健康成长为目标,以成年一代对年轻一代的培养为特点的社会关系。这种社会关系主要表现为代际关系、文化关系、道德关系、政治关系、法律关系等。具体来说,代际关系要求教师必须关心、爱护学生,为满足学生的需求提供帮助和指导。文化关系要求教师在与学生交往的过程中把人类积累下来的优秀文化尽可能地传授给学生。道德关系要求教师与学生在交往的过程中能够共同遵守良好的社会道德规范,坚持公正、公平、自主、宽容等原则,遵守良好的社会活动秩序。政治关系要求师生活动为国家和社会培养合格人才。法律关系是师生之间开展活动的法律规范,教师要遵守《中华人民共和国未成年人保护法》等法律法规中有关对未成年人保护的条款,使师生关系在法律允许的范围内建构。这些关系错综复杂、相互关联,共同构成师生之间的社会关系。

2. 教育关系

教育关系是师生关系中最基本的表现形式,也是师生关系的核心。师生之间的教育关系是指教师与学生在教育教学活动中为完成一定的教育任务,以"教"和"学"为中介,以促进学生的整体发展和自主发展为目标而建立的一种工作关系。具体表现为:第一,从教学过程的主体作用来说,教师和学生是教育和被教育的关系;第二,从教育作为一种组织来说,教师和学生共同生活在学校、班级、教室等社群中,构成组织与被组织的关系;第三,从教育活动的展开来说,教师和学生是一种平等的交往关系和对话关系。

3. 心理关系

师生之间不仅有正式的教育关系,还有因情感的交往和交流而形成的心理关系。师生之间的心理关系是师生为完成共同的教学任务而产生的心理交往和情感交流,这种关系能把师生双方联结在一定的情感氛围和体验中,实现情感信息的传递和交流。师生之间的心理关系是伴随着教学活动的开展而自然形成的,是教学活动中一种客观而基本的师生关系,它受到教学过程和结果的直接影响。教育教学活动是师生之间的互动过程,所以师生之间的心理关系在教育教学活动中也起着举足轻重的作用,并贯穿于师生关系的全过程。师生之间的心理关系对教学活动具有重要影响,是教学活动得以展开的心理背景,并制约着教学的最终结果。同时,良好的教学过程和教学结果,会促进师生情感关系更加融洽和谐。所以,加强师生之间的相互理解和沟通,直接关系到学生的学和教师的教,甚至会对学生世界观、价值观的形成产生很大的影响。因而,优化师生之间的心理关系是师生关系改革的现实要求。

4. 伦理关系

教育作为一种特殊的社会活动,折射着社会的一般伦理规范,同时又反映着教育活动独特的伦理矛盾,因此师生关系也表现为一种鲜明的伦理关系。师生之间的伦理关系是指在教育教学活动中,教师与学生构成一个特殊的道德共同体,各自承担一定的伦理责任,履行一定的伦理义务。这种关系处于师生关系体系中的最高层次,对其他关系具有约束和规范作用。在平时的教育过程中,教师会潜移默化地对学生施以道德方面的影响,这使得学生的道德观念有很大部分是从教师那里直接获得的。因此,教师不仅要有广博的知识,还应该有高尚的人格和正确的道德思想,而这正是建立良好的师生伦理关系的关键。作为现代教育伦理本性的具体化和集中表现,现代师生伦理关系应具有促进学生全面发展、体现教育崇善的基本特性,这也是师生伦理关系改革的方向所在。

专栏 4-5

儿童在生活中所学到的

如果儿童生活在批评的环境中,他就学会指责;

如果儿童生活在敌意的环境中,他就学会打架;

如果儿童生活在嘲笑的环境中,他就学会难为情;

如果儿童生活在羞辱的环境中,他就学会内疚;

如果儿童生活在宽容的环境中,他就学会大度;

如果儿童生活在鼓励的环境中,他就学会自信;

如果儿童生活在赞扬的环境中,他就学会自爱;

如果儿童生活在公平的环境中,他就学会正义;

如果儿童生活在安全的环境中,他就学会信任他人;

如果儿童生活在互相承认和友好的环境中,他就学会在这个世界上去寻找爱。

——[美]黛安·E.帕普利,萨莉·W.奥尔兹.儿童世界:从婴儿期到青春期(下册)[M].曹秋平,陈曦红,潘建平,译.北京:人民教育出版社,1984:78.

二、师生关系的类型

(一)命令—服从型师生关系

这种师生关系的特点是只片面地强调教师的权威作用,而忽视学生的主体性、主体地位的存在,要求学生不问是非,绝对服从。这是一种不平等的、不民主的师生关系,其表现是教师决定教育过程的一切,学生只是被动地适应教师的安排。这种师生关系容易引起学生的反感、不满,导致师生交往产生障碍。

(二)放任—自由型师生关系

这种师生关系的特点是教师的权威意识淡化,片面强调学生的主体性、独立性作用,使教师居于旁观者地位。这种师生关系由于教师的主导作用和指导作用被削弱,因而在教学中容易出现学生的学习无计划、学习效率低下、学习内容不系统等弊端。

(三)民主—平等型师生关系

这种师生关系的特点是教师与学生之间相互平等、相互合作与相互信任。这种师生关系,一方面肯定了教师在教育过程中的主导作用和指导作用,能发挥教师的积极性;另一方面强调了学生的主体性,能充分发挥学生学习的主动性、自觉性、能动性。

不同类型的师生关系(见表4-1),对学生产生不同的影响效果。

表4-1 不同类型的师生关系

	师生相互态度	师生感情关系	师生课堂合作状态	效果
命令—服从型	1. 教师简单、粗暴,学生畏服 2. 教师以领导者自居,学生采取服从态度	1. 学生情绪不愉快,师生关系疏远、紧张、对立 2. 师生之间感情平衡,无冲突	1. 教师不允许学生有不同意见,往往以教师的主张、决定为准;学生主动性、积极性受到压抑,独立思维受阻 2. 教师包揽一切活动,学生跟着教师设计的路子走,明显缺乏学习的主动性、创造性	1. 师生交往呈明显单向型,易发生冲突,教学效果极差 2. 从知识的掌握看,有一定的教学效果,但学生独立思考、独立解决问题的能力差
放任—自由型	1. 教师对学生没有严格要求,放松指导责任 2. 学生对学习采取自由态度	课堂气氛淡漠	1. 教师让学生自主学习,学生各行其是 2. 教师能够解答学生的问题,但不能给予及时的正确指导,不认真检查学习结果	教学效果明显下降
民主—平等型	1. 教师对学生严格要求,热情、和蔼、公正,尊重学生,发扬教学民主 2. 学生尊敬教师,接受指导,主动自觉进行学习	情绪热烈、和谐,课堂气氛活跃	师生之间呈现积极的双向交流:学生积极思考、提出问题、各抒己见,教师认真引导	教学效果良好

三、我国新型师生关系的特点

（一）尊师爱生

尊师爱生是中华民族的优良传统。尊师是学生行为中必须遵从的规范，爱生是传统的教师职业道德规范。尊师爱生是互为条件的，即学生要尊敬和热爱教师，教师要尊重和热爱学生。师生之间只有互尊互爱，才能实现师生互谅互让、感情相融，才能在所有师生双边活动中配合默契，顺利实现教育目标。学生尊敬和热爱教师是要求学生对教师要谦恭有礼、学而不厌，虚心聆听教师的教诲。教师尊重和热爱学生是要求教师要关怀学生的成长，理解他们的心情，尊重他们的人格，满足学生的心理要求，以情动人，从而达到最佳教育教学效果。

（二）民主平等

师生关系的民主平等，是现代师生关系的主要标志。民主平等的师生关系，顾名思义是指师生双方相互平等对待。师生之间需要坦诚相见、不断沟通，相互理解、彼此约束，相互欣赏、彼此接纳。民主平等是教学生活的人文性的直接要求和现代人格的具体体现。它要求教师能发挥人文性和非权力性的影响力，善于倾听不同意见，理解学生，向学生学习，并一视同仁地与所有学生交往；也要求学生能正确地表达自己的思想和行为，学会与教师

图 4-4

初中生不参加秋游被强制签署"断绝师生关系书"

来源：南方都市报

合作和共同学习。民主平等是师生在共同参与的过程中形成的。共同参与，意味着教师和学生以不同的主体地位和作用进入实际的教育教学生活，形成需要、智能、个性等方面的互补，发挥各自的积极性、主动性、创造性。民主平等、共同参与的结果是师生关系的融洽、协调。[1]

（三）教学相长

《学记》中提出："学然后知不足，教然后知困。知不足然后能自反也，知困然后能自强也。故曰：教学相长。"这里本意是指教师本身的教与学的关系，而非指教师与学生的关系。但是，教是教师的本职工作，其诲人不倦的源泉是学而不厌。要成为好教师，教师就必须向学生学习。"教然后知困"，其"困"往往是"困"在不了解学生，不善于引导学生，对如何促使学生进步无能为力。所以人们今天就用"教学相

---

[1] 全国十二所重点师范大学联合编写.教育学基础（第2版）[M].北京：教育科学出版社，2008：149.

长"来表达师生关系,要求师生必须互相学习,共享共创。作为师生间工作关系的"教学相长",确认了师生在政治上、人格上和真理面前是平等的关系,要求教师和学生共同体验和分享教育中的欢乐与成功、失望与不安,在相互适应的基础上,相互启发。

(四)心理相容

心理相容是指教师与学生之间在心理上协调一致,在教学实施过程中表现为关系密切、情感融洽、平等合作。在教学过程中,师生的心理情感总是伴随着认识、态度、情绪、言行等的相互体验而形成亲密或排斥的心理状态。不同的情绪反应对学生课堂上参与的积极性和学习效率起着重大影响。在日常的教学过程中可以看到,学生对所学各门课程是有不同感情的。这些感情影响着学生注意力和时间的分配,导致学生各门课程学习的不平衡。

教学中会出现师生间的心理障碍,要消除这种心理障碍,增强师生之间的心理相容性,提高教学效果,教师应该着重在三个方面努力:一是多接触学生,研究学生,了解学生的心理状态;二是遵循教育规律,多采取讨论、启发等教学方法;三是为人师表,以人格力量感化学生。

四、良好师生关系的建立

(一)影响师生关系的因素

1. 教师方面

(1)教师的人格因素。教师不仅要与学生分享书本知识,更要以个人的人格魅力、饱满情绪、优雅气质等去感染学生,引导学生树立正确的价值观和人生观,使他们对事、对人有积极正确的态度。

(2)教师的教学管理风格。教师的教学管理方式大致分为三种类型:民主型、专制型(包括强硬专制型、仁慈专制型)、放任自由型。相关研究表明,在民主型的教学管理方式下,学生的集体道德、人际关系、完成任务等方面均优于其他类型,师生关系融洽;而在专制型的教学管理方式下,师生关系表现为紧张或对抗。

(3)教师对学生的态度。学生受教师的评价影响很大。教师对学生的评价往往通过语言暗示、表情等反映出来。教师偏爱优生、忽视中等生、厌恶"后进生",就会使学生与教师产生不同的距离。

2. 学生方面

学生在与教师交往的过程中会自觉不自觉地评价教师。如果教师的某个方面不能达到学生的期望,或者学生自认为瞧不起教师或教师不喜欢自己,就会对教师冷漠,这会给师生关系造成负面影响,最终导致师生关系淡漠。故此,学生对教师的角色期待,对教师的期望和要求是影响师生关系的主要因素。

3. 其他方面

影响师生关系的其他因素,一方面与师生所处的学校的人际关系、学校风气和课堂的组织环境等有关,如学校领导与教师的关系、教师与教师之间的关系、教师与家长的关系等,教室的布置、座位的排列、学生的人数等;另一方面,还与整个社会大环境对教师的尊重程度有关,也与师生群体规范有关。

(二)良好师生关系建立的基本策略

1.教师应该做的努力

(1)采用民主的教学方式,平等对待每个学生。在实际的教育教学中,民主型的教师营造出积极向上、轻松愉快的教育教学氛围,能够站在学生的角度理解学生、尊重学生,并与学生共同讨论问题,充分发挥学生的主观能动性,同时发挥教师自己的主导作用,以便更好地指导学生,更接近学生的内心。

(2)努力提高自我修养,树立教师的人格和威信。教师是以高尚的人格、渊博的学识、过人的智慧来感召学生,形成教师特有的人格魅力和威信的。教师只有具备良好的个人素养,才能在学生心目中树立较高威信,才能对所学课程做到"不令而行"。为此,教师要不断加强师德修养,学习业务知识,更新教育理念,不断发展自我,对待教书育人的工作耐心而灵活、严肃而认真,在学生面前树立自己的人格和威信。

(3)研究学生,树立科学的学生观。学生观就是教师对学生的基本态度与看法,它影响教师对学生的科学认识。正确的学生观主要包括:学生具有巨大的发展潜力;学生具有主观能动性;学生是权责主体,有自身的权利和义务等。正确的学生观来自教师对学生的观察和研究。教师研究学生的方法主要包括:在自然条件下对学生进行有目的的、有计划的直接观察;对学生进行家访、问卷等调查;对单一的事情或个别学生进行深入的个案分析等。

(4)善于倾听,胸怀满腔的教育爱。苏霍姆林斯基说过,教师"要学会用心灵去倾听、理解、感受被称为儿童世界的这种音乐,首先是其中光明愉快的曲调。不要只当儿童世界音乐的听众、欣赏者,而要当它的创作家—作曲家"[1]。教师应胸怀满腔的教育爱全身心地投入教书育人中,深潜到学生的心灵深处,将学生的心灵从沉睡中唤醒,让学生在灵魂深处生发出高度自觉的内驱力和自策力,感悟学生内在生命的震颤与跳动,不断进行着精神上的拥抱和融合,变二元对立为两极对话,真正形成"我—你"的师生关系。

(5)提高法治意识,保护师生合法权利。教育法治观念是现代教育观念体系中日益重要的组成部分。教育法治观念作为一种自觉的心理活动,直接影响着教师执行和遵守教育法规的自觉性。教师职业的性质和特点,要求教师应具有较强的教育法治观念,自觉遵守,依法执教,不能侵犯学生合法权益。《中华人民共和国义务教育法》《中华人民共和国教师法》《中华人民共和国未成年人保护法》《中小学班主任工作规定》这些法律、规定保护的既有学生合法的权利与义务,也有教师合法的权利与义务,充分体现了对教师与学生的尊重。

2.学生应该做的努力

(1)正确认识自己。学生的逆反心理是青少年学生成长过程中的一个普遍现象,他们一般不能够站在客观的角度思考和看待自己。只有正确认识自己的优缺点与应该努力的目标,学生才能找准适合自己发展的路径,对于教师的指导才能认真倾听和思考。因

---

[1] [苏联]B.A.苏霍姆林斯基.给教师的一百条建议[M].周蕖,王义高,等译.天津:天津人民出版社,1981:14.

此,学生正确认识自己,这对于形成良好师生关系有很大的促进作用。

(2)正确认识教师。每位教师都有其自身的特征、缺点和优点。当发现教师不能满足他们某些方面的期待或不喜欢某位教师时,学生应该摒弃对教师的固有成见,要学会客观地认识和理解教师的付出,积极主动地和教师沟通加深彼此的理解。学生正确认识教师是良好师生关系的形成基础。

3. 其他方面应该做的努力

加强校园文化建设,确保校园文化的相对独立性、完整性和纯洁性。加强学风教育,促进良好学风养成,使学生在一个良好的学风氛围下认真学习。而良好的学风又能促成良好的校园文化,在良好的校园文化熏陶下,学生的人格特征将更趋于健康发展。

本节小结

本节主要介绍了师生关系的内涵与表现形式,分析了师生关系的类型,即命令—服从型、放任—自由型和民主—平等型;阐释了新型师生关系的特点,即尊师爱生、民主平等、教学相长和心理相容;探讨了影响师生关系的因素和良好师生关系建立的基本策略。

关键术语

师生关系　师生关系的表现形式　建立良好师生关系

讨论与应用

1. 阅读下面的材料,请运用学过的师生关系原理分析该教师的行为是否妥当,并为他设计处理办法。

一位青年教师讲秦牧的《土地》一文时,对其中精彩段落动情地高声朗诵:"骑着思想的野马,奔驰到很远的地方,收起缰绳,回到眼前灿烂的现实。"话音刚落,一位学生站起来说:"老师,野马怎么会有缰绳?"教师毫无准备,不耐烦地说:"你总爱钻牛角尖,学习成绩会好吗?"学生的脸涨得通红,自尊心受到打击,欲言又止。

2. 请从师生关系的角度,对下面案例中这位教师的做法进行评析。

放下"尊严"我认错

在一次教学中,我居然在15分钟内接连犯了两个明显的错误:先是把"勾勒(le)"误读为"勾勒(lou)",接着又把"编辑"写成了"编缉"。一位平时学习成绩一般的学生站起来指出我的错误,我不假思索地斥责他:"怎么?你比老师还有能耐?"不料,这位学生并没有善罢甘休,而是顺手打开字典,并高声朗读了这两个字的注解。那时,我与其说是"惊异",倒不如说是"惊恐",但我没有退让,继续辩解道:"我那本大字典跟你的小字典是不一样的。"那位学生终于停息了争辩,但后来我再仔细查阅字典时,我不得不承认是我错了。

接下来的几天,我都处于懊悔、沮丧之中,最后我终于下决心放下教师的"尊严",向学生公开承认自己的过失,并真诚地表扬了那位同学认真的求知态度。自此以后,我和学生的关系发生了明显的变化,他们对我也不再"敬而远之",还经常主动跟我交流他们的想法,这让我的生活变得愉快轻松了。

3. 请结合下面的案例,谈谈良好师生关系构建的基本策略。

一张小纸条

刚刚范读完课文,我却发现坐在后排的一个女同学王晶在偷偷地写什么东西,我不动声色地走过去,原来是一张小纸条。我把它没收了。展开一看,只见上面赫然写着班上一名男生的名字,还有几句话,我忍不住笑了起来,这些中学生,真是人小鬼大!这一笑不打紧,全班同学的好奇心被激起来了,特别是几个调皮的男生,大声地喊:"老师,念出来!""是什么?念呀!"我瞟了一眼王晶,只见她埋着头,脸涨得通红,此刻,她正偷眼看我,大概是在猜想我会不会把这张纸条的内容公布于众吧?

我估计她多半已准备好接受即将到来的难堪了。我转过头来望着全班同学,他们都安静下来齐刷刷地望着,渴望得知这张纸条的内容。十四五岁,正是好奇的年龄,尤其是传纸条这样一个敏感话题。我吐了一口气,再追问一句:"你们真想知道吗?"学生们一致地点头,"其实是一句再普通不过的话",我缓缓打开纸条,大声念道:"听老师的话,做一个好学生!"轰的一片笑声!当然也有不相信的,但谁也没有再追问。那王晶呢?虽然没有看到她的表情,但我确信,她肯定大大地舒了一口气!

这节课很顺利地上完了,只有王晶显得不大专心,先是不停地摆弄那支刚刚用来写纸条的钢笔,后来似乎又在写什么,但是我没再打扰她。下课后,王晶追了出来,塞给我一张小纸条,什么也没说就跑开了。我很疑惑,这个王晶,居然又写起纸条来了,展开纸条后,几行端端正正的字出现在眼前:老师,您是我所见过的最聪明、最美丽的老师,我一定会记住你的话——"听老师的话,做一个好学生!"

| "讨论与应用"
答题思路与要点
(扫描二维码) | 本章复习思考题及答案
(扫描二维码) | 拓展阅读书目
(扫描二维码) |

第五章
课 程

　　同学们,当你看到这里的时候,相信你已经对教育的基本原理、教育目的、教师和学生的关系等问题有了基本的认识。那么,你是否想过这些问题:有什么方式可以将教育的原理、教育的目的及教师与学生有机地联系在一起呢?在你的学习生涯中哪种方式、现象或者活动可以担当此重任呢?而这种方式、活动又是怎样进行的?可以与同学们分享自己的观点,看看你们的想法是否一致。

通过本章的学习,你能够:
- 正确理解不同课程理论流派对课程内涵的不同认识
- 明确课程内容确定的依据
- 理解课程实施的影响因素
- 了解课程评价的类型
- 了解新课程改革的理念

【本章结构】

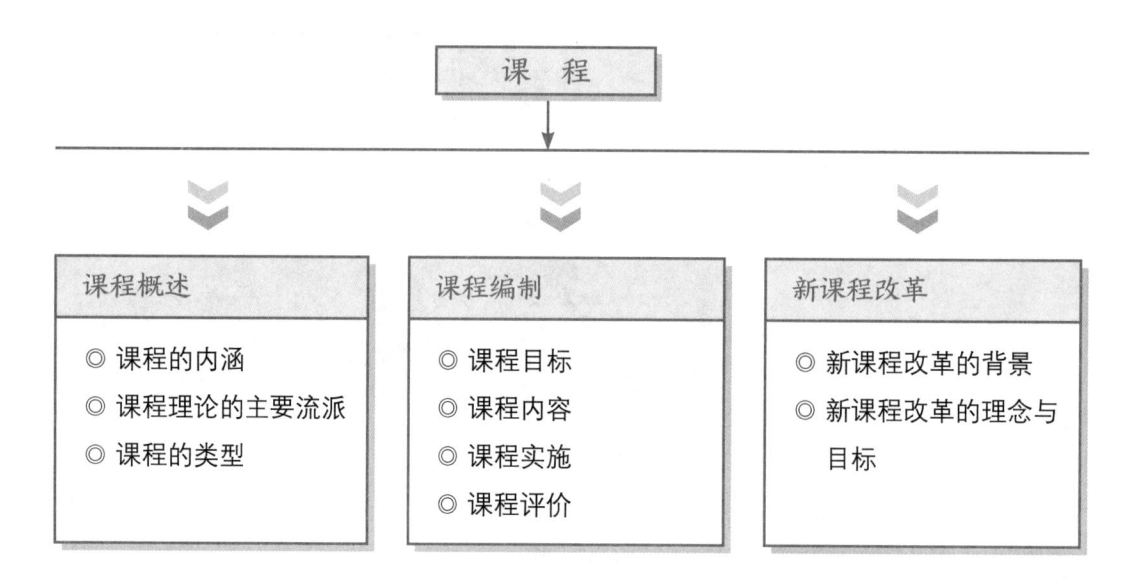

```
                          课  程
                            │
       ┌────────────────────┼────────────────────┐
       ▼                    ▼                    ▼
   课程概述              课程编制              新课程改革
   ◎ 课程的内涵          ◎ 课程目标            ◎ 新课程改革的背景
   ◎ 课程理论的主要流派   ◎ 课程内容            ◎ 新课程改革的理念与
   ◎ 课程的类型          ◎ 课程实施               目标
                        ◎ 课程评价
```

本章主要是回答"什么是课程"的问题,它有助于你更加专业地了解课程的内涵。我们将从课程理论的主要流派开始,揭示不同课程的编制来自对课程内涵的不同理解;然后将课程编制的主要结构进行分析;最后再对当前基础教育课程改革的有关理论和实践进行介绍。

第一节 课程概述

一、课程的内涵

一直以来,由于课程研究者研究视角的不同,研究的方法论基础的差异等,课程研究领域对课程的含义存在多种观点。课程被认为是一个使用普遍、概念多样的术语。那么,课程究竟是什么?不同的研究得出了不同的结论。

(一)课程即学科(教学科目)

把课程等同于教学科目,这是使用最普遍也是最常识化的课程定义,在历史上由来已久。无论是中国古代的"六艺"(礼、乐、射、御、书、数),欧洲中世纪的"七艺"(文法、修辞、辩证法、算术、几何、天文、音乐),还是近现代的百科全书式课程、功利主义课程等,无不把课程视为所传授的学科,强调课程的知识组织与累积、保存功能。传统的以学科来界定课程内涵的方式在现代的课程实践中依然具有较强的生命力,尤其在教育实践工作者的思维中更是如此。

(二)课程即预期的学习结果或目标

这种认为课程是预期的学习结果的主张,是在20世纪60年代后期开始兴起并流行的。但早在20世纪20年代左右,博比特在他撰写的《课程》《如何编制课程》两本书中就已经提出这种观念,后经泰勒等人的修改,发展至今。这种课程定义超越传统观念中将教学内容视为课程,主张将预期的学习结果和目标视为课程,而把内容或经验则看作是实现课程的手段,即把重点从手段转向目的。这种课程定义要求事先制定一套有结构序列的教学目标,所有教学活动都为达到这些目标服务。这种课程定义是建立在行为主义心理学和科学管理原理之上,强调预测、控制、效率,把目标看成是至高无上的。

图 5-1 博比特

博比特(John Franklin Bobbitt, 1876—1956),美国教育学家,是科学化课程开发理论的奠基者和开创者。他于1918年出版《课程》,标志着课程作为一个独立研究领域从教育中分离出来。主要著作:《课程》《如何编制课程》。

(三)课程即学习经验

这种认为课程是学习经验的主张,是20世纪30年代以来相当受重视并影响深远的课程定义,但从渊源上说,它是由杜威在20世纪初提出的。杜威根据实用主义教育论,反对把课程看作预先决定的学科知识体系,认为手段和目的是一个连续体、是一个过程中两个不可分割的部分。所谓课程应当是学生在校通过各种活动获得的学习经验。这是20世

图 5-2 泰勒

泰勒（Ralph W. Tyler, 1902—1994），美国著名教育学家、课程理论专家、评价理论专家。现代课程理论的重要奠基者，是科学化课程开发理论的集大成者。由于对教育评价理论、课程理论的卓越贡献，他被美誉为"当代教育评价之父""现代课程理论之父"。其"泰勒原理"被公认为课程开发原理最完美、最简洁、最清楚的阐述，达到了科学化课程开发理论发展的新的历史阶段。主要著作：《课程与教学的基本原理》。

纪30年代以来课程概念的重大转变，它支配了整个20世纪60年代和70年代课程理论研究。时至今日，这一观念在各种课程观中仍占主导地位。

（四）课程即有计划的教学活动

这种课程定义从20世纪50年代以来逐渐受到重视，它超越以往观念中单一对象化规定性的课程本质观，如学科本质观、目标本质观以及经验本质观等。它反对20世纪三四十年代以来从学生角度定义课程，而把课程定义为一种教学计划，实际上包括了教学的范围、序列和进程的安排。持这种观点的主要代表人物有麦克唐纳、斯滕豪斯、布拉特等。

（五）课程即文化再生产

一些课程学者认为，任何社会文化中的课程，实际上都是这种文化的反映。课程是一种文化现象，并从文化产生、发展的现象和规律出发揭示课程的内涵。这一课程概念主要有两种观点。第一种观点是以英国课程学者劳顿为代表，认为学校的职责是再生产对下一代有用的知识、技能，课程应该反映各种社会需要，以便使学生能适应社会。第二种观点是以巴西教育家弗莱雷为代表，认为课程的使命不是要使学生适应和顺从社会文化，而是要帮助他们摆脱现存社会制度的束缚，为建立一种新的社会秩序发挥积极作用。弗莱雷在《被压迫者教育学》一书中指出，学校课程的重点不是使学生适应和顺从社会秩序，而是要刺激和发展他们的批判意识，要让学生通过参与课程规划和实施以克服依赖心理，摆脱外部束缚，成为积极主动和自由完满的人。[1]

图 5-3 保罗·弗莱雷

保罗·弗莱雷（Paulo Freire, 1921—1997），巴西教育学家，是批判教育理论和实践方面最重要和最有影响的作家之一。他因开发的扫盲工作使其最初作为成人教育家闻名于世，并专注于教育在被压迫人民的斗争中所起的作用。主要著作：《被压迫者教育学》。

---

[1] 靳玉乐.课程定义的批判分析[J].焦作教育学院学报（综合版），2001(01)：4—9.

> 专栏5-1
>
> ### 有关课程的定义
>
> 在学校建立一系列具有潜力的经验，目的是训练儿童和青年以群体方式思考和行动，这类经验便被称为"课程"。
>
> 课程是指学习者在学校的指导下学得的全部经验。
>
> 课程是指传授给学生的、意在使他们取得毕业证书或进入职业领域资格的教学内容和具体教材的总计划。
>
> 课程是一种对教师、学生、学科和环境等教材组成部分的范围的方法论的探究。
>
> 课程是学校的生活和计划，是一种指导学生的事业，是构成一代又一代人生活的生机勃勃的活动流。
>
> 课程是一种学习计划，通过有组织地重建知识和经验而得到系统阐述的有计划、有指导的学习经验和预期的学习结果，在学校的帮助下，帮助学习者个人的社会能力不断地、有目的地向前发展为课程。
>
> 课程由五种大范围的学科学习组成：掌握母语，系统地学习语法、文学和写作；数学；科学；历史；外国语。
>
> 课程被看作是人类的经验，而不是结论的可能思维模式不断扩大的范畴。
>
> ——刘家访，余文森，洪明.现代课程论基础教程[M].长春：东北师范大学出版社，2007：6.

二、课程理论的主要流派

（一）学科中心课程论

这一课程流派是以苏联人造地球卫星上天为契机而出现的，主要有要素主义课程论、永恒主义课程论、结构主义课程论。

1. 要素主义课程论

要素主义于20世纪30年代出现在美国，20世纪50年代成为主流，20世纪60年代末在美国失去统治地位。主要代表人物是W.C.巴格莱、I.L.坎德尔、R.芬尼、H.H.霍恩、H.莫里逊、T.布里格斯等。1938年2月，巴格莱在新泽西州大西洋城组织了一个小团体——"要素主义者促进美国教育委员会"，并提供一篇题为《要素主义者的纲领》的论文，作为该团体的理论依据。要素主义者在哲学观点上各不相同，但在教育观点上却是一致的。他们都强调"种族经验"或"文化遗产"的重要性，认为经过历史检验的多数人的经验比个人经验有意义，比根本没有经过检验的儿童经验更有意义。他们还认为，在人类遗产中有着"文化上的各式各样最好的东西"，有着"一种知识的基本核心"即所谓共同的、不变的文化要素，其中包括各种基本知识、各种技艺及传统的"态度""理想"等。这些要素是人人所必须学习的。学校的主要任务就是要把这些文化的共同要素传授给青年一代。

要素主义课程论者认为,应当把文化遗产中那些核心的"共同要素"确定为课程,系统地传授给学生,通过教育来传递文化遗产,促进人类智力发展。要素主义课程论者推崇智力学科、主张学术性强的分科课程系统,认为智力学科在学校课程中应处于核心、基础的位置;强调严格的智能训练,重视英才教育,认为学生应该在教师的严格教导下,以掌握按照一定逻辑顺序编排的间接经验为主,并适当伴随着少量的直接经验活动。

2. 永恒主义课程论

永恒主义教育也被称为新古典主义教育。它产生于20世纪30年代的美国,流行于20世纪50年代的英、法等国,之后逐渐衰落。主要代表人物是美国的赫钦斯、艾德勒、英国的利文斯通和法国的阿兰等。20世纪20年代早期,美国一些大学和学院讲授经典著作的教师形成了一个小团体,其核心人物有:赫钦斯、艾德勒、布坎南、多琳、巴尔等。20世纪20年代后期,艾德勒和多琳在哥伦比亚大学与少数学生组成一个"优生"课程,主要是在一起阅读和讨论约50部经典名著。在这期间,他们萌生了"百部名著计划"的念头,并告诉了赫钦斯。布坎南到弗吉尼亚大学,与巴尔反复商量、斟酌,在原先50部名著的基础上又增加了50部名著。1929年,赫钦斯担任芝加哥大学校长,将布坎南、艾德勒等聘为该校的教师。他们发表了大量著作和演讲,宣传他们的观点,逐渐扩大了影响。恰在此时,美国发生经济危机,进步主义受到批评,永恒主义便趁机而起。

永恒主义课程论者认为传统学科价值高于实用学科的价值,因为这些学科更具有理智训练的价值。为此,他们主张要选择那些经久不衰的、具有永恒价值的名著作为课程和教材,来达到理智训练的教育目的。

3. 结构主义课程论

结构主义课程论以美国的布鲁纳为代表。这一流派强调学科结构的重要性。所谓学科的基本结构,是指一门学科的一般原理、概念以及相应的学习和探究该学科的基本态度。学科基本结构的阐述要按照这个年龄的儿童观察事物的独特方式,这样"任何学科都能够用在智育上最正确的方式,有效地教给任何发展阶段的任何儿童"[①]。结构主义最重要的教学方式是发现学习。布鲁纳认为发现行为有助于记忆的保持,有助于引起学习的内部动机,有助于直觉思维能力的发展,因而发现行为应是教育追求的目标。

由此,学科中心课程论的基本主张可以归纳为以下几个方面:第一,把不同领域的知识组织成为相应的学科,每一学科按照知识的逻辑进行编排;第二,每一学科的逻辑体系是相对独立的,学科中的知识体系具有一定的稳定性;第三,每一学科固有的价值,每个学科的教育价值不能互相替代;第四,课程体系主要由各学科组成,要考虑知识的承接关系及学生的年龄阶段、学习任务,对不同类别的学科按照一定的顺序排列;第五,课程的学习以掌握学科知识为主要目的;第六,练习与考试对于学科的学习有较大帮助。

(二)学生中心课程理论

学生中心课程理论又称为活动中心课程理论,主要以杜威为代表。杜威继承了卢梭等人的自然主义思想,以实用主义哲学为基础,主要有六点主张:第一,课程即经验,对学生经验的增长有教育意义的各种经历和体验就是课程;第二,课程的价值在于促进儿童本能的

---

① [美]布鲁纳.布鲁纳教育论著选[M].邵瑞珍,张渭城,等译.北京:人民教育出版社,1989:27.

生长，使学生能够应对各种社会生活问题；第三，儿童的成长与发展的标志是其经验的状况，因此课程内容应该以学生自身的生活活动为基本源泉；第四，以儿童的活动及其产生的经历和体验为课程安排的出发点，在"做"中学；第五，课程的目标在于通过"做"来培养学生的思维能力，实现学生经验改组或改造；第六，课程实施的方式为"主动作业"，打破学科界限，以单元或主题为实施线路，由学生根据个人的兴趣与学习进度，自主选择和完成作业。

（三）社会中心课程理论

社会中心课程理论，又称社会改造主义课程理论，主要以布拉梅尔德为代表。这一流派既反对学科知识为核心价值的课程观，也不赞同以儿童及其经验为核心的课程观，认为应当以社会问题为核心来考虑课程问题。这一流派的基本主张有以下几点：第一，课程的目标必须与社会紧密连接，要避免让学生被动地适应社会，应该以培养学生对社会现实的批判精神与改造能力为课程设置的出发点；第二，课程内容以社会问题为中心，把各科内容统一于社会问题及其批判与解决上，如战争、毒品、恐怖主义、生态不平衡、资源匮乏、环境污染等问题都可以是统合各科内容的中心；第三，学校应该时刻关注社会问题与现实生活，不断进行课程变革，引进新思路；第四，可以适当开设社会学、人类学、政治学、物理、化学等科目，其目的是为解决社会问题服务；第五，课程侧重以各种形式的活动单元为主要呈现方式，学生参与到社会生活中进行学习。

图 5-4 布拉梅尔德

图 5-5 马斯洛

图 5-6 罗杰斯

布拉梅尔德（Theodore Brameld, 1904—1987），美国教育家，改造主义教育哲学的倡导者。他认为教育在任何时候都要对文化承担传递和修改这两种作用，然而在危机的时代，教育对于修改文化的作用将更为突出、更为重要。也就是说，教育要发挥对文化进行彻底改造的作用。主要著作：《教育哲学的模式》《趋向改造的教育哲学》。

马斯洛（Abraham Maslow, 1908—1970），美国著名社会心理学家，人本主义心理学创始人，提出了需求层次理论。主要著作：《动机与人格》《存在心理学探索》《人性能达到的境界》。

罗杰斯（Carl Rogers, 1902—1987），美国心理学家，人本主义心理学的主要代表人物之一。他从事心理咨询和治疗的实践与研究，并因"以当事人为中心"的心理治疗方法而驰名。1947年当选为美国心理学会主席，1956年获美国心理学会颁发的杰出科学贡献奖。主要著作：《咨询与心理治疗：新近的概念和实践》《论人的成长》。

第五章 课程　101

（四）人本主义课程论

人本主义课程论在20世纪70年代兴起于美国,是以人本主义心理学的兴起为先导的,其代表人物是人本主义心理学家马斯洛与罗杰斯。马斯洛把培养"完整的人"或"自我实现"作为课程目标,强调人的认知发展和情意发展的统一,并要求突出课程的情意基础。这一流派的基本主张有以下几点:第一,设置并行和"统合"课程,着眼于整体人格的发展,课程内容选择要关注学习者的兴趣、需要与能力,特别是多方面的兴趣,并以学习者的日常生活与社会状况为重要的课程资源;第二,"适切性"的课程内容和统合化的课程组织,设置学术性课程、人际关系课程、自我实现课程;第三,"非指导性教学"的课程实施,鼓励师生间的对话,创建理解、尊重、信任的氛围。

三、课程的类型

（一）学科课程与活动课程

1. 学科课程

学科课程又称"分科课程",是指分别从各门科学中选择部分内容,组成各种不同的学科,彼此分离地安排它们的顺序、学习时数和期限。学科课程是最古老、使用范围最广的课程类型。我国早在春秋时期,孔子以"礼、乐、射、御、书、数"六门不同的科目教学生,这可被视为我国学科课程的雏形。在古希腊,智者派创文法、修辞、辩证法,柏拉图将其与算术、几何、天文、音乐并称为"七艺",这可以算是西方学科课程之原始形态。

2. 活动课程

活动课程亦称经验课程、生活课程或儿童中心课程。它是以儿童主体性活动的经验中心组织的课程。其基本着眼点是儿童的兴趣和动机,以动机作为课程与教学组织的中心。活动课程的优点是明显的,在做中学,充分满足学习者的需要、兴趣、动机,课程根据当代社会现实以儿童的经验为核心进行整合等,为儿童提供了广泛的学习空间和更为充分的动手操作机会,使儿童成为真正的主体,有利于儿童人格的形成与完善。但也应看到,活动课程容易导致忽略系统知识的学习,同时要求教师具有相当高的教育艺术,这对于习惯了学科课程的教师而言,十分具有挑战性。

（二）综合课程与核心课程

1. 综合课程

综合课程又被称为广域课程、统合课程或合成课程。它是与分科课程相对应的一种课程类型,其根本目的是克服学科课程分科过细的缺点,把同一性质或不同性质的学科有机地结合成为一种具有新质结构的课程。

2. 核心课程

核心课程是指所有学习者都必须学习的课程,如美国的科学、数学和英语,中国的语文、数学和英语。核心课程的概念起源于19世纪末20世纪初,以德国教育家齐勒所确立的"中心统合法"与美国教育家帕克所确立的"帕克计划"为标志。

专栏 5-2

教育部关于印发《中小学综合实践活动课程指导纲要》的通知（节选）
教材〔2017〕4号

各省、自治区、直辖市教育厅（教委），新疆生产建设兵团教育局：

现将《中小学综合实践活动课程指导纲要》印发给你们，请认真贯彻执行。

各地要充分认识综合实践活动课程的重要意义，确保综合实践活动课程全面开设到位。要组织教师认真学习纲要，切实加强对综合实践活动课程的精心组织、整体设计和综合实施，不断提升课程实施水平。

教育部
2017年9月25日

中小学综合实践活动课程指导纲要

为全面贯彻党的教育方针，坚持教育与生产劳动、社会实践相结合，引导学生深入理解和践行社会主义核心价值观，充分发挥中小学综合实践活动课程在立德树人中的重要作用，特制定本纲要。

一、课程性质与基本理念

（一）课程性质

综合实践活动是从学生的真实生活和发展需要出发，从生活情境中发现问题，转化为活动主题，通过探究、服务、制作、体验等方式，培养学生综合素质的跨学科实践性课程。

综合实践活动是国家义务教育和普通高中课程方案规定的必修课程，与学科课程并列设置，是基础教育课程体系的重要组成部分。该课程由地方统筹管理和指导，具体内容以学校开发为主，自小学一年级至高中三年级全面实施。

（二）基本理念

1. 课程目标以培养学生综合素质为导向

本课程强调学生综合运用各学科知识，认识、分析和解决现实问题，提升综合素质，着力发展核心素养，特别是社会责任感、创新精神和实践能力，以适应快速变化的社会生活、职业世界和个人自主发展的需要，迎接信息时代和知识社会的挑战。

2. 课程开发面向学生的个体生活和社会生活

本课程面向学生完整的生活世界，引导学生从日常学习生活、社会生活或与大自然的接触中提出具有教育意义的活动主题，使学生获得关于自我、社会、自然的真实体验，建立学习与生活的有机联系。要避免仅从学科知识体系出发进行活动设计。

3. 课程实施注重学生主动实践和开放生成

本课程鼓励学生从自身成长需要出发，选择活动主题，主动参与并亲身经历实践过程，体验并践行价值信念。在实施过程中，随着活动的不断展开，在教师指导下，学生可根据实际需要，对活动的目标与内容、组织与方法、过程与步骤等做出动态调整，使活动不断深化。

4. 课程评价主张多元评价和综合考察

本课程要求突出评价对学生的发展价值，充分肯定学生活动方式和问题解决策略的多样性，鼓励学生自我评价与同伴间的合作交流和经验分享。提倡多采用质性评价方式，避免将评价简化为分数或等级。要将学生在综合实践活动中的各种表现和活动成果作为分析考察课程实施状况与学生发展状况的重要依据，对学生的活动过程和结果进行综合评价。

（三）显性课程与隐性课程

1. 显性课程

显性课程也称"正式课程"或"正规课程"。它是相对于"隐性课程"而言的，是指在学校课程体系中为实现一定的教育目标而设计的具有实际形态并以外显方式出现的课程。它是按照预先编订的课程表来实施有目的、有计划、有组织的活动的。课程内容的组织按一定的顺序并考虑学生的智力差异。我国的显性课程基本上是采用以学科本位为中心的设计。

2. 隐性课程

隐性课程，又称"潜在课程""潜隐课程""隐蔽课程"。隐性课程主要通过感染、暗示、同化、激励和心理调适等多种功能改变着学生的情绪与情感、行为规范和生活方式，对学生起着潜移默化的作用。隐性课程的概念产生于20世纪六七十年代，分别出现于杰克逊所著的《课堂中的生活》与奥弗利所编的《自发课程：对儿童的影响》中。隐性课程在范围上主要体现在三个层面：一是学校物理环境构成的物质文化层面；二是学校规章制度所形成的制度文化层面；三是师生人际交往中形成的精神文化层面。

实际上，学校课程除了以上类型外，还有其他多种课程类型。在教学实践中，纯粹的课程类型是根本不存在的，它们都利用或涵盖了其他课程类型，如我国中小学的语文、数学、英语既是学科课程，又是核心课程。所以在确定课程的类型时，我们应当对期望达到的目标、学校和社会可能提供的资源、课程内容等问题加以综合考虑。

本节小结

课程自古就有，但对其定义却不能达成共识，一般倾向于把课程定义为：学科、学习结果或目标经验、有计划的教学活动、文化再生产等。课程理论流派繁多，但主要的流派有：学科中心课程论、学生中心课程论、社会中心课程论、人本主义课程论等。课程的类型从实践的角度来说，可分为学科课程与活动课程、综合课程与核心课程、显性课程与隐性课程。

关键术语

课程　课程理论流派　课程类型

讨论与应用

1. 请谈一下自己的观点和看法,并说明理由。

一直以来,人们对课程的内涵有不同的观点和看法。例如:课程就是学科(教学科目);课程是预期的学习结果或目标;课程是学习的经验;课程是有计划的教学活动;课程是文化再生产等。

2. 按照关于课程类型的划分,请你说出以下描述属于什么课程类型,为什么?

北京大学校徽由鲁迅先生于1917年8月设计完成。"北大"两个篆字的上下排列,其中"北"字构成背对背的两个侧立的人像,而"大"字构成了一个正面站立的人像。校徽突出的理念在于,要"以人为本";校徽的象征意义在于,北大当肩负开启民智的重大使命。

湖光塔影,可以说是北大校园最有代表性、最醒目的一景。博雅塔雄健挺拔,体现着北大人自强不息的阳刚之气,未名湖柔波荡漾,象征着北大厚德载物的阴柔之美。塔和湖,一纵一横,一刚一柔,一凸一凹,一阳一阴,一伟岸一纤秀,一沉稳凝重、一欢快空灵。

人们常以"一塔湖图"来概括燕园的风景,不知从什么时候开始,语虽诙谐,却也恰切。多少年来,围绕着未名湖、博雅塔和图书馆,燕园里产生了很多美好的传说,也涌现出了很多巧妙的解释。有人说,博雅塔是一支硕大的神来之笔,而未名湖则是一方来自天池的巨砚,一代又一代的北大人挥动着这支神笔,饱蘸未名之墨,共同书写了百年北大的辉煌历史,而图书馆则正好是北大百年历史的最好见证和保存者⋯⋯这样的传说和深化实在是举不胜举。

第二节 课程编制

一、课程目标

(一)课程目标的价值取向

一般来讲,学科、学生和社会是课程目标形成的源泉。确定合理的课程目标,应当从整合的角度全面考察学科的发展状况和未来发展趋势、学生的发展状况和需要、社会的发展状况和需要。但是,在具体的课程实践中有不同的课程目标价值取向。当前,影响较大的有三种价值取向。

1. 知识本位的价值取向

这种取向主要强调学科的固有价值。如强调以学术为中心的学科课程理论认为,人类文化遗产中最具有学术性的知识是课程中不可缺少的因素,学术性是课程的基本特征。这种取向特别重视传授学科结构,要求对学科领域有较深刻的理解,因而特别强调学科专家在课程编制中的重要作用。

2. 学生本位的价值取向

这种取向主要强调课程促进个体成长的价值。如强调以学生为中心的人本主义课程理论认为,课程的核心是情感(情绪、态度、价值观等)、认知(知识和理智技能)与学生行动的整合。这种取向主张应该以学生的兴趣和爱好、动机和需要、能力和态度等为基础来编制课程,认为课程的核心是学生的发展。

3. 社会本位的价值取向

这种取向主要强调课程的社会性价值。如强调以社会为中心的改造课程理论认为,课程不应该帮助学生去适应现存社会,而是要建立一种新的社会秩序和社会文化;课程应该围绕当代重大社会问题来组织,帮助学生学会如何参与制定社会规划并把它们付诸社会行动。

(二)课程目标的形式取向

根据美国课程论专家舒伯特的观点,课程目标的形式取向主要有四种类型,即普遍性目标、行为性目标、生成性目标和表现性目标。

1. 普遍性目标

普遍性目标是根据一定的哲学或伦理观、意识形态、社会政治需要而对课程进行总括性和原则性规范与指导的目标,一般表现为对课程有较大影响的教育宗旨或教育目的。它对各门学科都有普遍的指导价值。普遍性目标取向主要体现为课程目标的一般性原则,这为教育工作者的创造性工作提供了广阔的背景,可以应用于不同的具体教育实践情境。但普遍性目标的含义比较模糊,不够清晰,有一定的随意性。

2. 行为性目标

行为性目标是以具体的、可操作的行为来陈述的课程目标,它指明课程过程结束后学生身上所发生的行为变化。行为性目标的基本特点是:精确性、具体性、可操作性。用泰勒的话说,行为性目标的作用,是"有助于选择学习经验和指导教学"。行为性目标是随着课程研究领域的独立而出现并逐步发展、完善起来的,这种目标取向一度在课程领域占据主导地位。

3. 生成性目标

生成性目标是在教育情境中随着教育过程的展开而自然生成的课程目标。它是问题解决的结果,是人的经验生长的内在要求。如果说行为性目标是在教育过程之前或教育情境之外预先制定的作为课程指令、课程文件、课程指南而存在的话,那么生成性目标则是教育情境的产物和问题解决的结果,是学生和教师关于经验和价值观生长的"方向感"。

4. 表现性目标

表现性目标是指每一个学生在与具体教育情境的种种"际遇"中所产生的个性化表现。当学生的主体充分发挥、个性充分发展的时候,他在具体教育情境中的具体行为表现及所学到的东西是无法准确预知的。因此,表现性目标所追求的是学生反应的多元性。

(三)课程的"三维目标"

美国的布鲁姆在1956年出版专著《教育目标分类学》,将人的意识水平分为三个领域:认知领域、情感领域和动作技能领域,又将各个领域按层次分为若干小的领域。我国课程的"三维目标"正是建立在布鲁姆的目标分类学的基础之上。

1. 认知领域

认知领域的目标按照从简单到复杂的顺序分为六个层次,即知识、理解、运用、分析、综合和评价,其中后五个层次属于理智能力和理智技能。

(1)知识。知识又称"识记",主要指对各种现成知识的识别和再现,包括对名词、事实、规则、原理、结构等的回忆。这一目标对学生提出要求的动词有:认出、配对、选择、描述、列举、说明等。知识包括三大类型:一是具体的知识,如术语、日期、事件、人物、地点等;二是处理事物或方法的知识,如惯例、趋势和顺序、分类和类别、准则、方法论等方面的知识;三是学科领域中普遍原理和抽象概念的知识,如原理与概括、理论与结构等方面的知识。

(2)理解。理解是对知识的掌握,是指能了解所学过的知识或概念的意义,具体表现为能抓住事物的实质,把握材料的中心思想。这一目标对学生提出要求的动词有:说明、举例、估计、预测、摘要、归纳等。理解可分为三个具体的层次:一是转换,指用自己的话或用与原先不同的方式来表达所学的内容;二是解释,指对一项信息如图表、数据等的说明或总结;三是推断,指在超出已有材料和数据的范围之外预测发展的趋势。

(3)运用。运用是指将所学到的知识如理论、方法、步骤、原理、原则和概念等运用到新情境的能力。用来表示运用能力的行为动词有:证明、修改、解决、设计、示范、表现、发现等。如制作图表、设计模型、用几何知识测量土地面积、运用社会科学的理论解释实际的社会问题等。

(4)分析。分析是指将学到的知识进行分解,找出组成的要素,并分析其相互关系及其组成原理。用来表示此能力的行为动词有:选出、辨别、分解等。如划分文章段落,分析演说内容的主要主题和次要主题等。分析有三个层次:一是要素分析,即识别某一信息所含的要素,如区别事实与假设;二是具体分析,即对信息中诸要素和各个部分之间的联系与相互作用的分析,如领会一个段落中各种概念之间的关系;三是组织原理分析,即对使信息组合成整体的组织体制、系统安排和结构联系的分析,如识别文学艺术作品形式和模式,使之成为理解其意义的一种手段的能力。

(5)综合。综合是指将所学到的片段概念或知识、原理或事实等综合成新的整体。用来表示此能力的行为动词有:联合、设计、筹划、创造等。综合主要有三个层次:一是进行独特的交流,即提供一种条件,以便把自己的观点、感受和经验传递给别人,如写作时把各种观念严谨地组织起来的技能;二是制定计划或操作步骤,如提出检验假设的途径的能力;三是推导出一套抽象关系,即确定一套抽象关系,对特定的资料或现象进行分类或解释,如做出精确发现和概括的能力。

(6)评价。评价是认知目标中最高层次的能力,它是依据一定的标准对事物给予价值判断。用来表示此能力的行为动词有：评价、判断、比较、批判、评论。评价有两个层次：一是依据内在证据来判断，即依据逻辑规律来判定信息的准确性，如指出论据中逻辑错误的能力；二是依据外部准则来判断，如对某些特定文化中的主要理论、概念、事实进行比较的能力。

2. 情感领域

美国教育学者克拉斯沃尔于1964年出版了有关情感教育目标分类的专著。他认为，情感领域的教育目标主要包括态度、兴趣、理想、欣赏和适应方式等；根据价值内化的程度，其领域可分为接受、反应、价值判断、价值的组织和价值的个性化。

3. 动作技能领域

1972年，美国教育学者哈罗和辛普逊分别出版了有关动作技能目标分类的专著。哈罗将动作技能活动分为六类：反射动作、基本动作、知觉能力、体能、技巧动作、有意的沟通。辛普逊对动作技能的分类更能为广大教育工作者所接受，将动作技能分为七类：知觉、定势、引导的反应、机械动作、复杂的行为反应、适应、创作等。

（四）核心素养课程目标

2014年，《教育部关于全面深化课程改革落实立德树人根本任务的意见》出台，明确提出"研究制定学生发展核心素养体系和学业质量标准。要根据学生的成长规律和社会对人才的需求，把对学生德智体美全面发展总体要求和社会主义核心价值观的有关内容具体化、细化，深入回答'培养什么人、怎样培养人'的问题"[1]。中国学生发展核心素养[2]，以科学性、时代性和民族性为基本原则，以培养"全面发展的人"为核心，分为文化基础、自主发展、社会参与三个方面，综合表现为人文底蕴、科学精神、学会学习、健康生活、责任担当、实践创新六大素养。

1. 文化基础

文化是人存在的根和魂。文化基础，重在强调能习得人文、科学等各领域的知识和技能，掌握和运用人类优秀智慧成果，涵养内在精神，追求真善美的统一，发展成为有宽厚文化基础、有更高精神追求的人。

（1）人文底蕴。主要是学生在学习、理解、运用人文领域知识和技能等方面所形成的基本能力、情感态度和价值取向。具体包括人文积淀、人文情怀和审美情趣等基本要点。

（2）科学精神。主要是学生在学习、理解、运用科学知识和技能等方面所形成的价值标准、思维方式和行为表现。具体包括理性思维、批判质疑、勇于探究等基本要点。

2. 自主发展

自主性是人作为主体的根本属性。自主发展，重在强调能有效管理自己的学习和生活，认识和发现自我价值，发掘自身潜力，有效应对复杂多变的环境，成就出彩人生，发展成为有明确人生方向、有生活品质的人。

---

[1] 中华人民共和国教育部.教育部关于全面深化课程改革落实立德树人根本任务的意见.[EB/OL].（2014-04-08）[2024-05-06].http://www.moe.gov.cn/srcsite/A26/jcj_kcjcgh/201404/t20140408_167226.html

[2] 2016年，由北京师范大学林崇德教授领衔的我国学生发展核心素养研究团队正式发布"中国学生发展核心素养总框架"。

（1）学会学习。主要是学生在学习意识形成、学习方式方法选择、学习进程评估调控等方面的综合表现。具体包括乐学善学、勤于反思、信息意识等基本要点。

（2）健康生活。主要是学生在认识自我、发展身心、规划人生等方面的综合表现。具体包括珍爱生命、健全人格、自我管理等基本要点。

3. 社会参与

社会性是人的本质属性。社会参与，重在强调能处理好自我与社会的关系，养成现代公民所必须遵守和履行的道德准则和行为规范，增强社会责任感，提升创新精神和实践能力，促进个人价值实现，推动社会发展进步，发展成为有理想信念、敢于担当的人。

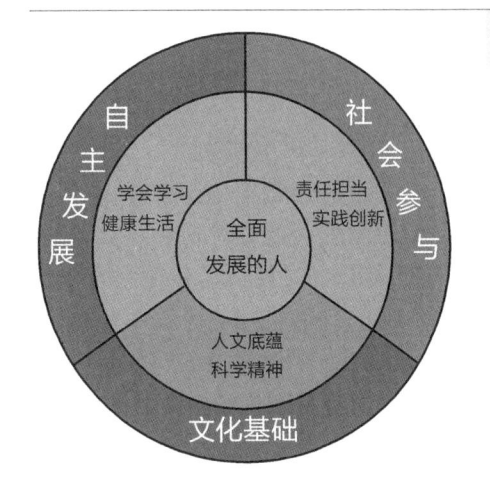

图 5-7 中国学生发展核心素养

（1）责任担当。主要是学生在处理与社会、国家、国际等关系方面所形成的情感态度、价值取向和行为方式。具体包括社会责任、国家认同、国际理解等基本要点。

（2）实践创新。主要是学生在日常活动、问题解决、适应挑战等方面所形成的实践能力、创新意识和行为表现。具体包括劳动意识、问题解决、技术应用等基本要点。

二、课程内容

（一）课程内容的内涵

课程内容是指各门学科中特定的事实、观点、原理和问题以及处理它们的方式，是一定的知识、技能、技巧、思想、观点、信念、言语、行为、习惯的总和。对课程内容的理解，我们需要重点把握如下三个要点。

1. 课程内容是人类文明成果的精华

教育是人类社会组织帮助个人习得种族经验，以缩小个人发展与种族发展之间差距的专门活动。它有计划、有组织地传递着人类经验，是教育活动的基本规定性。在人类通过教育传递种族经验的过程中，存在着一个突出的矛盾，即人类种族经验的无限丰富性与个人学习种族经验的时间、精力的有限性之间的矛盾。这一矛盾的存在，决定了课程内容的选择性特征。也就是说，课程内容不可能包括人类社会的所有经验，人们只能选择出那些对于个体的成长和社会化来说是最有价值的、最基本的和最需要的经验，把这些选择出来的内容传递给下一代，从而为他们从事社会生活和生产活动提供最一般的帮助。那些对个人成长最有价值的、最基本的和最需要的经验，从教育的视角看，无疑是人类文明成果的精华部分。其内容主要包括基本的社会生活规范、科学知识和活动技能等。

2. 课程内容是学生学习的对象

人类文明成果往往是以知识体系、技术体系和规范体系（价值体系）的形式存在的，不一定能为学生直接理解和掌握。人类文明成果只有通过加工改造才能适合学生学习。

图 5-8 某高中数学课程进度

代数 → 几何 → 进阶代数 → 预备微积分 → 微积分

也就是说,在教育活动中人类文明成果的表现形式和组织方式,必须符合学生认识的水平和特点。比如说,学生学习的内容要由简单到复杂,由低级到高级,前后呼应和互相衔接(如图5-8)。事实上,在教育活动中传播的人类文明成果,都是经过了一定的加工改造的。从教育角度出发改造加工人类文明成果的过程,是依据教育目的和学生身心发展规律构造学生学习对象从而确定课程内容的具体过程。课程编制就是从总体上设计一种便于学生学习的教育内容体系,即把人类文明成果转化为供学生学习的课程和教材。

3. 课程内容是影响学生发展的材料

教育活动的基本宗旨是促进学生发展。学生在教育活动中获得发展,主要是通过学生在活动中发挥主体性而实现的。在教育活动中,学生的主体活动主要是围绕课程内容的学习而展开的,是认识课程内容、把课程内容内化为自身的知识和技能,并通过这种过程提高能力和思想境界的过程。教育活动能否对学生发展产生积极促进作用,这与课程内容的性质与特征是分不开的。

总之,课程内容就是为了促进学生发展而精心选择出来的人类文明的精华成果,是经过改造加工适合于学生学习的教育材料。

(二)课程内容选择的原则

我们正处于一个知识激增的时代,现有的学科门类达几千种之多,但学生用来学习的时间和精力是非常有限的,因此,严格而精心地选择课程内容就非常重要。一般来讲,课程内容的选择要遵循以下四项原则。

1. 注重基础性

基础教育是为每一个学生今后的发展和终身学习打基础的教育,是提高国民整体素质的教育。因而,基础教育的课程内容应该是基础的、有价值的和具有发展性的。选择的课程内容应致力于促进学生基础知识的掌握和基本技能的养成,同时要为每一个学生今后的发展和终身学习打下全面的、坚定的基础。基础教育的课程内容主要包括:系统知识的基础,即基本知识和技能;一般学习能力的基础,即组织学习和查找资料的能力;方法的基础,即科学探索方法和学习方法;使用工具的基础,即手工工具及计算机操作与技能的基础;做人的基础,即正确的价值观、人生观和现代文明习惯;艺术鉴赏的基础,即鉴赏力与艺术技能;健身的基础,即身心健康的知识、能力和习惯等。需要指出的是,强调课程内容的基础性,并不是不让学生了解学科前沿,但学习的重点要先放在让学生牢固地掌握各门学科的基础上。

2. 贴近社会生活

在课程内容的选择上,应当在保证课程总体稳定的同时,力求开放课程的结构,及时地将具时代性的新知识、新技能纳入课程内容之中。比如,在当前,让学生学会学习、学会创造、学会使用各种帮助自己提高的工具,包括图书馆、计算机、互联网、人工智能等,都是社会生活的新要求。也就是说,为适应信息化社会,学生必须具备相应的信息素养。但是,课程内容并不是越先进越好。如果不顾学生的身心发展规律和接受水平,一味地追求课程内容"现代化",也会走入误区。因此,课程内容不仅要贴近社会,还要贴近生活,更要贴近学生的实际情况。

3. 尊重学生经验

课程要为学生所理解和接受,其课程内容必须注重联系学生经验;要尊重学生经验,把学生从成人世界的控制下解放出来。只有结合学生的经验来开发课程,课程才能为学生所接受、所理解。

课程是沟通学生的现实生活世界和可能生活世界的桥梁。当前基础教育课程内容指向的是"科学世界",而不是学生的"生活世界"。如20世纪90年代以来,美国强调自学与社会研究、设计学习、社会参与性学习,日本开设"特别活动"、综合学习时间等,都是尊重学生经验的体现。因此,课程内容应加强综合性,通过统整各类课程、各种领域内容,联系现实的生活,增强学生对生活的感受、体验与领悟。

4. 强化价值观和道德教育

教育从来都不是价值中立的,作为学校教育核心的课程,必然体现出一定的价值倾向和道德要求。课程内容必须传递国家和民族核心的价值观,帮助学生提升人格品质。课程内容应渗透爱善憎恶、崇尚公正、珍惜生命、尊重人权等道德伦理精神和社会奉献精神,为学生提供良好的精神食粮。

(三)课程内容的呈现方式

课程内容的组织方式,是课程专家与学者争论比较多的热点问题之一。目前,基本形成了以下三组相互对立的课程内容呈现方式。

1. 直线式与螺旋式

直线式是指把课程内容组织成一条在逻辑上前后联系的"直线",前后内容基本不重复,即课程内容直线前进,前面安排过的内容在后面不再呈现。其强调的是知识本身内在逻辑的直线性。

螺旋式是指在不同阶段、单元或不同课程门类中,使课程内容重复出现,逐渐扩大知识面,加深知识难度,即同一课程内容前后重复出现,前面呈现的内容是后面学习内容的基础,后面学习内容是对前面学习内容的不断扩展与加深,层层递进。其强调的是学生的认识逻辑或者说是学生认识发展过程的规律,即由简单到复杂、由低级向高级逐步深化的规律。

2. 纵向组织与横向组织

纵向组织是指按照知识的逻辑序列,从已知到未知、从具体到抽象的先后顺序组织课程内容。这一课程内容的组织方式是根据学生学习的有关理论提出来的。

横向组织是指打破学科的知识界限和传统的知识体系,按照学生发展的阶段,以学生发展阶段需要探索的社会和个人最关心的问题为依据组织课程内容,构成一个个相对独立的内容专题。

相对而言,纵向组织更多地强调知识自身的体系和深度,而横向组织更多地强调课程内容的综合性及知识的广度。

3. 逻辑顺序与心理顺序

逻辑顺序与心理顺序是课程内容的三种呈现方式中争论最激烈的一种,也是"传统教育派"与"现代教育派"的最大分歧所在。

逻辑顺序是指根据学科本身的体系和知识的内在联系来组织课程内容。这是"传统教育派"的主张。

心理顺序是指按照学生心理发展的规律来组织课程内容。这是"现代教育派"的主张。

综上,这三组相互对立的课程内容呈现方式,各有利弊。一般情况下,它们会根据课程的内容特点及学生的年龄而有所变化。

(四)课程内容的层次

1. 课程计划

课程计划是由国家教育主管部门所制定的有关教学和教育工作的指导性文件,它对学校的教学、生产劳动、课外活动等做出全面安排,具体规定了学校应该设置的学科、学科开设的顺序及课时分配,并对学期、学年、假期进行划分。课程计划体现了国家对学校的统一要求,是组织学校活动的基本纲领和重要依据。课程计划主要由以下几个部分构成。

(1)课程类型和科目的设置。开设哪些类型的课程和科目是课程计划的重心。目前我国中小学开设语文、数学、外语、综合实践活动等课程,这些课程是最基础的,也是对学生最必要的和最重要的学科学习内容。

(2)学科顺序。课程计划中设置的各门学科一定要按规定年限、学科内容、各门学科之间的衔接、学生的发展水平,由易到难,由简到繁,合理安排。在安排上,应使先学的学科为以后学习的学科奠定基础,同时做到学科之间能够互相沟通,并满足学生多方面发展的需要。

(3)课时分配。课时分配包括各学科的总时数,每一门学科各学年(或学期)的授课时数和周学时。课时分配应根据学科的性质、作用、教材的分量和难易程度,恰当分配各门学科的授课时数,要体现打好扎实的基础,特别要体现打好语文、数学和外语的基础。所以既要保证语文、数学、外语的课时,同时又要保证综合实践活动等课程的课时,以使学生获得全面发展。

(4)学年编制和学周安排。学年编制和学周安排是指学年阶段的划分、各个学期的教学周数、学生参加生产劳动的时间、假期和节日的规定等,它是学校工作正常进行的重要保障。

2. 课程标准

课程标准描述了一个社会或一种教育体系规定学生在不同年级、不同学科领域应该获得的成绩、行为及个人发展,以使学生为丰富完美的生活做好准备。[1]国家课程标准规定课程性质、课程理念、课程目标、课程内容、学业质量和课程实施等,是教材编写、教学、

---

[1] 钟启泉,崔允漷,张华.为了中华民族的复兴 为了每位学生的发展——《基础教育课程改革纲要(试行)》解读[M].上海:华东师范大学出版社,2001:172.

考试评价以及课程实施管理的直接依据。

《义务教育课程方案(2022年版)》[①]中,课程标准的变化表现在如下五个方面。

一是强化了课程育人导向。各课程标准基于义务教育培养目标,将党的教育方针具体化细化为本课程应着力培养的核心素养,体现正确价值观、必备品格和关键能力的培养要求。

二是优化了课程内容结构。以习近平新时代中国特色社会主义思想为统领,基于核心素养发展要求,遴选重要观念、主题内容和基础知识,设计课程内容,增强内容与育人目标的联系,优化内容组织形式。设立跨学科主题学习活动,加强学科间相互关联,带动课程综合化实施,强化实践性要求。

三是研制了学业质量标准。各课程标准根据核心素养发展水平,结合课程内容,整体刻画不同学段学生学业成就的具体表现特征,形成学业质量标准,引导和帮助教师把握教学深度与广度,为教材编写、教学实施和考试评价等提供依据。

四是增强了指导性。各课程标准针对"内容要求"提出"学业要求""教学提示",细化了评价与考试命题建议,注重实现"教—学—评"一致性,增加了教学、评价案例,不仅明确了"为什么教""教什么""教到什么程度",而且强化了"怎么教"的具体指导,做到好用、管用。

五是加强了学段衔接。注重幼小衔接,基于对学生在健康、语言、社会、科学、艺术领域发展水平的评估,合理设计小学一至二年级课程,注重活动化、游戏化、生活化的学习设计。依据学生从小学到初中在认知、情感、社会性等方面的发展,合理安排不同学段内容,体现学习目标的连续性和进阶性。了解高中阶段学生特点和学科特点,为学生进一步学习做好准备。

2022年版新的课程标准的结构,主要由如下几部分构成。

① 课程性质。

② 课程理念。

③ 课程目标。按照国家的教育方针及素质教育的要求,在解释核心素养内涵的基础上,全面阐述本门课程的总体目标与学段目标;学段的划分大致规定在1—2年级、3—4年级、5—6年级、7—9年级,有些课程只限在一个学段,有些课程兼两个或两个以上学段。

④ 课程内容。根据上述的课程目标,结合具体的课程内容,尽可能用清晰的行为动词阐述目标。

⑤ 学业质量。包括学业质量内涵和学业质量描述。

⑥ 课程实施。主要包括教学建议、评价建议、教材编写建议、课程资源的开发与利用建议、教学研究与教师培训建议等。

3. 教材

教材是教师和学生开展教学活动的主要材料,主要包括教科书、图书馆材料、视听材料、电子教材等多种形式。教材设计要遵循以下四个原则。

---

① 中华人民共和国教育部.义务教育课程方案(2022年版)[EB/OL].(2022-04-08)[2024-05-06].http://www.moe.gov.cn/srcsite/A26/s8001/202204/t20220420_619921.html.

（1）动机——效果原则。教材确定的目标和选择的内容，要有利于激发学生主动参与学习的内驱力，并获得满足感。

（2）能力——适切原则。教材确定的目标和选择的内容，应与学生的现有成就、能力倾向及其他条件相适应，并注重教材、方法、时间及情境的适切性。

（3）练习——应用原则。教材提供的练习不仅应是连续的，而且应是实际有用的。

（4）引导——持续原则。教材应借助模仿认同、教师示范、把握学习的关键等因素，使学生的学习成为一个持续不断提升的过程，其目的不在于获得既定的标准答案，而在于学生能持续不断地研究问题。

三、课程实施

（一）课程实施的内涵

课程实施是将课程计划付诸实践的过程，是落实课程目标的基本途径，也是课程建设的重要环节。课程实施是教师的一种情境式实践，是教师与学生、专家等协商和对话的活动，是教师与学生通过发挥主动性完成教材意义建构的活动。

（二）课程实施的取向

课程实施的取向是指对课程实施过程本质的不同认识，以及支配这些认识的相应的课程价值观。课程实施的取向集中表现在对课程计划与课程实施过程之关系的不同认识上。课程实施有三个基本取向，即忠实取向、相互适应取向、课程创生取向。①

1. 忠实取向

忠实取向认为，课程实施过程是忠实地执行课程计划的过程。衡量课程实施成功与否的基本标准是课程实施过程实现预定的课程计划的程度。实现程度高，则课程实施成功；实现程度低，则课程实施失败。忠实取向的课程实施主要探讨两个问题：第一，测量一项特定的课程革新所实现预定的课程计划的程度；第二，确定影响课程实施过程的因素（促进因素或阻碍因素）。

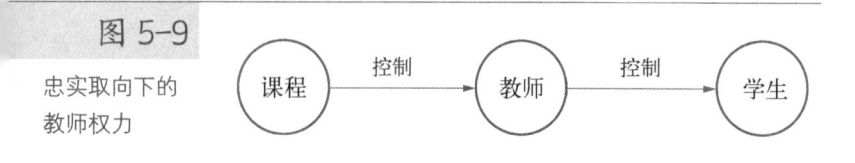

图 5-9 忠实取向下的教师权力

课程 →控制→ 教师 →控制→ 学生

忠实取向认为，课程是指体现在学程、教科书、指导用书、教师的教案或课程革新方案中的有计划的内容。课程是一些具体的东西，这些东西教师能够实施，也能够评价，通过评价来确定预定的目标是否已经完成。相应地，课程实施就是指教师在实践中执行课程计划或课程方案等的过程。

2. 相互适应取向

相互适应取向认为，课程实施过程是课程计划与班级或学校实践情境在课程目标、

---

① 张华.课程与教学论[M].上海：上海教育出版社，2000：336.

内容、方法、组织模式诸方面相互调整、改变与适应的过程。一项课程变革计划付诸实施之后，可能会发生两个方面的变化：一方面，既定的

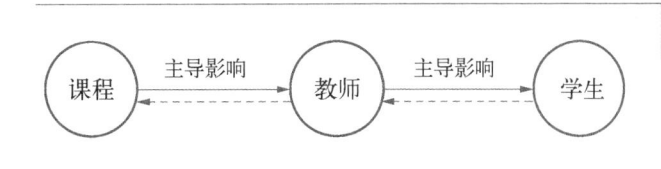

图 5-10 相互适应取向下的教师权力

课程计划会发生变化，以适应各种具体情境的特殊需要；另一方面，既有的课程实践会发生变化，以适应课程变革计划的要求。相互适应取向的课程实施主要探讨两个问题。第一，借用社会科学中新的方法和理论以发现关于各种教育问题的详尽的、描述性的资料。如果说忠实取向的研究致力于测量课程实施过程实现预定课程计划的程度的话，那么相互适应取向的研究则致力于探讨课程实施过程中所产生的各种教育问题。通过对教育问题的研究，深入探讨课程变革过程的本质。第二，确定促进或阻碍课程按原计划实施的因素，特别是各种组织变量。这一点在表面上与忠实取向的研究相似，但在出发点上有差别。忠实取向探讨影响课程按原计划实施的因素是为提高课程实施对原计划的忠实程度；而相互适应取向则着眼于提高课程实施过程与预定课程计划相互适应的效果。

相互适应取向认为，课程不仅包括体现在学程、教科书或变革方案中的有计划的具体内容，而且还包括学校和社区中由各种情境因素构成的谱系，这些情境因素会改变课程变革方案。课程实施绝不是教育计划或技术在课程实践中的简单"装配"，它应当包括变革方案在目标和方法上的调整，参与者在需要、兴趣和技能方面的变化，以及组织的适应。课程实施过程中的"相互适应"现象是必然的、不可避免的，也是必要的。

3. 课程创生取向

课程创生取向是课程实施研究中的新兴取向。这种取向认为，真正的课程是教师与学生联合创造的教育经验，课程实施本质上是在具体教育情境中创生新的教育经验的过程，既有的课程计划只是供这个经验创生过程选择的工具而已。[①]课程创生取向的课程实施主要探讨的问题有以下三个。第一，创生的经验是什么？教师与学生是如何创造这些经验的？怎样赋予教师和学生权力以创生这些经验？第二，课程资料、程序化教学策略、各级教育政策、学生和教师的性格特征等外部因素对创生的课程有怎样的影响？第三，实际创生的课程对学生有怎样的影响？"隐性课程"对学生有怎样的影响？不难看出，这些问题使课程创生取向与忠实取向、相互适应取向迥然不同，显示该取向的研究重心已完全转移到教育经验的实际创造过程。

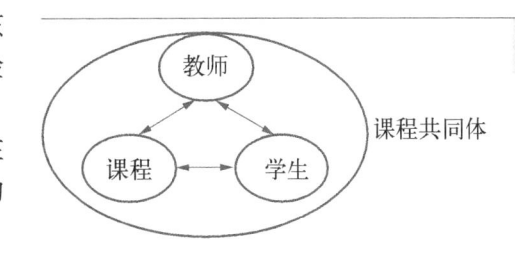

图 5-11 课程实施创生取向下的教师权力

课程创生取向的基本特征集中体现在对课程、课程知识、课程变革、教师角色的性质以及研究方法论的认识方面。

---

① 张华.课程与教学论[M].上海：上海教育出版社，2000：353.

专栏 5-3

对 T 教师"宋定伯捉鬼"教学片段的分析

学生：课文把这个鬼写得这么逼真，那世界上到底有没有鬼？

教师：你觉得呢？大家说有吗？

学生：（齐声回答）没有。

教师：我们相信科学，世界上根本没有鬼，那只不过是人虚构出来的。

学生：没有鬼那我们为什么还学习这篇课文？

教师：你有没有好好听课？这篇课文的主题是什么？我讲过了吧？来，你说说主题是什么？

学生：人肯定能战胜邪恶，要不怕鬼，敢于跟鬼作斗争。

教师：坐下吧，认真听讲。

对这位同学的问题，教师只是责怪学生没有好好听讲、没有把握课文的主题。多么可惜啊！教师竟然放过了一个极好的生成性教学资源。世界上没有鬼魂的存在，那这篇课文的价值何在？鬼怪之作中的戏剧性情节和生动的人物形象，总是给人以深刻的印象。这种作为历史文化遗产的鬼文化，极具认识意义和审美作用。试想，如果教师能在此稍作停留，分析一下鬼文化作为一种人创造出来的文化的价值以及作者创作的时代背景，那么，无神论教育会更深入学生的内心。教师错失了一个极具教育价值的生成性课程资源。

——陈丹.农村初中语文教师课程创生的个案研究[D].济南：山东师范大学，2013：6.

（三）课程实施的影响因素

根据富兰等人的分析框架[①]，可把影响课程实施的因素归纳为如下四类。

1. 课程变革的特征

（1）课程变革的需要和适切性。课程实施者对课程变革的需要越大，课程实施的程度也就越大。学校机构对课程变革的接受性是课程实施成功的必要条件而非充分条件，具体实施课程计划的教师对课程变革的需要才是关键。课程政策制定者和其他教育行政人员所认为的教师的需要与教师实际感觉到的需要往往是不一致的。因此，为了提高课程实施的程度，教师需要充分理解与接受课程变革的主旨，并将这种理解与接受转化为自己的内在需要。

（2）课程变革目标与意义的清晰性。对课程变革的目标与意义的理解程度越高，课程实施的程度也就越大。许多研究指出，缺乏清晰性是阻碍课程实施的重要因素。因此，为了提高课程实施的程度，教师需要提高课程变革的清晰性。

---

① 赵正新.富兰的影响课程实施因素分析框架及启示[J].淮阴师范学院学报（哲学社会科学版），2009，31（02）：271—272.

（3）课程变革的复杂性。适合实践者需要的课程变革的复杂性越大，课程实施的程度就越大。倘若课程变革计划过于简单，就很难调动参与者的积极性，该计划的实施程度也难以提高。

（4）课程变革计划的质量与实用性。课程变革计划的质量和实用性越高，课程实施的程度也越大。课程变革计划所提供的课程资料的质量低、可利用性差是阻碍课程实施的基本因素，无法得到变革计划所要求的质量，也是阻碍课程实施的因素。

2. 学区的特征

学区，即学校所在的行政区域。学区的特征主要包括以下六个方面。

（1）学区从事课程变革的历史传统。一个学区先前从事课程变革越积极、历史越久远，对一项新的课程变革计划的实施程度也就越大。反之，对一个保守的学区而言，实施一项新的课程变革计划则困难重重。

（2）学区对课程计划的采用过程。学区对一项课程变革所做出的人与物的规划质量越高，就越能应对实践中遇到的各种问题，实施该课程变革的程度也就越大。常规性的、经常性的人员规划能够提供有效的反馈，并能够提供一种有效处理偶发事件的机制，这是课程实施成功的基本保证。

（3）学区对课程变革的行政支持。学区对课程变革的行政支持越大，课程实施的程度也就越大。当学区的组织管理与课程变革的要求不一致的时候，就会阻碍课程变革计划的实施。

（4）课程变革人员的发展水平与对变革的参与程度。课程变革人员的发展水平越高、对变革的参与程度越大，课程实施的程度也就越大。只在课程实施之前对有关人员进行培训并不能充分保证课程实施的效率，课程变革人员的不断发展、彼此之间持续的交互作用应贯穿于课程变革的始终。因此，为提高课程实施的程度，学区应不断创造条件，对课程变革人员进行持续培训。

（5）课程变革的时间表与评价体制。首先，根据对课程实施的理解而对课程变革的时间安排越合理，课程实施的程度就越大。所以，课程变革的时间表一定要根据特定的课程变革本身的性质来确定，而不能随意发布行政指令。其次，对课程变革的评价与学校或班级变革课程的需要的联系越密切，课程实施的程度就越大。如果学区对课程变革的评价脱离了课程变革的实际，就会阻碍课程变革的进行。

（6）学区教育委员会与社区的特征。学区教育委员会与社区的共同利益越大、越能够相互支持而非彼此争执，课程实施的程度也就越大。

3. 学校的特征

学校的特征是影响课程实施的又一重要因素，这类因素主要包括以下三个方面。

（1）校长的角色。校长越是积极支持课程变革，课程实施的程度就越大。校长在课程实施中的领导风格主要有如下三种。第一，"反应者"——将教师视为专业人员，认为校长的主要作用在于维持学校的正常运作，校长是民主的，教师和其他工作人员应当有参与学校决策的机会。第二，"管理者"——校长的职能是以管理为核心的，其作用在于有效管理教师、学生以及学校的日常事务，忠实地实施国家或学区的课程变革计划。第三，"发动者"——校长应有自己的教育价值观、教育理想、教育信念。校长是在这种价值观指引下的课程变革的发动者，应具有教育创新意识，能够与教师、学生一起不断创生新的课程,对国家、学区提出的课程变革,也能创造性地实施,为此应制定清晰、果断而长远的教育政策与目标。

（2）教师与教师之间的关系。教师与教师之间的合作、信任、支持、交互作用和开放性的交往越理想,课程实施的程度越大。教师之间缺乏合作与支持是阻碍课程实施的重要因素。人是一种社会的动物,人与人之间的交互作用、彼此信任的气氛能增加课程实施成功的机会。

（3）教师的特征与价值取向。教师的"效能感"越强,教师参与课程变革的积极性和主动性越高,课程实施的程度就越大。这里的"效能感"是指教师对成功地实施课程变革计划的自信心和相应的态度。它是支配课程实施的重要的内部动机,不是由奖励等外部诱因引起的,而是基于课程实施这项专业活动本身而产生的驱力。除动机因素外,教师缺乏从事一种新的课程模式所需要的知识和技能,也是阻碍课程实施的重要因素。

4. 外部环境的特征

学校所处的外部环境也是影响实施的重要因素,这类因素可概括为两个方面。

（1）政府机构的力量。学校的课程变革若与学校所在地需要的一致性越大,就越能得到当地政府的支持,实施的可能性也就越大。只有充分发挥学校教育的主体性,通过课程变革对当地现状做出建设性的批判与超越,这样,政府才能意识到课程变革的价值,也才能给予课程变革更多的支持与帮助。

（2）社区的支持。课程变革越能够与社区文化整合为一体,课程实施的程度就越大。学校教育与社区文化日益相互渗透、日益呈现一体化发展的态势,是当今时代的一大特征。因此,课程变革不应孤立于社区文化之外,而应自觉寻求与社区的整合。这种整合既包括对社区文化的积极适应与认同,也包括对社区文化的批判与超越。这样,课程变革就会获得学生家长的认可,获得街道和村落的支持,获得社区政治、经济和文化机构的协助,从而大大增加课程实施成功的机会。

四、课程评价

（一）课程评价的内涵

课程评价自产生以来,经历了四个时期:测验和测量时期、描述时期、判断时期与建构时期。[①]在不同的时期,人们对课程评价的理解是不一样的,但总的来说,课程评价是以课程的计划、实施、评价的全过程为对象的。课程评价主要包括两个方面:对教育过程的计划与组织的判断、对学生成绩的判断。因此,课程评价可以概括为:依据课程实施的可能性、有效性及教育价值,而对课程系统的各个方面以及课程整体所做出的价值判断过程。

（二）课程评价的功能

1. 导向功能

在课程评价中,衡量课程效果对课程目标的达成程度仍然是课程评价一个非常重要

[①] 李雁冰.课程评价论[M].上海:上海教育出版社,2002:49.

的方面。只有通过评价,教育活动及课程实践的价值才能体现出来。被评价所肯定的部分就会被人们继续坚持,而被评价否定的部分就会被人们舍弃或修正。

2. 调控功能

课程评价的结果并不是直接指向课程本身,而是对学生的学习和发展状况以及教师的教学水平做出判断。它直接指向的是教学实践的改进,是对正在实施的课程是否达到预定目标所做的价值判断。通过对现行课程计划在实践中所能起到的实际效果的诊断与分析,教师可以及时调整教学内容、教学方法等,以更好地促进学生的全面发展。

3. 管理功能

课程评价不仅为国家教育行政部门制定课程决策、修订课程方案提供帮助,也为学校的管理提供参考。课程评价的科学性、合理性在某种程度上也反映了一个学校的教学管理水平,通过评价可以找出管理中成功的经验与失败的教训,及时修正已有的问题,以提高管理水平。

4. 研究功能

课程研究者通过对现有课程的分析,既可以找出制约现有课程发展的因素,还可以丰富课程理论,从而使课程理论不断完善。

(三) 课程评价的类型

课程评价的类型,是指以一定的标准为依据而划分的课程评价的种类。课程评价的类型很多,以评价对象为依据,可将课程评价分为学生评价、教师评价、教材评价和学校评价四种;以评价方法的倾向性为依据,可将课程评价划分为量化评价与质性评价;按照评价的主体的不同,可将课程评价分为自我评价和外来评价;按照评价目的的不同,可将课程评价分为诊断性评价、形成性评价和总结性评价;按照评价的参照标准或评价反馈策略的不同,又可将课程评价分为绝对评价、相对评价和个体内差异评价等。以下重点介绍后两种划分类型的评价。

1. 诊断性评价、形成性评价和总结性评价

(1) 诊断性评价。诊断性评价又称准备性评价,是在课程活动开始之前或进行之中对学生的学习准备情况或特殊困难进行的评价。它主要是对教育背景存在的问题及其原因做出诊断,以便对症下药。诊断性评价的作用在于:第一,确定学生的学习准备情况,明确学生发展的起点水平,为课程设计提供依据;第二,明确学生的发展差异,便于因材施教;第三,诊断个别学生在发展上的特殊障碍,以便在课程中采取补救措施。一般来说,教师对学生进行诊断性评价借助的手段主要有:以前的相关成绩记录、摸底测验、智力测验、态度和情感调查、观察、访谈等。

(2) 形成性评价。形成性评价又称过程性评价,是在教育过程中为调节和完善课程活动、引导教育过程正确而高效地前进,而对学生学习结果和教师教育效果所采取的评价。与诊断性评价不同,形成性评价一般是在教育活动进行过程之中开展,其主要作用是:第一,引导学习活动的方向;第二,肯定学生已有的发展成就,增强学生的自信心,提高学生的学习兴趣,起到强化学生的学习行为的作用;第三,及时发现问题并提供矫正处方。

（3）总结性评价。总结性评价又称结果性评价，是在某一相对完整的教育阶段结束后对整个教育目标实现的程度做出的评价。如期中、期末考试，毕业会考等均属此类评价。其主要作用是：第一，考查学生群体或每个学生整体的发展水平，为各种评优、选拔提供参考；第二，总体把握学生掌握知识、技能的程度和能力发展水平，为教师和学生确定课程起点提供依据。

为进一步认识三种评价类型的差异，现将三种评价类型比较如下。①

表 5-1 评价类型对比表

种类	诊断性评价	形成性评价	总结性评价
作用	查明学习准备和不利因素	确定学习效果	评定学业成绩
主要目的	合理安置学生，考虑区别对待，采取补救措施	改进学习过程，调整课程方案	证明学习已达到的水平，预言在后续教程中成功的可能性
评价重点	素质、过程	过程	结果
手段	特殊编制的测验、学籍档案和观察记录分析	经常性检查、作业，日常观察	考试
测试内容	必要的预备性知识、技能的特定样本，学生生理、心理、环境的样本	课题和单元目标样本	课程和教程目标的广泛样本
试题难度	较低	依课程任务而定	中等
分数解释	常模参照、目标参照	目标参照	常模参照
实施时间	课程或学期、学年开始时，课程进程中需要时进行	课题或单元课程结束后，经常进行	课程或一段教程结束后，一般每学期1—2次
主要特点	——	"前瞻式"	"回顾式"

2. 绝对评价、相对评价和个体内差异评价

（1）绝对评价。绝对评价又称目标参照评价，它是以教育目标为基准，对每一个评价对象达成目标的程度所做出的价值判断。绝对评价的目的是确定学生的实际水平，明确学生发展状态与教育目标之间有无差距及差距有多大，从而把教师和学生的注意力吸引到实现教育目标上来，避免学生之间、教师之间因为相互比较差异而造成精神紧张、压力过大。如学校中常采用的毕业会考，就是最典型的目标参照评价。

（2）相对评价。相对评价又称常模参照评价，它是在评价对象的群体中，为了对每个个体在群体中所处的相对位置所做出的价值判断。相对评价的目的是比较学习者与他人之间的差异，以确定某生成绩的好坏以及产生其在团体中所处的位置，并为下一步的课程指明方向。如学校中常采用的根据考试成绩对学生排名次，中考和高考等都是最典型的相对评价。

---

① [美]拉尔夫·泰勒.课程与教学的基本原理[M].施良方，译.瞿葆奎，校.北京：人民教育出版社，1994：97.

（3）个体内差异评价。个体内差异评价称为个人发展参照评价，它是以评价对象的自身状况为基准，就自身的发展情况进行纵向或横向比较所做出的价值判断。该评价类型充分考虑了学生的个体差异，有利于减轻学生的心理负担和压力，增强自信心，强化学习动力，但它不能确定其达标程度以及在评价群体中的相对位置。

总之，各种评价类型都各有其优缺点，实际操作中究竟采用何种评价方法，必须具体问题具体分析，以选择最合适的评价方式。

本节小结

课程编制由课程目标、课程内容、课程实施与课程评价四部分构成，在不同的课程理论指导下对课程编制的认识有所不同；课程目标决定课程评价，课程内容是课程实施的依据。

关键术语

课程目标　课程内容　课程实施　课程评价

讨论与应用

1. 请用本节有关理论分析这一案例。

某校地理教研组教师对本校地理课课程资源进行了评价，认为：地理教具只有挂图和地球仪两类，而且全校仅有六个地球仪，可见，课程资源缺乏，课程开发困难较大。

2. 请结合课程设计的知识、课程实施的有关理论分析这一案例。

有人认为，课程设计是专家学者的事，教师和学生只是课程的实施者，教师的任务就是将课程内容有效地传达给学生，学生的职责就是运用有效的方法学会课程的内容。

第三节　新课程改革

一、新课程改革的背景

（一）时代发展的要求

1996年，经济合作与发展组织（OECD）在其发表的有关科学、技术和产业展望的报告中,正式使用了"知识经济"这一概念。所谓知识经济,是以知识为基础的经济,这种经济直接依赖知识和信息的生产、扩散和应用。在知识经济时代,劳动者的素质和结构将发生重大变化,知识劳动者将取代传统的产业工人。所谓知识劳动者,主要是指从事知识和信息收集、处理、加工和传递工作的劳动者。此外,在知识经济时代,科学技术的不断更新,将改变"文盲"这一概念的传统内涵。"文盲"一词将不再单纯地指没有文化、知识的人,而是指不能继续学习,不能更新自己的知识、技能的人、正是在这个意义上,有人把知识经济也称为"学习经济"。

(二)我国政治经济发展的客观需要

在知识经济社会,人类经济竞争的实质是知识的较量,是科学技术、教育与人才的较量。因此,知识经济的挑战,从根本上讲是教育的挑战,知识经济必将引起整个教育体系全方位的深刻变革,它必将对基础教育课程体系产生全面影响。这种影响是多方面的,具有全面性、深刻性、系统性的特点,具体表现在以下方面。

1. 对基础教育课程培养目标的影响

知识经济时代对人的素质的要求集中体现在以下六个方面:(1)知识创新能力;(2)知识重组和知识应用能力;(3)自我更新能力;(4)个性化的决策能力;(5)社会合作能力与反馈速度;(6)价值反省与责任承担的能力。

2. 对基础教育课程内容的影响

知识经济背景下的知识具有其特殊性,它分为四类:事实知识、原理规律知识、技能知识与人力知识。其中,技能知识与人力知识是知识经济对基础教育课程内容提出的新挑战,这是因为这两类知识长期以来在学校教育中受到不同程度的忽视,在课程内容中体现不足。

3. 对基础教育课程教学观的影响

教学从本质上讲是以对话、交流、合作等为基础的知识建构和人格发展活动。在知识经济时代,基础教育课程的教学强调以人为本,重视主动探究、积极交往与合作。

4. 对基础教育课程评价观的影响

基础教育课程评价需要由选拔式评价向发展性评价转变,它通过对问题的反思、教育内容的调整、教学过程的改进、教育管理的参与而形成基础教育课程不断革新的机制,推动着基础教育课程的发展与完善。

(三)我国基础教育改革与发展的内在需要

2001年之前,我国先后进行了七次全国范围的课程改革,每次改革都取得了明显的成效。但是,我们也看到,现行的基础教育课程体系跟新时代的要求以及基础教育所肩负的历史重任之间还存在着巨大的反差,具体表现如下:(1)教育观滞后,人才培养目标同时代发展的需求不能完全适应;(2)思想品德教育的针对性、实效性不强;(3)课程内容存在着"繁、难、偏、旧"的状况;(4)课程结构单一,学科体系相对封闭,难以反映现代科技与社会发展的新内容;(5)脱离社会实际和学生经验;(6)学生死记硬背与题海训练的状况普遍存在;(7)课程评价过于强调学业成绩和甄别、选拔功能;(8)课程管理强调统一，致使课程难以适应当地经济与社会发展的需求和学生多样化发展的需求。2001年，教育部印发了《基础教育课程改革纲要（试行）》，这标志着新一轮基础教育课程改革的全面启动。经过二十多年的努力，基础教育课程改革取得了巨大的成绩，直至2023年，《基础教育课程教学改革深化行动方案》颁布，基础教育课程改革进入了深化阶段。

专栏 5-4

由小学试卷的"标准答案"引发了家长讨论

日前，网友看到儿子的小学考试卷后对老师判错的很多题表示强烈不解，并且一怒之下上网发帖质问：为什么小学语文会有那么的"标准"，就连题目要求"写你最喜欢的一句话"都是固定答案！该帖出来后很快被置顶，也引发了网上关于考试"标准答案"是否科学的大讨论。

（1）"一个春天的夜晚，一个久别家乡的人，望着皎洁的月光不禁思念起了故乡，于是吟起了一首诗。"

网友儿子答的是：举头望明月，低头思故乡。然而，老师给了一个"×"。

老师给出的标准答案是：春风又绿江南岸，明月何时照我还。

"我觉得这道题很奇怪，难道就因为是个春天的夜晚，答案就要是这句有春风的吗？要这个思念故乡的人不是江南的，是不可能说出春风又绿江南岸这句话的！一个东北人春天思念故乡，会说春风又绿江南岸吗？举头望明月，低头思故乡应该更准确。再扯远点，思念故乡，一千个人可以吟一千句不一样的诗，这个也可以有标准答案的吗？"对此，网友发表了自己的看法。

（2）"《匆匆》这篇课文，是现代著名作家朱自清先生写的，同学们都很喜欢这篇散文，你能把自己最喜欢，印象最深刻的一句写下来吗？"

网友儿子写的是："我的日子滴在时间的流里，没有声音，也没有影子。"但后面又是一个好大的"×"。

老师给出的标准答案是："但是，聪明的，你告诉我，我们的日子为什么一去不复返呢？"

网友表达了更强烈的质疑："一篇文章，你可以喜欢这句，我可以喜欢那句，难道最喜欢的一句话也要统一吗？我觉得这个题目应改成：'你能把老师最喜欢、印象最深刻的一句写下来吗？'"

（3）"请用一句话说明'π'的含义。"

网友儿子回答的是：π的含义是圆周率。

老师给出的标准答案是："π是一个在数学及物理学领域普遍存在的数学常数。"

"没想到老师竟然打的又是'×'，这就奇怪了，正好我老婆大学读的是理科，我马上问她，π是什么意思，她说圆周率啊。问了儿子半天，他也没说明白为什么答错了。"网友非常难受地说。

（四）国外课程改革的趋势

进入21世纪，美国、英国、日本、法国、俄罗斯等国家不断深化基础教育课程改革，以建立面向未来的具有竞争力的基础教育课程体系。这些国家都把基础教育课程改革作为增强国力、积蓄未来国际竞争实力的战略措施加以推行。

美国以往的教育侧重于精英教育，进入21世纪以后美国的基础教育课程改革开始面向每一个儿童，要求教育适于每一位学生，以保证所有学生不论年龄、性别、文化背景等，都能平等地获得当代社会生活必需的知识和技能。在课程内容上，美国重视基础学科，强调信息素养。基础学科是中小学课程的核心，通过对英语、数学、科学、历史和地理等核心课程的学习训练，学习系统、扎实的基础知识和基本技能。美国政府在《不让一个孩子掉队》这一法案中，提出要实行"阅读先行计划"，普及美国学生的识字率，确保所有学生的阅读能力达到三级水平。

英国在2000年实施的基础教育国家课程基础上，2008年的课程目标对学生提出了三点要求：成为成功的学习者，热爱学习，在学业中取得进步和成就；成为充满自信的个体，过上安全、健康、充实的生活；成为一个有责任心的公民，为社会作出积极的贡献。2014年国家课程目标为：培养有素质的公民，向学生提供成为有教养的公民所需的核心知识，国家课程为学生提供基本的知识储备。这是成为有素质公民的基础，让学生在接受教育过程中有机会接触世界上优秀的思想和知识，学会欣赏人类所取得的成就。

日本在2001年改革国家教育科技管理体制，将文部省和科学技术厅合并，成立文部科学省。同年，日本政府发布的《21世纪教育新生计划》提出：学校变好，教育变样，着力培养富有个性的创新人才，从而拉开了新世纪日本教育改革的序幕。日本在2006年修订的《教育基本法》中提出，教育的目的是"着眼于人格的树立，以期成为和平国家和社会的塑造者"。为此，2008年颁布的中学学习指导"要领"，不仅增加了中学外语、理科、数学等基础学科的课时量，还拓展了课程内容的广度，加大了其深度，以通过不断提高基础学力来塑造学生的人格，拓展学生的国际视野，培养能够活跃在国际社会的创新型人才。2012年至2020年，日本政府不仅继承了"宽松教育"时期的"生存力"核心素养理念，而且通过更加具体化的"资质能力"概念完善和发展了"生存力"核心素养理念，并通过建立面向社会的课程体系、提倡"主体性对话性深度学习"的教学方法，强化学校层面的"课程管理"等三大举措加以具体落实。

法国政府于2003年组建"学校未来全国讨论委员会"，提出了"不可少的共同基础"，即知识、能力和行为准则的整体。2006年，法国教育部又颁布法令《关于知识与能力的共同基础》，重申了《学校未来的导向与纲要法》的基本精神，把共同基础划分为七种能力，前五种分别与当前学科相关，即掌握法语、实践一门外语、数学基础能力、科学与技术文化、掌握信息与通讯的常规技术，后两种能力为社会与公民能力和自主与创新能力。2013年9月，新一轮教育改革正式启动。2017年5月，法国政府提出"建立让所有人成功和卓越的学校"，并提出了法国未来教育改革的主要目标，即从2018年9月开始，贫困社区的学校中每班的学生人数不得超过12人。法国政府还在帮助学习困难的学生方面加大了投入，并准许更多的课外作业在学校完成，从而建立一个新的系统使得从中学到大学的过渡更加顺利。

俄罗斯是世界强国之一。进入新世纪,其社会政治、经济、文化等取得了世界瞩目的成就,引领时代潮流,颇受世界各国关注。俄罗斯现如今的发展盛况很大程度上要归功于教育事业的发展,尤其是与国家高度重视的基础教育改革密不可分,其中课程改革是基础教育改革的重中之重。俄罗斯十分重视政策法案的重要性,颁布了多项政策法案,使课程改革走向制度化。在1992年《俄罗斯联邦教育法》和2000年《联邦教育发展纲要》的指导下,俄罗斯全面推进教育现代化进程——于2001年颁布了《关于组织国家统一考试的实验》,2002年通过了《普通高中实行侧重专业式教学的构想(草案)》,2004年颁布了《关于小学、中学与高中普通教育国家教育标准(联邦部分)》(以下简称《标准》),并通过《国民教育优先发展方案》(2005年)、《全俄教育质量评估体系方案(第二版)》(2008年)、《我们的新学校》(2008年)、《2011—2015年联邦教育发展目标纲要》(2011年)等,进一步加强基础教育课程改革。

二、新课程改革的理念与目标

我国于2001年颁布的《义务教育课程设置实验方案》和2011年颁布的义务教育各课程标准,为基础教育质量提高做出了积极贡献。但随着世界科技进步日新月异,人们生活、学习、工作方式不断改变,义务教育课程也进入修订完善阶段,在2022年颁布的《义务教育课程方案和课程标准(2022年版)》提出修订课程标准原则,进一步深化了新课程改革的理念与目标。

第一,坚持目标导向。认真学习领会习近平总书记关于教育的重要论述,全面落实有理想、有本领、有担当的时代新人培养要求,确立课程修订的根本遵循。准确理解和把握党中央、国务院关于教育改革的各项要求,全面贯彻习近平新时代中国特色社会主义思想,将社会主义先进文化、革命文化、中华优秀传统文化、国家安全、生命安全与健康等重大主题教育有机融入课程,增强课程思想性。

第二,坚持问题导向。全面梳理课程改革的困难与问题,明确修订重点和任务,注重对实际问题的有效回应。遵循学生身心发展规律,加强一体化设置,促进学段衔接,提升课程科学性和系统性。进一步精选对学生终身发展有价值的课程内容,减负提质。细化育人目标,明确实施要求,增强课程指导性和可操作性。

第三,坚持创新导向。既注重继承我国课程建设的成功经验,也充分借鉴国际先进教育理念,进一步深化课程改革。强化课程综合性和实践性,推动育人方式变革,着力发展学生核心素养。凸显学生主体地位,关注学生个性化、多样化的学习和发展需求,增强课程适宜性。坚持与时俱进,反映经济社会发展新变化、科学技术进步新成果,更新课程内容,体现课程时代性。

(一)新课程改革的理念

1. 扎根中国、融通中外

"优秀传统文化是一个国家、一个民族传承和发展的根本,如果丢掉了,就割断了精神命脉。"[①]文化自信是一个国家,一个民族发展的根本力量,我国的新课程改革要坚守中华文化立场、传承中华文化基因,从中华民族的辉煌历史和国家发展的伟大成就中汲取精神力量,推动中华优秀传统文化的发展,让中华优秀传统文化成为新时代办好中国特色社会主义教育的底气。"当今世界,开放融通的潮流滚滚向前。人类社会发展的历史告诉我们,开放带来进步,封闭必然落后。世界已经成为你中有我,我中有你的地球村,各国经济社会发展日益相互联系,相互影响,推动互联互通、加快融合发展成为促进共同繁荣发展的必然选择。"[②]在新课程改革中,我们要虚心学习借鉴人类创造的一切文明成果,以我为主,兼收并蓄,坚持实事求是的原则,注重甄别与批判,从中国实际出发,以发展中国特色社会主义教育为核心目标,探索符合中国国情的新课程改革措施。

2. 课程改革的适应性与管理的民主化

《基础教育课程改革纲要(试行)》规定,"为保障和促进课程对不同地区、学校、学生的要求,实行国家、地方和学校三级课程管理"。这标志着我国基础教育在课程权力方面进行了重大调整,不仅突破了以往课程权力过于集中、难以适应地方和学校具体情境的弊端,而且推进了课程的适应性和课程管理民主化的进程。

(1)适应性。国家课程强调基础教育的统一性,这是国民素质达到一定水平的有力保障,是基础教育发展的重要支柱。同时,我国国土广大、幅员辽阔,地区差异明显,学校、学生情况千差万别,而教育必须是发生在一定的"教育情景"中。理想的教育是能够照顾到这种差异,以往的国家课程强调统一,也就忽略了差异,在一定程度上造成了实际上的教育"不公平"。本次课程改革出现了地方和学校课程,正好弥补了以往的缺陷,体现了各地区、学校的差异性,从而增强了课程的适应性。

(2)管理民主化。实行三级课程管理的背后,实际上隐含了课程权力再分配、课程管理民主化的问题。课程管理民主化是时代的潮流、世界的趋势,是教育改革的客观需要,是调动国家、地方和学校各个方面参与课程开发,从而实现课程适应性最大化的目的。这种尊重差异、体现个性的课程理念正是新课改的发展趋势。

3. 重建课程结构,促进学生全面和谐地、个性地发展

课程结构具体是指"课程体系各部分的配合、组织和比例关系。"《基础教育课程改革纲要(试行)》对课程结构做出了明确规定:"整体设置九年一贯的义务教育课程。"其中,小学阶段以综合课程为主,初中阶段设置分科与综合相结合的课程,高中阶段以分科课程为主等。

(1)课程结构的综合性、选择性和均衡性。在不同的教育阶段,以不同的课程形态有计划地安排学生的学习,这体现了课程的综合化思路,强化了课程对学生个体差异的选择性,保证了学生全面、均衡、和谐的发展可能性。特别是综合课程的设置,打破了学科之间的森严界限,突破了所谓学科壁垒,实现了知识结构自然整合,改变了原来学科本位下对学生知识结构的人为割裂,更加符合学生学习的规律和要求。

(2)关于学生的全面和谐与个性发展。课程结构,在理论上运用"多元智力理论",

---

① 习近平.习近平谈治国理政(第二卷)[M].北京:外文出版社,2017:313.
② 习近平.开放共创繁荣 创新引领未来——在博鳌亚洲论坛2018年年会开幕式上的主旨演讲[M].北京:人民出版社,2018:6—7.

为尊重差异、体现公平提供了理论依据。在实践上对课程体系的调整更加突出学科知识的综合化，这就为学生学习提供了选择性，最终实现学生的全面和谐发展，而又不失其个别差异。

4. 提升学生的主体性和注重学生经验

（1）主体性与学生地位。学生具有自主性和能动性，不是简单的、消极的容器，而是积极的知识建构者。学生主体性的基本特征逐渐确定为"自主性、能动性、创造性"。其中，自主性是指个人对于自己的活动具有支配和控制的权力与能力。能动性是指主体能够自觉、积极、主动地认识客观世界，而不是被动地、消极地进行认识和实践。创造性主要以探索和求新为特征，是主体性的最高表现和最高层次。

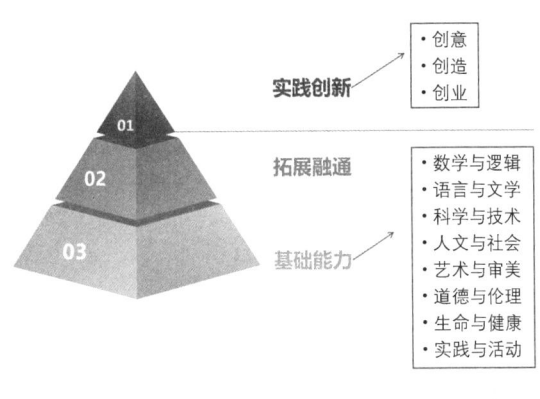

图 5-12 三层八维课程结构图

（2）主体性与学生经验。新课程改革的基本理念就是尊重学生的知识经验，反对以往把学生当作任人涂抹改造的"白板"，强调通过学生自身经验来建构知识、寻求教育意义，从而关注学生的主体性和生活经验，倡导学生积极主动地有意义地学习知识和技能。

5. 课程向日常生活的回归

《基础教育课程改革纲要（试行）》中提出，"加强课程内容与学生生活以及现代社会科技发展的联系，关注学生的学习兴趣和经验，精选终身学习必备的基础知识和技能"。同时，强调"改变课程实施过于强调接受学习、死记硬背、机械训练的现状，倡导学生主动参与、乐于探究、勤于动手，培养学生搜集和处理信息的能力、获取新知识的能力、分析和解决问题的能力，以及交流与合作的能力。"这些都体现了新课程人性化的原则，使学生有可能在自己的生活中进行自主学习，为学生关注自身、回归生活提供了空间上的可能性。

专栏 5-5

《义务教育课程方案（2022年版）》的变化

一是完善了培养目标。全面落实习近平总书记关于培养担当民族复兴大任时代新人的要求，结合义务教育性质及课程定位，从有理想、有本领、有担当三个方面，明确义务教育阶段时代新人培养的具体要求。

二是优化了课程设置。落实党中央、国务院"双减"政策要求，在保持义务教育阶段九年9522总课时数不变的基础上，调整优化课程设置。将小学原品德与生活、品德与社会和初中原思想品德整合为"道德与法治"，进行一体化设计。改革艺术课

第五章 课程

程设置,一至七年级以音乐、美术为主线,融入舞蹈、戏剧、影视等内容,八至九年级分项选择开设。将劳动、信息科技从综合实践活动课程中独立出来。科学、综合实践活动起始年级提前至一年级。

三是细化了实施要求。增加课程标准编制与教材编写基本要求;明确省级教育行政部门和学校课程实施职责、制度规范,以及教学改革方向和评价改革重点,对培训、教科研提出具体要求;健全实施机制,强化监测与督导要求。

(二)新课程改革的目标

1. 总体目标

新课程改革的总体目标:要使学生具有爱国主义、集体主义精神,热爱社会主义,继承和发扬中华民族的优秀传统和革命传统;具有社会主义民主法治意识,遵守国家和社会公德;逐步形成正确的世界观、人生观、价值观;具有社会责任感,努力为人民服务;具有初步的创新精神、实践能力、科学和人文素质以及环境意识;具有适应终身学习的基础知识、基本技能和方法;具有健壮的体魄和良好的心理素质,养成健康的审美情趣和生活方式,成为有理想、有道德、有文化、有纪律的一代新人。

2. 具体目标

(1)实现课程功能的转变。从单纯注重传授知识转变为引导学生学会学习、学会合作、学会生存、学会做人,打破传统的基于精英主义思想和升学取向的过于狭窄的课程定位,而关注学生"全人"的发展。培养学生具有社会责任感、健全人格、创新精神和实践能力、终身学习的愿望和能力、良好的信息素养和环境意识。

(2)体现课程结构综合性、选择性和均衡性。强调综合性,克服学科门类过多、相互独立的倾向。加强选择性,以适应地方、学校和学生发展的多样化需求。确保均衡性,促进学生全面、和谐地发展。

(3)密切课程内容与生活和时代的联系。改变课程内容"繁、难、偏、旧"和过于注重书本知识的现状,加强课程内容与学生生活以及现代社会科技发展的联系,关注学生的学习兴趣和经验,精选学生终身学习必备的基础知识和技能。

(4)改善学生的学习方式。改变课程实施过于强调接受式学习、死记硬背、机械训练的现状,倡导学生主动参与、乐于探究、勤于动手,培养学生搜集和处理信息的能力、获取新知识的能力、分析和解决问题的能力,以及交流与合作的能力。

专栏 5-6

鼓励算法多样化

有一位教师在教"20以内的进位加法"这节课,要求学生计算"9+4=?"。一位学生无论教师怎样启发、演示教具,她就是想不到把4分成1和3,9+1=10,10+3=13这样的计算方法,而是通过"把9放在心里,往后数4个得13"来计算出结果。教师问她为什么这样做?她说喜欢用这种方法。此时,教师并没有强硬地塞给她"凑十法"的计算方法,而是引导她在算力和计算速度等方面把自己的方法与"凑十法"做了对比,最后对她说:"比较之后,你觉得哪一种方法好你就用哪一种方法。"这样,教师把选择的权利留给了学生。

请结合课程实施的理论对该教师的做法进行评价。

(5)建立与素质教育理念相一致的评价与考试制度。新课程改革提出了发展性的评价的思想,构建了以下三个评价体系。一是建立促进学生全面发展的评价体系,使评价不仅要关注学生在语言和数理逻辑方面的智力发展,而且要发现和发展学生的多元智力。二是建立多元化的评价主体,建立以教师自评为主,校长、教师、学生、家长共同积极参与的评价制度,使教师从多渠道获得评价信息,不断提高教学水平。三是建立发展性学校评价体系,即学校要在自我评价的基础上,广泛收集学校外部教育管理部门对学校的评价信息,从而形成建设性的改进意见和建议。

(6)实行三级课程管理制度。实行国家、地方、学校三级课程管理,增强课程对地方、学校及学生的适应性。重新划分了国家、地方、学校在基础教育课程管理中的职责分工,减少了国家课程在整个课程计划中所占的比重,适当增加了地方课程和学校课程的比重。

本节小结

基础教育课程改革是每个国家教育发展的必经之路;基础教育课程改革是以社会需要以及教育本身发展需要为主要背景的;基础教育课程改革也是世界各国教育发展的主题。我国基础教育课程改革是一次理念的更新,我国新一轮的基础教育课程改革致力于改变以往的课程目标、课程内容、课程实施及课程评价的"偏差",使其更适合学生的身心发展及社会主义现代化建设对人才提出的要求。

关键术语

课程改革　改革的理念与目标

讨论与应用

1. 透过下述案例,深切地感受学生对现行评价制度和评价方法的恐惧、不满与无奈。结合案例谈谈现行课程评价存在哪些主要问题。

"差生"的成绩

我是差生行列中的一员,我也曾努力过,刻苦过,但最后却被一盆盆冷水浇得心灰意冷。就拿一次英语考试来说吧，我觉得学英语比上青天还难，每次考试成绩不是个位数就是十几分，还被老师骂为"蠢"。我一生气便下决心下次一定要考好。于是，我加倍努力，真的拿了个英语第一名。心想这次老师一定会表扬我了吧！可是出乎我意料，老师一进教室就当着全班同学的面问我："你这次考得这么好，不是抄来的吧？"听了这话，我一下子从头凉到脚，难道作为差生就一辈子都翻不了身了吗？

2. 运用基础教育课程改革的相关理念，分析下面的教学片段。

在教柳宗元的《江雪》一课时，一位学生提了这么一个问题："这么冷的天，这位老人真的是在钓鱼吗？"一石击起千层浪。是啊，不在钓鱼又是为什么呢？老师用期待的目光望着学生。有的说："老人是在独自欣赏雪景。万里江山，粉妆玉砌，渔翁之意不在鱼，在乎雪景之美也！"有的说："老人内心十分孤独、寂寞，每一行的第一个字连起来就是'千万孤独'。"多妙的发现啊！有的说："我觉得老人在磨炼自己的意志，因为天寒正可以锻炼人。"有的说："这位老人与众不同，看起来很清高。"诗人那种不愿同流合污的心迹不正隐含其中吗？最后有一位学生说："他是在钓一个春天！"一语双关！是啊，冬天来了，春天还会远吗？诗人在遭受重重打击之下仍然孜孜以求，不正是在等待"春天"的到来吗？学生的诠释独具慧眼，精彩至极。

"讨论与应用"
答题思路与要点
（扫描二维码）

本章复习思考题及答案
（扫描二维码）

拓展阅读书目
（扫描二维码）

06

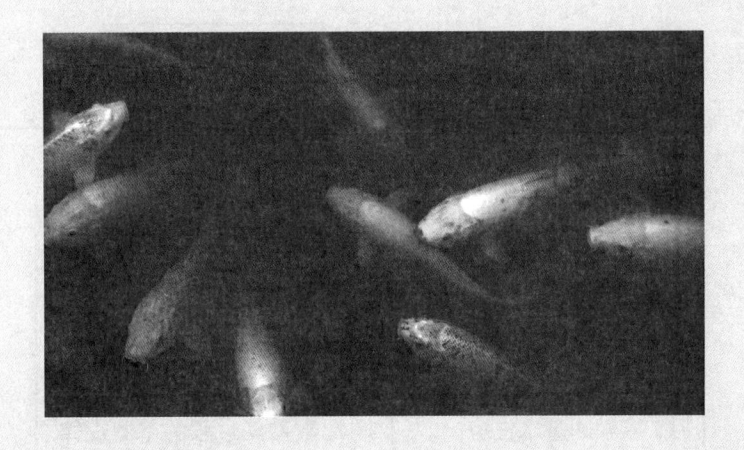

第六章

教学（上）

同学们，经历了十几年的学校生活，你对教学一定不会陌生。那你认为教学是什么呢？请用一句话或者几个关键词概括你对教学的认识。不知道你是否发现，虽然不同的课程有不同的教学方式，但是却有相同的教学规律呢？你认为教师怎样做才能使教学顺利进行呢？学生在教学中又有什么责任呢？

通过本章的学习,你能够:
- 正确认识教学的基本任务
- 正确理解教学过程的基本规律
- 明确教学的基本原则
- 了解教学原则的确立依据

【本章结构】

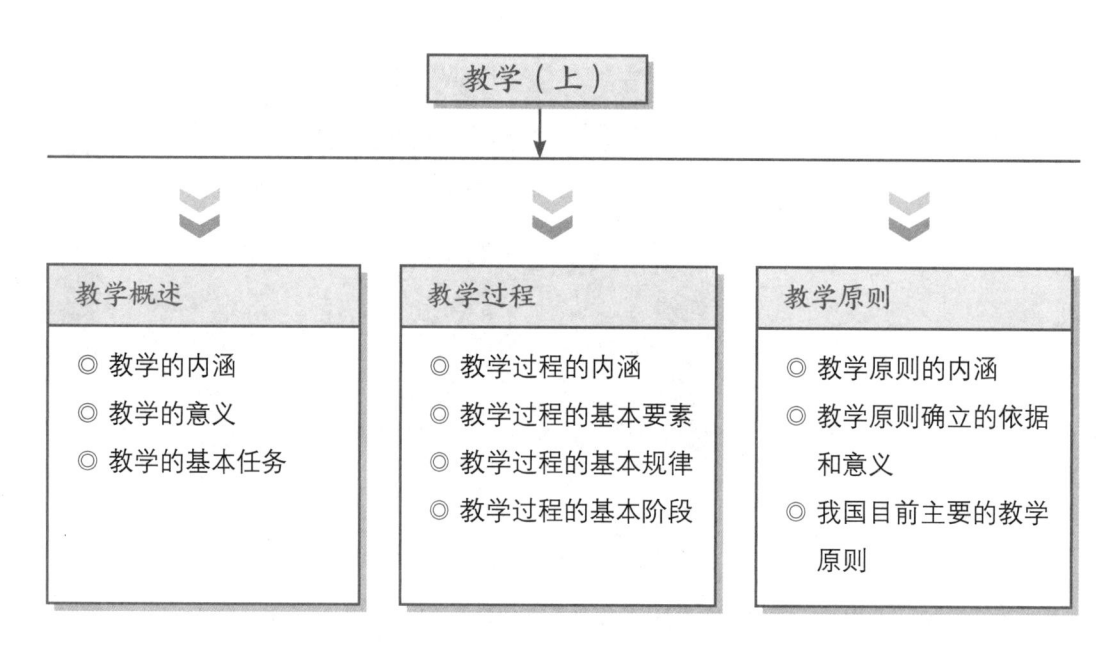

```
                          教学(上)
        ┌───────────────────┼───────────────────┐
        ▼                   ▼                   ▼
    教学概述              教学过程              教学原则
  ◎ 教学的内涵        ◎ 教学过程的内涵      ◎ 教学原则的内涵
  ◎ 教学的意义        ◎ 教学过程的基本要素  ◎ 教学原则确立的依据
  ◎ 教学的基本任务    ◎ 教学过程的基本规律    和意义
                      ◎ 教学过程的基本阶段  ◎ 我国目前主要的教学
                                              原则
```

本章主要回答"什么是教学"的问题,它有助于你更加专业地理解教学的内涵及其教学过程的规律与教学原则。在明确教学的内涵之后,我们重点探讨教学过程所涉及的各项内容,尤其是教学过程的规律与教学原则,以帮助大家对作为学校的基本工作的教学有一个整体的认识。

第一节
教学概述

一、教学的内涵

教学是理解和建构教学理论、深化教学实践认识的基础。但是,由于人们认识和理解的视角不同,对于教学至今没有形成一个通用的概念。

(一)国内学者的观点

目前国内学术界对"教学"一词有不同的理解和认识,主要有以下几种观点。

1. 统一活动说

王策三先生认为,所谓教学,乃是教师教、学生学的统一活动。在这个活动中,学生掌握一定的知识和技能,同时,身心获得一定的发展,形成一定的思想品德。[①]李炳德先生也认为,教学就是教的人指导学的人进行学习的活动。进一步说,教学指的是教和学相结合或相统一的活动。[②]另有学者认为,教学是一个复合体,教和学不可分割,教为学而存在,学又靠教来引导。[③]

2. 广义、狭义的理解说

有学者认为,教学应从广义和狭义来理解。[④]广义的教学泛指一切经验获得活动,是能者为师,不拘形式、场合,不拘内容,如"父传子""师授徒"等活动。狭义的教学是指学校教育中培养人的基本途径,即现在各级学校中进行的教学活动,这就是我们通常说的教学。还有学者认为,广义的教学是指教的人指导学的人以一定的文化为对象进行学习的活动。狭义的教学就是学校教学,专指学校中教师引导学生一起进行的,以特定文化为对象的教与学的统一活动。[⑤]

(二)国外学者的观点

国外学者对教学的含义的理解,一般可分为五类。[⑥]

1. 描述性定义

教学的描述性定义是指传统意义上的教学。词义本身就有一个发展的过程。随着时

---

① 王策三.教学论稿[M].北京:人民教育出版社,1985:88—89.
② 李炳德.教学论[M].北京:人民教育出版社,1991:2.
③ 吴也显.教学论新编[M].北京:教育科学出版社,1991:2.
④ 刘克兰.现代教学论[M].重庆:西南师范大学出版社,1993:46.
⑤ 黄甫全,王本陆.现代教学论学程[M].北京:教育科学出版社,1998:4.
⑥ 施良方,崔允漷.教学理论:课堂教学的原理、策略与研究[M].上海:华东师范大学出版社,1999:8—10.

间的推移和人们对它的认识不断深入,它的含义也会发生或多或少的变化。如早期的教学,其教与学是同义的;15世纪时的教学指的是提供信息、向某人演示的意思;如今,教学指的是传授知识和技能的活动。

2. 成功性定义

教学的成功性定义是指将教学作为成功。它表明教一定包含学,教与学是相互联系、不可分割的统一体。杜威曾将教与学的关系形象地比作买卖关系:教与学犹如买与卖,如果没有人买,也就无所谓卖。同样,如果没有人学,也就无所谓教。

3. 意向性定义

教学的意向性定义是指将教学作为一种意向活动。意向性教学是人们对教学的一种期望,期望教学能引导学习者的学。教师教学的成功与否,取决于人们对其教学期望的程度高低。人们希望教师能取得教学的成功,要求教师在搞好教学的同时,关注教学活动,并不断反思、调整、改进自己的教学行为。

4. 规范性定义

教学的规范性定义是指将教学作为规范性行为。这就要求教学必须符合一定的道德规范,如训练和教导就是教学的基本活动,而恐吓、蛊惑、体罚和欺骗都不是教学的基本活动。

5. 科学性定义

教学的科学性定义是指将教学界定为一个具有专门性、专业化、科学性的概念。教学的定义在前面已有涉及,但还没有形成一个专门的、专业化的、具有科学性的精确定义。因此,必须从科学的角度重新对它加以定义。

从上述分析中可以看出,要想得出一个通用的、普适性的教学定义很难,但是可以得出教学的最基本的含义。教学是一种动态活动的过程,是以课程为中介,教师和学生双边活动的过程。广义的教学是指教的人以一定内容为中介,指导学的人所进行的学习活动。狭义的教学是指学校教学,教师以课程内容为中介,有目的、有意识地引导学生进行的教和学相统一的活动。

二、教学的意义

教学是学校教育的重要组成部分,也是学校教育的中心工作。

(一)教学是实现学校教育的主要途径

学校教育途径是多种多样的,主要包括教学、社会活动、党团活动。在所有的学校教育途径中,教学是占用时间、设施和人员最多的活动,这在客观上明确了教学的中心地位。

(二)教学直接体现学校教育目的

学校教育的主要目的是促进学生的全面发展,并为学生终身发展奠定基础。在学校教育中,教学是教育目的的直接体现。教学的主要任务是教师借助课程内容,向学生传授知识和技能,使学生在知识、技能、态度、情感和价值观方面得到发展。从一定意义上说,教学较为直接、全面地体现了学校教育的目的。

(三) 教学是学校活动的核心

一般来说,学校工作类型主要分为教学工作、党务工作、行政工作和总务工作,而后三类工作主要是为教学服务的。这从学校工作范围上说明了教学在学校教育中的核心地位。

三、教学的基本任务

教学的基本任务包括以下三个方面。

(一) 帮助学生掌握系统的现代科学文化知识,形成基本的技能、技巧

教学的首要任务是使学生掌握系统的科学文化知识,形成基本的技能、技巧,而教学的其他任务的实现都是在完成这一任务的过程中实现的。

(二) 发展学生智力、体力,特别是培养学生的创新精神和实践能力

智力是保证人们有效地认识客观事物的稳定的心理特征的综合,它属于认识活动的范畴。现代教学要自觉发展学生的智力,尤其要重视发展学生的创造才能和实践能力。

体力主要是指身体的正常发育和身体各个器官的活动能力。教学不但要适应学生身体的发展水平和需要,切实减轻学生的学业负担,同时还要让学生掌握锻炼身体的知识和技能,以达到增强体质、促进发展的目的。

(三) 培养学生高尚的审美情趣和能力,形成良好的思想品德

教学也要对学生进行审美教育,要运用艺术美、自然美和社会生活美来培养学生正确的审美观,以及感受美、欣赏美、创造美的能力。这样既能陶冶学生的高尚道德情操,又能形成高雅的审美情趣,从而促进学生身心健康发展。

在传授知识、发展智力的同时,还要努力使学生形成正确的世界观、人生观、价值观和道德品质,这既是社会发展对教学的客观要求,也是教学的内在规律的必然结果。

本节小结

教学是学校工作的重点,必须对教学是什么有明确的认识,可以从四个角度分析:从学生的角度、从教师的角度、从教与学统一的角度、从教学生学的角度;对教学概念的不同理解,也影响了对教学意义及教学基本任务的认识。

关键术语

教学　教学任务

讨论与应用

教学是什么？以下有四个隐喻，结合本节所学，谈谈你的理解。

隐喻一：教学是"1+3=5"

郭思乐先生在讲什么是学习时，曾经举例说，1+3=4不是教学，是"灌输"。当教师提问"1+3等于几"时，比较接近于"教学"了，教学重在"导"上；假如教师说"1+3=5"时，这就是教学。为什么？当教师敢于有胆量抛出类似这样一个常识性的"错误"时，这个错误就会在学生中形成"反馈"，立马会有人"不顾礼貌"地站出来指正错误，这就是"学"。

这句话的隐喻是，教学即把"教"转化为"导"，转化为"学"。

隐喻二：教学是"踢皮球"

教学不是替代，是"交付"；不是包办，是"还给"。教师要敢于把学生提出的问题，再抛还给学生，让学生自主处理自己的问题。教师很像是球场上的"教练"，要保持自己的角色，绝不帮助学生下场踢球。当教师完成交付之后，学生才会有"自主"学习的产生。所谓"鸡有鸡道蛇有蛇道"，学生的创新和创造能力就是在"踢皮球"时形成的。教师要牢记十六个字：相信学生、发动学生、"利用"学生、发展学生。

这句话的隐喻是，教师要"忍住"看学生"动"。放手是教学的"起点"。鲁滨逊在荒岛上的存活告诉我们，任何的能力都来自于自身经历。罗杰斯也说，没有任何人能教会别人任何知识。

隐喻三：教学是"建房子"

传统教学是"点"对"点"，因失之于知识的"整体性"，过分强调"系统性"而给学生的学习增加了难度。假如我们把学习比喻成一台收音机，传统课堂总是率先把局部"部件"拆下来，以"知识点"的形式让学生去认知，然后却又在考试时，要求学生完成整体知识的"拼装"。

这句话的隐喻是，教学应该是"建房子"，先搭建大的知识"框架"，然后再填充"知识土块和砖石"。刘良华说，学习就是"认地图"，也是这个理，即让学生从整体入手，找到知识的起点和始点，形成完整的认识系统。

隐喻四：教学是"生命与生命的对话"

知识也是一个生命体，但死知识除外。活知识仅靠"死记硬背"或简单机械重复的苦学，是无法生成智慧的。学习只有在学生的生命体和知识活体发生关联时，才会抵达内心的情感世界，并形成"情感产品"，从而释放出生命的能量。

这句话的隐喻是，教学就是要敢于让学习这个事件在学生身上发生，并形成学习情感的"经历和体验"。

第二节 教学过程

一、教学过程的内涵

《教育辞典》中认为,教学过程是指教学从开始到结束的实施过程,即教师有目的、有计划地引导学生积极、主动地掌握系统的文化科学基础知识和基本技能,发展学生的智力、能力、体力,并形成一定的思想品德的过程。①《中国成人教育百科全书》中则认为,教学过程是依据学科的课程计划和教学大纲,在教师指导下,为实现既定的教学目标,通过师生教与学的共同活动,使学生掌握系统的科学文化知识、基本技能,以及提高身体素质、心理素质、社会文化素质的复杂的、多方面统一的教育过程。②对于教学过程的理解,除了工具书中的不同解释外,不同学者也有不同看法。如有学者提出教学过程的概念有广义和狭义之分。也有学者将教学过程看作师生双边的活动和相互作用,这种相互的活动和作用,使学生掌握前人积累下来的宝贵知识和经验,并在此过程中使学生的智力、体力、品德等方面得到发展。③还有学者认为,教学过程本身是学生掌握人类长期积累的科学文化知识的认识活动,从社会学的角度看,教学过程除了认识活动之外还应当包含交往活动、审美活动;从心理学的角度看,教学除了认知之外还有情感、意志、行为诸方面。④

二、教学过程的基本要素

教学过程的基本要素有哪些?对这一问题,学者之间一直有争论。比较有代表性的观点有以下几种:三要素说、四要素说、五要素说、六要素说、七要素说和"三三"构成说等。其中,三要素说认为,教学由教师、学生和教学内容三个基本要素构成;四要素说认为,教学由教师、学生、内容和方法四个基本要素构成;五要素说认为,教学由教师、学生、内容、方法和媒体五个基本要素构成;六要素说认为,教学由教师、学生、内容、方法、媒体和目标六个基本要素;⑤七要素说认为,教学由教师、学生、目的、课程、方法、环境和反馈七个基本要素;⑥"三三"构成说认为,教学由三个构成要素和三个影响要素整合而成,其

---

① 张焕庭.教育辞典[Z].南京:江苏教育出版社,1989:735.
② 林崇德.中国成人教育百科全书[Z].海口:南海出版公司,1994:246.
③ 李世令.试论教学的审美价值[J].山东教育科研,2002(07):29—30.
④ 宋宁娜.教学认识论和教学理论[J].当代教育论坛,2004(10):12—19.
⑤ 黄甫全,王本陆.现代教学论学程[M].北京:教育科学出版社,1998:78—79.
⑥ 李炳德.教学论[M].北京:人民教育出版社,1991:12—14.

中三个构成要素是教师、学生和内容,三个影响要素是目的、方法和环境。①

上述各种观点,有一定的继承关系,并无真正对立冲突,其特点都是在三要素的基础上进行了增补。从求同存异的角度看,教师、学生和教学内容是大家都认可的教学基本要素,下面对这三个基本要素进行具体分析。

(一)教师

教师代表国家、社会、阶级或阶层的意志,负责指导学生认识掌握人类文明成果,具体承担设计、组织和管理教学活动的职责。从教育发展的历史进程看,最初的教师主要是巫师或官吏,私学产生后,出现了以教师为职业的一般文化人。随着义务教育的推进,教师逐渐由专门的师范院校来培养,教师队伍规模急剧扩大,专业化程度也明显提高。在现代社会,教师除了具备人格高尚和身心健康外,还需要精通一定的教学科目,掌握相应的教育理论和技能。

(二)学生

学生即教学活动中的学习者。学生是开展教学的一个前提条件。在特定的社会历史条件下,谁成为学生,谁有受教育的机会,这主要取决于具体的社会制度和教育制度。在历史上,学生人群曾经历过三次大变化:第一次变化是专门学校产生,有了在学校里专门学习的学生,这些学生主要是社会上层子弟;第二次变化是普及义务教育,少数儿童受教育的局面被打破,所有适龄儿童都成为接受义务教育的学生;第三次变化是人类进入终身教育时代,学生群体扩大到了所有社会成员,成人、老年人都加入到了学生的行列。社会越进步,学生就越多,这是教育发展的大趋势。

(三)教学内容

首先,从来源上看,教学内容是人类文明成果的精华。把人类文明积累起来的文化成果传递给下一代,这是人类社会延续和繁荣、新生一代适应社会和发展自我的重要前提。教学是实现文化传递的基本途径。教学内容就是那些对于个体的成长和社会化来说最有价值的、最基本的和最需要的经验。这些内容主要包括基本的社会生活规范、科学知识和活动技能等(见图6-1)。

图 6-1 教学内容

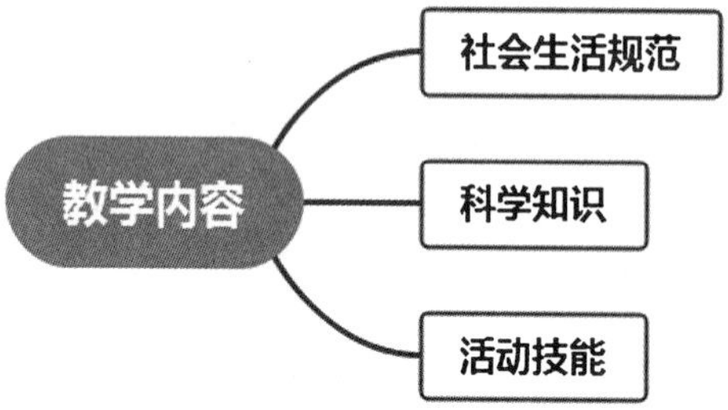

其次,教学内容是学生学习的对象。人类文明成果往往以知识体系、技术体系和规范体系的形式存在,不一定能为学生直接理解和掌握。为此,需要依据教育目的和学生身心发展规律,从总体上进行设计和加工,把

---

① 田慧生,李如密.教学论[M].石家庄:河北教育出版社,1996:131.

人类文明成果转化为供学生学习的课程。此外，还需要教师把一般的课程加工成适合具体学生学习的内容。通过这两个环节的加工之后，人类文明成果就转化为学生学习的具体内容。

最后，教学内容是促进学生发展的材料。学生在教学中获得发展，主要是学生认识教学内容、把教学内容内化为自身的知识和技能，并进而提高能力和思想境界的过程。教学内容制约着学生的学习活动，规定着学生学习的范围、层次和方式。教学内容的不同性质和特征，直接影响着教学对学生发展所产生的效果。

简言之，教学内容就是为了促进学生发展而精心选择出来的人类文明的精华成果，是经过改造加工适合于学生学习的教育材料。上述把教师、学生和教学内容视为教学的基本要素的观点，可以把复杂的教学结构进行简化，使教学的基本关系更加突出。但是，要强调的是，在现实生活中，每种教学要素都发挥着作用，都应该给予重视。

三、教学过程的基本规律

（一）间接经验与直接经验相结合的规律

个体获得知识有两条途径。一是间接经验。间接经验是指他人认识的成果，他人通过实践获得的理性认识，大多表现为书本知识。二是直接经验。直接经验是指学生通过亲身实践，接触外界事物获得的感性认识。在教学过程中，间接经验与直接经验是相互作用的。间接经验与直接经验相结合，反映出教学中传授系统的科学文化知识与丰富学生感性知识的关系、理论与实践的关系、知与行的关系。

1. 学生认识的主要任务是学习间接经验

在教学中，坚持学生以掌握间接经验为主，可以减少认识过程中的盲目性，能节省时间和精力，有效避免人类认识历史上的错误和曲折，从而大大提高了认识效率。它既能使学生尽快获得大量的科学文化知识，同时，还可以使学生在新的起点上继续去认识客观世界，继续开拓新的认识领域。相反，如果事事都让学生去亲身实践，既没必要也不可能。特别是在现代科技飞速发展的信息社会里，如果完全依赖直接经验来获得知识，那么学生既不可能在较短的时间内达到人类长期认识世界所达到的水平，也不可能接触到科学的前沿，这必然会影响社会的发展与进步。

2. 学习间接经验应以学生个人的直接经验为基础

间接经验是很抽象的，在学习时如果没有学生个人的直接经验的参与和帮助，是很难接受、理解、消化和巩固的。学生总是借助自身已有的直接经验去学习书本上的间接经验。建构主义认为，知识不可能以实体形式存在于具体个体之外。尽管通过语言符号赋予一定知识以一定的外在形式，甚至这些命题得到了较普遍的认可，但这并不意味着学习者会对这些命题具有同样的理解。因为这些理解只能由学习者基于自己的经验背景去建构，而且它取决于特定情境下的学习历程。所以，学生的直接经验是他们掌握书本知识、建构意义的基础，这就要求我们在教学中要充分利用学生的已有经验，增加学生学习新知识所必需的感性认识，以保证教学的顺利进行。

3. 防止忽视系统知识的传授或直接经验积累的偏向

在教学过程中,必须正确处理书本知识与学生的直接经验二者的关系,要防止重视书本知识的传授而忽视书本知识与学生实际联系的偏向,也要防止过于重视学生个人经验的积累而忽视系统书本知识的学习的偏向。以上这些偏向,人为地割裂了直接经验和间接经验的关系,严重影响了教学质量的提高。

（二）掌握知识和发展智力相统一的规律

1. 正确处理知识和智力的辩证关系

在教学过程中,传授知识和发展智力是相互促进、相辅相成、辩证统一的关系。

智力的发展依赖于知识的掌握。知识是智力发展的先决条件,只有具备了某方面的知识,才有可能从事某方面的思维活动;智力是在掌握知识、运用知识的过程中得到发展的。

知识的掌握又依赖于智力的发展。人的智力是掌握知识的必要条件。学生的智力发展水平直接影响着其知识掌握的深度和广度。

2. 创造条件,使学生掌握知识和发展智力相互促进

学生掌握知识的多少并不一定反映其智力发展的高低,如果只是死记硬背地掌握知识,或许是高分低能。因此,不是任何一种知识的教学都能有效地促进学生智力发展的。所以,在教学中,教师不仅要教给学生系统的、有适当难度的知识,而且要使学生掌握学科的基本结构,弄清获得知识的方法,学会独立思考,并能够自如地运用知识分析问题和解决问题。

3. 给学生提供条件材料,启发其多元智力的发展

在学校里要尽量提供一些能够启发学生不同智慧的材料,包括自然标本、棋盘游戏、美术和音乐材料,以及可以运动、跳舞、堆积木的空间,使学生和这些材料、环境不断发生互动。通过这些连续不断的活动和探究,每一个学生就会自然地显现出各自不同的智力类型。[1]如在加德纳看来,在儿童博物馆或儿童活动室观察一个学生几个小时以衡量他的各种智力状况,比让该学生做一份标准化测验要公平、科学得多。

（三）知识传授和思想教育相统一的规律

知识传授和思想教育相统一的规律即教学的教育性规律,是指教学过程既是传授和学习系统的科学文化知识的过程,又是学生在掌握知识的基础上接受思想品德教育的过程。在教学过程中,传授知识和思想教育是密不可分、辩证统一的,二者相互促进、相互制约。

1. 科学知识的掌握是提高思想觉悟的认识基础

学生科学世界观的确立、正确人生观的形成、共产主义思想道德品质的培养无不建立在系统的科学文化知识的基础之上。在教学中,我们向学生传授系统的科学文化知识,引导他们接触自然和社会,认识人生、社会和宇宙及其发展,引导学生以积极的态度和情感来吸取知识。这样的教学不仅可以增长学生的知识、智慧和才能,而且可以帮助学生认识

---

[1] 钟启泉,崔允漷,张华.为了中华民族的复兴 为了每位学生的发展——《基础教育课程改革纲要（试行）》解读[M].上海:华东师范大学出版社,2001: 241.

社会发展的规律,分辨是非,评价善恶,培养社会主义品德。

2. 学生思想品德的提高为学生积极学习提供强大动力

学生的学习动机、目的、态度、信念、强烈的爱国心和社会责任感是影响学生学习积极性的主要因素。所以,我们在教学过程中要不断地提高学生的思想觉悟,端正他们的学习态度,使学生树立远大的理想和抱负,调动学生学习的积极性,从而不断提高学生学习科学文化知识的质量。

特别提醒,在教学中要防止两种偏向。一种倾向是单纯重视传授知识而忽视思想教育的偏向。这种观点认为教材富有思想性,只要学生学了知识,思想自然会提高,无须教师专门对学生进行思想品德教育。另一种倾向是脱离知识的传授而另搞一套思想教育的偏向。这种思想教育显然是无本之木,不仅不利于学生思想的提高,而且不利于系统的科学文化知识的教学。

(四)教师的教与学生的学相统一的规律

教学过程是教师的教和学生的学的统一。这种统一的实质是教师与学生的交往,是对教学过程规律的基本概括。教学过程是教师与学生以课堂为主渠道的交往过程。

1. 教师与学生是"交互主体的关系"

教师与学生的"交互主体的关系",它包含以下两层含义。

第一,教师与学生皆为教学过程的主体。教师承担着支持者、帮助者的职责,所以教师是主体;学生在人格上与教师是平等的,学生有独特的精神世界和价值观念,在教学过程中有选择和创造等权利,因此学生也是主体。

第二,教师与学生这两类主体彼此间在尊重差异的前提下展开持续的交往。我们对待他人不能采取自然主义的态度,而要采取互尊、互爱的人道主义态度,使自我与他人在交互主体中均处于完全独立平等的地位。"命令"可以指挥人的行动,但不能指挥人的思想;"巧言"可以使人口服,但不能使人心服。只有在尊重、平等基础上的相互交往,才能使人心悦诚服。所以,在教学过程中,教师与学生、学生与学生之间要相互尊重,展开自由交往和民主对话,这样才能把课堂建构成一个真正的生活世界。

2. 教师与学生的交往过程是以课堂为主渠道展开的

从广义上讲,教育即交往,教育交往的途径很多,它囊括了学校、家庭、社区的各方面。而作为学校教育的基本构成的教学交往,有课堂、社会考察、自然考察、生产劳动等多种途径。但是在这些途径中,以课堂为主要渠道,其他途径作为辅助,这是由学生以学为主的特点决定的。

四、教学过程的基本阶段

教学过程的阶段,又被称为环节或结构,是指教学活动由开始到结束的合理顺序。教学过程要经过一定的教学阶段才能完成预定的教学任务,实现预期的教学目标。教学过程的各个阶段都有其自身的特点和任务,认真研究教学过程的阶段,有助于教师准确地认识和解决各阶段的特殊任务,有助于提高教学过程的效果。

（一）接受式教学的基本阶段

接受式教学是指学生通过教师呈现的教学内容来掌握现成知识、形成技能的一种教学类型。在接受式教学中，学生的任务主要是接受教师呈现的材料并将其内化到自己已有的认知结构中，在需要的时候可以把它再现出来。一般认为，接受式教学过程要经过以下四个阶段。

1. 激发学习动机

教学过程的准备阶段主要是要创设一种有利于调动学生学习兴趣的教学环境，以激发学生学习的兴趣和内在动机，为教学活动的顺利开展打下良好的基础。在这个阶段，教师要收集相关的教学材料，确立明确的教学目的，选择恰当的教学方法和组织形式，考虑一定的教学手段，从而有效激发学生的学习动机。

专栏6-1

课堂导入的艺术

老师：我们天天读书，从小学到初中到高中以至进入大学。这是为什么呢？为了中华的崛起，为了自强于世界民族之林，为了使我中华繁荣富强。这是我们读书的目的。周恩来在他的青少年时代就给我们树立了典范。今天我们要学习的课文是：（板书）为中华崛起而读书。请同学们打开书，认真自读。（语文课：《为中华崛起而读书》）

老师：同学们，发展就是新事物代替旧事物，那么，新事物为什么会代替旧事物？新事物代替旧事物是否一帆风顺？如果不是一帆风顺那又是怎样的呢？（让学生思索片刻后，老师接着讲）今天，我们这节课所要学习的知识就是解决这些问题的……（政治课：事物发展的趋势）

老师：我们都背书包上学。大家可能有这样一些体验：同样重的书包，当用细带子背的时候，就觉得勒得紧、痛；当用宽带子背的时候，就感觉不到紧、痛。这是什么原因呢？（物理课：压强）

老师：哪个同学的爸爸、妈妈或叔叔、阿姨要出差？看到有七八个同学举了手，老师指定一名同学回答，他说：我们隔壁的陈叔叔明天出差到成都。老师接着说：你学过地理，你来查一查地图，从重庆到成都有多少公里？其他同学也帮着一起查。由于地图上根本没有标出重庆成都的距离，大家查了半天也都查不出。全班陷入沉默。老师对学生说：没关系，只要你们听了我下面讲的，保证你查出来，因为地图上有"比例尺"……说完，老师板书课题"比例尺"。（地理课：比例尺）

老师：一天，满载着精选铜矿砂的"迈克斯通号"货轮正在北太平洋航行。突然货轮响起了刺耳的警报声，船员们惊喊：船漏水了！坚硬的钢制船体为什么会突然漏水呢？是货轮与其他船只相撞还是触上了海底暗礁？都不是。是钢制船体因锈蚀而穿孔漏水了吗？这可是从来没有过的事。究竟是什么原因呢？后经查验，原来是因为船上的货物精铜矿砂。为什么精铜矿砂使铜板出现了漏洞呢？我们这节课就一起探讨原因。（高中化学课：原电池）

2. 领会知识

领会知识是教学的中心环节,主要包括使学生感知和理解教材。一方面,教师要引导学生通过感官接触教学内容而形成表象,获得初步的情感体验和理性认识,为理解概念提供感性知识的基础并发展学生相应的能力。另一方面,教师要引导学生开展分析、比较、综合和概括等思维活动,形成对概念、原理、本质的规律性认识,同时培养学生的态度、情感、价值观体系,促进其个性品质的发展,并形成一定的技能技巧。

3. 巩固知识

巩固知识即通过复习把所学知识牢牢保持在记忆里,形成比较稳定的情感和认知状态。知识巩固的效果一方面取决于前一阶段学生的理解水平,另一方面会影响后面的教学活动。巩固知识往往渗透在教学的全过程,不一定是一个独立的环节。

4. 运用知识

运用知识指的是教师指导学生在巩固知识的基础上,通过实践拓展、延伸已学习过的教学内容。通过"学以致用",不仅可以检验学生知识巩固的效果,而且可以把知识运用于学习和生活的实践,最终掌握所学知识。在这一阶段,教师应提供一定的机会,组织学生进行社会实践和科学实践,以形成技能技巧,并把知识转化为能力。

以上教学过程的四个阶段,既循序渐进又互相交叉、渗透。不同学科、不同目标的教学过程会存在差异,教师可以根据不同的情况加以调整。教师应随时分析学生在掌握知识、形成技能和技巧等各方面的情况,并根据实际情况的变化采取相应的教学策略,主动地调节教学过程的进程。

(二)探究式教学的基本阶段

探究式教学是学生通过自己再发现知识形成的步骤,以获取知识并发展探究性思维的一种教学方式。教师的职责在于为学生的探究过程提供条件和帮助,承担学生学习的组织者和指导者,使学习过程更多地成为学生发现问题、提出问题、分析问题、解决问题的过程。探究式教学过程通常要经过以下五个阶段。

1. 设置问题情境

设置问题情境就是在教学开始的时候,创设一种与学生现实生活经验相联系的生动、有趣的教学情境,形成培养情感的诱因,以唤起学生学习的兴趣和积极性。

2. 探索发现问题

在确定问题情境所引发思考的主题后,教师应提供有助于形成概括性结论的实例,引导学生观察各种现象的发展和变化过程,使学生作为探索者去发现所研究的问题。同时,教师应收集充足的资料,以应对由问题引发的各种思考。

3. 讨论、辨析

通过观察、思考,运用必要的资料提出解决问题的各种可行的条件,引导学生通过比较、分析以及讨论、辨析,对各种信息进行转换和组合,形成概念、获得结论等。

4. 归纳、交流、内化

通过讨论、辨析,学生获得了清晰的认识,然后对信息进行归纳整理、总结提炼,形成

专栏6-2

课堂教学片段

一位教师在古诗《春夜喜雨》的教学中,将学生分为两组,其中一组讨论诗歌语言运用及意境创造;另一组讨论杜甫生平思想、诗歌构思、诗歌抒发的情感。然后由各小组三至四名代表发言。学生提出了以下问题:

1. "潜"能否改为"洒"或"落"?"润""细"有什么表达效果?
2. "好雨知时节""随风潜入夜""野径云俱黑,江船火独明"所运用的修辞手法有怎样的表达作用?
3. 诗人紧扣春雨的什么特征加以描绘?
4. "野径云俱黑,江船火独明"是纯写景文字吗?如果不是,那又有什么用意?
5. 诗人为什么不写雨中的房屋、水雾、黄柳和青草?
6. 诗人写景的角度有无变化?"花重锦官城"是诗人眼见实景吗?
7. 诗歌抒发了怎样的情感?一场普普通通的春雨为什么能使诗人倾情如注、用墨如泼?

随后教师指导学生精读、讨论、解答,分类别逐步解决,并着重处理几个关键问题。

简单的书面材料或口头报告材料,再进行交流和研讨,将最终成果通过同化或顺应,使其成为自己认知结构的有机组成部分(如图6-2)。

5. 巩固强化、运用结论解决新问题

引导学生将获取的新知识,即通过自己的发现得出的结论,纳入自己的认知结构中,并将其运用于新的问题情境,使新知识得以巩固和深化,形成迁移能力。

图 6-2 某中学数学探究教学

本节小结

教学过程包括教的活动与学的活动。教学过程的基本要素主要由教师、学生、教学内容构成。教学过程应遵循间接经验与直接经验相结合、掌握知识和发展智力相统一、知识传授和思想教育相统一、教师的教与学生的学相统一的基本规律。教学过程可以按照接受式教学与探究式教学分为不同的阶段。

关键术语

教学过程　教学规律　教学要素

讨论与应用

1. 运用教学过程的基本规律来解释以下案例。

某实验小学课题组设计了一道"数学题",然后让一名数学特级教师从低、中、高三个年段随机抽取20名学生进行测试。测试题目是:一条船上载了25只羊,19头牛,还有一位船长,要求根据已知条件求出船长的年龄。测试结果是大多数学生居然算出了具体结果,只有少数学生对试题的合理性提出质疑,而且质疑者以低年级居多,中年级次之,高年级最少。

2. 试分析以下两个教学片段分别体现了哪些教学规律?

片段一:学生在书写"辛""幸"时,容易把"辛"的第六笔和"幸"的第七笔长短横混淆,教师在引导学生明白写法后,板书"短辛苦、长幸福",并引导学生列举生活中的事例,来说明有辛苦才有幸福的道理。

片段二:一位物理老师在讲解"动能大小的影响因素"时,引导学生结合自身经历给出了两个例子:"胖子和瘦子撞到一样东西,胖子会撞得更厉害。""前天中午去食堂吃饭时,某某同学因跑得太快而撞到栏杆上,结果都骨折了。"老师由此引导学生归纳出"动能的大小与物体的质量和运动速度有关"这一结论。

3. 请就以下课堂设计,分析其体现了哪些教学规律?

有一位农村教师在给四年级学生讲《桂林山水》这篇课文时,考虑到本班大部分学生没有去过桂林,为了避免单凭文字理解的枯燥与乏味,在教学的初始阶段设计了一个关于桂林山水的短视频,期望拉近文本与学生的距离,使学生身临其境,激发学生的学习兴趣。然后初读课文,在学生初步感受的基础上,引导学生揣摩阅读,品味语言,体验语言的节奏和音韵之美。之后,再读课文,体会语言塑造的美好意境,品味桂林的山水之美,感受"舟行碧波上,人在画中游"的境界之美,通过有感情地朗读课文,更深层次地感受祖国的大好河山,体会作者热爱祖国的思想情感。然后展开课文的讲解,重点讲解漓江之水——"我看见过波澜壮阔的大海,玩赏过水平如镜的西湖,却从没看见过漓江这样的水。漓江的水真静啊,静得让你感觉不到它在流动;漓江的水真清啊,清得可以看见江底的沙石;漓江的水真绿啊,绿得仿佛那是一块无瑕的翡翠。"然后引导学生借鉴学习漓江之水"静、清、绿"的方法,自学第三自然段桂林之山,引导学生把握句式,总结桂林之山"奇、秀、险"的特点。最后欣赏《桂林山水歌》,并布置课后作业:尝试观察身边的一处美景,仿照课文关于"漓江之水"或"桂林之山"的写作手法用一段生动形象的语言将它描述出来。

第三节 教学原则

一、教学原则的内涵

教学原则是教师有效地开展教学工作所必须遵循的基本要求或指导原理。它是根据教育教学目的、教学过程的规律而制定的,既指导教师的教,也指导学生的学,并贯彻于教学过程的各个方面。教师在教学活动中正确、灵活地运用教学原则,对提高教学质量和教学效率发挥着重要的保障性作用。

二、教学原则确立的依据和意义

(一)教学原则确立的依据

1. 教学实践经验

教学实践经验是制定教学原则的最原始的依据。人们在长期的教学实践中,不断地摸索出一些成功经验或失败教训,对这些经验或教训进行理论分析,由感性认识上升到理性认识,从而制定出教学原则。我国古代的一些教学原则及近代西方提出的教学原则大都是建立在教学实践经验的基础之上的,这些教学经验对当今制定教学原则仍然有借鉴意义。

随着教育科学与教育实验的发展,教学原则不再限于对日常教学工作经验的总结,而是可以通过实验研究,更加自觉地将其概括出来。

2. 教育教学目的

教育教学目的对教学原则的规范性具体表现为一定的历史性和阶级性。

原则的历史性表现为不同的时代受教育目的的制约,教学原则的内容会不断更新。比如夸美纽斯从自然适应性出发,认为教师是自然的奴仆,学生如同窄口的瓶子,教师要把学生能力所能接受的知识教给学生,而不能不切实际,使学生负担过重,就像朝窄口的瓶子灌过量的水,会使大部分的水流到瓶外。

原则的阶级性表现为不同的阶级社会有不同的教学原则。例如,在剥削阶级社会里,教学要培养的人的基本特征是驯服和盲从,于是,在封建社会的学校里就有了成文的处罚原则。社会主义学校的教学要培养的人需要朝气蓬勃,有自己的独立见解,有创造精神,因此,特别强调具有启发性的师生平等的教学。

3. 教学过程的规律

原则是规律的反映,教学原则必须以教学过程的客观规律为依据。人类对教学过程规律的认识是逐步接近的,而不是一劳永逸的。这种对规律的正确认识有助于我们提出科学的原则,并对已有的原则加以矫正。

4. 现代科学理论

教学原则的发展与心理学的发展是联系着的。与此同时,其他一些相关科学,如生理学、人才学、语言学、美学、系统论、信息论和控制论等也成为论证教学原则的必要理论基础。制定教学原则要以许多有关的科学作为理论基础,这并不是说,把其他科学所特有的概念搬到教学原则中来取代教学原则所特有的概念,而是作为一种方法论,或者作为分析认识教学问题的指导和立论的依据。

(二)教学原则的意义

教学原则作为教学工作的基本要求和教学规律的具体表现,对教学工作具有指导作用。教学原则带有很强的实践性,而且具有坚实的理论依据。它从对教学规律的认识中得出指导教学实际工作的结论,提出有效行动的要求。在整个教学活动中,教学原则既是教学活动的出发点,又是教学过程的总调节器。这在一定程度上具体决定着教学内容的安排、教学方法的选择和教学组织形式的运用。无论从横向与纵向哪个方面来看,教学原则所涉及的内容都很宽泛。因此,学习和掌握教学原则,能使我们按照教学的客观规律组织教学活动,正确解决教学内容、教学方法和教学组织形式等一系列理论与实践问题。如果我们遵循教学原则进行教学工作,就有可能提高教学质量;反之,违背了教学原则,就会降低教学效果,甚至劳而无功。

三、我国目前主要的教学原则

教学原则贯穿于各项教学工作中,对其加以正确、灵活地运用,是提高教学质量和教学效率的重要保证。各原则反映和解决的矛盾各有侧重,但在教学实践中,都不是单独起作用的,而是彼此紧密联系、相辅相成,共同构成一个完整的体系。任何教学的成功,都是整个教学原则体系综合运用的结果。

(一)科学性与思想性相结合的原则

该原则是指在教学过程中教师在向学生传授科学文化知识的同时,需结合科学文化知识的教学对学生进行共产主义品德和正确的人生观、科学世界观的教育,即教师在教学过程中既要教书又要育人。在教学活动中贯彻这一原则,对教师有以下基本要求。

1. 切实保证教学的科学性

在教学中,教师要以科学的观点和方法来分析教材,选择和补充教学内容,教材内容要反映最新研究成果。教师传授给学生的知识、方法及其过程都应当是通俗易懂的、生动有趣的、科学的、准确无误的。对于小学生来说,不宜将尚有争议的、不可靠的知识当作科学基础知识传授给他们;对于中学生来说,适当介绍一些能引发思考的、有争议的内容不仅是可能的而且是必要的,这有助于拓展学生的思维、开阔学生的眼界。

2. 根据教材的特点,对学生进行思想品德教育

由于科学知识特别是社会科学知识本身具有鲜明的阶级性和思想性,能对正在成长的青少年学生的思想观点和个性形成产生重大影响。因此,教师在传授知识的过程中,应根据各学科教材的特点,深入挖掘教材的内在思想性,并联系实际有的放矢地对学生进行思想教育。

专栏 6-3

一位教师的教学叙事

在课堂上,我教学生"除数是两位数的除法"。课已经进行了一半,有几个在这方面学习有困难的学生好像仍没有掌握,别的同学都在做练习题,他们几个却在左顾右盼,没有动笔。于是,我轻轻地走过去问他们:"为什么不做?"

"不会做"。几个孩子都低着头,不敢看我。

"动脑筋想想,总要试一试吧。"我耐心地劝导。但,半晌无声。

"试也没用,我一做就错。"一个胆大点的孩子应了一句。

我沉默了。也许,这几年的学习经历,已经让这些学习困难的孩子尝尽了失败和挫折,连他们自己也丧失了信心,懒得动笔了。"那就算是做错,也请你们再错一次,好吗?"情急之中,我竟对学生提出了这样的要求。

看着我恳切的眼神,这几个孩子终于拿起笔。我趁机请一个孩子到黑板上板书,并继续鼓励他们:"只要你们敢于尝试,就算做错了也没有关系。只有当你们做错了的时候,我才知道你们的问题出在哪儿,究竟有什么地方不懂。这样,老师就可以有针对性地帮助你们了。知道吗?"

上讲台的那个孩子做完了。果然做错了,全班同学议论纷纷。而我却用平和的语调对他说:"谢谢你做错了这道题,谢谢你。"

班上的同学都哄笑起来,我没有理会,继续说:"这是一个典型的错例,它可以提醒我们不要犯这种错误。下面我们仔细分析一下这道题,看看错误出在哪里?"……

临到下课的时候,这几个在该方面学习有困难的孩子全都学会了。

我知道,今天我的一句话,给几个失落的孩子带来了阳光和希望。下次,我要给更多的孩子"错"一次的机会,因为,有时候成功就蕴含在无数次"错"的背后。

（二）理论联系实际原则

该原则是指教学活动要把理论知识与生活和社会实践结合起来，从而达到学懂会用、学以致用的目的。在教学活动中贯彻这一原则，对教师有以下基本要求。

1. 理论联系实际地讲授书本知识

理论联系实际，首先要强调学好理论。各科课程标准明确地规定了学生所要掌握的各科的基础知识和基本技能的范围，教师应当按照所教学科课程标准的要求进行教学，保证学生全面系统地掌握这门学科的基础知识和基本技能，努力使他们的能力水平不断提高。但是，学生学习的理论知识大多是在学校和课堂里通过教师的讲授和书本学习的。这很容易导致学生既不了解概念和原理是如何产生的，又不能够运用它们去阐释和解决实际问题。因此，在教学中教师必须提供和创造机会，通过多种多样的途径和形式使学生参加实践活动，引导他们体会思想观点、态度信念等的形成对于解决实际问题的价值和意义。

2. 注重在联系实际的过程中发展学生的能力

与课堂学习相比，联系实际的实践活动为学生提供了更加丰富多样的能力要求。这就需要教师敢于放手，鼓励学生去尝试和探索，运用所学的知识解决问题，使学生在解决问题的过程中获取新的知识。

3. 根据教学需要，适当补充本土教材

我国幅员辽阔，南方和北方、沿海与内地在自然条件、科技文化水平等各个方面都有很大差异。为了帮助学生掌握知识，除了要按照学科课程标准的要求讲好理论知识外，教师还要因地制宜，结合当地实际对教材进行补充，以帮助学生掌握和运用教材。

（三）直观性原则

该原则是指教师在教学中要利用学生的多种感官和已有的经验，通过多种形式的感知，丰富学生的直接经验和感性知识，使学生获得生动的表象，从而有助于学生比较全面、深刻地掌握知识，并使认识能力得到较好的发展。在教学活动中贯彻这一原则，对教师有以下基本要求。

1. 恰当地选择和运用各种直观教具

一般来说，直观的具体手段有实物直观、模像直观、语言直观三种。其中，实物直观是通过实物进行的，直接将实物呈现在学生面前。模像直观是运用各种手段对实物的模拟，包括图片、图表、模型、幻灯、录音、录像、电影、电视等。语言直观是教师运用自己的语言，借助学生已有的知识经验进行比喻描述，引起学生的感性认识，达到直观的效果。可见，这三种直观都有其自身的特点和作用。教师要想提高教学效果，就应当根据不同学科、不同教学任务及学生不同年龄特征，恰当地选择具体的直观手段。

2. 直观要和讲解相结合

在教学中，教师应当在运用直观时注意对学生的讲解与指导，比如通过提问和解释鼓励学生细致深入地观察，启发学生区分主次轻重，引导学生思考现象和本质及原因和结果等。

专栏 6-4

雪的面目

一位小学老师努力地给儿童说明"雪"的形态，但不管他怎么说，儿童也不能明白。

老师说：雪是纯白的东西。儿童就猜测：雪是像盐一样。

老师说：雪是冷的东西。儿童就猜测：雪是像冰淇淋一样。

老师说：雪是粗粗的东西。儿童就猜测：雪是像砂子一样。

老师始终不能告诉孩子雪是什么。最后，在考试的时候，他出了"雪"的题目，结果有几个儿童这样回答：雪是淡黄色，味道又冷又咸的砂。

（四）启发性原则

该原则是指在教学中要充分调动学生学习的自觉积极性，使得学生能够主动学习，以达到对所学知识的理解和掌握。在教学活动中贯彻这一原则，对教师有以下基本要求。

1. 切实调动学生的学习主动性

学生学习的主动性是学习的内在动力，是学生取得良好成绩的重要保证。因此，在教学过程中，教师可以进行学习目的教育，使学生树立正确的学习态度；也可以从生动的实际问题引出新课，用知识本身吸引学生；还可以在学生获得优良成绩后及时表扬，以此激发学生学习的主动性。

2. 启发学生独立思考

教师在教学过程中，根据教材的特点和学生的实际情况，创设问题的情境，提出一系列富有启发性的问题，引导学生创造性地掌握知识。启发应当能够激起学生紧张、活泼的智力活动，从而使学生深刻地理解和掌握知识，获得多方面的经验和锻炼。因此，教师应当选择那些具有一定难度、需要学生进行比较复杂的思维活动，但又是他们通过自觉积极的思考能够得到基本正确结果的启发性问题来进行。

3. 确立学生的主体地位

学生是学习的主人，教师的启发只有在契合学生实际时才能避免盲目性。只有承认学生的主体地位，真正研究和了解学生的学习需要，教师的启发才可能是有针对性的和有效的。

4. 建立民主平等的师生关系

在权威式的师生关系中，教师是凌驾于学生之上的真理代言人和学术权威，学生很难真正做到自由、充分地提问和思考。只有当学生真正感受到教师将自己当作与之完全平等的人，他们的学习自觉性才可能被真正地调起来。因此，在教学活动中，应建立民主平等的师生关系。

> **专栏 6-5**
>
> 苏格拉底与一位士兵讨论"什么是勇敢"
>
> 苏：什么是勇敢？
> 兵：勇敢是在情况变得很艰难时能坚守阵地。
> 苏：但是，假如战略要求撤退呢？
> 兵：假如这样的话，就不要使事情变得愚蠢。
> 苏：那么，你同意勇敢既不是坚守阵地也不是撤退？
> 兵：我猜想是这样，但是，我不知道。
> 苏：我也不知道。或许它正好可以开动你的脑筋。对此你还有什么要说的？
> 兵：是的，可以开动我的脑筋。这就是我要说的。
> 苏：那么，我们也许可以尝试地说：勇敢是在艰难困苦的时候的镇定——正确的判断。
> 兵：对。
>
> ——单中惠.西方教育思想史[M].太原：山西人民出版社,1996:109.

（五）循序渐进性原则

该原则是指教学活动应当持续、连贯、系统地进行。在教学活动中贯彻这一原则，对教师有以下基本要求。

1. 按照学科课程标准的顺序进行教学

学科课程标准是各门课程的内在逻辑性的反映，并且建立在中小学生发展的一般规律之上。从根本上来说，教学活动是按照课程标准的顺序展开的。教师要认真学习和研究课程标准，充分了解和掌握课程的逻辑及其对学生的要求。

2. 教学必须由近及远、由浅入深、由简到繁

课程标准虽然考虑了学生的认知发展规律，但主要是按照课程内容编排、制定的，因此教师要认真研究学生，针对他们在学习过程中的认知特点处理好近与远、浅与深、简与繁等问题。

3. 根据具体情况进行调整

课程标准是按照一般性的普遍规律制定的，在实际教学中，不同地区、学校、学生的情况有很大差异。在基本遵循学科课程标准顺序的前提下，教师要善于从自己面对的实际出发，适当调整进度，增删内容。

（六）因材施教原则

该原则是指教师在教学中要从学生的实际出发，依据学生的年龄特征和个别差异有的放矢地进行教学，充分发挥每个学生的积极性，使他们的才能得到充分发展。在教学活动中贯彻这一原则，对教师有以下基本要求。

1. 充分了解学生，从实际出发进行教学

教师是对由个性完全不同的学生组成的集体教学，因此既要适应每个学生的不同需要与水平进行有针对性的教育，才能使教学既能从大多数学生的实际出发；又能针对不同学生的不同要求，进行个别教学，才能使教学符合全班学生的实际。

2. 尊重学生的差异，因材施教

中小学阶段的课程和教学大多是以所有正常儿童可以达到的程度为标准的。在教学中，在达到标准要求的同时，教师应当允许学生存在不同方面、不同水平的差异，并且针对每一个学生的具体条件帮助他获得最适宜的个性发展，而不是普遍地增加难度和深度。

专栏 6-6

《论语·先进篇》（节选）

子路问："闻斯行诸？"

子曰："有父兄在，如之何其闻斯行之？"

冉有问："闻斯行诸？"

子曰："闻斯行之。"

公西华曰："由也问，闻斯行诸？子曰，'有父兄在'；求也问闻斯行诸，子曰'闻斯行之'。赤也惑，敢问。"

子曰："求也退，故进之；由也兼人，故退之。"

——孔丘. 论语[M]. 程昌明，译注. 太原：山西古籍出版社，1999：118.

（七）巩固性原则

该原则是指在教学中要引导学生在理解的基础上牢固地掌握所学的知识和技能，并能长时间地保持在记忆中，以便在需要时能迅速再现出来，以利于知识和技能的运用。在教学活动中贯彻这一原则，对教师有以下基本要求。

1. 在理解的基础上巩固知识

对于所学知识的理解是巩固的前提，如果没有学会的东西，是不可能真正巩固的。教师首先应当保证学生学懂学会，才有可能获得巩固的良好效果。

2. 保证巩固知识的科学性

心理学研究揭示了关于记忆和遗忘的一些规律，按照这些规律组织教学，可以提高巩固知识的效率。教师应当熟悉并且善于运用这些心理学的规律。

3. 巩固知识的具体方式要多样化

除了常见的各种书面作业外，教师应当善于利用各种不同的方式帮助学生巩固所学知识，如调查、制作、实践等，使学生通过将知识运用于实际而有效地达到巩固的目的，并有效地促进学生多方面的发展。

（八）量力性原则

该原则又称为"可接受性原则"，是指教学的内容、方法、分量和进度要适合学生的身心发展，既是他们能够接受的，但又要有一定的难度，是需要他们经过努力才能掌握的，以促进学生的身心发展。在教学活动中贯彻这一原则，对教师有以下基本要求。

1. 正确认识和科学估计学生的发展水平及潜在的发展可能

现代教学论认为，客观上对学生不断提出新的要求与学生现有知识和智力水平之间的矛盾，是教学中的一对主要矛盾。这一主要矛盾如果处理不好，就会造成学生或者学习负担过重，或者学习轻而易举，满足不了日益增长的求知欲望。这一主要矛盾如果处理得好，就会促进教学水平不断提高，促进学生知识的增长和学习能力的发展。

2. 合理组织教学，使之在促进学生发展上起重要作用

教师在组织教学中有：由近及远，由已知到未知，由简单到复杂，由易到难，由具体到抽象，由部分到全体等教学规则。教师对这些教学规则要依据具体情况灵活运用。

3. 考虑学生认识发展的时代特点

由于时代不同，教育目的与教育内容就不同，人们的思想意识也不同。所以，教师如果能很好地把握学生认识发展的时代特点，对教学活动的顺利开展大有裨益。

本节小结

教学原则是教学过程中必须遵循的基本要求，目前我们基础教育的教学原则主要有：科学性与思想性相结合的原则、理论联系实际原则、直观性原则、启发性原则、循序渐进性原则、因材施教原则、巩固性原则与量力性原则。

关键术语

教学原则

讨论与应用

1. 请问下面的教学片段中，教师主要贯彻了哪一教学原则？

一位语文教师在教《游园不值》这首诗时，突然一位迟到的学生"砰"的一声推门而入，径直入座。这位老师"就诗取材"，问道："小扣柴扉久不开"，诗人去拜访朋友，为什么是"小扣"而不是"猛扣"呢？学生们议论一番，给出的答案是：诗人知书达理，有教养，有礼貌。然后教师走到那位迟到学生的身边弯腰轻声问他："你说大家说得对吗？你赞成'小扣'还是'猛扣'？"这位学生脸红了，其他人也笑了起来，在笑声中大家都受到了教育。

2. 请思考下面教师的这些语言讲述充分体现了哪一教学原则？

在科学课上，老师在讲动物的自卫本领时，把青蛙等动物的保护色比喻为穿上了"迷彩服"；把壁虎遇险时断尾、海参吐肠等残体自卫说成是"丢车保帅"；把乌贼向水中释放墨汁，染黑海水而逃比喻为放"烟幕弹"。

3. 分析这一课堂导入体现了哪些教学规律，贯彻了哪些教学原则？

一位物理老师在教"轮轴"时，设计了一个导入游戏：看谁力气大，手劲好。他从班里挑选了高矮胖瘦相近的男女同学各一名，请他们上讲台，掰手腕。女同学害羞胆小，不肯和男同学掰手腕，引起部分同学的议论和笑声，都认为不用比赛，女同学肯定输。比赛下来呢，果然是女同学输了。然后，教师又拿出一个啤酒瓶，再请这两位同学比试一下。只见男同学握住啤酒瓶的瓶口部分，女同学握住啤酒瓶的瓶身部分，各自用力向两个相反的方向旋转，结果女同学赢了，赢得还很轻松。这一下，课堂里"炸了锅"，引起了同学们的哄堂大笑和热烈讨论。这时，老师说："请同学们想一想，为什么力气大的男同学反而比不过力气小的女同学？这与我们要学习的内容又有什么关系呢？"短暂的停顿之后，老师开始了新课的教学。

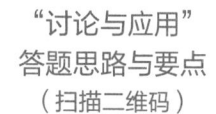

"讨论与应用"
答题思路与要点
（扫描二维码）

本章复习思考题及答案
（扫描二维码）

拓展阅读书目
（扫描二维码）

第七章
教学（下）

  同学们，在你十几年的教学生活体验中，你一定认识到课堂教学的重要性，相信你的所有任课老师也花费了大量的精力去探讨如何使各自的课堂教学有更好的效果。那么，你是否思考过这样的问题：课堂教学是不是教学的唯一环节？做作业，课外辅导，考试，算不算教学的环节呢？如果算，是为什么；如果不算，又是为什么？请与你的同学交流各自的想法。

通过本章的学习,你能够:
- 正确理解教学的基本组织形式——班级授课制
- 明确教学工作有五个基本环节:备课、上课、课外作业的布置与批改、课外辅导、学生学业成绩的检查与评定
- 明确中小学常用的教学方法的应用
- 了解教学评价的类型

【本章结构】

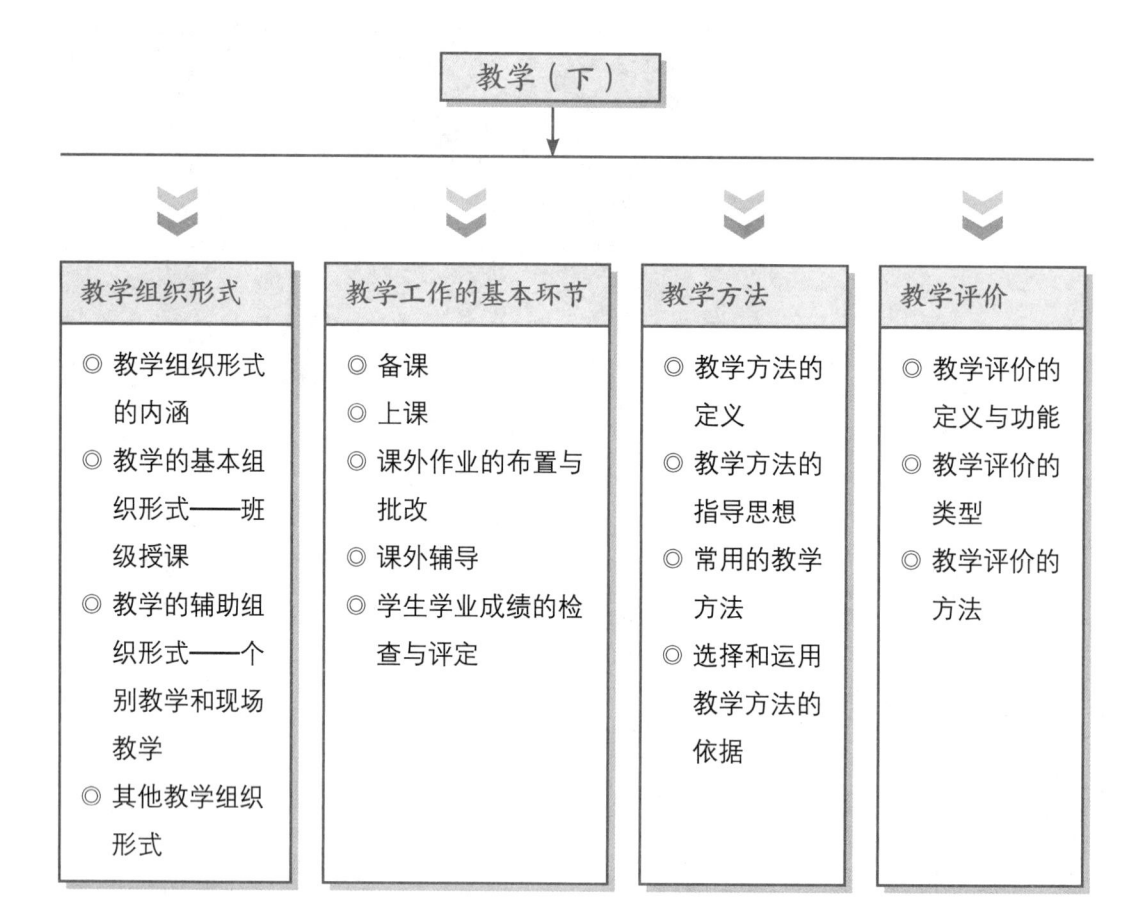

教学(下)

教学组织形式
- ◎ 教学组织形式的内涵
- ◎ 教学的基本组织形式——班级授课
- ◎ 教学的辅助组织形式——个别教学和现场教学
- ◎ 其他教学组织形式

教学工作的基本环节
- ◎ 备课
- ◎ 上课
- ◎ 课外作业的布置与批改
- ◎ 课外辅导
- ◎ 学生学业成绩的检查与评定

教学方法
- ◎ 教学方法的定义
- ◎ 教学方法的指导思想
- ◎ 常用的教学方法
- ◎ 选择和运用教学方法的依据

教学评价
- ◎ 教学评价的定义与功能
- ◎ 教学评价的类型
- ◎ 教学评价的方法

本章主要回答"教学如何进行"的问题,它有助于你更加专业地理解教育教学的方法和基本组织形式,有助于你更清晰地理解教学工作的基本环节和教学评价的类型。通过本章学习,你还将对教学工作的形式、程序与方法有更清晰的认识。

第一节 教学组织形式

一、教学组织形式的内涵

教学活动是在一定的空间和时间范围里进行的活动。教学组织形式是教学活动的结构特征,规定了以什么样的外部形式使教学活动的各要素在特定的时空条件下展开运行。

国内外学者对教学组织形式的概念有着不同的表述。有的认为,教学组织形式就是关于教学活动应怎样组织,教学的时间和空间应怎样有效地加以控制和利用的问题。[1] 有的认为,教学组织形式就是由既定的作息制度和规章制度规定的师生之间的相互作用。[2] 有的认为,教学组织形式有三个特点:第一,教师和学生都要服从一定的教学程序,如全面上课,小组或个人完成教师布置的作业等;第二,教学组织形式应该服从作息时间和规章制度,如每节课规定上45分钟或30分钟,学生人数可以固定,也可以经常变动;第三,教师和学生相互配合,是通过直接或间接的接触实现的。[3] 有的认为,教学组织形式是教学过程的重要组成部分,体现出对学生的学习活动按时间进行的严密的组织,它与教师的活动是相互联系的,这种活动可以是全班教学、小组教学、个别教学,还可以是群众性的教学。[4]

综上,教学组织形式是指为完成特定的教学任务,教师和学生按一定要求组合起来进行活动的结构。或者说,它是师生共同活动在人员、程序、时空关系上的组合形式。

二、教学的基本组织形式——班级授课制

(一)班级授课制的内涵与特点

班级授课制,通常被称作课堂教学,是把学生按年龄和知识程度编成有固定人数的教学班,由教师根据教学计划中统一规定的课程内容和教学时数,按照学校的课程表进行分科教学的一种组织形式。它是目前我国学校教学的基本组织形式,也是国际上最通用的教学组织形式之一。

班级授课制属于集体教学范畴,有如下几个基本特征。第一,以班为单位集体授课,学生人数较为固定。班级是进行教学的基本单位,同一个教学班学生的年龄和知识程度

---

[1] 刘克兰.教学论[M].重庆:西南师范大学出版社,1988:340.
[2] [日]筑波大学教育学研究会.现代教育学基础[M].钟启泉,译.上海:上海教育出版社,1986:423.
[3] 罗正华.比较教学论[M].长春:吉林教育出版社,1992:243.
[4] [苏联]休金娜.中小学教育学[M].华东师大比较教育研究所,译.北京:人民教育出版社,1984:395.

大致相同,每班的人数比较固定,通常是30—50人。第二,课程设置和教学内容统一。先将教学内容按照学科和学年进行划分,以确定各年级要掌握的内容;然后,在此基础上将具体的教学内容,以及实现这种教学内容的教学手段、教学方法分成若干更小的部分。各部分内容分量不大,彼此间相互衔接,又具有一定的完整性。第三,教学进度与学习年限统一。每门学科的总课时数、学年课时数、周课时数,一般根据固定的课程计划来确定。各班的课时表规定每日的课时安排,每节课的时间一般是统一固定的。第四,分科教学。根据学校的任务、学生年龄特征和发展水平,选择必须掌握的某门科学的基础知识组成教学科目,分别对学生进行教学,以确保学生获得连贯的、系统的知识。

(二)班级授课制的优势与不足

1. 班级授课制的优势

第一,有利于经济有效地、大规模地培养人才。在班级授课制中,教师按固定的时间表同时对几十名学生进行教学,扩大了教育对象,加快了教学进度,是一种使学生在较短的时间内有系统、有重点地学习人类知识体系的比较经济、有效的形式,大大提高了单位时间的教学效率。

第二,有利于发挥教师的主导作用。各国的教学实践都反复证明,迄今为止最能充分发挥教师主导作用的教学组织形式仍然是班级授课制。它保证了每个学生的活动都自始至终在教师的指导下进行,使学生的学习活动得到了很好的组织。而且,班级授课制主要是在对充分发挥教师的主导作用、最大限度地提高教师工作效率,以及使各科教师协调一致对学生进行教育、教学等问题的探索中产生、发展和完善的。

第三,有利于发挥班集体的教育作用。在班级授课制中,把学生编成相对固定的教学班,构成一个有较严密组织领导的集体,使学生的学习内容相同、知识程度相近,这既有利于教师利用集体的力量对学生进行教育,又有利于学生之间相互切磋、相互帮助、共同提高,并促进学生集体主义思想的形成和发展。

第四,有利于进行教学管理和教学检查。班级授课制的形成和发展,使教学活动日益规范化、科学化。同一班级学生的心理水平、自觉程度和认识水平越相近,越便于教学管理。如同一年级的学生使用相同教材,按照同一进度上课,有统一的学习要求,对教师的要求也大体一致,教学质量的评价标准基本相同,因此便于对教学活动的质量和结果进行检查与评价。

总体来说,班级授课制适应了现代社会大规模培养人才的需要,体现了教学活动的基本规律,是一种富有生命力的经济实用的教学组织形式。

2. 班级授课制的不足

第一,难以满足学生个性化的学习需要。虽然班级授课制为学生准备了统一的教学进度表、教学评价标准与课程内容,但是它过于集中化、同步化和标准化,很难顾及学生的个别差异,使得学生的独立性、自主性受到很大的限制,不利于培养学生的志趣、特长和满足他们的个性化学习需要。

第二,不利于学生创新精神和实践能力的培养。班级授课制多实行分科教学,偏重于书本知识的学习,它一方面容易肢解知识的整体性,另一方面容易忽视学生的实践活动,使理论脱离实际。如果学生的探索机会和实践机会较少,那么其创新意识和实践能力不易得到锻炼提高。

因为班级授课制的优势与不足并存,所以人们在实践应用中不断地对其进行改革,出现了不同的座位编排模式(见图7-1)。

图 7-1 班级授课制不同的座位编排模式

三、教学的辅助组织形式——个别教学和现场教学

(一) 个别教学

个别教学是指教师针对不同学生的情况给予引导、启示、咨询和指导,以帮助他们完成学习任务的教学组织形式。

在进行个别教学时,教师应注意以下几个问题。首先,要着重解决学生的疑难问题和知识的系统化、深化问题,不可在教学时把课堂教学内容重述一遍或越俎代庖,代替学生完成作业。其次,不仅要对学生的知识、技能予以指导,而且要对他们在学习方法和思维方法上存在的问题给予帮助,使他们学会正确的学习和思考方法。最后,要平等对待学生,个别教学可以有针对性,如学习能力差或者有特长的同学要有针对性地进行指导,但对学生提出的问题都应该一视同仁,尽量予以回答,不要有所偏向。

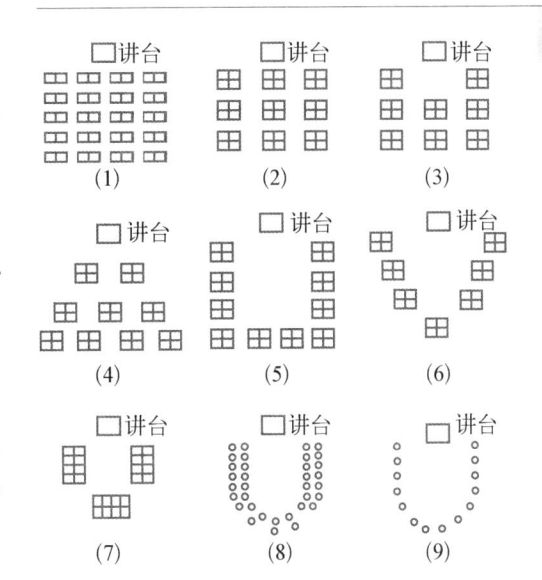

(二) 现场教学

现场教学是根据1958年我国各级各类学校要认真贯彻教育与生产相结合的方针而创造出来一种教学组织形式。现场教学是根据一定的教学任务,组织学生到生产现场或社会活动现场去进行教学的一种组织形式。学生可以以班级为单位,也可以以小组为单位。讲课可以由教师主讲,也可以由现场工作人员来讲解。现场教学不仅是课堂教学的必要补充,而且是课堂教学的延伸,是与课堂教学相联系的一种教学组织形式。

现场教学能够帮助学生获得直接经验,深刻理解理论知识;增强教学的直观性,使教学更为生动、丰富;让学生在轻松、愉快的环境下掌握知识、技能,丰富学生的情感世界;增强学生的动手操作能力,提高学生解决实际问题的能力。

四、其他教学组织形式

(一) 道尔顿制

19世纪末20世纪初,随着进步主义教育思潮的兴起,一些教育家针对班级授课制不能适应学生个别差异的弊病,提出了一些新的教学组织形式。道尔顿制便是其中之一,它是由美国的帕克赫斯特于1920年2月在美国马萨诸塞州道尔顿市的道尔顿中学正式实施的一种教学组织形式。按照道尔顿制,教师不再系统讲授教材,而是与学生约定学习

第七章 教学(下) 159

图7-2 帕克赫斯特

帕克赫斯特（Helen Parkhurst, 1887—1973），美国教育实验家，道尔顿制创始人，程序学习创始人之一。主要著作：《道尔顿制教育》。

任务，即"功课指定"，学生据此在各"作业室"自学，独立完成作业，然后由教师考查，考查合格以后，师生双方开始布置和接受新任务。

道尔顿制能够较好地照顾到学生的个别差异，有利于培养学生的自学能力和创造才能。但这种教学组织形式对学生学习的自觉性提出了过高要求，难以保障教学效果；教学没有固定班级组织，学生之间缺乏相互作用，不利于学生的社会化和个性化发展；教学内容缺乏系统性和连贯性，不利于学生获得系统的科学知识；学生的学习时间打破了课时限制，随意性强，难以保障教学活动的效率；在一定程度上否定了教师的主导作用，难以确保教学质量。

（二）特朗普制

特朗普制，又被称为"灵活的课程表"，是20世纪后半叶在美国一些学校出现的一种教学组织形式，它由教育学教授劳伊德·特朗普提出。特朗普制的显著特点是把大班上课、小班研究、个别教学三种教学组织形式结合起来。首先是大班上课，把两个或两个以上的平行班合在一起上课，应用现代化教学手段，由最优秀的教师任教；然后是小班研究，每个小班20人左右，由教师或优秀学生负责、研究和讨论大班上课的材料；最后是个别教学，主要由学生独立完成作业，其中部分作业由教师指定，部分作业由学生自选。这三种教学形式的时间分配大致为：大班上课占40%，小班研究占20%，个别教学占40%。

特朗普制是一种综合的教学组织形式，它试图将班级教学、分组教学和个别教学的优点结合起来。第一，大班上课继承了班级授课制的优点，发挥了教师的主导作用和班级的教育作用。第二，小班研究采用小组教学模式，调动了学生学习的积极性，使学生在研究讨论中获得了更多的语言交际训练与成功体验，增强了他们学习的自信心。第三，个别教学有助于教师充分了解每一个学生，照顾学生的个别差异，做到因材施教。

（三）贝尔-兰卡斯特制

贝尔-兰卡斯特制，也称为"导生制"，是由英国人贝尔和兰卡斯特于18世纪末19世纪初开创的。这种教学组织形式仍以班级为基础，但教师不直接面向班级全体学生，而是教师先把教学内容教给年龄较大的学生，而后由他们中间的佼佼者——"导生"去教年幼的或成绩较差的其他学生。这种组织形式是在英国工场手工业向大机器生产过渡的过程中需要大规模培养学生且师资比较缺乏的情况下出现的。然而，"导生"的"现学现卖"很难保证基本的教学质量。

本节小结

教学组织形式是教学活动的结构。在教学组织形式的发展过程中经历了各种形式的变化,其中最基本的是班级授课制,还有个别教学、现场教学及其他教学组织形式。

关键术语

教学组织形式　个别教学

讨论与应用

1. 试利用所学的教育理论,分析教学组织形式变革的主要推动力量。

古代占主导地位的教学组织形式是个别教学;近现代占主导地位的教学组织形式是班级授课;而进入信息时代、知识经济时代,班级授课的弊端也日渐显现。

2. 下面关于郑玄求学的描述与近代出现的哪一种教学组织形式有相似之处?这一教学组织形式有何特点?

郑玄在马融门下,三年不得相见,高足弟子传授而已。尝算浑天不合,诸弟子莫能解。或言玄能者,融召令算,一转便决,众咸骇服。(节选自《世说新语》)

第二节 教学工作的基本环节

教师的教学工作一般包括备课、上课、课外作业的布置与批改、课外辅导、学生学业成绩的检查与评定等五个环节。

一、备课

备课是教师上课前的准备工作,是上好课的先决条件。这就要求教师认真备课,要常备常新、常新常备,从而为保证教学质量、提高教学效率提供前提和保障。教师在备课时要做好以下几项工作。

(一)钻研教学材料,做到"心中有书"

钻研教学材料一般要经过懂、透、化三个阶段。"懂"就是指对教材的基本思想、基本概念、基本公式等都要弄清楚;"透"就是对教材熟练掌握、融会贯通,将其纳入自己已有的知识体系;"化"就是把自己的观点与教材的思想性、科学性融化在一起,并用自己的语言表达出来,达到出神入化的境界。只有达到了懂、透、化,我们对教学材料的理解才算是不仅能"钻"进去,而且又能"走"出来,才算是基本掌握了教材,做到了"心中有书"。

(二)了解教学对象,做到"目中有人"

1. 备课要体现预设与生成

所谓预设,就是指教师根据教育目标和学生的兴趣、学习需要以及已有的经验,以多种形式有目的、有计划地设计教育活动。所谓生成,是指学生依据自己的兴趣、经验和需要,在与环境交互作用中自主产生的活动。教师要为学生创设良好的心理和物质环境,关注、支持、引导学生自主活动、自发学习。在设计教育活动方案时,教师可以多考虑几种假设,以便在实施过程中能够对学生的不同反应有所应对。当学生发现感兴趣且有价值的问题时,教师要敢于打破原来的计划,及时调整教育活动的内容。

2. 备课要体现教学方式与学习方式的转变

"教会学生学会学习"是教学的最终目标。教师要注重培养学生的批判意识和质疑意识,鼓励学生对书本质疑,赞赏学生独特性和富有个性化的理解与表达,并切实提高学生的实践能力。

3. 备课要体现教学生活化

课堂教学要贴近学生的生活,要运用一些具有生命价值的生活资源为教学服务,为学生的成长服务。生活中蕴涵着丰富的资源,只要教师善于去挖掘,就能够发现能"为我所用"的教学资料。

4. 备课要尊重学生的差异性

在备课中,教师要正视学生的个体差异,目标定位应各有侧重,内容选择也可以有所不同。只有密切关注学生的个体差异,教师的教学才有针对性。教师要设计分层教学教案,把学生的个体发展放在第一位,让不同层次的学生获得不同水平的发展。

(三)考虑教学方法,做到"手中有法"

教师要根据教学规律和原则及学生的实际情况,考虑怎样表达教材内容,怎样引导学生思考问题,才能使学生更容易理解和运用新知识。教师还要全面了解各种教学方法的适用要求和范围,并结合教学要求、学生需要和自己的素质条件,选择恰当的教学方法,提高自己运用教学方法的技能技巧。

(四)拟定教学计划,做到"胸中有数"

1. 制定学期或学年的教学进度计划

它一般在学期或学年开始前制定,是以每门学科教学日程安排为主要内容的计划,也是对一学年或一学期教学工作所做的总计划。其内容主要包括:学生情况的简要分析,本学期或学年的教学总要求,教科书的章节或课题及其教学时数的具体安排,教学形式与所需教学手段的安排,以及复习考试的日期等。

2. 制定单元或课题的教学进度计划

这是对单元或课题教学工作进行全面安排的计划,明确了本课题在学科或课程体系中的地位及与其他课题的关系。单元教学进度没有固定的格式,但一般包括:单元或课题名称、教学目标、课时划分及各个课时的主要问题、课的类型、教学方法、教学组织形式、教学媒体、教学策略等,明确本课题在学科或课程体系中的地位及与其他课题的关系。

专栏7-1

某小学安全课单元教学设计

一、 单元教学进度:

课时	建议课时	教学时间
读懂交通信号灯	1	9.1-9.10
读懂交通标志和标线	1	9.11-9.20
行走的安全	1	9.21-9.30
乘车的安全	1	10.8-10.18
停驶的车辆也危险	1	10.19-10.31
绘制交通安全线路图	1	11.1-11.10

二、 单元教学目标:
1. 通过学生的自我实践,让他们知道一些常见的交通信号、交通标志和交通标线的作用。
2. 让学生熟知自己要遵守的有关交通法规。
3. 教育学生要从小服从交警的指挥,注意交通安全。

三、 单元教学重难点:
重点:1. 通过学生的自我实践,让他们知道一些常见的交通信号、交通标志和交通标线的作用。
     2. 让学生熟知自己要遵守的有关交通法规。
难点:教育学生要从小服从交警的指挥,注意交通安全。

四、 单元教学建议:
结合实际生活,从身边事件入手。

五、 单元教学策略:
  教材分析:

  学情分析:

3. 制定课时计划(即教案)

在备课中,教师以课时为单位精心设计的教学方案,是教师上课的直接依据。它主要包括:学科名称或课题名称、上课日期、班级、教学目标、教学方法、课的类型、教学的进程和时间分配、教具利用和板书设计、备注以及作业布置、教师课后的自我分析等。

专栏7-2

有关备课的故事

我有一个朋友伊·格·特卡琴柯,他是一位优秀的数学教师。他谈到自己备课的情况时说:"我周密地考虑每一个学生在上课时将做些什么。我给所有的学生都挑选出这样的作业,使他能在作业中取得成就。如果学生没有在掌握知识的道路上前进哪怕是很小的一步,那么这堂课对他来说就是白费了。无效劳动——这大概是学生和教师可能遇到的莫大的严重危险。"

> 一位有30年教龄的历史教师上了一节公开课，课题是"苏联青年的道德理想"。区培训班的学员、区教育局视导员都来听课。课上得非常出色。听课的教师们和视导员本来打算在课堂进行中间写点记录，以便课后提些意见的，可是他们听得入了迷，竟连做记录也忘记了。他们坐在那里，屏息静气地听，完全被讲课吸引住了，就跟自己也变成了学生一样。
>
> 课后，邻校的一位教师对这位历史教师说："是的，您把自己的全部心血都倾注给自己的学生了。您的每一句话都具有极大的感染力。不过，我想请教您：您花了多少时间来备这节课？不止一个小时吧？"
>
> 那位历史教师说："对这节课，我准备了一辈子。而且，总的来说，对每一节课，我都是用终生的时间来备课的。不过，对这个课题的直接准备，或者说现场准备，只用了大约15分钟。"
>
> 这段答话开启了一个窗口，使人窥见了教育技巧的一些奥秘。像这位历史教师这样的人，我在自己的区里只知道有30人左右。他们从来不抱怨没有空闲时间。他们中间的每一个人，谈到自己的每一节课，都会说是终生都在备这节课的。
>
> ——［苏联］B.A.苏霍姆林斯基.给教师的建议［M］.杜殿坤，编译.北京：教育科学出版社，1984：10.

二、上课

上课是教学工作的中心环节，是一项细致入微的工作。一节好课主要有以下几项基本的评价标准。

（一）理念科学

科学的理念主要包括：坚持以学生发展为本，以培养创新人才为宗旨；抓住学习内容的德育成分，坚持寓德于教；面向全体，使各种水平的学生都能在原有基础上得到一定的发展；依据学生的不同才能、特长、兴趣和性格特点因材施教。

（二）目标明确

教学目标是一节课的出发点和归宿。它是指一节课内所预期完成的知识与技能、过程与方法、情感态度与价值观等目标。因此，师生双方对一节课所要达到的教学目标都应当十分明确。其具体要求是：教学目标应该反映课程标准要求，注重教学的教育性；教学目标应该关照学生各方面的特点，反映学生的需求；教学目标应该明确、具体，体现于教学的全过程。

（三）内容正确

内容正确就是要保证与学生分享的知识、技能及思想观点，必须是科学、准确的，经得住实践的检验。其具体要求是：能准确地把握本节课的知识内容，能抓住教学的重点、难点和关键点，无科学性、思想性错误；能熟练运用所涉及的教材内容，不照本宣科。

（四）语言清晰

教学语言是师生交流的工具。教师语言的清晰与否直接关系着学生在课堂中的信息获得。语言清晰的具体要求是：教师讲课要用普通话；说话要标准、清楚、通俗、生动、富有感情；要注意抑扬顿挫和语言的规范化，并能恰当地运用书面语言和肢体语言。

（五）方法适当

方法适当，是指教师根据实际情况选择恰当的教学方法。其具体要求是：教学方法要符合学生的认知规律；教学方法能启发学生积极思维、主动学习；教学方法的运用能够使教学内容通俗易懂，易被学生接纳；教学方法的运用能够尊重学生人格，允许学生有不同的观点和看法。

（六）师生双方积极性高

积极性高，是指教师和学生在一节课中都处于积极状态，即教师必须充分发挥自己的主导作用，学生发挥自己的学习主动性。与传统以教师讲授内容为中心的师生互动模式不同，有生命力的师生互动模式是以问题引导为中心的（见图7-3）。这种师生互动模式的具体要求是：教师要创造良好的教学气氛，引导学生在愉快而活泼的气氛中学习；倡导教学民主，鼓励学生勇于提出问题，发表不同见解，使学生在课堂上处于积极的探求状态。

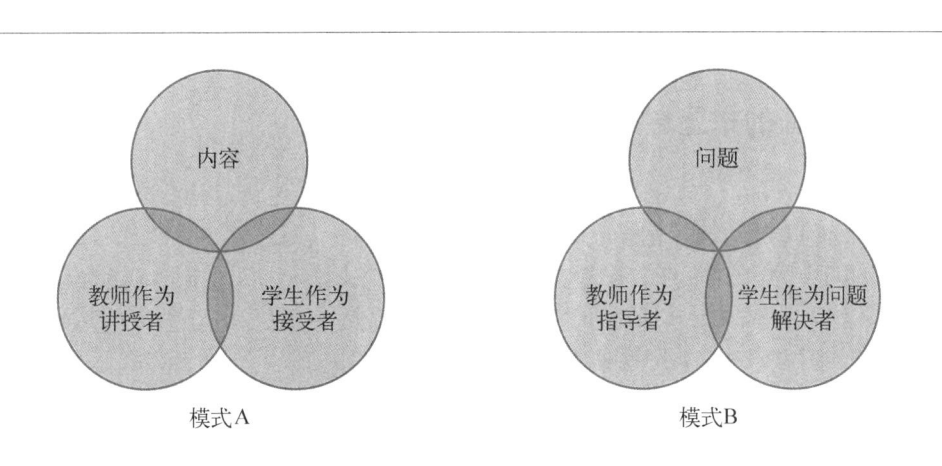

图 7-3

上课时的两种师生互动模式

（七）组织得当

组织得当，是指组织好一堂课的开始、中间和结束，使课的进行体现出预设与生成相结合，刚柔相济，结构紧凑。其具体要求是：教学时间的安排与学习内容之间做到对照呼应但又疏密相间，下课不可"提前"，也不可"拖堂"；教学方式要根据学生的特点做到动静结合，发挥学生的主动性；教学环节要能够恰当处理不良因素的干扰以及"偶发事件"的影响，做到有条不紊、灵活多变。

专栏 7-3

不像数学课的数学课

一天,广西某小学的梁老师上了一堂不像数学课的数学课。一上课,梁老师就给学生展示了很多漂亮的对称图案,然后给每一个学生发了剪刀和五颜六色的纸张,让他们剪出自己喜欢的对称图片。彩色的纸张在小学生的手里被摆弄了好一会儿。不一会儿,讲台上的展示板贴满了用彩色纸张做成的各种形状的作品。整堂数学课就像手工课一样热闹。

接着,梁老师就开始给学生们现场指导。如对称的概念、特点,对称轴的作用、画法,都在老师的引导下,逐一从小学生们的口中说了出来,从他们的手中展示了出来。最后,当梁老师要求同学们自己说今天学会了什么和是怎样学会的时候,小学生们都高举着手中的剪纸,异口同声地回答道:"对称和对称轴!"这时候,投影的大屏幕上又出现了壮锦、中国结、窗花等一些色彩缤纷的图片,座位上的一个小学生忍不住站起来告诉老师:"老师的图片好漂亮哦!"快下课了,梁老师告诉学生,平时自己应该去发现一些生活中的对称图形。当一位小同学说"大礼堂的窗户好像是对称的"时候,梁老师还纠正他说,应该对自己的判断表示确定而不是用"好像",因为要相信自己。说完这番话,座位上的小学生们都兴奋地站起来争相告诉梁老师自己发现的对称图形。

课程结束后,一些前来观摩的老师认为,梁老师把对称图形的教学内容和剪纸活动很好地结合起来,给学生上了一堂妙趣横生的数学课。而这种互动的感受,正是需要老师和学生通过参与活动才能感觉出来的。

三、课外作业的布置与批改

作业是教学工作的有机组成部分,是课堂教学的延伸。学生通过作业的练习,有助于自己更好地理解、巩固课堂上所学的知识,形成相应的技能、技巧,养成独立思考的好习惯和自觉学习的能力等。学生的作业内容和形式主要有口头作业、书面作业、实践作业等。

教师布置作业的基本要求有以下几点。第一,作业分量、难易要适度,以中等水平学习能力的学生为参考,应尽量指导学生在课内完成作业。第二,要有具体的要求和时间限制,对作业中的疑难问题要及时指导。第三,要切合课堂教学内容,题目要有典型性,有利于学生理解、掌握课程标准和教材的基本原理。第四,对学习能力强的学生,适当布置一些有一定难度的作业。

四、课外辅导

课外辅导是课堂教学的一种必要补充形式。课外辅导是指在课外帮助和指导学生的学习活动。课外辅导的主要内容包括:答疑、指导课外作业、给缺课或学习基础差的学生补课、为优秀学生进一步学习作指导,以及帮助学生明确学习的目的、指出学习的优缺点、教给正确的学习方法等。课外辅导的主要特点是从学生的实际出发,因材施教。

课外辅导是使教学适应学生个别差异,贯彻因材施教、提高教学质量的重要措施。课外辅导的形式一般有个别辅导、小组辅导和集体辅导三种。要想提高课外辅导的效果,最重要的是教师要从学生的实际需要与存在的问题出发,有的放矢。需要注意的是,教师要正确处理好课堂教学与课外辅导的关系;教师要集中精力抓好课堂教学,不能变相搞有偿辅导。

五、学生学业成绩的检查与评定

通过对学生学业成绩的检查与评定,一方面,教师可以了解教学的效果和存在的问题,总结教学经验;另一方面,学生可以从自己的学习结果反馈中,及时了解自己的学习情况与学习目标之间的差距,进一步调整自己的努力方向。因此,学生学业成绩的检查与评定既具有预测监察的功能,又有反馈管理的作用。

学生学业成绩的检查与评定可分为两大类。第一类是考查,常用方式有口头提问、书面作业检查、书面测验。第二类是考试,主要有口试、笔试、实践考试三种。其中,口试是学生根据教师所出题目进行面对面的口头问答;笔试是对全班同学出同样的考题,在规定时间内,要求学生做出书面回答;实践考试,是一种主要考查学生技能掌握情况的考试方式。

综上,教学工作的五个基本环节是相互联系、相互制约的一个整体,切不可厚此薄彼,忽视任何环节都将严重影响教学工作的正常进行。

本节小结

在教学工作的基本环节中,备课是教学工作的准备工作;上课是教学工作的中心环节;学生学业成绩的检查与评定是教学工作的结论。各个环节在教学工作中分别起着十分重要的作用。

关键术语

教学基本环节　备课　上课

讨论与应用

1. 运用所学的备课、上课理论对以下两位老师的教学给出改进的策略与建议。

李老师和张老师都在教初二年级四个班的语文课。50多岁的李老师任教近30年,工作兢兢业业,对每篇精读课文做深入细致的分析,无论课堂还是课后让学生进行大量的练习,使学生的基本知识扎实,考试成绩在四个班中名列前茅。但是在教学研讨活动中,他明显感到他的教学方法落伍了。而年轻的张老师初涉教坛,思维活跃,大量采用活动式教学,如让学生以小组为单位自编自导课本剧。但是很多学生不当回事,于是出现了课堂看似热闹但学生态度不认真的情况,学生的实际收获并不大。课后张老师还经常组织大量的文体活动。但该班学生考试成绩不理想,学校与家长也有一些不满。为此,李老师和张老师都很困惑。

2. 结合自身专业，从中小学教材中选择一个教学内容进行设计并写出教案，如有可能在班级中尝试进行实际教学。

3. 以下是四位老师给自己学生写的学期末评语，请谈一下自己的感受和体会，并分析对学生的评价应注意哪些问题。

（1）一位同学因父亲突然去世，原本活泼好动的孩子，一时间神情木然，郁郁寡欢。针对这位同学，班主任写下了这样的评语："×××，连日来，你的眼睛肿了，嗓子哑了，整日以泪洗面。看着你，老师的心都碎了，如果你的父亲有在天之灵，也会为你这个样子而心痛的。请你不要这样，振作起来吧，化悲痛为力量，以告慰你九泉下的爸爸，好吗？老师期待着再见到往日的你。"

（2）一位老师对一位爱好文娱活动但很娇气的同学写下了这样的评语："×××，你天资聪颖，你那如小天鹅般的舞姿与如百灵般的歌喉，多少次陶醉了大家，我们班级为拥有你这样一位小天使而自豪、骄傲。然而，生活的道路并不都是掌声、鲜花和笑脸，会遇到意想不到的这样那样的困难，希望你从现在开始，用行动搬开成功路上的两块绊脚石——'娇、骄'二气"。

（3）对一位学习成绩不算好，但品质很好的同学，老师写下了这样的评语："×××，首先让我代表全班同学，向你真诚地道一声'谢谢'！整个冬天，教室里暖烘烘的大炉子是你亲手点燃；教室里窗帘坏了，是你悄悄地换好；同学生病呕吐的脏物，是你抢先清扫；排桌椅、擦教桌，常少不了你的身影。你像小蜜蜂那样勤劳不止，像太阳一样温暖了大家，你的心里装满了爱。有人说，一滴水能折射出太阳的光辉；老师说，这一桩桩小事不也折射出你闪光的心灵吗？"

（4）对一位重文轻理的同学，老师写下了这样的评语："×××，你真了不起！小小年纪，作文竟连连见诸报端，你才思敏捷，想象丰富，文采流溢，让人惊美不已。可你对文学偏爱的同时，却忽视了对数学的重视，你要知道，文理并重，才会给你的理想插上腾飞的翅膀。老师相信你，在数学的自由王国里，也会有你这位文学小才的一席之地。老师拭目以待。"

第三节

教学方法

一、教学方法的定义

关于教学方法的定义，比较有代表性的观点有以下几种。

教学方法是教师为完成教学任务所采用的手段。

教学方法是教师和学生为完成教学任务，实现教学目的所采用的工作方式或手段。

教学方法是教师在教学过程中引导学生为了完成教学任务、实现教学目的所采用的手段和途径的总称。

教学方法是通往教学目的的途径，是旨在达到一定教学目的并按照一定教学原则加以调节的活动。

教学方法是教师组织学生进行活动的动作体系，主要包括内隐动作和外显动作。

教学方法是在教学过程中，教师和学生为实现教学目的、完成教学任务而采取的教与学相互作用的活动方式的总称。

教学方法是为完成教学任务而采用的办法，主要包括教师教的方法和学生学的方法。

教学方法是在教学过程中教师指导学生学习以达到教学目的而采用的方法，是由一整套教学方式组成的操作策略。

以上关于教学方法的定义，虽然都有其合理的一面，但只是在一定层面上或从某一侧面指出了教学方法的特性，且过于笼统、含糊或失之偏颇，不能称得上是关于教学方法定义的科学解释。由此可见，如果要界定教学方法，我们就需先找出教学方法所反映出的共性方面。事实上，无论怎样界定，教学方法都必须包含以下两个方面。一方面，教学方法是为实现教学目的、完成教学任务而制定的，教学方法与教学目的和教学任务紧密结合，是实现教学目的、完成教学任务不可或缺的工具。另一方面，教学方法既包括教的方法，也包括学的方法，是教师引导学生掌握知识技能、获得身心发展而共同活动的方法，使教与学的方法相互作用、相互联系、相互融合。

基于上述认识，教学方法是指在教学活动中，教师和学生为实现教学目的、完成教学任务，教师指导学生学习而采用的教与学相互作用的活动方式的总称。它是教授方法和学习方法的有效组合。

二、教学方法的指导思想

一般来说，在教学方法上，存在着启发式和注入式两种对立的指导思想。由于教学方法的指导思想必然会通过某种教学方法的实施具体地体现出来，所以启发式和注入式又是两种对立的教学方法体系。实行启发式、废止注入式是我国教师选择和运用教学方法的根本指导思想。

启发式教学方法是以辩证唯物主义作为其理论基础和指导思想，并以此去观察和分析教学过程；而注入式教学方法则是以唯心主义形而上学作为其理论基础和指导思想，无视人类认识的规律和教学过程的特点。

在对待教师和学生的教学中的作用问题上，启发式教学方法强调教师的主导作用和学生的主动性、积极性的统一，它不仅承认学生是教育的对象，同时承认学生是学习的主体；而注入式教学方法则片面夸大教师的作用，忽视学生的主观能动性，否定学生的主体作用。在启发式教学中，教师相信学生有自己的能力，并让学生尽量发挥自学能力，把学生培养成"开拓型""创造型"的人才。因此，启发式教学把发展学生的能力作为教学的重要任务之一，以学生分析问题和解决问题的能力高低作为衡量教学质量的重要标准。

三、常用的教学方法

（一）以语言传递为主的教学方法

1. 讲授法

讲授法是教师通过语言（主要是口头语言）系统而连贯地向学生传授知识、发展能力的教学方法。讲授法是一种从历史上流传下来，至今依然是整个教学方法体系中使用最广、最多的教学方法。

讲授法可分为讲述、讲解、讲读和讲演四种方式。讲述指教师通过生动形象的语言，向学生叙述事实材料或者描述学习的对象，说明事物的发生、发展过程及结果。讲解指教师向学生说明、解释或论证原理、法则、概念、公式。讲读是由一系列复杂的教学活动构成的，主要包括读、讲、练几个方面。讲演指教师在比较长的时间里持续地讲述有关材料，不仅向学生描述事实，而且深入分析和讨论事实，并在此基础上得出科学的结论。运用讲授法有以下基本要求。

（1）讲授内容要有科学性、思想性。这是确保讲授质量的首要条件。教师叙述事实，引用材料，解释概念和论证原理，都必须是客观正确的、真实可靠的，并要以科学性为基础，把寓于知识中的思想、道德因素揭示出来，以达到教书育人的效果。

（2）讲授既要系统完整，又要重点突出。教师对教材的内在联系，要做出合乎逻辑的分析，讲解的步骤安排要合理，切忌思路混乱。对讲授的重点、关键问题，教师要详加阐释并加以强调，使其成为一节课学习的中心，对一般内容可略讲或省而不讲。总之，教师的讲授要做到层次分明，详略得当，重点突出。

（3）讲授要有启发性。教师在讲授过程中要不断提出问题，揭示教学内容之间的内在联系，抓住难点，并注意引导学生运用所学过的知识分析问题和解决问题，使学生的思维始终处于积极状态，既知其然也知其所以然。对列举的例证，教师要导向问题的结论，使学生在听课后能融会贯通，举一反三。

（4）讲授要注意语言技巧。讲授主要依赖教师语言表达其教学内容。教师的语言表现力直接影响着知识的传播和学生智力的开发。为此，教师的语言要清楚准确，通俗易懂，具有生动性和感染力，善于运用语音的高低强弱、速度变化以及表情和姿势引起学生的注意和思考，将讲授与体态语言相配合，可以使学生多种感官参与学习，从而加深对知识的理解。总之，教师的语言要做到：语言准、语言精、语言美、语言活。

（5）讲授结合教学内容，恰当配合板书和教学媒体。教师在运用语言进行讲授的过程中，恰当地配合板书，是提高课堂教学效果的一个重要手段。因此，在教学过程中，教师要根据教学内容的特点合理规划板书的布局，力求做到重点突出、简明扼要、字迹规范、工整美观。

2. 谈话法

谈话法是教师根据教学目标设置不同问题，通过与学生相互交谈来进行教学，引导学生根据已有的知识经验，通过质疑、反问、独立思考等去获取知识的方法。谈话法的具体形式有：传授新知识的启发谈话；巩固检查以往知识的复习谈话；在参观、实习或实验前后进行的指导性和总结性谈话。运用谈话法有以下基本要求。

（1）教师要根据教学内容和学生情况做好谈话的充分准备。教师对谈话的中心议题、要提问的对象等都要进行认真的研究和周密的准备,对可能出现的各种情况要有足够的估计,并据此提出一个包含主要问题及其逻辑顺序的谈话提纲。

(2)要善于启发诱导,控制问题的难度。教师提出的问题要难易适度,富有启发性,形式要多样化。教师提出问题以后,不要把现成的答案告诉给学生,要留给学生一定的思考时间,可适时提供必要的线索引导他们利用已有的知识经验进行分析思考,让他们一步一步地获取新知识,不断提高认识能力。

(3)提问的对象要普遍化。教师的提问要面向全体学生,并要根据学生的理解程度差异提出相应的补充问题。提出的问题要简练、明确、具体,使学生能够捕捉问题的要义,在各自认知水平的基础上都能有所提高。

(4)必要时做好归纳或小结。当提出的问题基本解决以后,教师要善于根据具体情况,进行必要的归纳或小结,使学生的知识系统化、科学化。

3. 读书指导法

读书指导法是教师指导学生通过独立阅读教科书和参考书,以获取知识并养成独立而良好的读书习惯,不断提高认知能力的教学方法。运用读书指导法有以下基本要求。

(1)培养学生预习教科书的习惯。为使学生养成预习的习惯,教师在上课前应要求学生预习将要学习的内容,使学生通过预习初步了解教材的内容,找出自己不懂的问题,然后带着问题来听课。教师还要提出一些具有启发性的问题,使学生边预习边思考,初步掌握教材内容。

(2)引导学生比较教科书和教师讲授的内容。这样做可以使学生通过比较真正地领会学习内容的基本观点和结构体系,如知道教师在讲授中增添了哪些内容、顺序有何不同、哪些是重点与难点等。

(3)指导学生养成良好的阅读习惯。这些阅读习惯包括:正确的读书姿势,正确的朗读和默读方式,在阅读过程中发现疑难问题时认真思考、独立钻研,勤做课堂笔记,以及爱护教科书等。若发现学生自己解决问题时百思而不得其解,教师应热情地给予辅导与答疑。

(4)帮助学生选择适合自己阅读的书籍。教师为学生选择的书籍应与学生的学习内容有一定联系,且难易适度、体裁多样,能够配合课内学习,并可拓展学生的视野。

4. 讨论法

讨论法是指在教师指导下,由全班学生或小组成员围绕某一中心问题进行群体性讨论、发表看法,借以交流信息、相互启发、相互学习、发展智能的一种教学方法。讨论法的具体形式有交流式、评述式、辩论式和质疑式。运用讨论法有以下基本要求。

(1)要做好讨论前的准备。讨论前,教师应根据教学需要提出讨论的问题和具体要求,指导学生在课下收集、阅读有关专栏或进行调查研究,并认真写好发言提纲。

(2)在讨论中,教师要注意引导。讨论时,教师可以指定1—2名学生首先做全面系统发言,然后由全班学生做自由发言,可以互相补充、反诘、辩论与反驳等。为避免课堂讨论中出现"冷场"或"走题"现象,教师还可对学生的论述加以归纳或呈现发言中的矛盾分歧,引导学生围绕学习主题,并联系实际针对矛盾分歧进行持之有据、言之成理的辩论,通过辩论明确是非。

(3)讨论结束时,教师应进行小结。在小结中,教师要指出解决问题的思路及问题的参考答案,以使讨论获得预期的效果。

（二）以直观感知为主的教学方法

1. 演示法

演示法是指教师在课堂上通过展示各种实物、直观教具或进行实验，指导学生经过观察获得感性知识的方法。运用演示法有以下基本要求。

（1）做好演示前的准备工作。为了充分发挥演示的作用，演示前，教师要根据教学大纲要求制作好演示教具，做好演示前的准备工作。特别是复杂实验的演示，教师在课前要先做实验，以确保课堂上演示的顺利进行。

（2）鼓励全体学生参与，集中注意力。教师应尽量使全班学生都能观察到演示活动，运用多种感觉器官去感知，以加深印象。

（3）演示结束后，要及时做好必要的小结。演示后，教师要指导学生把所观察到的现象同书本知识联系起来，及时做出总结。

2. 参观法

参观法是指教师组织学生进行实地观察、研究，从而使学生通过对实际事物和现象有目的、有计划地观察、研究而获取新信息，巩固、验证旧知识，提高认识水平的教学方法。根据参观在具体课题进程中的时间顺序及作用，参观法可分为准备性参观、并列性参观、总结性参观三种形式。运用参观法有以下基本要求。

图 7-4　某中学组织学生参观图书馆

（1）做好参观前的准备工作。准备工作主要包括确定参观的目的和时间，联系参观地点，制定参观计划等。在参观前，教师应简要向学生介绍参观对象的情况，说明参观的目的、要求，向学生提出参观时注意的事项和应遵守的纪律。

（2）做好参观时的指导工作。教师应注意让每一个学生都积极投入参观活动中，引导学生把注意力集中于观察的重点，讲求实效，避免次要因素的干扰和"走马观灯"的形式化参观。在参观时，教师还要指导学生注意搜集材料，如适当做些记录、拍摄照片、绘制图表等。

（3）做好参观后的小结工作。参观结束后，教师要检查参观计划的完成情况，及时进行总结性谈话，把学生在参观时获得的各种知识概括化、理论化，并指导学生整理参观时搜集到的材料，制成书面文件或图表、标本、模型等，必要时要求学生写出参观报告或体会。

（三）以实际训练为主的教学方法

1. 实验法

实验法是指在教师指导下，学生运用一定的仪器在控制一定的条件下进行独立的操作,引起实验对象的某些变化,从观察这些现象的变化中验证知识或获取新知识,从而培养实验技能的一种教学方法。实验法是自然学科教学中最为重要的方法。根据实验的要求和时间来划分,实验法可分为:探索性实验(学习理论之前的实验),验证性实验(学习理论之后的实验),定性、定量实验(复习、巩固知识的实验)。运用实验法有以下基本要求。

(1)认真编写实验计划。为了使实验能有目的、有计划地进行,教师要在学年或学期开始时根据课程标准的要求编制实验计划,明确规定实验的题目、前后时间顺序、所需仪器、工具等。

(2)在实验中要进行认真指导。教师在实验前要亲自了解和检查仪器的使用情况,熟悉实验设备的性能,准备好实验的仪器、材料和用具等。教师还应要求学生做好实验课的预习,初步理解实验目的、实验原理、实验步骤及实验的注意事项等。对于比较复杂的实验,教师要进行适当的提示,必要时要先作演示;当学生独立实验时,教师还要巡视了解学生的实验情况,及时妥善地指导处理实验中出现的各种问题,确保实验能安全、有条不紊地进行并达到预期的实验目的。

(3)要做好实验总结。实验结束后,教师要对实验进程和结果及时做出简明的概括和总结,并指导学生写出实验报告。总结工作结束后,教师要让学生把实验仪器与用品收拾好,把实验室打扫干净,然后才能离开实验室。

2. 练习法

练习法是指在教师指导下,学生运用所学过的知识通过反复地完成一定的操作或从事某些活动,以进一步理解知识、巩固知识,提高学生认识能力和动手操作能力,形成技能技巧和行为习惯的一种教学方法。按训练学生不同方面的能力来划分,练习法有口头练习、书面练习、实际操作练习;按练习的独立性来划分,练习法有模仿性练习、独立性练习、创造性练习。运用练习法有以下基本要求。

(1)使学生明确练习的目的和要求,掌握练习的基本知识,增加练习的自觉性。每次练习前,教师必须向学生提出具体明确的练习目的,并且要求学生在练习前先复习教材,在理解和掌握基础知识的前提下进行练习。为了避免学生盲目尝试,提高练习的效率,教师还要通过讲解、示范等方式,让学生掌握正确的练习方法。

(2)练习安排要有计划性,方式要多样化,时间分配要合理。学生的练习活动要有计划有步骤地进行,即遵守由易到难、由典型到一般、由模式到变式等规则,逐步提高学生练习时的独立性。练习时间的分配也要适当,一般来讲,适当的分散练习比过度集中练习的效果要好。

(3)保持练习的效用性,让学生知道每次练习的结果。为了使学生的练习收到良好的效果,教师要正确地掌握练习的数量和速度,保证练习的质量,练习的方法要灵活多样化。所以,教师必须及时检查、评讲学生的练习,使学生知道每次练习的结果,帮助他们及时纠正错误,培养学生自我检查的能力和习惯。

3. 实习法

实习法是指根据教学大纲要求,教师在校内外组织学生进行实地实际操作,并将书本知识运用于实践的教学方法。按实习场所划分,实习法的种类有课内实习与课外实习、校内实习与校外实习、分散实习与集中实习;按实习项目,实习法可划分为单项实习与综合实习。

图 7-5
某高校校外实习

运用实习法有以下基本要求。

（1）做好实习前的准备。制定好实习作业的计划，确定好地点，准备好仪器设备，并组织学生学习有关的理论知识，向学生说明实习的目的、要求、实际操作及注意事项，宣布实习纪律，划分实习小组。

（2）在实习中，教师要加强指导。一方面，教师要注意帮助实习中有困难的学生，及时克服困难。如在校外实习，应争取实习单位大力协作，共同指导。另一方面，教师还要对学生加强纪律和爱护工具、公物的教育。

（3）做好实习后的总结。在实习结束后，教师应对学生的实习进行检查与评定，认真做好总结。

（四）以探究活动为主的教学方法

以探究活动为主的教学方法即研究学习型教学方法，是指教师引导学生参与"发现问题、研究问题、解决问题"的全过程，使他们在掌握知识的同时，学会观察、学会发现、学会思考、学会提出问题、学会获得知识的方法。研究学习型教学方法要遵循科学研究的一般程序：开展科普讲座，参观访问；指导选题；组织课题组，制定研究计划；实施研究；处理结果，撰写研究报告；组织研究成果的交流研讨。运用研究学习型教学方法有以下基本要求。

1. 为学生的自主学习提供"支架"

自主学习指的是学生在学习活动中主观能动性的发挥和对学习责任的承担，如学生个人或学生课题组在研究性学习中，由自己来决定其研究内容、研究方法、研究结果展示形式等。而教师可以营造一种积极民主的氛围，为学生的研究提供必要的"支架"，让学生在平等、尊重、信任、理解和宽容中获得心理上的安全和精神上的激励，处于一种要探究的欲望之中。因此，学生自主与教师指导，在研究学习型教学中绝不是非此即彼的关系。

2. 选择合适的研究内容

我们知道，并不是任何学习内容都适合研究学习，如已解决的问题不需要学生花时间去研究；而未解决的问题、内隐知识则适宜作为研究的内容。收集信息与处理信息是运用研究学习型的教学方法中经常需要做的工作。对于学生来说，收集信息相对比较容易，但处理信息相对比较困难。教师绝不能把研究性学习仅限于让学生把有关专栏拿回来后进行简单的拼装组合，而应该在不同阶段选择与学生的经验相符的研究内容，使探究的课题能激发学生的兴趣、符合学生的年龄特征。

3. 培养学生的问题意识

研究性学习非常注重对学生问题意识的培养。围绕着问题意识的培养，教师会给学生提供一些相关的知识，如介绍学科知识，创设发现问题的情境，开设有关选题的辅导讲座,帮助学生归纳出有价值的课题等;学生要在和教师互动的过程中学会观察、学会分析、学会提问、勇于提问等,培养自己的问题意识。在这个过程中,教师的角色完全不是问题知识的讲解者,而是学生问题意识的培养者。

(五)以情感陶冶为主的教学方法

以情感陶冶为主的教学常用方法就是欣赏法。欣赏法是指教师在教学中创设一定的教学情境或利用一定教材内容和艺术形式,通过体验客观事物的真善美,培养学生科学的态度、正确的理想和审美的能力的方法。欣赏法在具体的教学实践中,主要表现出三种类型:一是艺术美和自然美的欣赏,二是道德行为的欣赏,三是理智的欣赏。运用欣赏法有以下基本要求。

1. 激发学生欣赏的动机和兴趣

在指导学生欣赏之前,教师要先讲述或讲解某种文学或艺术作品的创作背景、作者简介等。这样,当学生有了这些知识储备后就能产生欣赏的动机和兴趣,引起欣赏的意向。

2. 引起学生强烈的情感反应

在欣赏教学中,教师要善于利用各种情境或通过声调、面部表情变化等,给学生以暗示,引起学生赞叹、惊讶、钦佩等一系列情感反应。

3. 尊重学生在欣赏活动中的个别差异

教师不能用同一水平标准要求所有学生。每个学生的知识和能力水平不同,兴趣各异,对同一作品的欣赏能力各不相同。教师要对欣赏能力低的学生进行耐心辅导,帮助他们提高欣赏水平,但不能拔苗助长,过高要求。

4. 指导学生的实践活动

学生对欣赏的对象产生了积极的情感反应后,就会表现出进一步学习与探究的愿望。教师要抓住这个机会,指导学生读课外读物,进行创作、表演等实践锻炼。

四、选择和运用教学方法的依据

(一)教学规律和原则

教学方法的选择要依据教学活动的特点和规律,要根据"简捷、高效、最优"的发展原则来选择最为合理、最有效率的教学方法。

(二)教学目的和任务

任何教学方法都是为实现教学目的和教学任务服务的。不同的教学目的和任务,要求运用不同的教学方法。例如,如果是为了让学生掌握技巧,就要选用练习法、实习法等;如果是为了提高学生的口头表达能力,就要选用谈话法、讨论法等。有时为了完成一种教学任务,可以同时选用几种不同的教学方法。

(三)学科特点和具体教学内容

学科不同,教学内容就有不同的性质和特点,教学方法上应各具特色。学科不同直接影响着教学方法的选择。如语文、外语多用讲读,政治多用讲演,历史多用讲述,数学、物理、化学、生物等课程多采用讲解和演示、实验相结合的方法。即使同一学科,由于各部分教材的具体内容不同,每节课的教学内容都有其重点、难点和关键点,为此,教学方法的选择就要考虑选择能突出重难点、抓住关键的方法。例如,对教材中的难点部分,可选用讨论的方法;而对学生容易理解的内容,可以采用读书指导法,让学生自学。

(四)学生的身心发展特点和认知基础

教师的教是为了学生的学。教师在选择教学方法时,必须要考虑学生的年龄特征,了解学生已有的认知基础、技能状况、智力水平、学习态度等的发展特征。学生的身心发展阶段与知识水平不同,也要求教师运用不同的教学方法进行教学。如运用实验法时,基础教育要求教师多指导,高等教育则应给予较大的独立性。此外,教师所选择的教学方法要充分考虑能引起学生的注意和兴趣,使学生始终处于好奇的求知状态,同时还要充分考虑满足学生的交往、自我成就感等各种需要。

(五)教师自身的素养

一般来说,各种教学方法既有启发性质又有注入性质,是一把"双刃剑",关键在于教师如何运用。比如讲授法,如果教师一味枯燥地讲,就是注入式;而以适当问题穿插,或形象、风趣地讲解教学就是启发式。所以,任何一种教学方法的选择,只有适应教师自身的素养条件才能为其所理解和掌握,才能发挥更好的作用。因此,教师选用教学方法时,应对自己的特长和弱点以及运用某种方法的实际可能性进行认真分析,根据自身的优劣条件,做到扬长避短,采用与自身条件相适应的教学方法。如有的教师的口头语言能力强,可多选用讲授法;有的教师口头语言能力弱,可选择演示法、讨论法等。

(六)教学时间和效率的要求

学校教学的时间是固定的、有限的,而教学内容与教学任务则是相对无限的。教师要解决这一对矛盾,就要选用有效的教学方法,使教学以最少的时间取得最佳的效果。好的教学方法至少能在规定的时间内完成教学任务,实现教学目标,并能使教师教得轻松、学生学得愉快。

(七)学校的教学设施

教学方法的选择,还应考虑学校的教学环境和教学设备条件。相同的教学内容与教学对象,由于各学校的具体环境和设备条件的不同,教学方法的选择也要有所区别。

总之,教师选择教学方法要根据实际情况,并综合考虑各种各样的因素。

本节小结

自古以来就有两种对立的教学指导思想:注入式与启发式。我国基础教育常用的教学方法是以启发式为指导思想的;我国常用的教学方法有:以语言传递信息为主的、以直观感知为主的、以实际训练为主的、以探究活动为主的、以情感陶冶为主的教学方法。在选择教学方法时，教师要充分考虑各方面的因素以达到教学方法的优选。

关键术语

教学方法　启发式　注入式

讨论与应用

1. 请思考王老师的这一教学片段集中体现了教学讲授技能的哪一要求？

班里不少同学总是把"染"字三点水边上的"九"多加一个点，王老师跟同学这样解释：底下的"木"指染料，三点水表示染东西要加水，"九"表示染东西要经过好多次。然后，王老师风趣地说："染东西要加的是水，不是肉丸。以后不要再把'九'写成肉丸的'丸'。"

2. 请思考在这一教学过程中教师主要运用了哪些教学方法？

一位数学老师在讲简易方程时，先搬出一架天平，并在天平的左端放上一个10克的砝码和一个20克的砝码，再在天平的右端放上一个30克的砝码，天平两端平衡了。于是，老师便启发学生写出等式：10+20=30。接着，老师把20克的砝码换成一块木头，天平两端仍然保持平衡。老师引导学生写出10+X=30，从而进入有关方程的教学。

3. 请思考在这一教学过程中，教师运用了哪些教学方法？

数学老师在讲"对数表"一课时，拿出一张A4纸，告诉学生："这张纸的厚度是0.083毫米，现在我将这张纸对折3次，厚度还不到1毫米。那么请同学们想一想，如果能够对折30次的话，它的厚度会是多少呢？"学生有的回答10厘米，有的说1米多。老师却说："我已经计算过了，如果我没算错的话，这厚度要远远超过珠穆朗玛峰的高度。"学生们惊讶不已，甚至有人认为老师搞错了。在这样一种氛围下，老师顺势引入"对数表"的教学。

第四节 教学评价

一、教学评价的定义与功能

（一）教学评价的定义

教学评价是对教学进行价值判断的过程。"评价，就是主体对客体意义的一种观念的把握,是主体对于客体有无价值以及价值大小所作的判断。"① 简言之,评价是对价值的认识,而非事实认识,如果不对评价对象做出价值判断的话,就没有必要进行评价。

教学评价涉及教学的各个领域:教学目标、教学过程、教学方法、课程设置、教师授课质量、学生认知与情感技能发展等。教学评价的主体既可以是教育行政人员,也可以是教师、学生或家长及社区的其他人员。教学评价必须依据一定的标准进行。标准是评价的依据。其中,教学目标常作为制定评价标准的依据。当然,在评价时,教学目标是否合理和全面本身也是需要反思的。

因此,教学评价就是依据一定标准,运用可操作的科学手段,经过系统地收集有关教学信息,对教学活动的过程和结果做出价值判断的过程。

(二)教学评价的功能

1. 诊断功能

教学评价是获取用以确定学生水平和教学有效性证据的方法。教学是否有效,学生学习水平如何及在学习中有什么问题,课程计划是否合理,教材选用是否合适,教学过程存在哪些缺陷,都可以通过教学评价进行诊断。

2. 导向功能

教学评价是简述教育的终极目的与教学任务目标的辅助手段。评价者所采用的标准对于被评价者来说具有指挥棒作用;被评价者按照评价标准去努力工作,事实上就把评价者的教育理念和教学指导思想贯穿到具体教学中。

3. 发展功能

教育评价不仅可以诊断教学过程的问题,而且能够肯定和强化先进的教学思想和有效的教学方法,使先进的教学思想和教学方法得到进一步扩充和提高,使存在的问题不断得到改进,以促进教师的专业成长和学生的发展。

4. 调节功能

教学评价的结果会作为改进教学的依据,帮助教师调整教学计划、教学进度和教学方法等。通过经常性的教学评价活动,可以规范教师的教学行为,使教学过程的不良行为得以控制和预防。

二、教学评价的类型

根据评价的作用、评价采用的标准、评价的主体、评价对象的特点来分类,教学评价可分成不同的类型。

(一)按评价的作用分类

1. 诊断性评价

诊断性评价一般在教学前进行,目的是分析学生的起点行为,了解学生的现有水平及

---

① 袁贵仁.价值学引论[M].北京:北京师范大学出版社,1991:207.

个别差异,以便安排教学。其作用是:用于确定学生的入学准备程度,如知识基础、学习动机、发展水平、身体状况及家庭背景;决定对学生的合理安排,如通过诊断学生知识、情感和技能等方面的发展水平,为学生编班或分组、进行教学讨论、选择教学方法等提供依据;辨识学生在学习过程的困难,便于查明原因后可以准确地确定补偿教学计划、调整教学目标和教学进度。

诊断性评价的结果一般只供教师作为安排教学的参考,不记作学生的成绩;也可以作为学生原有学习水平的资料,以便与学习后的结果进行比较,作为评价教学效果的依据。

2. 形成性评价

形成性评价又被称为诊断进步评价或进展评价,通常在教学过程中实施,是教师及时了解学生学习进展情况的重要方式。其作用是:了解学生学习的结果,探索教学中可能存在的问题或缺陷;制定进一步教学的步骤;强化已有的教学成果。

形成性评价关注的是学生在学习过程中达到教学目标的程度。形成性评价常通过让学生完成与教学活动密切相关的测验,先由学生对自己的学习状况进行自我评估,再由教师对学生进行观察、交谈、调查、作品分析等方法来进行。

3. 总结性评价

总结性评价又叫终结性评价,是对一个完整的教育过程的结果进行的评价,通常在一门课程或一项教学活动结束之后进行。其作用是:为学生评定成绩,确定学生对教学目标达到的程度,对其学习成就做出价值判断;预测学生在后续学习中成功的可能性。

总结性评价结果可以代替下一阶段的准备性评价。总结性评价一般次数很少,多为一学期或一学年两次,如期中、期末考试等,其成绩应记入学生的成绩单,作为某种资格认定或升留级及就业的依据。

(二)按评价采用的标准分类

1. 相对性评价

相对性评价,是指在团体内以自己所处的地位同他人相比较而进行的评价。其评价标准是设在团体之内的。评价时要把个人的得分同团体其他成员的得分进行相对比较,从而明确自己在团体中的地位。我国现行的相对性评价评分方法有两种:百分制和五级制。相对性评价的优点是:通过相对评价,可以使个体客观地判断自己在团体中的优劣情况,即自己所处的地位,也有助于树立竞争意识。

2. 绝对性评价

绝对性评价,是指判断完成既定目标的程度而进行的评价。其评价标准是设在评价对象的所在团体之外。评价时是以个人的得分同既定的评价标准对照比较,从而判断完成任务的程度。我国现行的评定学业成绩大多采用百分制,100分为满分,60分为及格,60分以下为不及格。这里的及格与不及格是以60分为绝对界限的,这就是绝对性评价的观点。

3. 个体内差异评价

个体内差异评价,是指把被评价者的过去和现在进行比较,从而做出评价的方法。该评价方法的价值基准取自个体内部,把个体的现实表现同个体本身过去的表现相比较,以确定其进步和发展的情况。

个体内差异评价方法分为横向评价和纵向评价两种。所谓横向评价,是在个体发展的各个方面上选取一个方面与其他方面相比较,来评价某一方面的表现。所谓纵向评价,即对被评价对象的过去和现在进行比较,看其有哪些发展变化,是进步或是退步了。

个体内差异评价的结论有数值和评语两种表示方式。其中,横向评价主要采用评语方式指出个体的优势和不足。纵向评价多是采用数值方式来反映个体发展的趋势和进步程度。

(三)按评价的主体分类

1. 他人评价

他人评价是指评价的主体是教育活动实施者以外的他人。他人可以是教育领域的专家,也可以是社会大众。如学生对教师教学效果的评价便属于他人评价。

2. 自我评价

自我评价是指在个人内部就其自身的状态进行纵横比较所做的价值判断。自我评价是根据尊重个性、发展个性的观点提出来的。在自我评价中,每个人都可自行设定标准,以本人的成绩为基点,比较自己在某个阶段的成绩变化,从而判断自己的进步状态,一般不同他人比较。

(四)按评价对象的特点分类

1. 单项评价

单项评价是指仅就评价对象的某一方面进行评价,目的只在于了解某一方面的情况。如对教学效果、教学设施、教学方法、学习态度、学业成绩等单方面所做的评价。

2. 综合评价

综合评价是对教学过程各方面所进行的整体评价。评价时要全面搜集各方面的信息,以对教学工作得出综合的结论。

三、教学评价的方法

教学评价的方法大体可分为两类:量化评价方法与质性评价方法。使用不同的评价方法体现了不同的评价观念。

(一)量化评价方法

所谓量化评价方法,就是力图把复杂的教育现象简化为数量表示,进而从数量的分析与比较中推断某一评价对象的成效。量化评价方法的认识论基础是科学实证主义,认为只有定量的研究、量化的数据才是科学的,才能得出客观可信的结论。教学评价从产生之日起,就是与整个教育对科学化的追求联系在一起的,以量化形式表征事物的性质被认为是科学化的特征之一。因此,量化评价方法一直占据评价领域的主导地位。量化评价方法如果使用恰当,确实能揭示教育现象和教育问题,并提供具有说服力的证据。

（二）质性评价方法

所谓质性评价方法，就是力图通过自然的调查，全面充分地揭示和描述评价对象的各种特质，以彰显其中的意义，促进理解。质性评价方法也被称为自然主义评价方法。质性评价方法在认识论上反对科学实证主义的基本观点，反对把复杂的教育现象简化为数字，认为这种方法只能提供歪曲的教育信息，且有可能丢失重要信息。质性评价方法主张评价应全面反映教育现象的真实情况，为改进教育实践提供真实可靠的依据。质性评价方法是20世纪六七十年代以来，随着评价领域对传统的以量化为特征的评价方法的反思批判而发展起来的，也是科学研究中的质性研究方法在评价领域渗透的结果。

虽然量化评价方法与质性评价方法出现在评价发展的不同时期，代表着不同的认识理念，但作为具体的评价方法，二者各自具有不同的特点，分别适用于不同的评价目标和对象。量化评价方法具有简单、明了的特点，能够直接反映评价对象的特质，适用于某些简单、单纯的教育现象。质性评价方法具有全面、深刻的特点，在某种程度上，它是评价者对教育现象的某种解读，更适用于评价复杂的教育现象。因此，从实践出发的教育评价应当把二者有效地结合起来，按照评价目的与评价对象的不同特点，选择适当的评价方法，以获得全面、准确的评价信息。

本节小结

教学评价是教学工作的最终环节，是对教学工作进行价值判断的过程。根据不同的评价标准可以分为不同的评价类型。教学评价主要有两种评价方法：量化评价与质性评价。

关键术语

教学评价　量化评价　质性评价

讨论与应用

1. 分析比较以下两个案例，谈谈怎样的评价才能更有利于学生的成长和发展。

案例一："频繁的掌声"

在某公开课上，某科学教师经常向班内的学生提问，学生也做了相应的回答，教师在每位学生作答完毕后总是说："你真聪明。""你真棒。""我们一起来鼓励一下。"然后其他同学机械地拍拍手，齐声喊道："棒、棒、你真棒！"一节课下来，这样的"掌声""喊声"不绝于耳。

案例二："握手的力量"

尹老师的班上有一名留级女生，她因学习困难经常受到批评，导致精神压力大，每天总是用怯生生的目光注视着老师。一天，她的字写得特别认真，尹老师面带笑容地说："来，握握手，祝贺你取得进步。"放学后，她跑回家，兴奋地告诉妈妈："今天老师和我握手了,我敢和老师说话了。"从此以后,孩子的目光不再躲避老师,每天有说有笑,学习也变得主动了。

2. 按照评价的类型划分,以下内容属于哪一种评价?这种评价有哪些优势?

期末考试结束之后,学生小王对所有考试科目的成绩比较并认真分析,发现经过一个学期的努力,成绩最差的英语有了一个较大的提升。另外,与上一个学期相比,几乎所有科目的成绩都有了一个小的进步。

第八章 德育

　　亲爱的同学,通过上一部分内容的学习,你已经明白了在每一次的教学中,都会有三方面的学习目标:知识与技能、过程与方法以及态度与情感。如果说知识与技能及过程与方法是为了考查你对学习内容的掌握程度,那态度与情感是为了考查哪方面的掌握程度呢?这种考查是否是必要的呢?除了教学之外,是否还有别的活动可以实现态度与情感的目标呢?你的观点是什么?可以与同学们进行分享。

通过本章学习,你能够:
- 了解德育的价值、任务、目标、内容
- 掌握德育的内涵
- 掌握中小学德育的内容、原则、途径与方法
- 掌握德育过程的基本规律

【本章结构】

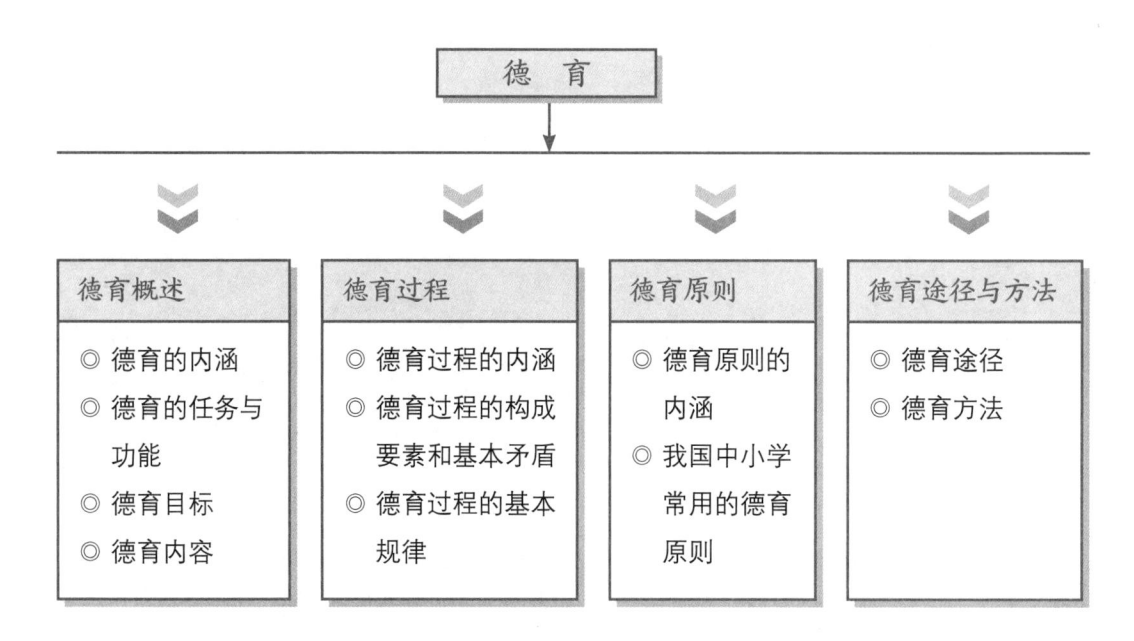

```
                            德  育
                              │
      ┌───────────────┬───────┴───────┬───────────────┐
      ▼               ▼               ▼               ▼
   德育概述         德育过程         德育原则       德育途径与方法
  ◎ 德育的内涵   ◎ 德育过程的内涵  ◎ 德育原则的    ◎ 德育途径
  ◎ 德育的任务与 ◎ 德育过程的构成     内涵         ◎ 德育方法
    功能           要素和基本矛盾  ◎ 我国中小学
  ◎ 德育目标     ◎ 德育过程的基本     常用的德育
  ◎ 德育内容        规律             原则
```

本章主要回答"什么是德育"以及"如何进行德育"的问题。德育是基础教育阶段的重要内容,通过本章的学习,可以帮助你对德育有更深入和明确的认识;可以帮助你用适宜的方式和途径从事德育工作,并取得更有效的德育成果。

第一节 德育概述

一、德育的内涵

德育,又被称为思想品德教育,是指教育者按一定的社会要求和受教育者思想品德形成过程的客观规律,有目的、有计划地对受教育者进行政治、思想、道德等方面的教育,并对其心理施加影响,从而使受教育者通过积极地认识、体验和身体力行,以获得教育者所期望的思想品德的教育活动。思想品德,就其内容来看,它是政治品质、思想品质和道德品质的统一;就其心理结构来说,它是认识、情感、意志和行为习惯的统一。简言之,德育就是教师有目的地培养学生思想品德的活动。德育是全面发展教育的重要组成部分。它具有学校教育的最一般的特征,即目的性、系统性、计划性和长期性等,是以学生为主体、以教师为主导、以活动为中介的定向影响和培养过程。

二、德育的任务与功能

(一)德育的任务

学校德育的任务主要包括几个方面。

1. 逐步提高学生的道德修养能力

学校要有目的、有计划地引导学生掌握新时代中国特色社会主义的基本理论、基本道路、基本方略和基本要求,自觉地身体力行,在生活的实践中不断积累经验,逐步提高分辨是非、善恶、美丑、荣辱和按道德规范调节的能力,逐步形成基本的中国特色社会主义的道德观、信念,为培养正确的人生观和科学观打下基础。

2. 培养学生坚定的政治立场和高尚的道德情操

2016年12月,习近平总书记在全国高校思想政治工作会议上,对新时代教育的性质和宗旨进行了阐述,指出教育要为人民服务、为中国共产党治国理政服务、为巩固和发展中国特色社会主义制度服务、为改革开放和社会主义现代化建设服务。学校要引导学生在道德认识和实践活动中,形成正确的道德价值观,培养爱憎分明的态度,坚定的政治立场和高尚的道德情操,使他们对履行和捍卫新时代中国特色社会主义的道德观富有责任感、义务感和使命感。

3. 养成学生良好的道德行为习惯

学校应注意引导学生进行实际的道德锻炼和规范行为的训练,不仅要使他们自觉地运用社会主义道德规范调节自己的行为,而且要使他们的道德行为在反复实践活动中,达到自动化的程度,即形成道德的行为习惯,成为个人的品格。人的道德品格必须而且也必

图 8-1 社会主义核心价值观的基本内容

然在日常生活中显现。学校德育应该通过有目的、有组织的活动,为学生提供包括服务社会、服务他人的各种实践活动,让他们在活动中体验、领悟教育要求,形成良好的行为习惯,进而成为价值观念。

4. 促进学生践行社会主义核心价值观

教育是塑造灵魂、塑造生命和塑造人的工作,具有价值观引领的作用。将社会主义核心价值观贯穿国民教育全过程,融入教育教学各方面,这体现了新时代中国特色社会主义教育的本质要求。党的十九大报告中指出:"要以培养担当民族复兴大任的时代新人为着眼点,强化教育引导、实践养成、制度保障,发挥社会主义核心价值观对国民教育、精神文明创建、精神文化产品创作生产传播的引领作用,把社会主义核心价值观融入社会发展各方面,转化为人们的情感认同和行为习惯。""培育和践行社会主义核心价值观要从娃娃抓起、从学校抓起,做到进教材、进课堂、进头脑……要坚持育人为本、德育为先,围绕立德树人的根本任务,把社会主义核心价值观落实到教育教学和管理服务各环节,覆盖所有学校和受教育者"[1]。

(二)德育的功能

1. 德育对社会发展的功能

(1)德育具有维护发展社会生产力的功能。德育维护发展社会生产力既有直接性,又有间接性。直接性体现在德育能形成人们的思想品德,对社会生产有直接影响,增强人们从事社会生产的精神动力,如培养劳动者、科技人员一定的思想品德作用于社会生产力。间接性体现在德育能够通过整合社会关系并使之与社会生产相适应,进而影响社会生产,如通过在全社会弘扬无私奉献的精神作用于社会生产力。

---

[1]《习近平总书记教育重要论述讲义》编写组.习近平总书记教育重要论述讲义[M].北京:高等教育出版社,2020:51.

（2）德育具有维护发展社会生产关系的功能。通过培养符合一定社会思想意识的人来巩固维护一定社会的生产关系；通过培养一定社会政治领导人才作用于一定社会生产关系；通过传播一定社会思想道德、政治观点、文化传统，作用于人的精神世界、行为方式；帮助社会消除不良的思想意识和陈旧习俗，建立和完善新的思想道德体系，促进社会思想道德建设的发展，并使之与一定的社会生产关系相适应。

2. 德育对个体发展的功能

德育对青少年一代的发展具有特殊的意义，其功能主要表现为以下三个方面。

（1）促进个体品格的发展。良好有效的德育活动能促进个体品格的发展。品格的完善与发展离不开自身对道德的认知与态度，也离不开教师传授的道德教育的内容，更离不开自身对道德价值观念的内化与行为能力。

（2）促进个体智力的发展。人的全面发展在教育中表现为德、智、体、美、劳等方面的发展。其中，智力发展作为教育中最主要的教育内容不容忽视。而人的智力发展方向、效率受自身的道德价值观支配与制约，因此，学校德育对学生个体智力的发展也起着非常重要的作用。

（3）促进个体自我价值的实现。学校德育工作主要依托课堂教学，而课堂教学的灌输性方式及硬性内容容易使学生对道德产生反感与厌恶。因此，学校德育应当重视道德对学生精神需要的满足，不断将教育内容融于实践，将道德观念融于现实实例中，让学生在课堂教学外学习到道德责任与义务，切实地运用正确的道德观去解决现实问题。

三、德育目标

（一）德育目标的内涵

一般来说，德育目标是教育者通过德育活动在促进受教育者品德形成与发展上所要达到的规格要求或质量标准。德育目标是整个德育工作的出发点和归宿，为德育活动指明了发展方向和前进目标，提供了蓝图和依据，指导、调节、控制着德育过程，从而使教育者在德育内容的确定、德育方法和形式的选择与运用，以及德育效果的检测与评定等方面更具有自觉性和目的性。因此，德育目标对教育者自觉有效地进行德育工作具有重要的指导、选择、协调、激励作用。

（二）我国中小学的德育目标

2017年8月教育部发布的《中小学德育工作指南》，对我国中小学德育目标进行了详细的表述。[①]

1. 总体目标

培养学生爱党爱国爱人民，增强国家意识和社会责任意识，教育学生理解、认同和拥护国家政治制度，了解中华优秀传统文化和革命文化、社会主义先进文化，增强中国特色

---

① 中华人民共和国教育部.教育部关于印发《中小学德育工作指南》的通知[EB/OL].（2017-08-22）[2024-05-09].http://www.moe.gov.cn/srcsite/A06/s3325/201709/t20170904_313128.html.

社会主义道路自信、理论自信、制度自信、文化自信,引导学生准确理解和把握社会主义核心价值观的深刻内涵和实践要求,养成良好政治素质、道德品质、法治意识和行为习惯,形成积极健康的人格和良好心理品质,促进学生核心素养提升和全面发展,为学生一生成长奠定坚实的思想基础。

2. 学段目标

(1)小学低年级。教育和引导学生热爱中国共产党、热爱祖国、热爱人民,爱亲敬长、爱集体、爱家乡,初步了解生活中的自然、社会常识和有关祖国的知识,保护环境,爱惜资源,养成基本的文明行为习惯,形成自信向上、诚实勇敢、有责任心等良好品质。

(2)小学中高年级。教育和引导学生热爱中国共产党、热爱祖国、热爱人民,了解家乡发展变化和国家历史常识,了解中华优秀传统文化和党的光荣革命传统,理解日常生活的道德规范和文明礼貌,初步形成规则意识和民主法治观念,养成良好生活和行为习惯,具备保护生态环境的意识,形成诚实守信、友爱宽容、自尊自律、乐观向上等良好品质。

(3)初中学段。教育和引导学生热爱中国共产党、热爱祖国、热爱人民,认同中华文化,继承革命传统,弘扬民族精神,理解基本的社会规范和道德规范,树立规则意识、法治观念,培养公民意识,掌握促进身心健康发展的途径和方法,养成热爱劳动、自主自立、意志坚强的生活态度,形成尊重他人、乐于助人、善于合作、勇于创新等良好品质。

(4)高中学段。教育和引导学生热爱中国共产党、热爱祖国、热爱人民,拥护中国特色社会主义道路,弘扬民族精神,增强民族自尊心、自信心和自豪感,增强公民意识、社会责任感和民主法治观念,学习运用马克思主义基本观点和方法观察问题、分析问题和解决问题,学会正确选择人生发展道路的相关知识,具备自主、自立、自强的态度和能力,初步形成正确的世界观、人生观和价值观。

四、德育内容

(一)学校德育的内容

1. 爱国主义教育

爱国主义是中华民族的民族心、民族魂,是中华民族最重要的精神财富,是中国人民与中华民族维护民族独立和民族尊严的强大精神动力。爱国主义精神深深植根于中华民族心中,维系着中华大地上各个民族的团结统一,激励着一代又一代中华儿女为祖国发展繁荣而自强不息、不懈奋斗。党的十八大以来,以习近平同志为核心的党中央高度重视爱国主义教育,固本培元、凝心铸魂,做出一系列重要部署,推动爱国主义教育取得显著成效。爱国主义教育的基本内容如下。

(1)中国特色社会主义和中国梦教育。中国特色社会主义集中体现着国家、民族、人民根本利益。要高举中国特色社会主义伟大旗帜,广泛开展理想信念教育,引导人们深刻认识中国共产党为什么"能"、马克思主义为什么"行"、中国特色社会主义为什么"好",牢记红色政权是从哪里来的、新中国是怎么建立起来的,不断增强道路自信、理论自信、制度自信、文化自信。要深入开展中国梦教育,引导人们深刻认识中国梦是国家的梦、民族的梦,也是每个中国人的梦,深刻认识中华民族伟大复兴绝不是轻轻松松、敲锣打鼓就能实现的,要付出更为艰巨、更为艰苦的努力,争做新时代的奋斗者、追梦人。

（2）国情教育和形势政策教育。要深入开展国情教育,引导人们深刻认识到,我国仍处于并将长期处于社会主义初级阶段的基本国情没有变,我国是世界上最大发展中国家的国际地位没有变,始终准确把握基本国情,既不落后于时代,也不脱离实际、超越阶段。要深入开展形势政策教育,帮助人们树立正确的历史观、大局观、角色观,了解世界正经历百年未有之大变局,我国仍处于发展的重要战略机遇期,引导人们清醒认识国际国内形势发展变化,做好我们自己的事情。要发扬斗争精神,增强斗争本领,引导人们充分认识伟大斗争的长期性、复杂性、艰巨性,敢于直面风险挑战,以坚忍不拔的意志和无私无畏的勇气战胜前进道路上的一切艰难险阻,在进行伟大斗争中更好弘扬爱国主义精神。

（3）民族精神和时代精神教育。以爱国主义为核心的民族精神和以改革创新为核心的时代精神,是凝心聚力的兴国之魂、强国之魂。要聚焦培养担当民族复兴大任的时代新人,培育和践行社会主义核心价值观,广泛开展爱国主义、集体主义、社会主义教育,提高人们的思想觉悟、道德水准和文明素养。要唱响人民赞歌、展现人民风貌,大力弘扬中国人民在长期奋斗中形成的伟大创造精神、伟大奋斗精神、伟大团结精神、伟大梦想精神,生动展示人民群众在新时代的新实践、新业绩、新作为。

（4）党史、国史、改革开放史教育。要结合中华民族从站起来、富起来到强起来的伟大飞跃,引导学生深刻认识历史和人民选择中国共产党、选择马克思主义、选择社会主义道路、选择改革开放的历史必然性,深刻认识我们国家和民族从哪里来、到哪里去,坚决反对历史虚无主义。继承革命传统,弘扬革命精神,传承红色基因,结合新的时代特点赋予新的内涵,使之转化为激励人民群众进行伟大斗争的强大动力。加强改革开放教育,引导人们深刻认识改革开放是党和人民大踏步赶上时代的重要法宝,是坚持和发展中国特色社会主义的必由之路,是决定当代中国命运的关键一招,凝聚起将改革开放进行到底的强大力量。

（5）中华优秀传统文化教育。对祖国悠久历史、深厚文化的理解和接受,是爱国主义情感培育和发展的重要条件。要引导人们了解中华民族的悠久历史和灿烂文化,从历史中汲取营养和智慧,自觉延续文化基因,增强民族自尊心、自信心和自豪感。要坚持古为今用、推陈出新,不忘本来、辩证取舍,深入实施中华优秀传统文化传承发展工程,推动中华文化创造性转化、创新性发展。要坚守正道、弘扬大道,反对文化虚无主义,引导人们树立和坚持正确的历史观、民族观、国家观、文化观,不断增强中华民族的归属感、认同感、尊严感、荣誉感。

（6）祖国统一和民族团结进步教育。实现祖国统一、维护民族团结,是中华民族的不懈追求。要加强祖国统一教育,深刻揭示维护国家主权和领土完整、实现祖国完全统一是大势所趋、大义所在、民心所向,增进广大同胞心灵契合、互信认同,与分裂祖国的言行开展坚决斗争,引导全体中华儿女为实现中华民族伟大复兴、推进祖国和平统一而共同奋斗。深化民族团结进步教育,铸牢中华民族共同体意识,加强各民族交往交流交融,引导各族群众牢固树立"三个离不开"思想,不断增强"五个认同",使各民族同呼吸、共命运、心连心的光荣传统代代相传。

（7）国家安全教育和国防教育。国家安全是安邦定国的重要基石。要加强国家安全教育,深入学习宣传总体国家安全观,增强全党全国人民国家安全意识,自觉维护政治安全、国土安全、经济安全、社会安全、网络安全和外部安全。要加强国防教育,增强全民国

第八章 德 育　189

防观念,使关心国防、热爱国防、建设国防、保卫国防成为全社会的思想共识和自觉行动。要深入开展增强忧患意识、防范化解重大风险的宣传教育,引导广大干部群众强化风险意识,科学辨识风险、有效应对风险,做到居安思危、防患未然。

2. 道德品质教育

道德品质教育,是指引导学生逐步掌握社会主义的道德规范,履行道德义务,以形成学生高尚的品德。道德品质教育是德育的基础内容,它的实施是根据青少年在不同年龄阶段思维发展的不同水平来展开的。道德品质教育的基本内容如下。

(1)对学生进行日常行为规范的教育和训练,培养学生良好的文明行为习惯。教育学生遵守校规校纪,从日常的按时到校、认真听讲等做起,使学生具有基本的文明行为。

(2)对学生进行社会主义、人道主义教育。引导学生从小懂得尊重人、爱护人、平等待人,对人的困难疾苦和遭遇的不幸富有恻隐和同情之心,能善意对人,热情待人,乐于助人,主持正义,保护善良,勇于挺身而出,维护社会的共同利益。

(3)对学生进行社会公德教育。社会公德是不同社会制度下所具有的共同的社会道德,是公民素质状况和社会文明程度的最一般的标志。社会公德教育对调节公共生活关系、维护社会秩序、规范人们的社会行为有着重要作用,是纪律教育和法治教育的一个重要补充。实施公民道德和社会公德教育,要形成学生文明有礼、谦虚谨慎、正直诚实、热情大方,遵守公共秩序等良好品格。

图 8-2
社会公德

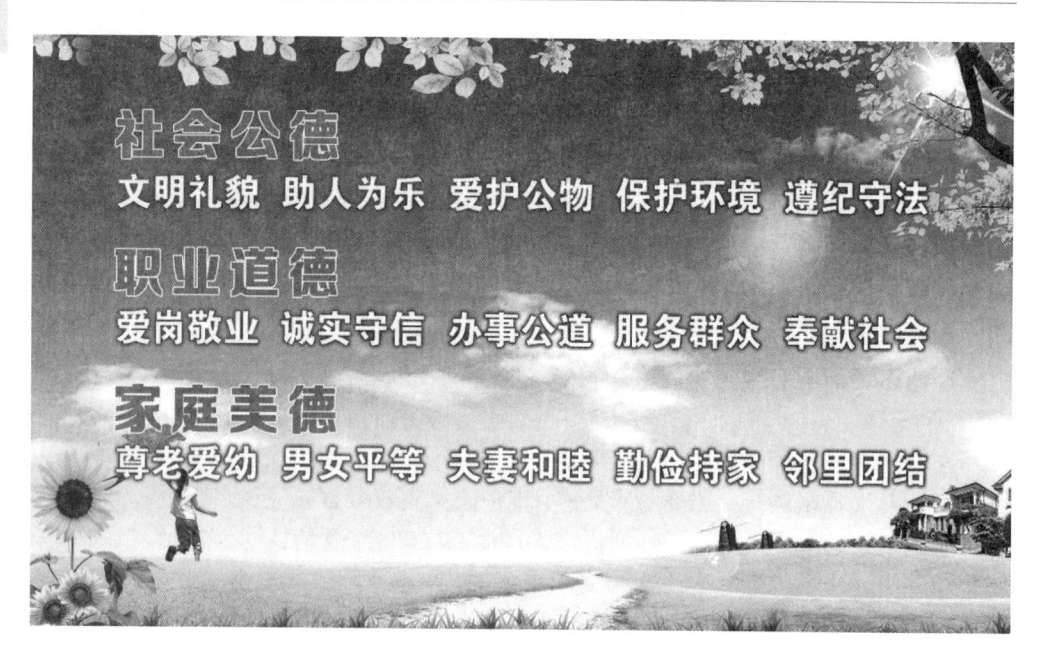

3. 民主、法治和纪律教育

高度的民主是社会主义的伟大目标之一,也是社会主义精神文明的重要内容。社会主义的社会生活和建设都需要高度的民主,需要人民的积极参与,没有民主就没有社会主义建设。我国法律是代表各民族人民利益、保卫社会主义制度和国家建设,调解社会矛盾的规范系统,是维护国家和人民利益的根本手段。纪律是具有一定约束力的行为规范,是人们协调一致地开展活动的重要保证;是一定历史条件下形成的,具有社会性、历史性和阶级性,不同阶级的纪律是相互区别的。社会主义纪律从本质上讲是自觉纪律,即依靠人民的高度自觉性和对革命事业的责任心而自愿遵守的纪律。民主、法治和纪律教育的基本内容如下。

(1)教育学生懂得社会主义民主、法治和纪律的性质,以及民主同法制、纪律之间的辩证关系。

(2)了解个人自觉遵纪守法与充分发扬社会主义民主在国家建设中的重大意义和作用。

(3)让学生从小养成自觉遵守学校、社会公共场所各种规章制度的良好行为习惯,对违章违纪的人进行规劝,勇于同违法乱纪的人和事进行斗争,以维护社会安定团结的局面。

(4)对学生进行不同程度的普及法律常识教育,做到知法、懂法、守法。

(5)培养学生虚心接受批评,敢于与坏人坏事做斗争的思想作风。

(6)让学生在集体组织的生活和实践中,学习正确地行使和运用民主权利,为日后走向社会"参政""议政"奠定一个良好的基础。

4. 集体主义教育

集体主义是共产主义道德的核心和本质,集中体现了无产阶级关心集体、助人为乐和大公无私的品质与道德关系,是贯穿各种道德规范体系的总纲,是区别一切旧道德的基本特征。集体主义教育的基本内容如下。

(1)树立大公无私、人民利益高于一切和为人民服务的思想,使学生正确处理个人、集体、国家之间利益的关系。

(2)培养学生热爱集体、关心集体,处处维护集体荣誉,树立集体荣誉感和责任感,自觉遵守集体纪律。

(3)教育学生正确处理好集体成员之间的关系,在集体生活中能与同学友好相处、相互关心、相互爱护,同时也要注意分清集体友谊与江湖义气、集体主义与小团体主义的界限。

(4)使学生知道人民群众是历史的创造者,是社会实践的主体;使学生自觉地维护人民群众的利益,保护集体的利益;使学生能相信群众、依靠群众,懂得群众是真正的英雄,人民群众是我们力量的源泉。

(5)使学生认识到个人主义是万恶之源。教育学生不仅不做只关心自己而不顾别人的利己主义者,并能与损害集体利益的极端个人主义做斗争。

5. 劳动教育

实施劳动教育的目的是使学生树立正确的劳动观,培养热爱劳动和热爱劳动人民的情感,养成良好的劳动习惯,形成基本的劳动能力。劳动教育的基本内容如下。

(1)对学生进行马克思主义关于劳动的基本观点的教育。

(2)组织学生参加一定的、力所能及的工农业生产劳动,学习一定的生产知识与技能。培养学生养成热爱劳动的习惯。

（3）教育学生爱护公共财产，树立"爱护公物光荣，损害公物可耻"的好风尚。

（4）教育学生爱惜劳动成果，进行合理消费教育。

6. 辩证唯物主义世界观教育

辩证唯物主义是马克思主义的世界观和方法论，是认识世界和改造世界的强大的思想武器。辩证唯物主义世界观教育的基本内容如下。

（1）提高学生理论修养，为形成正确的人生观、世界观打好基础。

（2）端正学生对人生的认识和态度。对学生提出的疑问或困惑等，及时给予引导和指导。

（3）使学生逐步学会运用马克思主义的思想、观点、方法看问题。培养学生实事求是的工作作风，学会一分为二地看问题。

（二）新时期德育发展的新主题

1. 生命教育

生命教育有广义与狭义两种。广义的生命教育是一种全人的教育，它不仅包括对生命的关注，而且包括对生存能力的培养和生命价值的提升。狭义的生命教育指的是对生命本身的关注，包括个人与他人的生命，进而扩展到一切自然生命。

开展生命教育是整体提升国民素质的基本要求，是社会环境发展变化的迫切要求，是促进青少年学生身心健康成长的必要条件，是家庭教育的重要职责，是现代学校教育发展的必然要求。生命教育的基本途径如下。

（1）学科教学中渗透生命教育。在自然、社会、思想品德、体育、健康教育等学科中，开展生命知识和生命伦理的教育。在地理、生物、语文、音乐、美术等学科中，挖掘生命教育的元素，有机融入生命教育。

（2）专题教育中融合生命教育。在学校开展的青春期教育、心理教育、安全教育、健康教育、环境教育、法治教育、禁毒和预防艾滋病教育等专题教育中，全面融合生命教育，从关爱生命的视角整合各种教育内容，将科学精神和人文精神相结合，赋予各种教育和管理以人文关怀。

（3）课外活动中实践生命教育。利用德育活动课、节日活动、纪念活动、仪式活动、社会实践等来实践生命教育。其中，德育活动课是实施生命教育的主要渠道。通过德育活动课，使学生在活动中掌握生命知识，从而形成正确的生命意识、生命态度。

（4）教师培训是生命教育的关键。教师要有强烈的生命教育意识和有效实施生命教育的能力。学校可采用集体培训与个人自学或实践中探索相结合的方法，开展生命教育。

（5）家庭、社会教育是生命教育的扩展空间。生命教育是一项全社会的系统工程，要取得满意的成效离不开社会的支持系统，如良好的家庭关系、和睦的邻里交往、融洽的社区氛围、积极向上的社会风气等。

2. 生活教育

生活教育是帮助学生获得生活常识、掌握生活技能、确立生活目标、实践生活过程、获得生活体验、树立正确生活观念、追求幸福生活的教育。

生活教育是学校教育的重要组成部分,是家庭教育的重要职责,对个体发展有重要意义。生活教育的基本途径如下。

(1)探究型活动方式。有目的地选择重演和再现的内容;通过设疑提问或借助现代教育技术,创造探究和发现的情境;帮助组织小群体、提供优结构的材料;鼓励运用多种方式完成发现;指导学生进行科学加工;开设研究性课程,让学生自己选题、设计方案、实施研究、撰写结题报告或论文。

(2)交往型活动方式。组织各种学习小组、研究小组、实践小队,不仅鼓励进行小群体内相互交流、共同协作,而且安排他们走出校门、深入社会访问调查。通过主题班会、联欢晚会、演讲和辩论比赛,增强学生自由准确地表达与和谐愉快地交往。

(3)体验型活动方式。学校以体验学习、体验劳动、体验爱心、体验道德为主线,开展多种多样的体验生活。在课堂生活中,倡导体验学习,并努力引导学生主动体验,调动学生情感、知觉、思维、注意等一系列心理功能。课余体验劳动的方式主要有校内执勤、保卫、搞卫生、种树、清理操场等。

(4)创造型活动方式。一方面要求教师在课堂上通过材料组织、情景创设、问题设计,努力激发学生的创造性思维,开展创造性活动。另一方面,组织大型的文化艺术节,为学生体验创造生活、展示个性特长搭建广阔舞台。

3. 生存教育

生存教育就是通过开展一系列与生命保护和社会生存有关的教育活动和社会实践活动,向受教育者系统传授生存的知识和经验。生存教育是指有目的、有计划地培养学生的生存意识、生存能力和生存态度,树立科学的生存价值观,从而促进学生个性自由全面健康发展,实现人与自然的和谐统一的过程。

生存教育是适应全面发展教育目的的重要组成部分,有助于培养学生正确的生存观念和提高学生的生存能力。生存教育要以家庭教育为基础,以学校教育为主干,以社会教育为保障,通过专题式教育和渗透式教育两大途径来实施。专题式教育可分为组织开展以生存教育为主题的专题活动和以综合课程的思路开设此类课程。渗透式教育可分为学科课程渗透和活动课程渗透。

本节小结

德育对社会与个人的发展都有重要的价值和作用。我国德育目标是按照学段制定的。学校德育的内容包括爱国主义教育,道德品质教育,民主、法治和纪律教育,集体主义教育与劳动教育。新时期德育发展的新主题是生命教育、生活教育与生存教育。

关键术语

德育任务　德育功能　德育目标　德育内容

> **讨论与应用**
>
> 以下是古代和当代的人们对"德""才"的观点和看法,请进行评述,并提出自己的观点与同学交流。
>
> 1. 古代人们对"德""才"的观点和看法
>
> 孔子强调"以德教民",认为:"道之以政,齐之以刑,民免而无耻。道之以德,齐之以礼,有耻且格。"(《论语·为政》)
>
> 孟子明确提出:"设为庠序学校以教之……夏曰校,殷曰序,周曰庠,学则三代共之,皆所以明人伦也。"(《孟子·滕文公上》)
>
> 司马光认为:"才者,德之资也;德者,才之帅也……自古昔以来,国之乱臣,家之败子,才有余而德不足也。"(《资治通鉴》)
>
> 2. 当代人们对"德""才"的看法
>
> 德才兼备;又红又专;品德为先,能力为重;有德有才是正品,有德无才是次品,无德无才是废品,有才无德是危险品。

第二节
德育过程

一、德育过程的内涵

德育过程即对学生进行思想品德教育的过程。它是指学生在教师有目的、有计划地教导下,主动地积极地进行道德认识和道德实践,逐步提高自我修养能力、形成社会主义的品德的过程。德育过程和人的思想品德形成过程是两个不同的概念,二者之间既有联系又有区别。

德育过程与人的思想品德形成过程二者之间是有联系的。一方面,人的思想品德形成规律是教育者组织教育过程的重要根据之一,如果违反它,德育工作必然会事倍功半,甚至会劳而无功。另一方面,德育过程的最终目的是促进受教育者思想品德的形成,德育影响是思想品德形成的一个极其重要的因素。

德育过程与人的思想品德形成过程二者之间又是有区别的。思想品德形成过程要受人生理成熟程度的制约,即在一定的阶段能够形成什么样的思想品德有其自身的发展规律;人的思想品德的形成是在多方面因素影响下实现的,德育只是诸多影响因素中的一个因素。

二、德育过程的构成要素和基本矛盾

(一)德育过程的构成要素

1. 教育者及其活动

凡是有目的地对受教育者施加影响的个人和团体都是教育者。因此,教育者包括校内、校外的个人与团体。如教育者校内主要有:教师及教师集体、党组织、团队组织、学生会等;校外教育者主要有:家长、家庭、社会教育机关与文化团体等。教育者不论是个人或团体都是一定社会的代表,在德育过程中起主导作用。教育者的活动主要是组织整个的德育过程,直接或间接影响受教育者思想品德的形成。

2. 受教育者及其活动

凡接受有目的的德育影响的个人和团体都是受教育者。在德育过程中,受教育者具有教育客体和教育主体的双重性质。当受教育者作为教育者的教育对象时,他是德育的客体;当受教育者接受德育,进行自我教育或对其他德育对象发生影响时,又成为德育的主体。受教育者即使作为教育的客体,也不是消极被动的,而是具有主观能动性的。受教育者形成什么样的思想品德,不仅取决于教育者的影响和其他各种外界影响的性质,而且取决于其自身如何接受各种外界影响以及自我教育的结果。

3. 德育内容和方法

德育内容和方法是教育者对受教育者施加影响的中介和手段。教育者本身也可以看作是教育的手段。教育者的人格、情感、意识、举止等都是影响受教育者的因素。因而,在德育过程中,教育者和教育手段是融为一体的。

(二)德育过程的基本矛盾

德育过程中存在的矛盾可分为三个层次:第一层次是德育过程与外部环境的矛盾;第二层次是德育过程内部的矛盾;第三层次是德育过程中主体(教育者、受教育者)自身的矛盾。

德育过程内部的矛盾决定了德育过程的性质。这些矛盾主要有:教育者与受教育者之间的矛盾,教育者与德育内容、方法之间的矛盾,以及受教育者与德育内容、方法之间的矛盾等。在这些矛盾中,教育者与受教育之间的矛盾是主要矛盾。这两者之间的矛盾主要表现为教育者所提德育要求与受教育者思想品德现状之间的矛盾。

在德育过程中主体自身的矛盾中,施教与受教之间的矛盾,相对于受教育者自身的德性发展说是外因。外因要通过内因起作用。受教育者自身发展道德的愿望与受教育者原有道德水平的差异,这是我们所说的受教育者自身的内部矛盾。这样看来,矛盾运动的过程,就是思想品德发展的过程。

德育过程与思想品德发展的关系:德育过程的矛盾需要通过受教育者自身的思想品德发展中的矛盾起作用,而受教育者的内部矛盾又是在教育活动的作用下形成的,而不是自发形成的。

三、德育过程的基本规律

（一）德育过程是促进学生知、情、意、行互动发展的过程,具有统一性和多端性

知,即道德认识,是人们对社会思想准则、行为规范等观念体系的认识,以及在此基础上的观念和对是非、美丑、善恶的评价。道德认识是在生活实践中产生的,一经形成,就成为人们确定其对客观事物的主观态度和行为准则的内在原因。因此,人的品德的形成离不开认识,道德认识是形成思想品德的基础。只有产生正确的道德认识,才能形成丰富的爱憎分明的道德情感,发生符合一定社会要求的道德行为,最终形成坚强的道德意志。所以,我们在德育过程中要有计划地传授给学生以基本的道德知识、理论和各种道德规范,逐步提高他们辨别是非、善恶、美丑、公私、荣辱的能力,形成正确的道德观。这对调节他们的行为,加深情感的体验,增强意志和信念都有极大作用。虽然道德知识在思想品德形成和发展中有如此重要的作用,但是知识的多少、认识的高低并不能完全说明一个人思想品德的真实情况。认识在没有转化为行为习惯之前,是不能单纯以此作为衡量思想品德水平高低的标志。这是因为知识或认识不是行为,也不能自发地转化为相应的行为习惯。

情,即道德情感,是人们对事物的真假、善恶、美丑所表示的喜怒、哀乐、爱憎、好恶的情绪体验。道德情感一般表现为一个人的自尊心、同情心、羞耻心等。在学生思想品德形成过程中,情感是使认识升华为信念转化成行为的中间环节,起着中介作用,就好像化学反应中催化剂的作用。当人对外在思想品德方面的要求产生肯定的情绪体验或者对人的内在体验与外在思想品德方面的要求产生共鸣时,这将有助于促进升华人的道德认识、形成道德行为、坚定道德信念。如果人缺乏相应的情感,即使有了某种道德认识也将停留在口头上。在德育过程中,我们应当重视培养学生的道德情感,要善于激发他们对道德行为的敬佩、爱慕之情,要引导他们去体验进行道德活动所获得的愉快和满足感,感知道德的价值和需求,以发展他们的深厚道德情感。

意,即道德意志,是人们在践行道德行为的过程中,自觉克服困难和障碍的能力和毅力。意志与行为联系紧密,对由知到行的转化影响很大,是调节行为的精神力量,它使人的思想品德表现出稳定性、坚毅性和专注性,正如孟子所说"富贵不能淫,贫贱不能移,威武不能屈"。思想品德意志坚强的人,能经受各种考验,克服各种困难,坚持履行正确的社会规范;思想品德意志薄弱的人,在顺境下能暂时践行道德意志的要求,在逆境下容易动摇不前、不坚定、遇难退缩,甚至背叛已有的信念。思想品德行为的践行与持之以恒,必须有坚强的意志,道德意志是思想品德形成过程中的动力条件。所以,在德育过程中,我们要注意培养、锻炼学生的坚强意志,使他们有顽强的毅力。这有助于学生坚持道德认识,深化道德情感,调节道德行为,以形成他们的信念。

行,即道德行为,是人们在道德认识、情感、意志的支配下,对他人和社会的反应以及采取的行动。道德行为是衡量一个人思想品质好坏的最主要的标志,也是德育的最终目标。评价一个人的品德如何,不仅要听其言,还要观其行。但是,受道德认识和情感驱使的行为,在没有形成习惯以前,还不能说明一个人已形成了良好的思想品德。正如黑格尔所说:"一个人做了这样或那样一件合乎伦理的事,还不能说他是有德的。只有当这种行

为方式成为他性格中的固定要素时,才可以说他是有德的。"[1] 当然,道德行为离不开道德实践,人们只有在道德行为实践中,才能深化道德认识、丰富道德情感、锻炼道德意志和增强道德信念,从而使自己的品德得到发展、道德能力得到提高。因此,在德育过程中,我们要特别注重对学生道德行为的培养,要求学生言行一致,严格遵守学生守则、学校的规章制度和社会的道德规范,并长期坚持下去,以形成良好的习惯与作风。

知、情、意、行四个要素之间具有统一性和协调性。知、情、意、行各要素都有其独立的、不可替代的作用,同时又是相互联系、相互制约的。道德认识是思想品德形成的基础和重要条件,道德情感是产生道德行为的根本动力,道德行为则是在道德认识、道德情感基础上的具体行为表现,道德意志是道德认识、道德情感、道德行为的综合表现。同时,通过行动,既能提高道德认识、增强道德情感,又能锻炼道德意志。所以说,德育过程是思想品德各要素之间相互促进和发展的过程。

知、情、意、行四个要素之间具有多端性。一般说来,德育过程中学生思想品德的形成发展是沿着知、情、意、行的顺序,但由于各要素具有相对独立性,其发展方向和水平也经常处于一种不平衡的状态,会使人的思想品德表现出不同的水平。因此,我们在实施德育时,必须根据客观条件和学生的年龄特点,针对知、情、意、行发展中的薄弱环节,选择不同的开端进行重点教育。在分析和研究思想品德发展情况或判断评价思想品德发展水平时,我们都要从知、情、意、行方面全面衡量,根据知、情、意、行之间的关系,采取灵活多变的方式,取得良好的教育效果。

总之,在德育过程中,我们既要全面考虑知、情、意、行的整体功能,针对学生思想的实际,施以"晓之以理,动之以情,导之以行,持之以恒"的教育,又应该注意根据实际情况,选择不同的德育开端。

(二)德育过程是组织学生在活动和交往的过程中接受多方面教育影响的过程,具有社会性和实践性

"人的本质并不是单个人所固有的抽象物,实际上,它是一切社会关系的总和。"[2] 受教育者的思想品德是在与外界环境的相互作用中,既在活动与交往中形成,又通过活动与交往表现出来。活动和交往是人们思想品德形成的源泉,也是德育过程的基础。

人的思想品德不是先天生成的,而是在后天教育和环境影响下形成的。在社会实践活动中,人们不断提高认识,丰富情感,磨炼意志,形成行为习惯,从而获得某种思想品德。同时,人们的思想品德又在社会实践活动中得到不断的检验和提高。而在社会实践活动中,人与人之间必然要发生各种联系和交往,在交往中形成尊重别人、关心别人、善于合作等品质。可以这样认为,任何道德行为、道德品质都是人们在工作和思想的统一中跟他人相互作用而得来的。

学生的活动与交往形式是多种多样的,有游戏、学习、劳动、各种文艺体育活动、团会活动等。学生活动的形式主要是学习,交往范围主要是教师和学生集体,学习的基本环境

---

[1] [德]黑格尔.法哲学原理[M].范扬,张企泰,译.北京:商务印书馆,1961:179.
[2] [德]马克思,恩格斯.马克思恩格斯全集(第三卷)[M].中共中央马克思恩格斯列宁斯大林著作编译局,译.北京:人民出版社,1960:5.

是班级。由此可见,学生的思想品德教育不仅要充分发挥班级团队等正式团体的教育作用,而且应开展适合学生需要的各种健康而有益的活动。

(三)德育过程是促进学生思想内部矛盾斗争的过程,具有主动性和自觉性

德育过程的实质,是要把缺乏道德经验与修养的青少年学生培养成为具有一定品德的合格社会成员。为此,教师必须按照教育目的和德育任务,有计划地向学生传授道德规范、提出道德要求以培养学生的品德,这样便构成了德育过程的基本矛盾——社会通过教师向学生提出的道德要求与学生已有品德的水平之间的矛盾。这是德育过程中最一般、最普遍的矛盾。这种德育要求是教育者根据一定社会的要求和学生思想品德的实际状况提出的,往往高于学生现有的思想品德发展水平。学生是否接受这种德育要求或接受到什么程度,总是根据其思想、认识和心理状态的产生。任何外界的教育影响,必须通过他们自身的思想认识和心理状态的折射才能发生作用。

要解决德育过程中德育要求与学生原有思想水平之间的矛盾,我们就必须清楚学生的思想品德正在形成,正确观点和错误观点也部分开始形成。一个学生进步了,说明他头脑里先进思想克服了落后思想,或者正确思想战胜了错误思想,积极因素占矛盾的主要方面;相反,一个学生退步了,必然是消极因素占了上风,成为矛盾的主要方面。由此可见,一个学生的思想无论向哪个方面发展,都必须经过他思想内部的矛盾斗争。没有这个矛盾斗争,学生的思想品德就不能形成和发展。

学生思想内部矛盾是多种多样的。从其反映的内容看,有正确思想与错误思想的矛盾;从思想品德的构成因素看,有知、情、意、行之间的矛盾。这些矛盾经常错综复杂地交织在一起,推动着学生思想品德的发展变化,一个学生无论向哪个方向发展,都要经过思想上矛盾的转化。教育者的责任不是代替学生进行思想矛盾的转化,而是遵循思想矛盾运动的规律,对学生施加影响,进行启发诱导,促进和加速学生的思想向着社会所期望方向发展。

为了促进学生思想矛盾的转化,我们要注意分析矛盾,针对不同矛盾采取不同的方法,以利于学生矛盾的转化。学生各种思想品德的形成,主要是教育的结果。教育是德育过程中起主导作用的因素。但是,学生并不是消极地接受教育,他们一旦形成与教育要求相一致的思想品德,这些思想品德就作为个体的道德修养,并转化为一种能动的自我教育力量积极参与到德育过程,成为德育过程中一支不可缺少的教育力量。

(四)德育过程是长期、反复、逐步提高的过程,具有反复性和渐进性

学生的品德是在活动和交往的基础上,其内容、形式、能力是从简单到复杂与从低级到高级的矛盾运动中发展的。学生品德正是在这种不断教育和修养的过程中,不断地经过从量变到质变,从旧质到新质的累积而螺旋式上升发展的。学生品德的这种累积发展、螺旋上升,必须经过长期的、反复的、不断提高的培养和教育。

第一,人的品德是按照社会思想政治准则和法纪道德规范行动时表现出来的稳定特征和倾向,不是偶然的或一时的行为。任何一种良好品德的形成和不良品德的克服都必然经历一个长期反复的培养教育或矫正训练的过程。我们不能认为学生按教育者的要求完成了一个正确的品德行动,就断言他已经形成了某种良好品德,或克服了某种不良品

德。只有经过长期的、反复的培养、教育或矫正、训练,学生才能形成某种稳定的品德认识和情感,并在它的支配下,一贯地表现出某些良好的品德行为方式。此时,我们才能说学生形成了某种优良的品德或矫正了某种不良的品德。

第二,人的品德是由多种因素构成的矛盾统一体,是一种不断发展变化的动态系统,而不是一成不变的凝固物。一个人某种品德一旦形成,虽然是相对稳定的,但并不是固定不变的。它是在外部环境和教育的影响作用下及内部矛盾斗争的推动下不断发展变化的,并以此满足自身发展和精神享用的需要,以及适应外部客观世界的变化和要求。

第三,随着年龄的增长,知识和生活经验的丰富,各种活动能力和自我控制能力的增强,活动范围的扩大,学生所接触的事物也越来越广泛复杂,社会对他的要求也随之不断提高。当学生已有的品德水平与社会的要求不相适应时,就需要不断地提高自身的品德水平。一个人的品德永远不会达到尽善尽美的境界。任何人的道德面貌都是可以通过教育来改变的,但也不是一经教育就立刻突变的。学生思想品德的形成是点滴积累、由量变到质变的渐变过程。

第四,在意识形态领域里,无产阶级思想道德和各种非无产阶级思想道德、正确思想道德与错误思想道德、先进思想道德与落后思想道德的矛盾斗争是长期存在的。这种长期存在的矛盾斗争必然反映到学生思想上来,并决定了他们思想上的矛盾斗争的长期性。因此,我们对学生社会主义品德的培养、教育和提高是长期的、反复的,不可能一劳永逸、一次完成。

专栏8-1

道德形成理论

道德天赋论

持这种观点的人认为,人的道德是先天的、与生俱来的、人心固有的思想。如孟子所言:"仁义礼智,非由外铄也,我固有之也。"(《孟子·告子上》)道德出于人不虑而知的"良知",和不学而能的"良能"。

一切外部影响至多是与生俱来的"善端"展开的条件,并不能改变人的本性。康德则认为,人生来就是理性的存在。受这种理性支配的、不以环境为转移的意志称为"善良意志",道德就是"善良意志"的"绝对命令"。道德属于理性世界,而教育属于感性世界,它不可能为理性世界提供任何普遍的道德原则。换言之,教育于道德则无助。

环境自发影响论

持这种观点的人不同意道德是人与生俱来的本性,而认为是后来学习的结果。人自幼像母语学习那样,从身边的每一个人那里学习各种道德规范。儿童的学习榜样是一种自然的榜样,他们是在与儿童的沟通交往中,自然地影响着儿童的口语能力或道德发展,并没有人刻意地教他们口语或道德,有意的道德教育几乎是多余的。

——黄向阳.德育原理[M].上海:华东师范大学出版社,2000:34.

本节小结

德育过程是对学生进行思想品德教育的过程,由各种因素构成。这些要素相互之间表现出各种矛盾关系以促进德育的推进。德育过程所表现出独特的基本规律,是实施德育必须要遵守的。

关键术语

德育过程　德育规律

讨论与应用

1. 班会上,班主任引入科尔伯格的道德两难问题,通过一步步地深入提问与探究,突出道德争端,从而影响学生在某一方面的道德成长,这种做法突出体现了德育过程的哪一规律?

道德两难问题是美国发展心理学家科尔伯格研究儿童和青少年道德认知发展模式时所采用的道德两难故事测验的重要组成。道德两难问题是指道德价值上互有冲突的两难问题,测验时让被试在两难推论中做出是非、善恶的判断并说明理由。例如,欧洲有个妇人患了癌症,生命垂危。医生认为只有一种药能救她,就是本城一个药剂师最近发明的镭。药剂师花了200元制造镭,而他竟索价2 000元。病妇的丈夫海因兹到处向熟人借钱,一共才借得1 000元,只够付药费的一半。海因兹不得已,只好告诉药剂师,他的妻子快要死了,请求药剂师便宜一点卖给他,或者允许他赊欠。但药剂师说:"不行,我发明此药就是为了赚钱。"海因兹因走投无路竟撬开商店的门,为妻子偷来了药。讲完这个故事后,主试向被试提出了一系列的问题:这个丈夫应该这样做吗?为什么应该?为什么不应该?法官该不该判他的刑?为什么?

2. 请思考以下魏老师的做法体现了德育过程的哪一规律?

魏书生老师对待班内犯错误的学生的方式主要有:犯了小错误就给大家唱支歌,表示歉意;犯了大一点的错误就去做一件好事,表示弥补;犯了比较严重的错误就写一份"说明书",说明一下当时的心理活动。

第三节 德育原则

一、德育原则的内涵

德育原则是指教育者对学生进行思想品德教育时所必须遵循的基本准则和要求。它概括了德育的宝贵经验,反映了德育过程的规律性。

德育原则与德育内容的选择、德育途径和方法的有效运用密切相关。教育者必须遵循德育原则的基本要求,恰当处理教育者与受教育者、学生个人与集体之间的关系,以及各种德育问题,使德育工作科学化,提高德育工作的实效。我国学校的德育原则,是以马克思主义基本原理为指导,依据我国的教育目的并结合当前的教育实际,在批判与继承我国历史和国外德育经验的基础上,通过认真总结社会主义学校的德育经验而提出的。

二、我国中小学常用的德育原则

(一)社会主义导向性原则

社会主义导向性原则,是指对学生进行思想品德教育,要把无产阶级的政治方向放在首位,对学生的德育要同实现共产主义理想和中国特色社会主义共同理想联系起来。贯彻这一原则的基本要求如下。

1. 以马克思主义基本原理为指导

马克思主义是我们党和国家的根本指导思想。德育的内容、形式、方法以及一切德育活动都必须符合马克思主义基本原理的要求。

2. 把学生思想实际与时代发展、社会实际相结合

把对学生社会主义思想体系的教育同中国特色社会主义实际和习近平新时代中国特色社会主义思想结合起来,使学校德育符合中国特色社会主义初级阶段基本路线的要求。

3. 把践行共产主义远大理想和中国特色社会主义共同理想与学生日常生活结合起来

要学生懂得共产主义远大理想和中国特色社会主义共同理想不是教条或口号,而是与我们每个人的日常生活密切联系的。这就要教育学生从大处着眼、小处着手,立足当前、放眼未来,从我做起、从现在做起,为实现中华民族伟大复兴的中国梦作出自己的贡献。

(二)知行统一原则

知行统一原则又叫理论联系实际原则,是指在我们的德育工作中,既要对学生进行系统的理论教育,提高他们的思想认识,又要通过组织学生参加实践活动进行教育,培养他们相应的道德行为习惯,把认识与实践、思想和行动统一起来,使他们成为言行一致的人。

社会主义社会培养的中小学学生,应该具有一定的思想觉悟和良好的道德行为习惯。如果在中小学德育中单纯重视理论知识的灌输而不注重实践,就容易使学生养成言行脱节、言行不一的恶习。对中小学学生来说,尤其要注重知与行统一。因为认识是行动的先导,没有正确的认识做指导,行动就会是盲目的、不自觉的,也是不巩固的。但是认识的目的在于指导行动,只有在行动中体现出来和巩固起来的认识,才能使认识更深刻持久。贯彻这一原则的基本要求如下。

1. 理论学习要结合实际,切实提高中小学学生的思想

我们必须注意用马克思列宁主义、毛泽东思想、邓小平理论、"三个代表"重要思想、科学发展观和习近平新时代中国特色社会主义思想为指导,用社会主义的道德规范来教育中小学生。同时,理论学习要紧密联系实际,包括联系我国社会主义现代化建设、人民群众的日常生活、市场经济条件下人际关系和中小学学生思想品德的实际,使学生从中得到启示、鼓舞,增长见识和受到教育。

2. 注重实践,培养道德行为

中小学学生只有通过实践活动,才能加深理论知识的理解,从而养成良好的行为习惯。如果不参与必要的社会实践活动,学生的道德选择和判断能力就很难得到锻炼与提高。因为只有在多次反复的实践活动中,学生才能增进对思想品德要求与道德行为规范的积极态度和情感,提高道德选择和判断能力,从而把自己获得的道德知识转化为道德信念,形成社会期望的优良品德。

3. 言传与身教相结合

教育者必须严于律己,既要言传又要注意身教,把言传和身教结合起来,在知行统一、言行一致上为学生作出表率。

(三)因材施教原则

因材施教原则,是指进行德育要从学生的思想认识和品德发展的实际出发,根据他们的年龄特征和个性差异进行不同的教育,使每个学生的品德都能得到良好的发展。不同年龄阶段的学生由于生理、心理发展的水平和社会成熟性不同,他们的思维、自我意识、情感、意志、行为以及个性的发展具有不同的年龄特征。同一年龄阶段的学生会因个人的经历、所受教育影响和主观条件、个人努力程度的不同而表现出不同的特点。这些要求我们在对学生进行德育时,必须依据学生的实际情况因材施教,才能有针对性地促进他们品德的发展。如果我们抹杀学生身心发展的年龄特征和个性特点,脱离学生品德实际,采取成人化的做法,就不可能使德育取得良好的效果。贯彻这一原则的基本要求如下。

1. 根据学生的年龄特征有计划地进行教育

各个阶段学生的身心发展都各有特点,教育者要研究、掌握这些特点,进行有针对性的德育教育。例如,少年期学生的抽象思维得到发展,自我意识正在迅速发展,独立性不断增强,因此,对他们要用说理、解释的方法,启发自觉,尊重其独立性、自尊心,使之深刻理解道德规范的社会意义,以形成道德信念。

2. 针对学生的个性特点进行教育

同一年龄阶段、同一班级的学生,由于每个人的遗传、环境和教育的不同,每个人的身

心发展都有各自的特殊性,形成各不相同的个性特点。因而,同一德育要求和方法运用在不同学生身上,效果就会不同,甚至相反。因此,教育者就要区别对待,针对每个学生的个性特点提出要求,运用恰当的方法,做好德育工作。

3. 从学生的思想特点出发进行德育

在同一时代,由于不同地区、不同学校、不同班级的实际情况不同,学生会形成一些不同的思想特点。同时,由于每个学生所处的生活环境和所受的教育影响不同,也会形成各自的思想特点。因此,教育者要了解各个学生的思想特点和品德实际情况,有针对性地进行德育。

4. 客观、全面、深入地了解学生

客观地了解学生,就是按照学生品德、个性的本来面貌去正确地认识他、对待他,防止主观主义的臆测和偏见。全面地了解学生,就是对学生德、智、体、美、劳特别是品德、个性等各个方面都要了解,不能只见其一、不见其二。深入地了解研究学生,就是对学生品德与个性做精细研究,真正深入到学生的内心世界,而不只是停留在对表面现象的了解上。

(四)集体教育和个别教育相结合原则

集体教育和个别教育相结合原则,是指在德育过程中教师既要教育集体、培养集体,并通过集体的活动、舆论、优良风气和传统教育个人,又通过教育个人影响集体的形成和发展,把教育集体和教育个人统一起来。集体是学生思想品德形成和发展的最佳环境与手段。学校和学生集体是学生基本的社会环境。学生的活动、交往大部分时间是在学生集体影响下进行的。学生集体对学生思想品德形成有特殊作用。学生富于集体感、友谊感,十分重视集体的活动、舆论和要求,因而集体对个人的关心、评价和要求,能促进学生的自主教育和品德培养。健全的集体以有形和无形的力量影响着每个成员,并把他们培养成集体主义者。教育家马卡连柯说:"教育了集体,团结了集体,加强了集体,以后,集体自身就能成为很大的教育力量了。"[1]集体还为青少年的智慧、才能、兴趣、爱好、个性、特长的发展提供了有利条件。正如马克思、恩格斯指出的,"只有在集体中,个人才能获得全面发展其才能的手段"。由于每个学生的气质、性格、思想基础不同,他们对待集体教育的主观态度也会有差异。这就要求教育者能深入了解每个学生的特点,辅之以个别教育。贯彻这一原则的基本要求如下。

1. 培养和建设良好的学生集体

要把学生群体培养成为良好的学生集体,关心集体的发展,开展有意义的集体活动,使之成为具有共同的奋斗目标、严密的组织、坚强的领导核心和健康的集体舆论的良好的学生集体。

2. 充分发挥学生集体的教育作用,善于通过集体教育学生

发挥学生集体的教育作用,最重要的是指导和支持学生干部做好工作,发挥他们的积极性和组织才能,并通过班干部把教师的教育意图变成学生集体的要求。同时要充分发

---

[1] [苏联]安·谢·马卡连柯.马卡连柯全集(第五卷)[M].刘长松,杨慕之,等译.北京:人民教育出版社,1956:228.

挥集体舆论、优良的集体风气和传统的作用。教师既要帮助学生在集体活动中确立正确的人际交往态度,形成合作、互助、关心、尊重的人际关系,还要组织和开展集体活动,通过活动教育学生,使之形成良好的品德。

3. 加强个别教育,集体教育和个别教育相结合

注重加强个别教育,把集体教育和个别教育结合起来,做到"一把钥匙开一把锁",使教育更有针对性。集体是由集体中的各个成员组成的,各个成员不仅有其共性,同时又各具个性。如果只抓集体教育而忽视了个别教育,那么个别学生的问题就可能会影响整个集体。如果做好了个别教育工作,就可用典型带动全体,对集体起到推动作用。因此,教师既要进行集体教育,又要进行个别教育,使学生的个性在集体中得到发展和表现。只有每个学生的个性都充分发展了,他们所在的集体才是丰富多彩、朝气蓬勃的。

(五)正面教育与纪律约束相结合原则

正面教育与纪律约束相结合原则,是指德育要坚持说理启迪,疏通引导,启发自觉,调动学生的积极性,同时辅之以必要的纪律约束,以使学生品德健康发展。说理疏导也就是循循善诱。普通中学的德育对象是青少年,他们正处在世界观的形成、发展时期,他们好学上进、朝气蓬勃,但由于知识经验少、辨别是非能力差、看问题容易简单片面,出现一时过失也是难免的。然而,只要他们获得正确的认识,其品德发展起来也很快。因此,教师要注意正面教育,说服诱导,提高他们的认识。学生良好品德的形成和发展充满着矛盾和斗争,教育者的教育和对其进行纪律约束是学生品德发展的外因,而学生内在的思想斗争是其品德发展的内因。受教育者形成什么样的品德,这不仅取决于教育影响和外界影响的性质,而且取决于他如何接受这影响和自我教育的结果。只有通过说理启迪,讲清道理,疏通引导,启发自觉,调动其积极性才能使德育要求内化为学生自己的需要。同时青少年学生对许多社会问题还缺乏经验,自我控制、自我调节的能力还未得到很好发展,需要从外部给予一定的制约。因此,教师在正面教育的同时还伴随必要的规章制度的约束和引导,以便使他们健康成长。贯彻这一原则的基本要求如下。

1. 坚持正面教育

坚持正面教育,摆事实、讲道理,以理服人。通过摆事实、讲道理,启发学生自觉地分清是非、真假、善恶、美丑。那种不讲道理而压制学生的办法,最多只能使学生口服,但不能使学生心服,不能真正解决品德培养和矫正上的任何问题,因此必须避免、杜绝。即使学生沾染了不良习气,一时失足犯了严重错误,教师也要坚持说服教育,启发他们认识错误,改正错误。

2. 发挥榜样作用

树立榜样,表彰先进,以身作则,言传身教。树立榜样,表彰先进,容易使学生比较具体地认识到哪些是对的、哪些是错的。通过先进的榜样形象,辅以说服教育,激发学生的上进心,教育、引导、激励他们向榜样学习。与此同时,教师可以适当选择一些具有说服力的典型事例教育学生,使之成为他们思想言行的警戒。

3. 正确采用惩罚手段

要以表扬为主,批评、处分为辅,利用学生的自尊心和积极向上的心理,鼓励他们

不断前进,抑制不良思想行为的产生和发展。教师恰当的表扬可以使学生良好的行为得到强化,获得积极的情感体验;而教师对错误的行为进行必要的批评,才有可能及时制止学生的不良行为。

4. 建立必要的规章制度

建立必要的规章制度,是培养他们自我控制能力和良好行为习惯的必要手段,这对于处于成长阶段而未成熟的青少年来说是十分必要的。正面教育和纪律约束是相辅相成的。如果只有正面教育,没有必要的规章制度,学生行为会无章可循,教育就可能会变成空洞说教。如果只颁布规章制度,不进行说理疏导与启发自觉,那么这种规章制度也不能起到良好的约束作用。

(六)依靠积极因素克服消极因素原则

依靠积极因素克服消极因素原则,又叫发扬优点与克服缺点相结合的原则。它是指进行德育要调动学生自我教育的积极性,依靠和发扬学生自身的积极因素去克服他们品德上的消极因素,实现品德发展内部矛盾的转化。任何一个学生的身上都不同程度地存在着积极因素和消极因素的矛盾。这个矛盾的两个方面,在一定条件下是可以转化的。学生的优点是正确教育和学生自觉努力的结果,是形成新的思想品德的基础,是克服消极因素和抵制不良影响的内在力量。学生的缺点是不良影响的结果,是接受不良影响的基础,是学生进步的障碍。形成良好的思想品德是学生先进思想战胜落后思想,积极因素克服消极因素,内部矛盾斗争和转化的过程。只要依靠并扩大学生身上的优点、积极因素,就可能使之发展成为他们思想品德中的主导方面,从而有效地克服缺点,化消极因素为积极因素。贯彻这一原则的基本要求如下。

1. 以"一分为二"和发展的观点看待学生

正确了解和评价学生是正确教育学生的前提。教师在看待学生时,既要看到积极的一面,也要看到消极的一面。特别是行为不良的学生,其优点暂时被缺点所掩盖,不易被发现。因此教师必须善于发现学生身上的"闪光点",进而引导学生用它去克服缺点。学生的品德发展主要是他们思想情感中积极一面不断得到发扬并战胜了消极一面的结果。比如,一个学生只有逐步养成了一些诚实的行为才能克服说谎的毛病,或者只有坚持遵守纪律才能改正自由散漫的行为。

2. 正确认识自己,激发品德内部矛盾斗争

青少年学生往往不易正确地评价自己,或评价过高,骄傲自满;或评价过低,有自卑感。所以,教师要帮助学生善于虚心听取父母、教师、同学等各方面的意见,正确地认识自己品德中的优点和缺点。同时,注重激发学生品德内部矛盾的斗争。学生的进步,固然需要教师起主导作用,引导他们长善救失,但主要还是靠他们自我教育,自觉发扬优点来克服缺点。

3. 长善救失,通过发扬优点来克服缺点

全面深入地了解学生,为教育学生打下了良好的基础。但是,要促进学生的品德发展,教师必须调动学生的积极性,引导他们自觉巩固发扬自身的优点来抑制和克服自身的缺点,才能使学生养成良好的品德,获得长足的发展和进步。

（七）尊重信任与严格要求相结合原则

尊重信任与严格要求相结合原则，是指在德育过程中要把对学生的热爱、尊重和信任与对学生的严格要求结合起来，使教育者对学生的影响与要求易于转化为学生的品德。青少年学生思想单纯、积极向上，如果得到师长的尊重、依赖与鼓励，他们将充分发挥自己的才智，努力提高个人的品德。这样，对他们的德育就事半功倍。如果对他们不尊重、不信赖，而是歧视、侮辱、压制，那么其后果则不堪设想。我国明代教育家王阳明深刻地总结了这个方面的经验教训。他指出，"大抵童子之情，乐嬉游而惮拘检，如草木之始萌芽，舒畅之则条达，摧挠之则衰萎。今教童子必使其趋向鼓舞，中心喜悦，则其进自不能已"[①]。贯彻这一原则的基本要求如下。

1. 爱护、尊重和信赖学生

学生是祖国的希望，民族的未来。爱护、尊重和信赖学生是教育的前提，也是师德的具体体现。苏联教育家苏霍姆林斯基曾指出："一个好教师意味着什么？首先意味着他是这样的人，他热爱孩子，感到跟孩子交往是一种乐趣，相信每一个孩子都能成为一个好人，善于跟他们交朋友，关心孩子的快乐和悲伤，了解孩子的心灵，时刻都不忘记自己也曾是一个孩子。"[②]

2. 严格要求学生

教育是从提出要求开始的，严格要求学生是出于对学生的殷切期望，出于对学生的充分理解和高度信任。教师对学生的要求要严而有格，明确、具体、适度、可行，不是无条件的苛刻要求。另外，对学生的要求一旦提出，教师就要不折不扣、坚持不渝地引导与督促学生努力做到，丝毫不能放松。只是教师在严格要求学生的同时，还应充分尊重信任学生，不能任意斥责惩罚，避免学生产生逆反心理和对抗情绪。

专栏 8-2

中小学教师职业道德规范（节选）

一、爱国守法。

二、爱岗敬业。

三、关爱学生。关心爱护全体学生，尊重学生人格，平等公正对待学生。对学生严慈相济，做学生良师益友。保护学生安全，关心学生健康，维护学生权益。不讽刺、挖苦、歧视学生，不体罚或变相体罚学生。

四、教书育人。

五、为人师表。

六、终身学习。

---

① 孟宪成.中国古代教育文选[M].北京：人民教育出版社，1979：298.
② ［苏联］B.A.苏霍姆林斯基.帕夫雷什中学[M].赵玮，王义高，蔡兴文，等译.北京：教育科学出版社，1983：44.

（八）教育影响的一致性与连贯性原则

教育影响的一致性与连贯性原则，指的是在德育过程中教育者按照德育的目标和任务，主动协调学校、家庭、社会各方面的教育力量，步调一致、前后连贯地教育影响学生，以提高德育工作的整体效果。学生的品德是在学校、家庭、社会等各方面的教育长期影响下获得发展的。这些影响纷繁复杂，不仅相互之间存在着矛盾，而且往往前后并不连贯。如果不加以组织，则必将削弱学校教育对学生的影响。尤其是在现代社会，科技的进步使得学生活动和交往的范围扩大，通过书、刊、影、视获取信息的途径也大大增多。我们要有效地教育学生，必须加强学校对各方面教育影响的控制和调节，以便形成强大的教育合力，确保学生的品德健康成长。贯彻这一原则的基本要求如下。

1. 校内各方面德育影响要保持一致和连贯

学校中的团队组织、班主任、政治教师、其他各科教师、各种管理人员及后勤部分人员都应在校长的领导下协调一致，形成统一的教育力量。学校领导需加强对思想品德教育的统一领导、定期讨论、交流情况，统一教育思想和要求，制定教育措施，充分发挥教书育人、管理育人、服务育人的作用，防止不一致所产生的分歧而削弱甚至抵制了教育影响。

2. 学校和家庭、社会的教育影响要一致

青少年社会生活与交往的广泛性、多样性、复杂性，决定了其思想品德不可能只通过学校教育就能完全得到很好的发展，特别是在信息社会显得更是如此。因此，学校教育要达到德育的目的，就必须争取学校、社会、家庭等各方面的配合，建立起相互合作的教育网络，形成开放式的德育工作的新格局。学校要发挥专门教育机构的职能，就应与学生家庭进行多种联系，向家长宣传教育科学和方法，介绍学校教育的情况，与家长共同分析和研究学生的表现，对家庭德育进行指导，协调一致地做好学生的品德教育工作。学校还要与校外的教育机关、社会各部门、各团体加强联系，使社会教育与学校教育相一致，逐步形成以学校为中心的学校、家庭、社会三结合的"教育网"，从而发挥教育的巨大作用。

3. 做好衔接工作，确保对学生的教育前后连贯和一致

如果对学生的教育影响前后不连贯、不一致，时紧时松、时宽时严、断断续续，这不仅直接影响学生良好习惯和品德的形成，而且还会导致学生在前进的道路上出现退步。为此，一方面，要做好衔接工作，包括做好各年级之间学生思想教育的衔接工作、做好班主任和教师因工作调换而产生的衔接工作。另一方面，要坚持对学生的严格要求和不断强化对学生的教育影响，以增强学生的意志，巩固良好的品德，一定要防止德育中出现前紧后松、一曝十寒的现象，这会给学生品德的成长带来不良的影响。

本节小结

德育原则是德育工作顺利开展的基本要求。我国中小学德育要贯彻的原则有：社会主义导向性、知行统一、因材施教、集体教育和个别教育相结合、正面教育与纪律约束相结合、依靠积极因素克服消极因素、尊重信任与严格要求相结合、教育影响的一致性与连贯性原则等。

关键术语

德育原则

讨论与应用

1. 请思考以下德育过程主要体现了哪一德育原则？

开学不久，陈老师发现杨朗同学存在许多问题。陈老师心想，像杨朗这样的同学缺少的不是批评，而是肯定和鼓励。一次，陈老师找他谈话："你有缺点，但也有不少优点，可能你自己还没发现。这样吧，我限你在两天内找到自己的一些长处，不然我可要批评你了。"第三天，杨朗很不好意思地找到陈老师，满脸通红地说："我心肠好，力气大，毕业后想当兵。"陈老师听了之后说："这些就是了不起的长处。你心肠好，乐于助人，这种人到哪里都需要。你力气大，想当兵保家卫国，是很光荣的事，你的理想很实在。不过，当兵同样需要科学文化知识，需要有真才实学。"听了陈老师的话，杨朗高兴极了，露出了自信的微笑。

2. 请思考以下描述主要反映了班主任哪一德育原则的运用？

有一位同学曾经这样描写他的班主任：当时"老班"对我们提的要求涉及学习生活的方方面面，那个多啊……，但是现在记得最多的也是"老班"，"老班"那近乎挑剔的指示，那慈祥的笑容，那充满期待与信任的目光……

3. 试分析下列孔子的做法主要体现了哪一德育原则？

"孟懿子问孝，子曰：'无违'。""孟武伯问孝，子曰：'父母唯其疾之忧。'""子游问孝，子曰：'今之孝者，是谓能养。至于犬马，皆能有养；不敬，何以别乎？'""子夏问孝，子曰：'色难。有事，弟子服其劳；有酒食，先生撰，曾是以为孝乎！'"（《论语·为政》）这里孟懿子、孟武伯、子游、子夏四人同是关于"孝"的提问，而孔子的回答却不一样。

第四节
德育途径与方法

一、德育途径

德育途径是指对学生进行思想品德教育所运用的具体活动渠道。学校为了向青少年学生施加教育影响而组织进行的各个不同方面的活动和工作都是德育的途径。我国中小学德育主要途径有以下几种。

（一）思想品德课与其他各科教学

这是德育的基本途径。思想品德课及其他各科教学都具有教育性，也就是说"教育永远具有教育性"，这是古往今来许多教育家早已认可的普遍道理。孔子说过："《诗》可以兴，可以观，可以群，可以怨。迩之事父，远之事君。多识于鸟兽草木之名。"（《论语·阳货篇》）这句话的意思是说教学生学诗，可以激发他们的志气，发展他们的观察分析能力，可以教人合群的本领，可以抒发人的感情；近可以侍奉双亲，远可以侍奉君主，还可以增长自然界的知识。这说明教人学诗，不仅能使人增长知识，还可陶冶人的品德。学校要充分利用德育的这一基本途径，就应当遵循如下基本原则。

第一，教师应树立教学是德育基本途径的理念。我们既反对教师将教学单纯看作是传授知识的教学观，也反对教师把德育工作当作教学之外不得不做的一项工作。教师"教书育人"是一个问题的两个方面，是一个有机的整体，防止"教书"和"育人"脱节，形成"两张皮"。

第二，教师应充分挖掘和利用各学科教材中的德育因素。中小学教材都是根据国家教育方针和培养目标，以马克思列宁主义、毛泽东思想、邓小平理论、"三个代表"重要思想、科学发展观、习近平新时代中国特色社会主义思想为指导而编写的，含有丰富的思想性和伦理性。为此，各科任课教师要深入挖掘教材内容的思想教育因素，把知识教育与思想教育结合起来。例如，在语文课教学中，教师通过引导学生学习课文中优美、感人的故事及英雄人物，可以培养学生意志坚强、见义勇为、助人为乐的优良品质；在历史课教学中，教师通过讲授中国古代光辉灿烂的文化传统，中国近代劳动人民不屈不挠与帝国主义斗争的历史，可使学生受到深刻的爱国主义革命传统和革命理想以及历史唯物主义世界观教育。在数学、物理、化学、生物等理科教学中，教师通过引导学生学习各科所包含的丰富的辩证唯物主义世界观的教育和实事求是、勇于探索的科学精神，可培养学生坚韧不拔、探求真理和实事求是的品格。在体育课教学中，教师可通过讲述运动员坚持训练、不怕苦的精神，培养学生拥有纪律观念、集体主义精神和乐观向上的生活态度。

专栏8-3

课堂上，飞来一只小鸟

语文课上，同学们都在安安静静地听课。不知怎么地，一只小鸟忽然从敞开的后门飞了进来。这如一滴水掉进油锅里，教室里一下子炸开了。孩子们欢呼着，叫喊着，拍着手，吹着口哨，还有的跑下座位追着鸟跑来跑去。我大声喊着："安静！安静！同学们坐好！"但无济于事，我的喊声淹没在孩子们的声浪中。那只小鸟惊恐地东飞西奔，左冲右突，最后朝着明净的窗户奋力冲去。随着一声惨叫，小鸟"叭嗒"一声从窗户上直栽到地上，再也不动了。

我走过去，捡起来放在手心，小鸟耷拉着脑袋，身体还温热。同学们一下子安静

第八章 德育　209

> 下来，他们似乎不明白小鸟怎么会死——他们又没有恶意去伤害它啊。我说："同学们，这只小鸟误闯到咱们教室里，我知道你们是在欢迎它、喜欢它才欢呼的。但它没有懂你们的意思，你们的喊叫声把它吓坏了，它拼命想逃出去，结果……如果你们用静悄悄的方式欢迎它，它可能就不会死了。"
>
> 同学们沉默着，好像已经后悔刚才的冲动了。
>
> 过了一会儿，一位同学说："我们怎样补偿对小鸟犯下的错误？"
>
> 同学们又七嘴八舌地说起来：
>
> "鸟是人类的朋友，它现在死了，我们要把它埋在后操场，再给它立个碑，永远纪念它。"
>
> "不行，埋了过几天它的尸体就会腐烂的。段建的妈妈是生物老师，让她把小鸟做成标本，放在我们的教室里。"
>
> 我说："同学们是无意的，如果处理得好，我想小鸟是会原谅你们的。同学们知道它是什么鸟吗？"
>
> "嘴巴长长的，一定是啄木鸟！"
>
> "不对，自然书上画的啄木鸟的脑袋是绿色的。"
>
> 我说："同学们，今天的作业就以这只小鸟为题写篇作文，可以写小鸟的样子；可以去查资料，看看是什么鸟，它有什么生活习性；也可以写今天发生的事或小鸟标本的制作方法等。"
>
> 第二天，同学们交上来的作文写得都很好，可见孩子们都很用心地去完成了。
>
> 至于那只小鸟，我们请专业人士经过科学处理把它做成标本摆在了教室后面的书架上。它以翩翩欲飞的姿势，永远地留在同学们的课堂上。

第三，教师应注意利用各种教学组织形式和教学各环节来培养和训练学生良好的思想品德行为。教师严格组织课堂教学本身，也是对学生进行思想品德教育的因素。如教师要求学生上课遵守纪律，认真完成作业，考试考出自己真实成绩，以及在课堂上对学生的回答做出正确评价等，都对学生思想品德具有重要的教育意义。

第四，教师要以崇高的师德、高尚的人格、精湛的教学艺术、严谨的治学态度来影响学生，加强对学生思想品德的引导。教师可在教育教学过程中，综合运用"教师主动施教、学生无意受教"的教学艺术，实现"随风潜入夜，润物细无声"的教育效果。

习近平总书记在2019年学校思想政治理论课教师座谈会上强调，思政课是落实立德树人根本任务的关键课程，思政课作用不可替代，思政课教师队伍责任重大。思想政治理论课要坚持在改进中加强，在创新中提高。他指出，推动思想政治理论课改革创新，要不断增强思政课的思想性、理论性和亲和力、针对性。要坚持政治性和学理性相统一，以透彻的学理分析回应学生，以彻底的思想理论说服学生，用真理强大力量引导学生。要坚持价值性和知识性相统一，寓价值观引导于知识传授中。要坚持建设性和批判性相统一，传导主流意识形态，直面各种错误观点和思潮。要坚持理论性和实践性相统一，用科学理论培养人，把思政小课堂与社会大课堂结合起来，教育引导学生立鸿鹄志,做奋斗者。要坚持统一性和多样性相统一,落实教学目标、课程设置、教材使用、教学管理等方面的统一要求,又因地制宜、因时制宜、因材施教。要坚持主导性和主体性相统一,思政课教学离不开教师的主导,同时要加大对学生的认知规律和接受特点的研究,发挥学生主体性作用。要坚持灌输性和启发性相统一,引导学生发现问题、分析问题、思考问题,在不断启发中让学生水到渠成得出结论。要坚持显性教育和隐性教育相统一,挖掘其他课程和教学方式中蕴含的思想政治教育资源,实现全员全程全方位育人。①

(二)课外与校外活动

活动与交往是品德形成的源泉和德育过程的基础,因此学校德育不仅要渗透于课堂教学之中,还要寓于课外、校外活动之中。

1. 共青团、少先队、学生会组织及其活动

共青团、少先队、学生会是学生自己的组织,通过自己的组织进行德育教育,有利于调动学生的积极性、主动性和创造性,培养学生的主人翁意识及自我管理、自我教育的能力。这些组织的名称、目标、历史、传统、自己的旗帜、歌曲、口号和特别的活动仪式等,都对成员有极大的吸引力、感召力和约束力,影响着他们思想品德的健康成长。因此,教育者可根据不同组织的特点和任务,通过健康、生动、活泼的活动,灵活地、有针对性地解决学生在思想或行动上的问题,以充分发挥组织的教育作用。

2. 课外活动

课外活动是在学校课程计划之外,利用课余时间组织学生参加的各种活动。课外活动的内容主要包括科技、文艺和体育活动等。课外活动因在时间、空间、内容和形式上均有很大的灵活性,并且具有自愿性、自主性和实践性的特点,因此能够吸引学生积极参加。教育者应充分发挥其特殊的德育作用。教育者要提高对课外活动德育功能的认识,积极创造条件,给予时间、经费、人员等保证,并根据课外活动的特点组织好课外活动。

3. 社会实践活动

社会实践活动是让学生走出校园在主动了解社会、服务社会、联系群众的活动中,通过实际锻炼和亲身体验,不断提高思想品德和完善个性发展的过程。社会实践活动主要包括军训、勤工俭学活动、社会生产劳动和社会公益劳动、自我服务性劳动、社会宣传、参观、访问、调查活动等。要使各项社会实践活动获得良好的德育效果,教育者不仅要有明确的目的,还要精心设计和组织实施活动的过程。许多事实证明,是否精心设计和组织实施活动,对其结果的好坏关系影响极大。活动的设计、组织越精心,就越能接近或达到教育目的,相反,其教育效果就差。教育者设计和组织的活动要充分考虑学生的实际和年龄特征以及精神生活的需要。那些脱离受教育者的实际而设计组织的活动,往往不能达到预期的效果,这是教育者必须应当注意的。

(三)班主任工作

班主任的主要任务是对学生进行思想品德教育,组织和培养班集体,指导学生的学

---

① 《习近平总书记教育重要论述讲义》编写组.习近平总书记教育重要论述讲义[M].北京:高等教育出版社,2020:28—30.

习,以促进学生的全面发展。班主任工作能对其他德育途径起着协助、配合和调节的作用,以取得最好的教育效果。因此,班主任工作是思想品德教育最有效的途径之一(具体内容见本书"班主任工作"一章)。

(四)家庭与社会

家庭与社会能够对学生思想品德的形成和发展给予广泛而多样的影响,特别是充满积极因素的家庭与社会环境,能更有效地促进学生良好思想品德的形成和发展。家庭与社会生活的实际情况往往容易使青少年接受或形成相应的生活方式和交往方式。家庭成员与社会成员,特别是家庭与社会中成人对事、对物、对人、对己的态度和评价,常潜移默化地影响青少年学生的是非、善恶、荣辱观念及价值观念。家庭与社会当中的各种积极因素,对青少年刚刚开始形成但又不很稳定的思想品德具有关键性的巩固和强化作用。

要使家庭与社会对学校德育发挥良好的作用,学校应做好以下几个方面的工作。

1. 构建"家庭、学校、社会(社区)"协同育人模式

学校应主动与家庭、社会(社区)沟通情况,取得家庭、社会(社区)与学校的相互配合和协作。要想取得家庭的配合与协作,学校可利用互相访问、通讯联系、召开家长会、组织家长委员会、举办家长学校等方式。学校还可取得社会(社区)的配合与协作来建立"社区教育委员会"或学校、家庭、社会三结合的教育组织,同学校主要居住区之间形成稳定的联系,同社会宣传部门和公共文化机构建立并保持经常性的联系,同专门性的社会教育机构保持稳定的联系,同有关工矿企业、村镇、部队等建立联系,开展"文明共建"或运用"联谊"等方式对学生进行各种教育。

2. 引导学生广泛接触社会,深入了解社会

学校应引导学生广泛接触社会,深入观察和了解社会,增加人生的经历和体验,增强辨别是非、善恶、美丑的能力。如果学生缺乏心灵上的体验,外在的教育就很难成为个人稳定的品德。而学生要获得心灵上的深刻体验,莫过于要通过社会实际生活和实践来实现。人在社会实际生活实践中对外在教育要求的心理感受,对于是否接纳外在教育要求具有重要作用,为此,学校应引导学生广泛接触社会、深入社会、了解社会。为了保证使学生在社会实践中获得积极的肯定的心理感受,学校不仅要加强同社会的教育联系,使社会各级政府部门也能树立育人意识,并为学生广泛接触和正确了解社会创造和提供有利条件;社会也要主动关心和参与学校德育,抓好社会成人教育工作,使其言行对青少年有良好的道德示范,这对于提高学校德育效果尤为重要。

图 8-3 学生进社区服务

3. 帮助和指导家长提高教育子女的艺术

当前,我国的家庭教育状况已经发生了巨大的变化。从家庭外部环境看,改革开放、市场经济、信息技术等都对家庭教育提出了新的挑战和课题;从家庭内部环境看,家庭的结构、子女数量、子女在家庭中的地位和作用都发生了根本性的变化。"学会做父母"成为每位父母应该具备的第一素养。

在家庭教育、学校教育和社会(社区)教育这三种教育形态中,学校教育起着主导、领导作用。学校不仅要通过各种方式密切与家庭的联系,还应注意帮助和指导家长提高教育子女的艺术。父母是孩子的第一位教师。孩子对他人、对周围一切事物、对社会的认识主要是通过父母的评价和行为来获得的。学生思德的发展在很大程度上不仅取决于其家庭的社会经济条件,而且也受家庭的道德心理和父母的教育水平的影响。在实际生活中,我们经常会看到由于一些家长不掌握教育艺术,不懂得教育孩子的方法而常常影响了孩子良好思想品德的形成和发展。例如,有的家长当孩子做错了事主动向他承认错误之时,他不仅不给予肯定,反而大发雷霆甚至大打出手,这样就容易使孩子为避免皮肉之苦而不讲实话,以致形成不良的行为习惯。若要帮助或指导家长提高教育子女的艺术,学校可通过各种形式,如家长会、家长学校、家长教育交流会等向家长传授相关的教育理论和知识,介绍青少年身心发展的特点的知识,提高他们的思想道德素质和科学文化素质,使他们以孩子能理解和接受的方式去关心、教育孩子,并尊重和严格要求孩子。

上述德育的途径各有自己的特点与功能,它们互相联系、互相补充,构成了德育途径的整体。对学校德育工作来讲,每一种途径都是不可缺少的,不应该有所偏颇。学校德育工作应全面发挥和利用各种德育途径作用,使之科学地配合在一起,从而发挥德育途径最大的整体功能。

二、德育方法

(一)德育方法的内涵

德育方法是指用来提高学生思想认识、培养他们的品德的方法。德育方法不能单纯地归结为教师运用的方法或以教师活动为主的方法。从整体上说,它是在教师的德育影响下师生共同活动的方法。具体地说,有的方法如说服、奖惩,主要是教师用来影响学生的方法,一般以教师活动为主;有的方法如锻炼,主要是在教师引导下学生自我教育的方法,则以学生的活动为主;有的方法如陶冶,需要教师利用环境的积极因素来影响学生。德育与教学不同,不仅可以依靠教师来做,而且可以依靠家长、相关社会人士来做,还可以通过学生集体活动来进行。深入了解德育的内涵,这有助于我们掌握与运用德育的方法。

(二)常用的德育方法

1. 说服教育法

说服教育法就是借助语言和事实,通过摆事实、讲道理,逐步让学生提高认识、形成正确观点的方法。说服教育法的具体方式大体可分为两类。

第一类：运用语言说服的方式，如讲解、报告、谈话、讨论、阅读等。

讲解。讲解是一种比较系统地阐述政治、世界观、道德和行为规范，提高学生认识水平和思想觉悟的方式。这种方式多用于政治课等的教学及相关的思想觉悟的专题讲座中。教师在运用这种方式时，必须注意理论知识的系统性，同时也要注意联系实际，还应考虑学生的年龄特点和发展规律，并注意主题突出且具有针对性，语言要求形象而生动。

报告。当学生思想认识上有一些普遍的问题需要解决或共同要求需要满足时，教师宜采用报告或讲座的方法。如形势报告、政策报告、英雄模范事迹报告、法治教育讲座等。但运用报告的次数不宜过多，一次报告的时间不宜过长。

谈话。谈话是教师与学生双方直接交谈、交流思想，以使学生明白某一道理的方式。谈话主要有个别谈话和集体谈话两种方式。一般做法是，教师事先了解受教育者的思想情况和心理特点，做好充分准备；创造一个良好的气氛，找准恰当的谈话时间、地点并要抓住时机；态度要真诚、热情，多用民主协商口吻；注意启发自觉性，引导学生自己思考，得出正确结论。

讨论。当学生对某些社会或道德问题有些看法，但又不甚明确、不太全面时，特别是产生了分歧或对立的看法时，教师宜采用讨论、辩论的方法。通过讨论、辩论不仅能培养学生追求真理的志趣，而且能使学生交流思想、互相切磋、共同提高。

阅读。阅读是在教师指导下学生阅读书籍、报刊以及有关专栏，以提高学生思想觉悟，补充口头说理不足的一种方式。它一般与讲解、报告、谈话、讨论等方式结合进行。它不仅可以培养学生自觉阅读的良好习惯，还可以提高学生辨别是非的能力，是一种学生进行自我教育的极好形式。

专栏8-4

与学生的一次谈话

戴同学从高一入学就有课堂随意交谈的习惯，对此班主任时常提醒，还是有一定的效果的。高二刚开学，戴同学由于连续低烧，请假达半月之久，返校不久，又值国庆长假和运动会。戴同学的学习状态明显松懈下来。

周日，班主任值班晚自修。第一节，二十分钟后，戴同学蠢蠢欲动，开始找同桌低声说话，因班主任提醒晚自修纪律，戴同学停止讲话。第二节，十几分钟后，戴同学又开始左转后转低声说话，班主任多次眼神提醒，收效甚微。第三节，班主任借检查背诵的机会，低声提醒教育，戴同学表示会注意改正。

周一，英语课堂，班主任经过教室时，看到英语老师正在讲知识点，戴同学却在与同桌说话，当他看到班主任时停止讲话。班主任当时很生气，感到这个学生言而无信。但是，班主任还是决定再观察一下，因为对戴同学的直接提醒作用并不明显。

在班长和纪律委员的帮助下，班主任收集了近两天戴同学不良习惯的表现情况，打算周三与戴同学面谈。

以下内容班主任简称"班",学生简称"戴"。

班:这几天,你在课堂上经常有讲话现象。(戴沉默)

班:没什么话要说吗?我星期天刚刚交代你要注意。

戴:有地方有不好嘛,就听听。

班:为什么知道是不好,还要老师经常提醒?(戴沉默)

班:你有在饮水机前洗过手吧,我看到你接过水,地面湿一片。

戴:(咂嘴,情绪开始激动)我没有洗过手,只不过会接水洗杯子,可能水洒出来了。

班:你看,你说出你的情况,老师就认识到可能对你有错误的认识了。

戴:那有缺点嘛,可以说给我听听,没有的话,我要说说嘛。

班:老师喜欢当面跟你说对你的认识。你也当面跟老师说说你的情况和感受吧。这样是不是能更好地解决问题?

戴:我有努力改呀,你总不能今天对我提出要求,明天就要我马上改好吧。

班:老师是今天提醒明天就要求你改好吗?

戴:是呀,你星期天对我说嘛,我有注意呀。

班:你的这个问题,老师是从星期天开始提醒的吗?从你高一刚入学,老师就开始提醒了吧,提醒了很多次吧。这四百多天,是今天和明天吗?(戴咂嘴,但有理亏神色)

班:老师认为根本原因是你重视程度不够,认为这个毛病没关系。

戴:但是,我真的有努力改呀,现在比高一不是好很多了吗?

班:(微笑)是有好些,但是你依然是班级里最会课堂随意讲话的一个,为什么?

戴:那我在自修课轻声说说,又不会影响别人。

班:真的对别人没有影响吗?你认为我们的班规规定晚自修尽量先完成能独立完成的作业,不合理咯?

戴:那也不是。

班:那为什么会有现在的谈话?

戴:(解嘲式微笑)是不够重视。

(班主任轻声笑,显得气氛比较轻松)

戴:但是课堂也不是我特别想讲,有时候是他们问我事情。

班:他们问的是什么事情,跟课堂有关吗?

戴(沉默片刻):那他们问,我总不能不理吧。

班:课堂中问课堂以外的事,你认为应该理吗?

戴(轻笑,眼神闪烁,理亏的神情):是重视不够。

班:你这样的认识和老师的判断是一样的。你知道接下来怎么办了?

戴:认真改改。

> 班：如果他们在课堂找你。你就别理了。课后再说明一下，老师已经注意我了，别让我老去办公室好了。
>
> 戴（笑着）：哦。
>
> ——郑金燕《当刺猬亮出武器》

第二类：运用事实说服的方式，如参观、访问、调查等。

参观。参观是让事实说话，通过接触实际来提高学生的思想认识的一种方法。如参观历史博物馆、烈士陵园等对学生进行革命传统教育；参观现代化工厂、大型建设工地等对学生进行远大理想教育。

访问。访问是指走访一些典型人物，如劳动模范、战斗英雄、革命前辈、改革家等，以丰富学生的感性认识和情感体验的一种方法。

调查。调查是指有目的、有计划地为获取一些足以说明问题的第一手资料而去某地、某单位调查了解，进而巩固和加强学生思想认识的一种方法。

运用说服教育法要注意以下四点要求。

一是明确目的性。说服要从学生的实际出发，注意学生的个别特点，针对要解决的问题，有的放矢、切中要害，启发和触动他们的心灵，为他们所接受。说服切忌一般化，空洞冗长、唠叨，使学生感到单调、厌烦，甚至抵触。

二是富有知识性、趣味性。青少年渴求知识，期望更多地了解社会、人生，故选用的内容与表述的方式要力求生动、有趣，使学生喜闻乐见，留下深刻印象，并乐于去实践。

三是注意时机。说服的成效，往往不在于花了多少时间、讲了多少道理，而取决于是否善于捕捉教育的时机，引起学生的情感共鸣，并为他们所接受。

四是以诚待人。教师的态度要诚恳、富有感情、语重心长，与人为善。只有待之以诚，才能打开学生的心灵，使教师讲的道理被学生接受。

2. 情感陶冶法

情感陶冶法是通过创设良好的情境，潜移默化地培养学生品德的方法。它的特点是既不向学生传授系统的道德知识，也不对他们提出明确的要求，而是寓教育于情境之中，通过按教育要求预先设置的情境来感化与熏陶学生。情感陶冶法既没有强制性的措施，也难有立竿见影的功能，但它对学生有潜移默化的效果，能给学生品德发展以深远的影响。情感陶冶主要包括人格感化、环境陶冶和艺术陶冶等。

（1）人格感化。它是指教育者以自身的品德和情感为影响因子对学生进行的陶冶教育。在这种情况下，教师不是通过说理和要求教育学生，而是以自己的高尚品德、对学生的深切期望和真诚的爱来触动、感化学生，促使学生思想转变，积极进取。教师的品德愈高尚、对学生的关怀和爱愈真挚，他对学生人格感化的力量就愈大。但是，有的学生可能会对教师说理产生反感，对此便需要从关怀入手，致力于感化教育，最终导致学生转变思想。

（2）环境陶冶。环境影响对学生品德成长有重要陶冶作用。一般情况下，良好的环境总是陶冶人的良好品德，不良境遇则往往影响人的思想行为。我们应当自觉地为学生创设良好的环境，如美观清洁的校园、朴实庄重的校舍、明亮整洁的教室，有秩序、有节奏的教学活动和作息安排，良好的班风和校风等。如果我们能创设这样良好的环境，就可能保证学生品德的健康成长。

（3）艺术陶冶。艺术是人类智慧的结晶，主要包括音乐、美术、舞蹈、诗歌、文学、影视等。艺术来自生活、高于生活，形象概括，寓意深刻，感人至深，不仅给学生以美的感受，而且能够熏陶他们的性情。我们应重视组织学生阅读文学诗歌、聆听音乐、欣赏画展、观看影视，或引导他们自己去创作、表现、演出，从中获得启示、受到陶冶与教育。

运用情感陶冶法要注意以下几点：创设良好的情境；与启发说服相结合；引导学生参加情境的创设等。

3. 实际锻炼法

实际锻炼法是有目的地组织学生进行一定的实际活动以培养他们的良好品德的方法。青少年学生品德的培养离不开锻炼，只有在社会生活和道德实践的过程中才能形成、发展和完善。离开了实际锻炼，不论用什么方法都不能有效地培养学生的良好品德和习惯。所以，实际锻炼也是德育的一个基本方法。但是，今天我们学校的德育，重言而不重行，重说服而不重实际锻炼，使不少学生嘴上说得好听而实际的品行却不佳，这是一个很严重的问题，应当通过加强学生的实际锻炼来解决。实际锻炼法主要包括练习、强化训练、委托任务、组织活动等。

（1）练习。培养青少年的良好行为习惯，如爱清洁、讲礼貌等文明行为习惯，必须通过反复的练习。例如要培养学生养成运用"您好、请、对不起、谢谢、再见"等礼貌用语的良好习惯，要求他们在同学交往中练习、在社会生活中实用，这样坚持下去才能形成良好的品德。

（2）强化训练。这是培养一些基本品德的基础。通过引导学生遵守一定的制度，培养学生的组织性、纪律性、顽强的意志和严格要求自己的好习惯。强化训练是一种很重要的实际锻炼，对缺少独立性和自我控制能力的青少年学生来说，尤其要加强遵守各种规章制度和纪律的锻炼。如果发现学生未遵守制度或未达到制度规定的要求时，教师应了解学生的实际情况，并要求学生根据制度要求规范自己的行为。

（3）委托任务。教师或学生集体委托学生个人完成一定的工作任务，也是一种重要的实际锻炼。例如，委托学生担任课代表、办墙报、布置教室、筹备晚会节目、完成某项社会工作等。通过完成委托任务，不仅能提高学生的工作能力，而且能培养他们的工作责任感、集体主义意识，提高思想水平。

（4）组织活动。组织学生参加各种实践活动是很重要的道德锻炼。这些活动主要包括学习、课外活动、劳动以及一定的社会实践活动等。在活动中，学生要遵循一定的规范，克服困难，经受锻炼，以养成各种好的品德。特别是通过社会实践，包括社会调查和社会服务，能使学生接触社会、了解国情、察悉民心，有助于学生提高品德素质、正确理解党和国家的政策和认清自己肩负的使命，形成正确的理想和人生观。

运用实际锻炼法要注意以下几点：坚持严格要求；调动学生的主动性；注意检查和

长期坚持。

4. 榜样示范法

榜样示范法是以他人高尚思想、模范行为和卓越成就来影响学生品德的方法。榜样是形象而生动的,把道德观点和行为规范具体化、人格化了,对学生具有极大的感染力、吸引力和推动力。而青少年学生又富有模仿性,爱效仿父母、师长、学习有威望的同学,尤其崇拜伟人、英雄、成功人士。在良好的环境里,榜样的力量是无穷的,它能给学生以正确方向和巨大力量,引导他们积极向上。但在缺乏制度纪律和正确舆论的环境里,榜样的作用则将受到局限。榜样主要包括典范、示范、评优等。

(1) 典范。历史伟人、民族英雄、革命导师、著名的科学家、思想家和各方面的杰出人物,他们是民族的代表、人类的精英,是青少年学习的典范。他们的不平凡的一生、伟大的事业、崇高品德和光辉形象,对学生有极大吸引力,容易激起学生对他们的敬仰之情,对照典范严格要求自己,推动自己积极上进。引导学生确定学习的典范,是德育的重要方法。

(2) 示范。教师、家长和其他长者给青少年学生所作的示范,也是学生学习的一种榜样。尤其是教师与父母,共同肩负着培育青少年学生的重任,也容易得到学生的信任。他们的言谈、举止、仪态、作风、为人处世和各方面的表现,都对学生起着示范作用,产生潜移默化的深远影响。

(3) 评优。从学生中评优,主要包括评优秀个人和优秀集体。这也是一个运用榜样的方法。当然,学生中的优秀个人,不可能那么完美与稳定。但优秀个人产生于学生,是学生所亲近与熟悉的,容易引起学生的关心与学习。尤其是青少年积极向上、不甘落后,因而有必要在学生中适当运用评估、开展一些竞赛,它可以促进学生中的互相学习、你追我赶,共同提高。

运用榜样示范法要注意以下几点要求:选好学习的榜样;激起学生对榜样的敬慕之情;引导学生用榜样来调节行为,提高修养。

5. 品德评价法

品德评价法是根据一定的要求和标准,对学生的思想言行做出评价的方法。它是一种对品德发展的强化手段。品德评价主要有表扬和批评、奖励与处分、操行评定等手段。表扬、奖励是对学生的良好思想、行为做出的肯定评价,以引导和促进其品德积极发展的方法。批评、处分是对学生不良思想、行为做出的否定评价,以帮助他们改正缺点与错误的方法。公正、严明的奖惩,可以帮助学生分清是非、善恶、美丑,认清自己的优缺点,明确努力的方向;还可以培养学生的荣誉感、羞耻感、道义感,激励他们积极进行自我修养、长善救失,提高个人道德水平和自觉捍卫学校和社会的道德规范。

(1) 表扬和批评。这是德育中常用的方法,一般以表扬为主,批评为辅。但两者相辅相成,缺一不可。表扬不可滥用,批评不可缺失。运用之妙,在于适当、符合实际。

表扬一般可分为赞许和颂扬两种方式。赞许是教师对学生一般的好思想、好行为表示的称赞或欣赏,多以口头表示或点头、鼓掌等动作表示。当发现学生有一些好的现象时,可以立即做出肯定的评价。它能给学生及时的鼓励,以巩固和发展这些萌发出来的好的表现。颂扬是对学生比较好的思想和行为表现郑重做出的好评,可以口头当众宣布,也可以墙报形式张贴出来。

批评是对学生不良思想、行为的指责,这是较常用的。当发现学生有某种不良表现时,就及时给予适当批评,提醒学生注意和改正。批评可以对个人,也可以对集体。无论对个人或集体进行批评,都应根据实际情况的需要来决定如何批评。

（2）奖励与处分。奖励是对学生突出的品行做出的较高评价。它既可以是物质奖励,也可以是精神奖励,两者可以单独使用,也可以合并使用。奖励一般包括颁发奖状、发给奖品、授予称号等方式。处分是对学生所犯错误的处理,一般包括警告、记过、留校察看、开除学籍等情况。

（3）操行评定。操作评定是指一定时期内对学生思想品德所做的比较全面的评价。它包括肯定的评价和否定的评价两个方面。操行评定应符合以下几个特点:全面性,内容包括学生的学习成绩、品德修养、对各种活动的态度、个人兴趣、爱好、特长等多方面;相对性,评价学生是先进、居中还是落后;激励性,对学生肯定优点,指出缺点,能够对他产生激励性的教育作用;客观性,能够恰如其分地反映每个学生的特征。

运用品德评价法要注意以下几点:评价要有明确的目的性,不能把奖励或批评当作是教师教育学生的手段,评价应公平、正确、合情合理;评价应发扬民主、获得群众支持;注重宣传与教育。

专栏8-5

"荣"错——犯错也是一种贡献

"很荣幸,我错过,错是一种贡献。"这是"融错教育"的第三层含义。华应龙说:"很多老师认为学生不该'错',而我认为学生可以'错',学校、课堂就应该是学生犯错的地方。"更何况爱因斯坦也说过,失败是发现一条走不通的道路,这对科学就是很大贡献。

因此,在北京第二实验小学,我们会听到学生这样说:"老师,刚才我是这么错的。"在这里,孩子们不再把犯错误当作一件见不得人的事,而是充分认识到错误是有价值的,所以才会说出来和大家一起分享。

华应龙说:"在这样一种融错的教育中,积淀下来的就是孩子创新的人格。在学习的过程,他不但掌握了知识,而且还养成了敢于尝试的良好习惯,错了、失败了,他会去分析,然后再不断地探索。这种教育能帮助孩子磨炼出百折不挠的意志品质。"

——《中国教师报》

---

6. 自我教育法

自我教育法是在教师引导下学生经过自觉学习、自我反思和自我行为调节,使自身品德不断完善的一种重要方法。学生品德的提高是一个能动的发展过程,它的成效与学生个人能否自觉主动进行道德修养紧密相关。学生的年龄越大,他们个人进行的道德修养在自身品德发展中的作用也越大。因此，德育不能不重视学生的道德修养和提高他们的修养能力。我国古代教育很重视修养，如孔子提倡君子要注意"内自省""内自讼"，荀子指出"君子博学而日参省乎己，则知明而行无过矣"。他们都注重通过坚持反省，以自我教育来提高个人的品德。自我教育主要包括学习、座右铭、立志、自我批评、慎独等。

（1）学习。这是指为提高思想而进行的学习。个人道德修养的提高，主要有赖于学习人类积累的科学知识和道德经验，特别是学习马克思主义的革命理论。所以，我们要注意引导学生善于通过学习吸取思想营养来提高自己。

（2）座右铭。引导学生依据个人品德中的弱点或所确定的奋斗目标，选出有针对性的格言记在心中，或置于桌上，或贴于室内，用以自醒、自律、自励，使自己获得教益。这是修养的一种好方法，它能帮助学生抓住个人的主要问题，经常反省、长期坚持，以达到真正提高。

（3）立志。立定人生志向，树立远大思想抱负，使之成为个人前进的动力。这既是教育的一种方法，也是教育的一个重要内容。我国古代教育很重视学生立志，《学记》中十分强调"士先志"，对学生的考查第一年就是"离经辨志"，即辨别学生的志向。今天，我们仍要吸取这一经验，加强学生的理想教育，帮助他们立志，根据社会的需要和结合自己的条件、特点规划自己的奋斗目标，并勉励和督促他们为实现自己的志向和目标而坚持不懈地努力。

（4）自我批评。它是青少年学生进行自我教育常用的一种方法，包括自我反省、自我批评等。毛泽东同志提倡经常进行认真的自我批评，把它作为提高思想觉悟、防止不良习气影响的有力武器。我们应当从小培养学生逐步掌握自我批评的方法，具有自我批评的习惯和能力。

（5）慎独。这是自我修养的最高境界。慎独要求一个人在无人监督的独处情况下也能自觉地、坚贞不渝地按道德规范严格要求自己。刘少奇同志在《论共产党员的修养》中强调了"慎独"的重要性。但我们对青少年的品德修养不能要求过高、过急，首先要培养学生进行道德修养的自觉性，鼓励他们向慎独的方向努力。

运用自我教育法要注意以下几点：培养学生自我修养的兴趣与自觉性；指导学生掌握修养的标准；引导学生积极参加社会实践。

图8-4
心理戏剧角色扮演

7. 角色扮演法

角色扮演是指个体按其特定的地位和所处的环境，遵循角色期望所表现出来的系列行为。角色扮演是一个综合学习的过程，是在人际互动中进行的。在角色扮演过程中，学生可以了解社会对他的道德期望和道德要求，并形成与此期望相一致的道德行为模式。在扮演的过程中，个体必须遵守角色的职责规定，一方面要满足自身的需要，另一方面还要内化角色期望,并将它所代表的社会要求逐渐融入个体之中,成为个体的行为标准。个体正是在扮演各种角色的过程中,把各种社会道德要求内化为自身的行为标准和价值目标,使社会道德内化为个体道德的必然性能够转化为现实性。角色扮演主要包括准备、角色扮演、讨论与评价、总结经验等四个阶段。

（1）准备。首先,确定所要扮演的故事及其存在冲突,这可以是来自历史、现实生活中的真实的事件,也可以是引用德育教材中的故事情节,还可以是教师根据教学需要进行的创造。故事情境应该具备可操作性,情节的冲突应该与所教授的内容紧密相关,体现出道德的品质,可以引发学生的思考。其次,解释角色扮演,对角色进行分析与分配。组织学生对角色进行分析,可以启发学生自己根据角色的性格特征来设定其语言和行为,根据教学主题的需要,挑选参与者来扮演不同的角色。同时配备观察者,使其在观看表演的时候能够看到真正的冲突,引发自己的认知和感受。最后,场景的设置,由学生自选或者自制道具,自己来设计舞台或者服饰,这能够提高学生的审美情趣,充分地展示学生的才能,使不同才能的学生共同参与到这个活动中来,提高集体凝聚力。如在人际交往的学习中,教师可以根据学生在交往中经常遇到的问题,编写学生所要扮演的故事,在学生自愿报名的情况下,选择角色扮演者,同时鼓励观察者积极思考。

（2）角色扮演。当一切都准备就绪后,就开始进行角色扮演活动。在这个过程中,学生并不需要表演一个平顺的剧情,也不需要每一个角色都知道如何回应,而是能根据实际情况持续角色扮演或中断角色扮演。在这个过程中,教师要充分地调动学生参与的积极性,不仅是参与扮演角色的学生,还有那些观察者,使他们能够意识到自己的情绪和感想,为下一步的讨论做好准备。如教师在讲解"公民权利和义务"这一内容时,通过班上同学自己演小品来创造一个模拟的侵权情景,然后引导学生去分析这一情景中所涉及的法律知识。

（3）讨论与评价。当角色扮演结束后,对角色扮演的过程进行回顾,可分小组讨论和评价人物言行。在这个过程中,每一个小组都可以派出代表进行发言,表达自己的看法,把自己的感受和认识转化为语言,也可以用辩论或者其他有效的方式来进行。讨论焦点应放在扮演角色的行为的动机和后果上,可用提问方式增进观察者对角色的思考,适时就表演者动作或用语是否符合角色进行讨论。在这个过程中,教师还可以给出今后行为选择的建议。这个过程很关键,这是将学生学习到的道德认知和道德体验与今后的行为建立联系的过程,好的建议对学生以后的行为有很大的帮助。在这个过程中,学生可以根据教材的要求,在教师的指导下进行。

当讨论结束后,学生可以再次表演,大胆地表演修正过的角色。这个过程中,教师可以调动他们的积极性,使学生能够充分地体现出自己的认识,还可以充分调动他们的想象力。例如,对于一些存在人际交往障碍的学生,通过对问题的修正,可以让他们找到自己存在的问题,在修正表演中,可以体验到正确掌握人际交往技巧给他们带来的积极体验。

（4）总结经验。教师在总结角色扮演的过程中,要启发学生把问题情境与现实、经验和实际的问题联系起来,探索今后适当的处事方法和原则。因为角色扮演活动的经验既要有直接个体体验,也有对事件的间接认识,所以说这个过程是很有必要的。它使问题情境与真实情景相关联,探讨行为的普遍原则,可以使德育具有最大的实际效果。

角色扮演强调学生的主体地位,改变了传统教学所存在的问题与不足。从上述角色扮演的程序中，我们可以看出，角色扮演所具有主体性、情境性和活动性的特点，十分契合德育的基本原则，合理地应用这样的方法，对于提高德育教学的效果具有极大的促进作用。

实施角色扮演法要注意以下几点：让学生共同参与，引导学生根据自己的兴趣和能力选择角色；运用具体活动的场景或提供学习资源的方式，激起学生主动学习兴趣、提高学习效率；选择的角色不仅要和知识点相关，而且应是学生所向往的；教师适当参与到活动中来，可以调节活动中出现的问题或扮演适当角色。

由此可见，上述德育方法各有特点与作用，每一种方法都是进行德育所不可缺少的，但又不是万能的，它们之间相互补充、配合，构成了德育方法的完整系统。青少年品德的培养，不可能通过个别方法来实现，必定是科学地综合运用全部德育方法的结果。所以，教师要熟悉全部德育方法，善于创造性地运用。在特定的情况下，教师可根据德育的具体任务、学生的年龄特征和具体的情况等因素来选择适宜的方法。

本节小结

德育的实施可以通过思想品德课与其他各科教学、课外与校外活动、班主任工作、家庭与社会等途径完成。在德育实施中可以采用的方法有说服教育法、情感陶冶法、实际锻炼法、榜样示范法、品德评价法、自我教育法及角色扮演法。

关键术语

德育途径　德育方法

讨论与应用

1. 请思考教师的这些做法主要运用了哪些德育方法？

针对中学生感受力强、好模仿的特点，班主任引导学生来美化班级的物理环境和文化环境，以期引起学生的情感共鸣，起到净化学生心灵的作用。同时，注意自己外在形象的大方得体、注重语言美与行为美，通过自己的个人魅力来影响学生。

2. 下面教育案例中，阎老师既不点名也不纠错，很好地解决了一个青春期阶段学生既敏感、又棘手的问题。试分析阎老师的这样一个高招运用了哪些德育方法？

开学时接任一个新班没几天，阎老师无意中发现不少男生的头发很长。过去他遇到这种情况时，常常当面指出，但效果往往不佳。现在，阎老师在琢磨着可以用什么办法来劝告他们，帮助他们真正从思想上提高认识。终于，阎老师想出了一种合适有效的教育方法。

一天下午，阎老师特地去了理发店，把自己不长的头发又精心地理了一次。下午上课前，阎老师不动声色地来到班里，召集全班同学开了个5分钟交流会。阎老师首先问："看谁最先发现班中有哪些变化？包括我和你们。"当学生发现并说出老师理发了，阎老师话锋一转:"现在我很想知道老师理发后你们的感觉怎样?这样好吗?"于是阎老师听到了一片赞扬声。最后,阎老师说:"有位名家说得好,真心诚意地赞美别人一句,就能让人多活20分钟!因此,我感谢今天同学们真心实意的夸奖!"5分钟交流会在愉快的氛围中结束了。阎老师没有点任何一个留长发的男生姓名。第二天阎老师再去上课时,欣喜地发现那几个男生的头发变短了,有的还剪了小平头。

"讨论与应用"
答题思路与要点
(扫描二维码)

本章复习思考题及答案
(扫描二维码)

拓展阅读书目
(扫描二维码)

第九章
班主任工作

同学们，当你们从四面八方来到学校，共同走进一间教室成为班级一员，学校一般会安排一名老师做你们的班主任。在班主任老师的带领下，你们互相认识，彼此熟悉，建立友谊；你们学习，你们成长，有苦有甜。请回想：以前你们的班主任做了哪些工作？他或她是怎么做的？你们的班主任当年做了哪些工作让你佩服，对你影响很大？假设你做了班主任，你会如何与学生相处？你想做个让学生喜欢的班主任吗？本章的知识将会对你有所启发。

通过本章学习,你能够:
- 了解班主任工作的意义与任务
- 掌握班主任工作内容和方法
- 理解新时期班主任工作中存在的问题
- 了解新时期对班主任素质的要求

【本章结构】

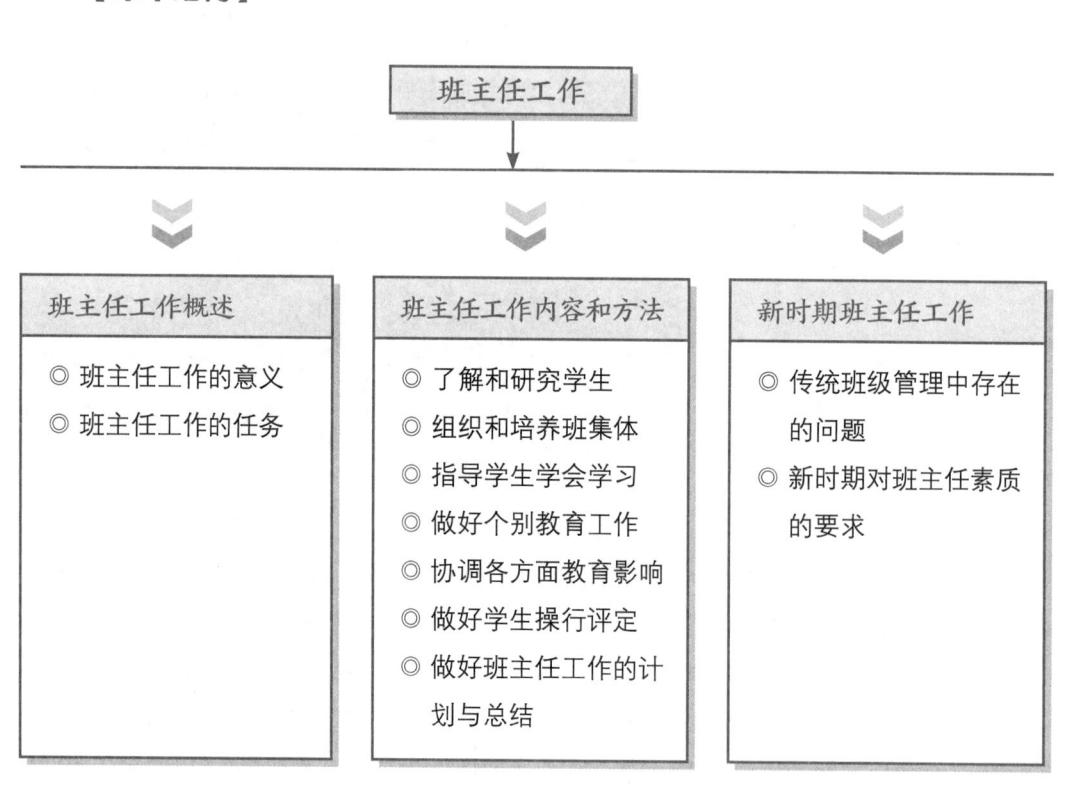

```
                        班主任工作
                            │
     ┌──────────────────────┼──────────────────────┐
     ▼                      ▼                      ▼
班主任工作概述        班主任工作内容和方法        新时期班主任工作

◎ 班主任工作的意义   ◎ 了解和研究学生          ◎ 传统班级管理中存在
◎ 班主任工作的任务   ◎ 组织和培养班集体           的问题
                    ◎ 指导学生学会学习         ◎ 新时期对班主任素质
                    ◎ 做好个别教育工作           的要求
                    ◎ 协调各方面教育影响
                    ◎ 做好学生操行评定
                    ◎ 做好班主任工作的计
                      划与总结
```

本章主要是回答班主任"是什么""做什么"的问题,它有助于你更加清晰地认识班主任工作的意义、任务、内容与方法,特别是认识在新形势下班主任是如何开展工作的。

第一节
班主任工作概述

一、班主任工作的意义

班主任是教师队伍的重要组成部分,是班级工作的组织者、班集体建设的指导者、学生健康成长的引领者,是学生思想道德教育的骨干力量,是各种教育力量的协调者和联系纽带,是学校实施素质教育的主力军。

班主任工作关系到学校的教育教学质量。一个学校的教育质量归根到底是由各班的教育质量决定的,而各班的教育质量如何,在很大程度上取决于班主任工作的质量。班主任既是党和国家的教育方针和学校教育要求的执行者,是学校教育第一线的骨干力量,是学校领导实施教育、教学计划的得力助手,又是全班学生的组织者、教育者和领导者。

班主任工作关系到年轻一代的健康成长。在日常生活中,与其他任课教师相比,班主任与学生交往最多、关系最密切、对其影响也最大。班主任不仅是对学生进行教育的主要责任人,而且也最有可能成为促进学生发展的重要他人,在学生的全面健康成长中起着引导的作用。作为班主任,既要全面关心学生,利用各种机会对学生进行政治思想、道德面貌、个性品质等方面的教育,又要关心全体学生,促使每一个学生在德、智、体、美、劳等方面全面与和谐地发展。

二、班主任工作的任务

(一)对学生进行思想品德教育

班主任的首要任务是对学生进行思想品德教育,这也是班主任工作的重点。《中共中央国务院关于进一步加强和改进未成年人思想道德建设的若干意见》《中小学生守则》《中学生日常行为规范》《新时代公民道德建设实施纲要》等要求班主任加强对学生进行爱国主义教育、理想信念教育、安全法治教育、职业道德教育、心理健康教育以及行为养成教育等,为学生树立正确的世界观、人生观、价值观和择业观奠定良好的基础。有效的班主任工作,可使学生养成良好的学习习惯、生活习惯、懂文明、讲礼貌,能够做到:自尊自爱、注重仪表;遵规守纪,勤奋学习;真诚友爱,礼貌待人;勤劳简朴,尊敬师长;遵守公德,严于律己;正确择业,奉献社会。

(二)提高全班学生的学习质量

如果说学生的主要任务是学习,那么提高全班学生的学习质量是班主任工作的重要职责。班主任应团结、协助本班的任课教师,教育引导学生树立正确的学习观,端正学习态度,遵守学习纪律,改进学习方法,激发学习动机,养成良好的学习习惯。同时,班主任还要和任课教师一起做好本班学生的个别教育工作,使每一个学生在原有基础上都能有所进步、有所提高。

(三)组织开展丰富多彩的活动

班主任要积极组织、指导学生参加学校组织的各项活动,比如体育活动、军训、公益劳动等社会实践活动。班主任也要协助学校贯彻实施《学校体育工作条例》《学校卫生工作条例》,教育学生坚持体育锻炼,养成良好的劳动习惯、卫生习惯和生活习惯。班主任还要指导学生参加有益身心健康的科技、文娱、社会活动,以发展学生兴趣,培养学生特长,增强学生的社会实践能力。

(四)注重学生的心理健康教育

21世纪,竞争激烈,瞬息万变,既给当代的青少年提供了广阔的发展机遇,也使他们面临诸多的困难与挑战,承受着巨大的升学、就业等方面的竞争压力。近年来的种种研究表明,目前的儿童、青少年表现出越来越多的心理健康问题。据了解,在我国17岁以下儿童和青少年中,至少有3 000万青少年处于心理亚健康的状态。作为班主任,关注学生的心理健康显得尤为重要。

(五)建立班级日常管理规范

班主任工作十分繁杂,如考勤、卫生、学生的学习、班级纪律、组织班会、制定工作计划与总结等。要想成为一名优秀的班主任,就应当从繁重的事务堆里解脱出来,建立班级日常管理规范,规范学生的行为,从而形成良好的班风。

(六)协调各方面教育影响

班主任工作是连接学校、家庭和社会的桥梁与纽带。班主任通过家访、召开家长会、发放家校联系册或学生评价手册等,以多种形式加强与家长及社会等方面的联系,形成学校、家庭、社会三位一体的教育合力,才有可能取得良好的教育效果。

本节小结

班主任的角色赋予了其特定的责任与义务,当班主任尽心尽责地完成工作时就产生了一定的社会效益。概括说,班主任的工作既有利于教育教学,又有利于学生的身心发展。这两方面的意义是班主任通过完成一定的工作任务而实现的。

关键术语

班主任　工作意义　工作任务

讨论与应用

下面几段话是对著名教育专家、全国名班主任李镇西《做最好的班主任》的书评,请结合书评谈一下班主任工作的意义与任务。

李镇西老师提出"做最好的班主任",这与班主任专业化的精神是一致的。我们每个人都应当追逐自己设定的目标,快乐地、充分地发挥自己的潜能,"做最好的自己"。做最好的班主任和班主任专业化,是班主任自我发展的目标,也是班主任自我持续努力的过程。(班华)

李镇西用他的爱心创造了他的教育辉煌,成为中国教师的杰出代表。(朱永新)

推进中国社会主义民主进程,教育担负着义不容辞的责任。但愿我们的教育界多出几个李镇西,那将是学生之幸甚,国家之幸甚,民族之幸甚。(李希贵)

第二节 班主任工作内容和方法

班主任的工作主要包括:了解和研究学生、组织和培养班集体、指导学生学会学习、做好个别教育工作、协调各方面教育影响、做好学生操行评定、做好班主任工作的计划与总结七个方面。

一、了解和研究学生

了解和研究学生是做好班主任工作的前提和基础。心理学告诉我们:人有个别差异性,每个学生在认识、情感、意志、兴趣、需要等方面各有差别。班主任要做到"对症下药",增强思想工作的针对性和实效性,就必须仔细观察学生,认真了解学生,这是做好班主任工作的基础。

(一)了解和研究学生的内容

1. 了解学生个人情况

了解学生个人情况,主要包括学生个人在德、智、体、美、劳等方面的发展情况,学生的兴趣、爱好、特长、品质、性格等情况,以及学生的家庭状况和社会交往情况。它具体包括:(1)一般作息时间与生活习惯;(2)集体观念如何,与哪些同学比较要好;(3)学业状况怎样,包括学习的基础状况、对各门学科的看法与态度、学习目的、学习动机、学习方法和学习成绩以及智力发展水平等;(4)成长经历情况,包括家庭状况、家庭成员、家长的工作单位、家庭的教育观念与教育方法、学生的社交状况等,以及在家里最听谁的话、与家里人的关系如何、每月零用钱及开支情况等;(5)兴趣爱好情况,包括怎样安排课余生活、爱看哪些书刊、参加培训班的情况;(6)属于何种气质类型(胆汁质、多血质、黏液质、抑郁质);(7)具体的性格特征;(8)能否自觉遵守纪律,在公共场所有无文明习惯;(9)思想政治状况,心目中崇敬哪些人;(10)最尊敬的教师,最喜欢的教学方法;等等。

2. 了解班集体的情况

对班集体的了解内容,主要包括全班学生的年龄、性别、民族、家庭等一般情况;学生德、智、体、美、劳等方面发展的全貌,能区分出具有一般发展水平和具有特殊才能的学生情况;本班的班风和传统等。它具体包括:(1)学生总人数,男、女生人数;(2)学生家庭成员;(3)学生家庭类型(三代同堂、三口之家、单亲等及其所占比例);(4)学生身体健康状况,包括身体健康和心理健康两方面;(5)少先队员、团员人数;(6)班集体的兴趣、爱好;(7)与同年级平行班的关系;(8)集体的是非观念,有无正确的舆论等。

(二)了解和研究学生的方法

1. 资料分析

资料分析是班主任初步了解班级和学生情况的最简易、最常用的方法。有关学生的资料很多,大致可以分为三类:一是学生档案资料,如学籍卡、历年的成绩和操行、体格检查表、有关奖惩的记录等;二是班级记录,如班级日志、资料,以及班会和团支部会议记录等;三是学生个人写的资料,如作业、作文、日记和成长记录袋等。

2. 日常观察

观察是了解和研究学生的重要手段,观察要在自然状态下有目的、有计划地进行。在对学生的日常观察中,班主任首先要选好合适的观测点,要让观察对象在毫无干扰的情况下,表现出最自然、最真实的一面,以获得较为真实客观的材料。其次,班主任要细心、敏感、警觉,真正做到明察秋毫,如一个活泼开朗、个性张扬的孩子为何突然变得沉默?某个遵守纪律、循规蹈矩的学生为何迟到?班主任要善于捕捉学生身上发生的这些细微变化,来关注学生的心灵世界,洞悉学生的心理需求,了解学生的心理动态。最后,班主任要想了解学生,就必须走近学生,善于通过学生的学习、劳动、课外活动和课余生活等,全面而真实地观察学生的行为、举止、言论等各方面的表现,去粗取精、去伪存真,以便做出客观而公正的评价。

3. 谈话法

谈话法是班主任了解和研究学生的基本方法。班主任与学生谈话的方式很多,主要分为个别谈话、集体谈话和对话三种方式。不论采取何种谈话方式,为了提高谈话的效果,班主任都需要做好以下三方面的工作。

(1)精心做好谈话前的准备工作。在谈话前,班主任要明确谈话的目的、内容、方式、时间、环境,初步了解谈话对象的情况。

(2)耐心细致地把握谈话进程。在谈话过程中,班主任要做到以下几点。第一,要讲究谈话的艺术。班主任要把握谈话的时机,注意发挥学生的主体性,引导学生敞开心扉,知无不言。第二,要注意创设良好的谈话环境,特别是良好的心理氛围。比如可采用讲故事、谈体会的方式,自由发言的漫谈式,围绕某一话题的讨论式等,对学生的态度要亲切、自然、真诚,切忌使用同一个模式、同样的面孔、同一种教训的腔调,否则容易使学生感到紧张、压抑、拘束、乏味,从而失去与学生坦诚交流的机会。第三,要学会倾听。倾听是深入学生内心世界的有效方法,班主任要耐心地、安静地倾听学生讲话,让学生畅所欲言,不要有不耐烦的情绪,不要武断地做出评价,不要随便地插话打断学生的思路。第四,要保证谈话的教育性。教育性是教学的客观必然性,谈话的内容应能增进学生的知识、技能或改变学生的不良习惯,富有教育的意义。

（3）用心做好谈话后的总结工作。学生是处于发展中的个体,他们的发展是一个长期的、反复的、不断提高的过程。因此,在与学生谈话后,班主任要做好谈话笔记,要把掌握的主要情况以及自己的看法或感受记录下来,积累起来,以便日后研究、对照。

4. 调查访问

调查研究是深入了解和研究学生的一种间接方法。调查的对象主要是学生,还可以是学生的家长、亲友、任课教师、前任教师和班主任及其他相关人员。调查访问的方式很多,可以采用家访、家长会、座谈会、问卷调查及访谈等形式获取学生的相关信息。调查还可分为综合调查和专题调查。其中,综合调查是为了了解新形势下学生德、智、体、美、劳各方面的发展情况,如身心发展变化的特点与规律、存在的优势与问题等,以便制定新时期班主任工作计划；专题调查是为了了解学生个人或集体中发生的某个问题,深入而全面地掌握有关情况,以便采取有效措施,正确处理。

总之,教育的目的是让每一个学生都得到发展。班主任要在素质教育思想的指引下,以学生的发展为本,既要全面了解和研究学生,避免"重智轻德、重智轻体"的现象发生；又要了解和研究全体学生,避免"照顾两端、遗忘中间"的现象发生。所以,班主任要始终把了解和研究学生作为开展班主任工作的前提,以便在教育学生时因材施教、有的放矢。

二、组织和培养班集体

组织和培养班集体是班主任工作的中心环节。班集体不仅是教育的对象,而且是教育的巨大力量。班集体不是自发形成的,而是班主任精心组织与培养的结果。班集体不是一个有几十名学生的班级的简单组合,而是具有明确的奋斗目标、健全的组织系统、严格的规章制度与纪律、强有力的领导核心、正确的舆论和优良的作风与传统的有机体。班集体一旦形成,就会成为班主任开展工作的有力助手和教育学生的巨大力量。一般来说,要建立一个健康的优秀班集体,班主任需要做好以下几方面工作。

（一）制定班级奋斗目标

制定班级奋斗目标是班主任组织培养班集体的重要手段。班级的奋斗目标是班集体在一定时期内设定的预期活动结果,是班集体的发展方向和动力。班级是全班师生共同生活的精神家园。班主任在制定班级奋斗目标时,既要结合本班学生的思想、学习和生活的实际全盘考虑,又要充分体现学生们的意志愿望和要求,做到共同讨论、集体决策,使班级奋斗目标成为教育学生的手段。

按照实现目标要求的时间长短,班集体的目标一般分为近期目标、中期目标、长期目标。近期目标一般以两周为限,如搞好班级课堂纪律；中期目标一般以半学期为限,如成为优秀班集体；长期目标一般以一年为限,如使每一位学生在原有基础上有所进步、有所提高。

班主任在制定班集体目标时,要遵循由易到难、由近及远、循序渐进、逐步提高的原则。集体目标要明确具体、切实可行,具有方向性、针对性、可行性和鼓舞性。

（二）建立班级组织机构

建立班级组织机构是班主任做好班级工作的第一步，也是重要的一步。班级组织机构一般由班委会、团委会两部分组成。班委会负责全班的日常工作，一般设班长、副班长、学习委员、生活委员、体育委员、文艺委员各一名；团委会主要负责班级的共青团工作，一般设团支书、组织委员、宣传委员各一名。

班干部是班主任开展各项工作的得力助手和主要依靠对象，是班集体成长的骨干力量，因此班主任要做好班干部的选拔与培养工作。在选拔班干部时，班主任要综合考虑以下因素：一是德才兼备、全面发展；二是关心集体，有一定的组织管理能力；三是情商高，在学生中有一定的影响力、感召力、凝聚力；四是有较强的自制力，严于律己、以身作则、率先垂范。但是，培养班干部不是先培养好了再使用，而是培养与使用相结合。班干部一旦确定，班主任就要从以下几方面着手培养：一是要严要求，树表率；二是要交任务，压担子；三是要引正路，教方法；四是要重尝试，讲激励。班主任在帮助班干部迅速成长的同时，还要善于发现和培养新的积极分子，不断壮大积极分子队伍，以巩固和发展班集体。

（三）完善班级管理制度

建立完善的班级管理制度是班主任做好班级管理工作的重要保障。完备的班级管理制度就像一个班级的骨架，只有做得结实到位，才能撑起整个班级，实现"以法治班"，提高班级管理效率。班级管理制度主要分为以下四类：一是学生在校学习的常规制度，如学生守则、班级公约等；二是课堂纪律及评比制度，如考勤制度、竞技制度等；三是学生作息制度；四是清洁卫生制度。

班主任在制定严格规范的班级管理制度时，应做到以下几点：第一，要从班级的实际出发，简洁明确地告诉学生该做什么和不该做什么，使学生心中有衡量的标准，切忌脱离实际；第二，要保持班级管理制度的相对稳定性、权威性，切忌朝令夕改，使学生无所适从，造成班级秩序混乱；第三，要逐步完善班级管理制度，在确保制度稳定性的前提下，切忌保守与僵化，阻滞班级工作的正常开展；第四，要处理好几种关系，如"收"与"放"的关系、"民主"与"纪律"的关系、"模糊"与"量化"的关系、"奖"与"惩"的关系等；第五，不仅要让学生参与讨论班级目标，而且要让学生参与制定班级制度，参与谋断班级"大事"，参与实施班级管理，使人人都有参与班级管理的机会，个个都是班级建设的主人翁，从而使每个学生都能在班集体建设实践中得到锻炼与发展。

（四）有计划地开展集体活动

班集体是通过有计划地开展集体活动而逐步形成的，而丰富多彩的活动正是学生心灵成长的重要营养素。只有在为实现集体的共同目标而进行的活动中，全班学生才能充分交往，互相了解，加深友谊，为良好班集体的形成奠定情感基础。通过活动过程中的相互配合、分工合作，才能增强全体学生的集体荣誉感、工作责任感，帮助学生学会分享、学会合作、学会共同生活，以及学会正确地处理个人与他人、个人与集体、个人与社会的关系，加速学生个体的社会化发展进程。

集体活动的形式是多种多样的，如运动会、故事会、文艺演出、竞技比赛、远足旅游、参观访问、主题班会等。要想实现集体活动的教育功效最大化，班主任在组织集体活动时要注意以下几点：一是根据新形势、新任务、新信息，因地制宜、因时制宜、因人制宜，选择好活动的主题与形式；二是有目的、有计划、有组织地开展活动，做到心中有数、有的放矢；三是做好活动前的组织、宣传、发动工作，使全体师生"齐唱一首歌，共下一盘棋"，还要尽量争取学校、家庭、社会力量的积极配合；四是寓教于乐，把活动的思想性、知识性、趣味性有机结合起来，让学生在玩中学，在玩中求进步；五是开展活动还要尊重学生的意愿，把活动的指挥棒交给学生，充分发挥学生的自主性和创造性，让学生成为活动的真正主人。陶行知说过："最好的教育是教学生自己做自己的先生。"只有尊重学生的自主创造、自主发展的内心需求，尊重他们的意愿和选择，活动才能产生无限的魅力。

> **专栏9-1**
>
> ### 怎样看待学生的贪玩
>
> 你怎么样看待学生的贪玩？冯老师组织孩子玩陀螺的故事给了你什么样的启示？
>
> 玩，是孩子的天性，巧妙地玩，能玩出自律，玩出合作，玩出进取……孩子都很爱玩，他们常常玩得忘了时间，忘了地点，忘了还有许多该做的事情，身为班主任，应该怎样把学生的这份"玩心"转化为强大的教育动力呢？
>
> 冯老师班上的孩子们有一段时间迷恋上了打陀螺，一次上数学课，有个"捣蛋鬼"趁老师不注意在课桌下偷偷地抽陀螺。数学老师一气之下没收了陀螺，并要求冯老师严肃处理，可冯老师非但没有对孩子进行训斥，反而把陀螺还给了他，并在自己的语文课上让全班同学把陀螺玩了个痛快，随后布置孩子们回家搜集与陀螺相关的知识。接下来的几天又在班级组织了"陀螺知识大王""合作打陀螺""自制陀螺"等一系列比赛，但规定只有专心上好每一堂课、做好每次作业的孩子才有参赛资格。孩子们再也不偷着玩了，他们快活地"玩"并"乐"着陀螺，从不同角度写出了一篇篇神采飞扬的好作文，其中还有10多个孩子的文章获了奖或公开发表。孩子们主动请求每学期都过一个"陀螺节"，并设想着组队承办。冯老师乐滋滋地说："这真是最好的作文课，更重要的是在比赛中，我看到孩子们的凝聚力、竞争力、自我约束力得到了大大的提高。"
>
> 我们不能只关注书本而不关注学生，只关注预定的方案而不顾学生即时反应。冯老师聪明之处在于，她明白玩是孩子的天性，并巧妙让孩子玩出了乐趣，玩出了自律，玩出了合作与进取，这种教育机智是每个班主任应当学习的。
>
> ——高谦民.今天，我们怎样做班主任（小学卷）[M].上海：华东师范大学出版社，2006：37-38.

（五）培养正确的集体舆论和良好的班风

集体舆论就是班级中占优势的、为大多数人所赞同的言论和意见。正确的集体舆论对班级每个成员都是一种教育力量，也是学生自我教育的有效手段。它能够弘扬正气，抵御恶习，帮助学生辨别是非善恶，激发学生"班兴我荣，班衰我耻"的集体荣誉感和责任感，锻铸班级精神，促进学生健康成长。

班风是指一个班级具有自身特色的稳定的班集体作风。它是班级大多数成员的思想认识、情感意志、言论行动和精神状态的综合反映，是班级文化建设的核心和精髓所在。正确的集体舆论是良好班风形成的基础和支撑力量。班风对学生的思想和行为的影响，往往比规章制度更具有约束力。可以说，形成正确的集体舆论和良好的班风是班集体形成的重要标志之一。但正确的舆论和良好的班风不可能自发形成，而是需要经过班主任长期不懈地教育和培养中才能形成。

三、指导学生学会学习

指导学生学会学习是班主任工作的一项重要内容。许多班主任在班级管理中意识不到学习指导的重要性，或以学习要求代替学习指导，或习惯于"逼"学生完成学习任务，或只看分数不重能力，或只重视智力因素忽视非智力因素，这些都是班级教学管理的误区。其实，指导学生学会学习是提高学生学习成绩、提升学习效率、保障学校教育教学质量的关键。指导学生学会学习可以从以下几方面入手。

（一）端正学习态度，让学生自动自发地学习

启发学生自动自发地学习，既是知识经济时代的要求，也是素质教育的目的，更是学生身心和谐发展的需要。班主任应在日常班级管理工作中，采取多种方式和手段培养学生正确的学习动机、浓厚的学习兴趣、积极的学习情绪及坚韧的学习意志，变"依赖式学习"为"自觉主动式学习"。

（二）增强学习能力，让学生轻松高效地学习

轻松高效的学习主要通过提高学习效率，减轻学生的课业负担，让学生投入到轻松愉快的学习中去，关键在于班主任和各科教师要注意培养和提高学生的学习能力。这主要包括培养学生稳定的注意力、敏锐的观察力、高超的记忆力、敏捷的思维能力、丰富的想象力、主动自觉的自学能力等。

（三）优化学习方法，让学生自由舒展地学习

教育实践证明，学习成绩最好的学生并非是那些学习最用功的学生，而是那些摸索出一套最佳的学习方法、学习效率高的学生。因此，优化学生的学习方法和培养良好的学习习惯是提高学业成绩的一个重要条件。班主任要了解学生的学习心理规律、学习方法和学习习惯，可请学科专家做方法指导或邀请学习好的同学介绍学习经验，有针对性地引导、帮助学业不良者排除学习能力障碍，让他们逐步掌握认知策略，改进学习方法，自由舒

展地学习。

四、做好个别教育工作

集体教育与个别教育是相辅相成的。班主任在教育集体时，实际上也在教育学生个人；在对个别学生进行教育时，也要立足于班集体，班集体的培养和教育至关重要。从因材施教、分类指导的原则出发，按照学生的学习和品德状况两个维度，我们大致可以把学生分为优秀生、困难生、普通生三大类。这种分类只是暂时的，也是随时会发生变化的。因此，班主任在抓好集体教育的同时，要因材施教，根据学生个人的兴趣、能力、气质、性格、情感、需要和品德、知识等方面的差异，采用不同的教育方法，做好个别教育工作。

（一）做好优秀生的培养教育

优秀生是指在一段时间内，班级中德、智、体、美、劳各方面发展都较好的学生。他们德才兼备、品学兼优，有极强的自尊心和荣誉感，有较强的进取精神，有强烈的超群意识和竞争意识，在同学当中具有较高的威信和影响。但优秀学生也是发展中的人，他们身上也必定存在某些方面的缺点和不足，需要班主任给予指导和帮助。

班主任要针对优秀生的特点，加强对他们的培养教育。一是要坚持全面的、发展的观点，既要肯定其长处，又要看到其不足，要扬其所长，补其所短。二是要坚持高标准、严要求，使其严于律己、防微杜渐，但要注意把握标准与要求的尺度，以免损伤学生的自尊与自信。三是要加强对优秀生的指导与教育，培养其正确的竞争意识，避免产生"木桶原理"中的"短板"现象。

（二）做好困难生的转化教育

困难生是指在一段时间，有些在品德、学习方面都达不到培养目标所提出的阶段性要求的学生。这类学生在班上虽然人数不多，但影响面很广，不可小视。做好困难生的转化教育，在班主任的个别教育工作中具有特别重要的意义。班主任做好困难生的教育转化工作，需要从以下几方面着手。

1. 分析形成原因，对症下药

困难生形成的原因是多种多样的，既有家庭、社会、学校的因素，也有自身的原因。困难生的问题也是错综复杂的，而且困难生的心理状态十分复杂，存在着许多矛盾，如强烈的自尊心得不到尊重、极强的好胜心却不能取胜、要求进步但意志薄弱等。班主任应能透过现象看本质，摸清困难生暂时落后的表现和程度，分析困难生形成的原因和问题症结，有的放矢，对症下药，顺利完成转化。

2. 真诚热爱关心他们，树立信心

教育实践表明，爱是转化困难生的基础和首要条件。一般来说，困难生大多是被爱遗忘的人，他们成长在批评、指责、打骂的环境中，受人歧视，遭人嫌弃，缺乏自尊、自信，性格往往变得粗野孤僻。因此，班主任应尤其关心困难生的成长，真诚地热爱关心他们，融化他们心头的"坚冰"，打开他们的心灵之门，抚平他们心灵的创伤，使其重塑自我、重拾自信。

3. 善于利用迁移规律,培养兴趣

班主任首先应以爱的教育为主线,以情感教育为突破口,加强对困难生的思想品德教育,使其逐步学会爱老师、爱父母、爱同学、爱他人,进而感恩老师、感恩父母、感恩社会。其次,要通过困难生身上表现出的消极面找到其潜在的积极因素,透过屡犯错误的现象看到其中进步的苗头,找出潜藏在他们心灵深处的闪光点,并利用积极因素克服消极因素,促使其不断进步。第三,要根据他们的爱好和特长,遵循长善救失的原则,利用迁移的规律,培养其学习的兴趣,增强其学习的能力,促使其不断完善和发展。

4. 耐心细致培养,永不言弃

困难生的转变,不能幻想"毕其功于一役"。班主任应有足够的耐心,要有打持久战的精神准备,要反复抓、抓反复,坚持教育的连续性,悉心诱导,耐心转化,持之以恒,永不言弃。要坚信没有真正的困难生,只要班主任诚心相待、适当教育,使困难生的身心潜能得到发挥,这样每个困难生都可能成为好学生。

(三)做好普通生的促进教育

普通生是指在一段时间内,在品德、学习方面基本上达到培养目标所提出的阶段性要求的学生。他们虽然是学生中的绝大多数,但由于学业和品德表现一般,优点和缺点都不太明显,使得班主任对其关注不够。因此,在班主任照顾两端、忽视中间的教育情境下,普通生的心理状态有些复杂,他们大多缺乏自信心,心理失落,甘居中游随大流。班主任应充分发挥班级舆论的作用,挖掘普通生身上潜藏的积极因素,克服其从众心理,帮助他们树立信心、鼓足勇气,要迎难而上、争当上游。

五、协调各方面教育影响

一个人的成长和发展是学校、家庭和社会三者综合作用的结果。班主任要想做好班级工作,不仅需要学校领导、同事以及任课教师的支持与配合,而且需要家庭、社会有关人士的通力合作。班主任应协调各方面教育影响,形成教育合力。具体可以从以下两方面着手。

(一)统一校内教育影响

为了班级工作的顺利开展,班主任应统一学校内的教育影响。首先,班主任要做好学校领导的工作。尊重领导,支持并配合领导的工作,自觉地将本班的工作置于领导严格的监督之下,主动争取学校领导的关心、指导与帮助。其次,班主任应统一班级任课教师的影响。要经常与本班任课教师取得联系,针对学生存在的问题,加强沟通,达成共识;要在任课教师和学生之间发挥桥梁中介作用,不仅邀请任课教师参与本班工作,而且注重协调任课教师之间、任课教师与学生之间的关系。第三,班主任应统一本班班委会、团委会,以及共青团、少先队的教育影响。要经常与班干部沟通思想,交换意见,充分发挥共青团、少先队的先锋模范作用,使全体学生相互配合、互相协调、齐心协力,为组建良好的班集体、形成良好的班风而努力。

（二）争取校外支持配合

班主任是联系学校、家庭和社会的活的环节和纽带。一方面，班主任通过家访、家长会、家长学校、家长档案、电话、网络等形式，向家长宣传党和国家的教育目的和学校的培养目标，传递正确的教育观念和科学的教育方法，广泛听取家长的意见和建议，使家庭教育与学校教育配合一致，发挥富有成效的综合教育作用。另一方面，由于社会教育的机构多、内容丰富、影响复杂，班主任要想充分利用社会中的各种教育力量，就必须及时了解当下的社会动态、舆论导向，指导学生如何面对复杂的社会环境、多变的社会生活，组织学生广泛接触社会、参与社会生活，最大限度地利用家庭、社区教育资源，建立三位一体的立体化的教育网络，形成教育合力，共同为学生的发展服务。

六、做好学生操行评定

操行评定是班主任对学生一个学期（或一个学年）以来的思想品德、学习、劳动、文体活动以及社会工作等方面发展变化情况的评价。操行评定是班级管理的重要内容，也是班主任对学生进行思想品德教育的重要方法。操行评定一般采用评语方式，有的还评定出优、良、中、差四个等级。

操行评定的根本目的在于教育学生。它对于班主任、学生及家长都具有十分重要的意义：有助于班主任了解学生、教育学生，总结工作经验教训；有助于学生了解自己的思想品德表现、优点与不足，督促学生自我反思、扬长避短；有助于学生家长了解子女，更好地配合学校协调一致地教育孩子。班主任在对学生进行操行评定时，应注意以下几个问题。

一要全面。要坚持以全面的、发展的观点看待学生，既要看到学生的思想认识，又要看其态度和行为；既要看学生原有的基础，又要看其一个学期以来的发展变化情况；既要看学生的学习情况，又要看其思想品德、劳动、文体活动以及社会工作等情况。

二要客观。要坚持实事求是的原则，对学生的评价要客观、真实、准确。切实做到恰如其人，恰如其分，符合学生的年龄特点和个性特征。既不能无中生有，又不能夸大其词，更不要以个人的好恶来主导评价。

三要"一分为二"。既要看到学生的优点与长处，又要看到学生的缺点与不足，切忌评语"一边倒"，好得天花乱坠，十全十美；"坏"得一无是处，无可救药。要让每一个学生都能看到自身的优点与希望，获得前进的信心与勇气；同时又能感到自身的不足，明确下一步努力的方向。

四要简明扼要。操行评语要简洁明快，干净利落，不繁杂冗长、拖泥带水。文字准确清晰，用词贴切恰当，内容全面概括，达到"一不走样，二不凌乱，三不啰嗦"，即综合概括力要强，真正做到"片言可以明百意，言有尽而意无穷"。切忌空洞、抽象、一般化，严防用词不当，引起误解，伤害学生感情。

七、做好班主任工作的计划与总结

班主任开展班级工作最常用的计划是学期工作计划和具体执行计划。学期工作计划的内容包括：班级基本情况和学生学习发展状况的分析；班级管理的目标、任务、内容、重点、难点及时间安排；完成管理目标采取的方法、手段；按周或月列出每周或每月工作要点和完成方式等。具体执行计划可以按周或月来制定，也可按活动来制定，具体内容包括：计划的目的要求，活动内容、形式和方法，时间安排，分工，完成的步骤和期限等。

班主任工作总结可分为全面总结和专题总结两种。全面总结是对班主任一学期或一学年的工作进行全面系统的分析和评价；专题总结是对班主任工作中的某一方面或某个问题进行分析和评价。做好班主任工作总结，需注意以下两方面。一要重视积累材料。班主任应通过写"班级工作日志、班主任日记"等形式把班级工作的情况、有关学生、教师和家长的反应以及自己的想法等记录下来；也要把学生、教师或家长参加活动的计划、总结以及个人的认识与体会保存下来。二要实事求是，"一分为二"。班主任既要总结成绩，又要指出失误；既要记述工作事实与过程，又要从理论上进行分析与研究，摸清取得成绩的根据和产生失误的原因，总结出规律性的经验教训，制定出切实可行的工作原则和方法，以进一步完善班主任工作。

本节小结

社会赋予班主任特定的工作任务，为了圆满完成这些任务，班主任需要做好七个方面的具体工作：了解和研究学生、组织和培养集体、指导学生学会学习、做好个别教育工作、协调各方面教育影响、做好学生操行评定、做好班主任工作的计划与总结。这七个方面的工作是班主任的基础工作。认真扎实做好这些基础工作是做好班主任的前提。

关键术语

工作内容　工作方法

讨论与应用

1. 下面是一位班主任给予学生的评语，你觉得这样评价合适吗？为什么？

董珊珊小朋友：你是一只快活的喜鹊，走到哪儿，哪儿就响起你清脆的声音。课堂上你发言积极，课间你的小报告最多。尽管有时候你回答的准确率不高，你的"小报告"不切实际，但老师还是喜欢你！如果你能把更多的时间用在思考上，你将会更可爱。

2. 请思考下面这段话反映了班主任工作内容的哪些方面？

美国学者贝德勒说："生龙活虎的学生一个个在我眼前成长起来，这就是一个教师永不停息的创造性工作的结果……还有什么比创造人类生命的工作更令人激动的呢？"魏书生也说过："教育是一种可以给人双倍精神幸福的劳动。""教师劳动的收获，既有自己感觉到的成功的快乐，更有学生感觉到的成功的快乐。于是教师收获的是双倍的，乃至更多于其他劳动者数倍的幸福。"

3. 作为班主任，请设计一个处理这件事情的具体过程。

某天课上，你忽然发现自己班上的王同学在看漫画书，你制止并暂时没收了漫画书，并让他课外活动时去办公室和你谈一下。

第三节 新时期班主任工作

班主任这一称谓，目前还没有进入我国的行政级别序列，也就是说它还不是一个"官"。但是，它对于个人成长的关键作用以及该岗位对人的素质的特殊要求，却是许多重要岗位、"官位"所不可比拟的。一般来说，一位合格的班主任应具备两大方面的素质：一是"战略家"素质（也有人称为"帅才"素质），班主任应该为全班每一位同学设计或规划一条最符合学生实际、最接近成功的个人成长道路；二是"战术家"素质（也有人称为"将才"素质），班主任要将学生个人的道路和目标，落实、分解到其成长的每一阶段每一环节，使其不走弯路或少走弯路。长期以来，由于我们对班主任素质要求不高甚至模糊不清，这导致了班主任工作低效、无效甚至负效，直接影响了教育教学质量的提高。

一、传统班级管理中存在的问题

（一）管理方式偏重于专断

在目前的班级管理中，由于受应试教育思想的影响和学校考核评价体制的制约，班主任仍过多地把工作着眼点放在学生的考试成绩上，关注班级排名，高度重视升学率，因此多采用权威型管理方式。这种管理方式，往往会使他们忽视学生的主体性，采用管、卡、压、罚等专断的方式让学生绝对服从自己的指挥，以维护教师的权威，使学生的学习缺乏自主性，陷入被动学习状态，最终导致厌学、弃学，甚至辍学。

（二）班级管理制度缺乏活力，民主管理的程度低

长期以来，班主任习惯将班级管理制度程序化，班干部固定化，以学习成绩作为评选班干部的标准，使多数学生失去参与班级管理的机会，失去体验、锻炼与发展的机会。在社会大环境的影响下，多数学生与部分家长把班干部看成是荣誉的象征，不仅使一些学生养成了"干部作风、特权思想"，而且在班级管理中缺乏自主性、能动性。

二、新时期对班主任素质的要求

班主任是教育者,是学生学习的直接榜样,是高素质人才的塑造者。班主任的素质与班级管理工作水平息息相关。新时期班主任的工作任务应以育人为目标,着眼于班级所有学生精神健康的生活,使其个性获得充分而和谐的发展。在培养、选拔班主任的过程中,班主任要特别注重其"帅才"和"将才"综合素质的养成。

(一)塑造新形象

作为21世纪的班主任,应注重从以下几方面塑造新的形象。

1. 以自尊、自信、自律、自强的自我意识影响学生

班主任应充分利用青少年学生的"向师性、模仿性、可塑性"特点,以高标准严格要求自己,使自己在学生面前成为活生生的"教材",成为学生做人的榜样,帮助学生点燃自尊、自信、自律、自强之火,重新扬起奋进之帆。

2. 以海纳百川的宽广胸襟对待学生

现在的中学生,在与班主任产生摩擦和隔阂时,多数学生尽管认识到了自己的错误,但由于过度的自尊和面子而选择"宁折不弯"。因此,在师生交往中,班主任应改变那种居高临下的教育者、管理者形象,要以宽阔的胸襟,真诚地走近学生,避免不分时间、场合,不论对象、状况地大声训斥、批评、火冒三丈地厉声责骂、讽刺挖苦学生,甚至体罚和变相体罚学生。

3. 以高尚的道德品质和人格魅力感染学生

教师的灵魂在师德,师德的灵魂在于教师的爱。热爱学生是班主任搞好教育工作的前提。作为班主任,不仅应有崇高的品德,饱满的工作热情,坚持不懈的进取精神,言行一致、表里如一,而且应心中有爱,只有心中有爱,举手投足间挥洒出来的才是温暖、亲切和宽容。这样的班主任才能感染学生、激励学生,在学生心目中树立崇高威信,给学生强有力的教育影响。

4. 以多元智能的理论观点评价学生

班主任要改变过去那种以"成绩定终身"的单一评价模式。天生我材必有用,每个学生都有自己的优势智能,不存在所谓的"笨"学生,禁止班主任用"笨蛋、傻瓜、无用"等字眼评价学生,徒增学生"习得性"的无能感,以致丧失自信心。班主任还要学会赏识学生,善于发现学生的闪光点,为学生的发展创设多元的环境,避免"唯分数论",避免给学生背上沉重的心理包袱,使学生失去童年的欢乐。

(二)树立新观念

班主任应加强教育理论的学习与提高,树立正确的教育观和学生观。学生观是指教师对学生的基本看法,而教育观则是在对教育现象及教育规律的理解基础上形成的教育思想。在教师素质里,教育观是本,其余是末。人的教育行为都是自己的教育观的表达,作为班主任也不例外,他的全部教育行为事实上都是他的教育观的表达。他如何认识教育、理解教育,就会怎么样表达教育,他可能是盲目的,也可能是自觉的。

> **专栏9-2**
>
> ### 左手和右手的故事
>
> 霍懋征先生在当小学四年级班主任时,从城里转来一位女孩。每次上课提问时,女孩都举手,但总是回答不了问题。霍老师经了解后获知,这女孩是害怕别人说她学习不好才总举手。于是霍老师跟她约定,如果你会就举左手,不会就举右手。霍老师每次看到她举左手时就让她起来回答问题。这个女孩子因为每次都能准确地回答问题而得到霍老师的表扬,也得到同学的赞扬,从此建立起自信。举左右手的约定只有霍老师和那个女孩知道,这既保护了女孩的自尊,又培养了她的自信,还使女孩的成绩很快就得到提高。
>
> 左手和右手,看似简单,却是一名教育家教育观的表达。

由此可见,正确的教育观和学生观对班主任来说是第一重要的。"多一把衡量学生的尺子,就会多一批好的学生。"一名班主任只要有了科学的教育观和正确的学生观,就会动态地、发展地看待学生,就会尊重、信任学生,平等地看待学生,使每一个学生都获得好的发展。

(三)转变新角色

由于班主任特定的社会职业和地位,在日常工作中,仅就与学生的关系而言,班主任就需要扮演多种角色。但在社会飞速发展与学生身心不断变化新形势下,班主任这种传统的角色也面临着新的挑战,在角色扮演的过程中并非一帆风顺,可能会出现角色冲突、角色不清以及角色失败等种种角色失调现象。因此,班主任应能与时俱进,不断根据社会发展实际与学生身心发展需要调整自己的角色,以适应社会发展及学生身心发展的需要。

1. 由"管理者"向"共同学习者"转变

由于班主任管理的对象是具有自主性、能动性以及独特个性的学生,因此,班主任应放下管理者的架子和家长代理人的角色,给予学生更多的责任和自主,增强学生自我管理、自我教育的意识和能力,使学生在不断自我调节、自我激励、自我管理和自我修养中达到自我完善。经过师生共同努力,创造和谐、民主、进取的集体氛围,真正实现师生大手牵小手、成长一起走。

2. 由"权威型"向"民主型"转变

过去的那种崇拜权威、居高临下的管理方式,已经不适合现在的学生了。因此,班主任要打破过去那种我讲你听、居高临下的教育方式,朝着耐心启发、双向交流、细致引导的方向转化,在民主讨论、平等交流、启迪疏导的基础上发挥学生的主动性、积极性和主体性,从而解开学生的思想"疙瘩",促进其身心健康成长。

3. 由"严师型"向"良师益友型"转变

班主任对待学生,应从居高临下到民主平等、从听话到对话、从单向灌输到双向互动,给予学生更多的人文关怀。班主任对学生所出现的问题不应一味地严厉指责,而是要像朋友一样帮助学生解决,与学生近距离接触,帮助学生走出困境,真正走进学生的心里,做学生心灵的呵护者,做学生的良师益友。

(四)谋求新发展

作为文化知识的传播者和学生思想的引路人,班主任应具备扎实的理论功底和业务能力,同时,还要与时俱进,不断学习,使自己的"一桶水"常满常新,在学生中树立一座"无形的丰碑",充分发挥自己的影响力。

1. 加强学习,注重自身专业成长

班主任作为现代社会的一员,也有实现自我和超越自我、进行研究与创造的需要。然而,由于班主任工作的事务繁杂,多数班主任会有一种精疲力竭的感觉。那种认为班主任的工作只是"对付"学生、用不着什么科学理论和工作艺术的想法,是荒谬的;认为班主任的工作对象是不成熟的青少年、不需要高深理论的认识,是肤浅的;认为班主任就是利用最多的时间盯紧学生、管住学生的思想,更是班主任工作发展的障碍。为此,班主任应引导学生走自我管理的路子,从繁忙的工作事务中抽出身来,注重自身专业化水平的不断提高。

2. 树立专家意识,加强自我教育

班主任工作是一项发展性的专业工作,既要促进学生的发展,又要与时俱进,不断发展和完善自身。同时,班主任的自我发展意识也是影响其做好班级工作的重要因素。一个有事业心的班主任,应该树立专家意识,不仅通晓教育学、心理学和生理学的有关知识,而且对处于青春期学生的行为有足够的认识并开展有目的的研究;不仅认真学习教育管理理论,潜心研究班级管理工作,而且及时更新教育理念,不断调整班级管理策略;还要加强自我教育,主动构建新型的知识结构,不断提高自身的文化修养,以高尚的人格魅力和较高的素质修养影响学生、教育学生,促使学生健康发展。

(五)讲究新方法

法国某作家曾写过一则寓言,讲的是北风和南风比威力,看看谁能把行人身上的衣服脱掉。北风首先来一个冷风凛冽、寒冷刺骨,结果行人为了抵御北风的侵袭,便将大衣裹得紧紧的。南风则徐徐吹动,顿时风和日丽,行人因为觉得春暖上身,始而解开纽扣,继而脱掉大衣。这场北风与南风比威力的结果是,南风获得了胜利。将"南风效应"引入班主任工作中,可以给人们这样的启示:在班级工作中,一定要注意方法的运用,方法不一样,结果大相径庭。

21世纪,学生的生活世界丰富多彩、变幻无穷,他们通过各种途径了解、审视自己生存的空间。这其中又多是良莠不齐、鱼龙混杂。由于学生的道德观念模糊,辨别是非的能力比较差,如何使他们分辨出生活中的是非、善恶、美丑,单凭政治学习、道德灌输、空洞说教已解决不了问题。作为新时期的班主任,应能根据学生的思想实际创造性地开展工作,采取学生喜闻乐见的形式,加强对学生的世界观、人生观的教育。比如,班主任可根据现实生活中的一些鲜活的事例,组织学生展开讨论,引导学生在分析事例的同时,净化他们的心灵,感悟做人的准则,逐步树立奉献意识与责任意识。

班级管理是一门艺术,班主任对学生的教育也蕴涵着无穷的智慧。在班级管理实践中,班主任应改变空洞、烦琐、乏味的说教,讲究教育的艺术,善于根据学生的个性、爱好、兴趣和特长,精心设计一些新颖、有趣、富有吸引力的班级活动,创设生动活泼的、能够让学生进行自我教育的德育情境,使学生的主观能动性、特长和潜能在活动中得以充分发挥,让学生在潜移默化中受到影响、激励和教育,达到"无声"胜"有声"的教育意境。

(六)增长新才干

现在的学生,活泼好动、思维活跃、好奇心强,有自己的兴趣和爱好。作为班主任,不仅能传道、授业、解惑,而且要会启迪、开发、创新,并且要有多方面的才能和兴趣。一般来说,性格活泼开朗、兴趣广泛、多才多艺的班主任,易于与学生打成一片;反之,那些性格内向、不苟言笑、缺乏特长与兴趣的班主任则容易脱离学生。因此,新时期班主任除了要具备一名普通班主任应有的素质结构外,还要增长自己文学、艺术方面的修养和才干,这样才能拉近自己与学生的距离,便于开展工作。如对青春派校园小说,班主任应率先阅读,然后指导学生利用"扬弃"的观点有针对性地阅读;对于学生中的"追星"热潮,班主任要善于引导学生、启迪学生,不能只看明星光鲜亮丽的一面,还要看到其"成名"背后付出的艰辛与努力;对于网络时尚,班主任应学会使用网络语言与学生交流,注重寓庄于谐,如怎样理解"躺平"等。总之,对于学生中流行的一些新颖、时尚、新潮的东西,班主任不可一味地全盘否定,要学会接纳,学会用学生的眼睛去观察世界,与学生共同成长。只有这样,班主任才能因势利导,提倡真时尚,摒弃伪时尚,使学生避免流于恶俗。

本节小结

在新时期,学生的时代特点鲜明,需求多样,传统的班级管理理念、方法已经落后于时代的发展。传统的班级管理存在的主要问题表现为两个方面:管理方式专制与管理制度无活力。为适应时代发展的要求,班主任的素质应该在塑造新形象、树立新观念、转变新角色、谋求新发展、讲究新方法、增长新才干等六个方面有改变。

关键术语

新时期　班主任素质　角色

讨论与应用

1. 作为班主任,我们是否也应该像材料中的这位母亲一样,"蹲下身来看看孩子的世界",与学生换位,反思我们的教育。

有一位母亲很喜欢带着5岁的女儿逛商店,可是女儿却总是不愿意去,母亲觉得很奇怪,商店里琳琅满目五颜六色的东西那么多,小孩子为什么不喜欢呢?直到有一次,孩子的鞋带开了,母亲蹲下身子为孩子系鞋带,突然发现了一种从未见过的可怕的景象:眼前晃动着的全是腿。于是,她抱起孩子,快步走出商店。从此,即使是必须带孩子去商店的时候，她也会为孩子准备高一些的推车。这真是一位细心的母亲，她能够蹲下身来看看孩子的世界。

2. 请结合下面的案例，谈谈你的想法。

曾经有三个这样的孩子。

一个孩子4岁才会说话，7岁才会写字，老师对他的评语是："反应迟钝，思维不合逻辑，满脑子不切实际的幻想。"他曾经还遭遇到退学的命运。

一个孩子曾被父亲抱怨是白痴，在众人的眼中，他是毫无前途的学生，艺术学院考了三次还考不进去。他叔叔绝望地说："孺子不可教也！"

一个孩子经常遭到父亲的斥责："你放着正经事不干，整天只管打猎、捉耗子，将来怎么办？"所有教师和长辈都认为他资质平庸，与聪明沾不上边。

这三个孩子分别是爱因斯坦、罗丹和达尔文。其实，曾被我们"预言"不成器的学生中，虽没有像爱因斯坦、罗丹和达尔文似的著名人物，但也不乏活得滋润、幸福的，事业小有成就的普通人。其实，每个学生都心存梦想，都有一座属于自己的天堂，我们不能发现它，那是因为我们还缺少一双智慧的眼睛。

班主任无论面对什么样的教育问题，都要有寻求"完美答案"的精神。只要我们这样做了，或许教育效果不一定好，至少不会伤害学生。只要我们这样做了，或许我们不一定会成为最优秀的班主任，但起码我们不会平庸，从而影响学生的发展。

3. 结合本节所学，就下面一段话谈谈你的看法。

有人说班主任带班有四种境界：一是权威，二是情感，三是制度，四是文化。这四个境界有一个层级的变化，即最初的班主任，靠权力和权威因素治班；稍微好一些的班主任用情感治班；优秀的班主任懂得仅仅是用情感还不够，还得有制度约束；但这不是教育管理的最高境界，教育管理的最高境界是用文化治班。

第十章

学校教育制度

比年入学,中年考校。一年视离经辨志;三年视敬业乐群;五年视博习亲师;七年视论学取友,谓之小成。九年知类通达,强立而不反,谓之大成。夫然后足以化民易俗,近者说服而远者怀之,此大学之道也。《记》曰:"蛾子时术之。"其此之谓乎!

同学们,这是摘录《学记》中的一段话,这段话反映了一个教育学理论,你知道它是什么吗?关于这个教育学理论,你想知道得更多吗?通过学习本章知识,希望能解答你的一些疑惑。

通过本章学习,你能够:
- 掌握学制的内涵
- 理解学制制定的依据
- 了解我国学制的沿革以及学制发展的趋势

【本章结构】

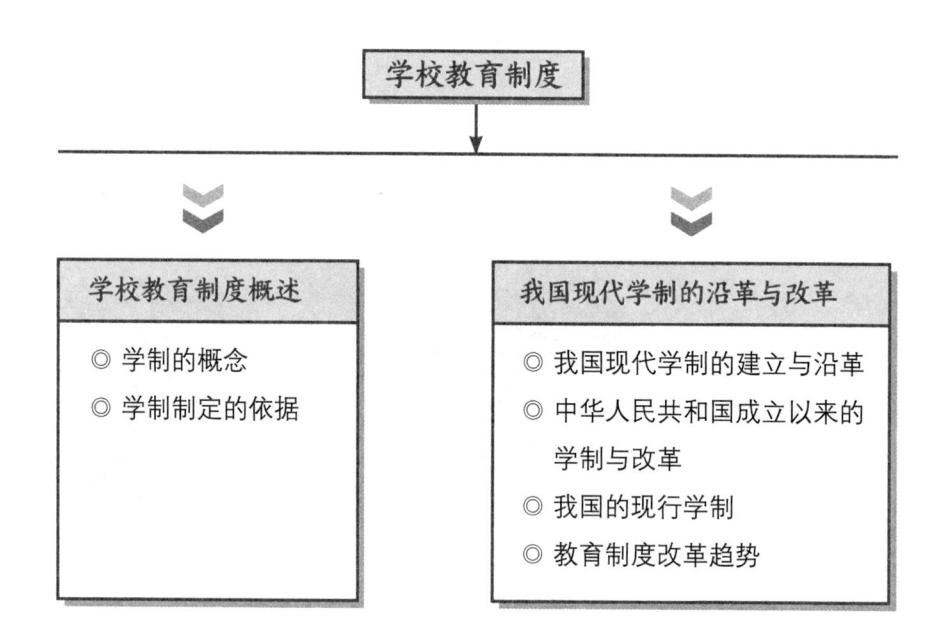

```
                          学校教育制度
         ┌──────────────────┴──────────────────┐
         ▼                                      ▼
   学校教育制度概述                    我国现代学制的沿革与改革
   ◎ 学制的概念                       ◎ 我国现代学制的建立与沿革
   ◎ 学制制定的依据                   ◎ 中华人民共和国成立以来的
                                         学制与改革
                                      ◎ 我国的现行学制
                                      ◎ 教育制度改革趋势
```

本章主要回答"什么是教育制度"的问题,它有助于你更加专业地理解教育制度的主要内容,还有助于你通过了解我国教育制度的发展历史,对目前我国教育制度的现状及改革有更清晰的认识。

第一节
学校教育制度概述

一、学制的概念

学校教育制度,简称学制,是指一个国家各级各类学校的系统及其管理规则。它具体规定着学校的性质、任务、入学条件、修业年限以及彼此之间的关系。

学制具有民族和时代的特点,在阶级社会更具强烈的阶级性,体现统治阶级的意志,为他们的利益服务。现代学制主要有如下三种。(1)双轨制。学校系统分为两轨:一轨是学术教育,二轨是职业教育。其中,学术教育,其发展是自上而下的,即先有大学,后有中等教育的预备学校(文法学校),再后有初等教育性质的文法学校的预备学校,主要担负培养学术人才和管理人才的重任。职业教育,其发展是自下而上的,即先有小学,后有因工业社会发展需要而设立的职业学校,主要担负培养熟练劳动力的重任。两轨之间互不贯通。(2)单轨学制。19世纪末20世纪初以美国为代表的学制结构,具体为自下而上的结构,先是小学、中学,而后可以升入大学。(3)分支型学制。它起源于苏联,初中毕业分别升学职业教育、高中教育(为学术教育准备)。

如今世界各国的学制,基本都由年限不一的初等(含学前)、中等和高等三级教育机构的学校及幼儿园所构成。

二、学制制定的依据

(一)社会因素

1. 受社会政治、经济制度的影响

社会政治、经济制度是制约学校教育制度的重要因素。学制通常都是由国家的法律和行政性法规明确规定。正确地制定学制,不仅对于整个国民教育系统有着至关重要的作用,而且直接关系着整个国家的国民精神、民族素养、劳动者的素质及综合国力,乃至国家和民族的兴衰。

教育结构的确立与调整,学制的颁布与实施都是由国家政权机关来进行的。国家的各项决策应以适应本国政治、经济制度为根本准则,因此,对于与培养人才有关的教育结构和学制问题,也必然是以政治、经济制度的要求为依据的。国家既定的教育方针和教育目的是制定学制的首要依据。古往今来,任何国家在制定学制时,对各级各类学校的性质、任务和培养目标等所作的诸多规定,在一定意义上,就是将其教育方针和教育目的进行分解和具体化。换言之,教育方针和目的决定学制,而学制则体现着教育方针和目的。各级各类学校的培养目标,可以说是教育目的的分解和具体化。古今中外,莫不如此。

2. 受生产力发展水平的影响

社会生产力和科学技术的发展水平制约着教育结构与学校教育制度。古代社会生产力水平低,科学技术还不发达,劳动力并不需要经过学校培养。学校教育为统治阶级所垄断,限于狭小的范围,类型单一,学校教育结构与学制处于不完备的初级阶段。随着生产力水平的提高与科举技术的发展,自然科学的各个部门从哲学中分化出来。这就要求学校培养各种专门人才,于是学校类型日渐增多。资本主义大工业生产的兴起,科学技术在生产中得到广泛应用,对学校教育提出了两个方面的新要求:一是要求工人普遍接受一定的学校教育,掌握适应大工业生产所需的科学文化知识,这反映到学制上就是要求实行义务教育制度;另一个要求是大工业生产需要不同层次的各种专业技术人才,这就必须建立适应生产与科技发展的职业技术教育系统为其服务。现代教育结构中义务教育的基础地位、职业技术教育的迅猛发展与比例增大以及这种发展趋势在学制上的有关规定,都是由生产力和科学技术发展的客观需要所决定的。

3. 受文化因素的影响

文化是指人类在生产实践和社会生活实践中创造的物质财富与精神财富的总和。文化的发展为教育发展提供了肥沃的土壤和源泉,反过来教育又是文化丰富和完善的手段。具体来说,文化类型影响着教育制度的类型,文化积淀影响教育制度的形成,文化发展影响教育制度的发展。

4. 受人口因素的影响

人口是指生活在一定社会、一定地区,具有一定数量、质量和结构的人的总体。人口既有量的特征,又有质的区别。人口数量影响教育发展的规模和速度、质量和结构。人口质量影响教育质量。人口结构影响教育的结构。

5. 受教育制度传统以及国外教育制度的影响

中外教育史表明,一个国家在改革学制时,一方面是根据统治阶级的需要和本国具体实际来进行的,另一方面也要学习国外学制中的有益之处。比如,美国经过独立战争摆脱英国统治后,虽然两国尚在敌对,但在建立学制时仍然借鉴了英国的幼儿教育制度。

(二)人的身心发展影响因素

心理学与脑科学的研究表明:一般人在六岁时大脑重量已达成人的90%,余下的10%是在其后十年中长成的,六岁至十六七岁是接受系统科学知识、身心迅速成长的重要时期。因此,大多数国家都把儿童的入学年龄规定为六岁,把其后的十年至十二年作为基础教育阶段。到十六七岁以后,随着身心发展的全面成熟,进入专门的职业技术教育阶段。再如,对智力超常儿童的教育实验研究证明,儿童智力发展上的差异是普遍现象,智力超常儿童需要给予特殊培养。因而,各国在学制上都做出一些特殊的规定,允许智力超常学生跳级,实行特殊招生,设立特殊学校与特殊班级,使特殊教育成为教育结构中的一个组成部分。由此可见,学生身心发展规律是调整教育结构和建立学制的依据之一。

本节小结

学制是指一个国家各级各类学校的系统,具体规定着学校的性质、任务、入学条件、修业年限以及彼此之间的关系。学制由各级学校系统和各类学校所构成。决定学制的有社会因素与学生身心发展因素。

关键术语

学制　学制制定依据

讨论与应用

下面是癸卯学制的指导思想和学段划分,结合材料内容谈一下学制制定的依据。

癸卯学制规定学堂的立学宗旨是"以忠孝为本,以中国经史文学为基,俾学生心术壹归于纯正,而后以西学论其知识,练其艺能,务期他日成才,各适实用"。癸卯学制主系列划分为三段七级,共25—26年。

第一阶段为初等教育,包括蒙养院4年、初等小学堂5年和高等小学堂4年。蒙养院是幼儿教育机构,招收3—7岁幼儿。初等小学堂规划为强迫教育阶段5年,属普及教育性质,宗旨是"启其人生应有之知识,立其明伦理爱国家之根基,并调护儿童身体,令其发育"。其课程有:修身、读经讲经、中国文字、算术、历史、地理、格致、体操等。高等小学堂4年,宗旨是"培养国民之善性,扩充国民之知识,强壮国民之气体"。其课程有:修身、读经讲经、中国文字、算术、中国历史、地理、格致、图画、体操等。

第二阶段为中等教育,中学堂5年。属普通教育性质,兼有升学和就业两重任务。其课程有:修身、读经讲经、中国文学、外国语、历史、地理、算学、博物、物理及化学、法制及理财、图画、体操。

第三阶段为高等阶段,设高等学堂,"以教大学预备为宗旨"。根据大学堂分科的需要,分为三类:第一类为升入大学经学科、政法科、文学科、商科做准备;第二类为升入大学格致、工科、农科做准备;第三类为升入大学医科做准备。大学堂亦称分科大学,"以端正趋向,造就通才为宗旨",分八科,下设若干门。经学科大学:设周易、尚书、毛诗、春秋左传、春秋三传、周礼、仪礼、礼记、论语、孟子、理学11门。政法科大学:设政治、法律两门。文学科大学:设中国史学、万国史学、中外地理学、中国文学、英国文学、法国文学、德国文学、俄国文学、日本国文学9门。医科大学:设医学、药学2门。格致科大学:设算学、星学、物理学、化学、动植物学、地质学6门。农科大学:设农学、农艺化学、林学、兽医学4门。工科大学:设土木工学、机器工学、造船学、造兵器学、电气工学、建筑学、应用化学、火药学、采矿及冶金学9门。商科大学:设银行保险学、贸易及贩运学、关税学3门。学制除政法科及医科之医学门修业4年外,余均为3年。大学堂还设有通儒院,"为研究各科学精深义蕴,以备著书制器之所",以5年为限。

第二节
我国现代学制的沿革与改革

一、我国现代学制的建立与沿革

1902年，清政府颁布了《钦定学堂章程》(也称壬寅学制)，这是我国正式颁布的第一个学制，但并未实施。1904年初，又颁布了《奏定学堂章程》(又称癸卯学制)，这是我国正式实施的第一个学制，成为中国近代学制的开始。这一学制是以日本学制为蓝本，以洋务派的"中学为体，西学为用"为指导思想，以读经尊孔为教育宗旨。该学制分三段七级：第一段，初等教育，分为蒙养院（4年）、初等小学堂（5年）和高等小学堂（4年），共3级13年；第二段，中等教育，设中学堂（5年），不分级；第三段，高等教育，分为高等学堂（大学预科，3年）、大学堂（3—4年）和通儒院（5年），共3级11—12年。

1912年9月颁布《学校系统令》，1913年又陆续颁布了各级各类学校法令作为补充，形成了新的学制"壬子癸丑学制"，即1912—1913学制。这一学制实行到1922年。

1922年教育部公布了新学制——即壬戌学制，该学制类似美国的"六三三"学制，规定全部学校教育时间为16—18年，分三段五级。第一段，初等教育段6年，入学年龄为6岁，分4年初等小学与2年高级小学。第二段，中等教育段6年，分初级中学和高级中学，各3年。师范教育、职业学校和中等学校平行。第三阶段，高等教育阶段3—6年，分4—6年大学与3年以上专科。

图 10-1

壬戌学制

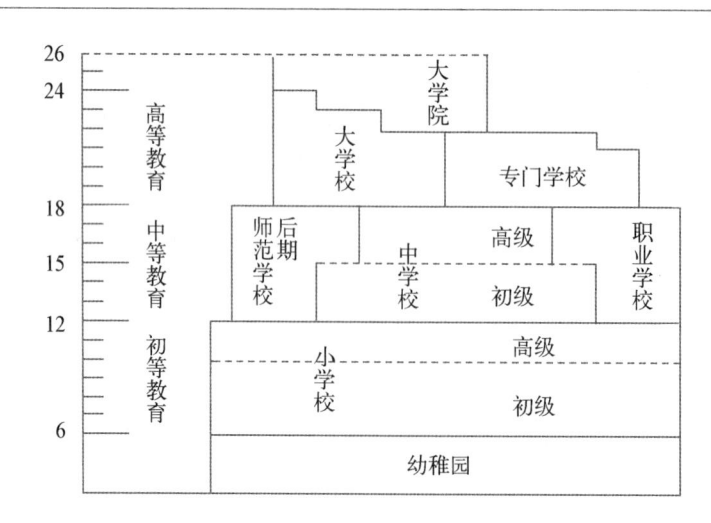

后来,学制虽经几次修改,但直到中华人民共和国成立前,仍基本上是沿用1922年的学制。

二、中华人民共和国成立以来的学制与改革

(一)1951年的学制改革

中央人民政府政务院于1951年10月1日颁布了《关于改革学制的决定》,明确规定了中华人民共和国的新学制。这是我国学制发展的一个新阶段。

新学制的组织系统主要分为:幼儿教育(幼儿园)、初等教育(包括小学、青年和成人初等学校)、高等教育(包括大学、专门学院和研究部),以及各级政治学校、训练班等。

1951年学制反映了当时政治和经济发展的要求,奠定了我国新学制的基础,对发展我国教育事业和全国经济文化建设都起了重要作用。

(二)1958年的学制改革

1958年,中共中央、国务院颁布了《关于教育工作的指示》。为了多快好省地发展教育事业,在学制改革的指导思想上确定了"两条腿走路"的办学方针和"三个结合""六个并举"的具体原则。"三个结合"是指:统一性和多样性相结合,普及与提高相结合,全面规划与地方分权相结合。"六个并举"是指:国家办学与厂矿企业、农业合作社办学并举,普通教育与职业(技术)教育并举,成人教育与儿童教育并举,全日制学校与半工半读、业余学校并举,学校教育与自学(包括函授学校、广播学校)并举,免费教育与收费教育并举。

1958年的学制改革,在调动一切积极因素、群众办学等方面积累了丰富的经验。但由于来自"左"的影响,该学制也存在急躁冒进和盲目发展的现象,其教训也是深刻的。直到1961—1963年,中共中央颁发了《教育部直属高等学校暂行工作条例(草案)》《全日制中学暂行工作条例(草案)》《全日制小学暂行工作条例(草案)》(分别简称"高教六十条""中学五十条""小学四十条"),才使教育工作有章可循,为按教育规律办教育,提供了依据。

(三)1985年的《中共中央关于教育体制改革的决定》

1985年6月27日,颁布了《中共中央关于教育体制改革的决定》,其中有关学制的内容有如下几方面。

1. 实行九年制义务教育

义务教育是依法律规定,适龄儿童和青少年都必须接受,国家、社会、家庭必须予以保证的国民教育,为现代生产发展和社会生活所必需,是国家必须予以保障的公益性事业,具有强制性、免费性、普及性和基础性等特征,是现代文明的一个标志。《中共中央关于教育体制改革的决定》将在全国分步实施九年制义务教育,并明确了义务教育实施中社会、家庭和学生各自的责任和义务,明确了义务教育的重点和难点在农村。《中华人民共和国义务教育法》规定:国家实行九年义务教育制度。义务教育是国家统一实施的所有适龄儿童、少年必须接受的教育,是国家必须予以保障的公益性事业。凡年满六周岁的儿

第十章　学校教育制度

童,其父母或其他法定监护人应当送其入学接受并完成义务教育。

2. 调整中等教育结构,大力发展职业技术教育

《中共中央关于教育体制改革的决定》指出,社会主义现代化建设不但需要高级科学技术专家,而且迫切需要千百万受过良好职业技术教育的中、初级教育人员、管理人员、技工和其他受过良好职业培训的城乡劳动者。没有这样一支劳动技术大军,先进的科学技术和先进的设备就不能成为现实的社会生产力。为此,应在小学、初中、高中后进行三级分流,以中等职业技术教育为重点,逐步建立从初级到高级行业配套、结构合理,又能与普通教育相互沟通的职业技术教育体系,从而扭转中等教育结构不合理的状况。

3. 改革高等教育招生与分配制度,扩大高等学校办学自主权

在国家统一的教育方针和计划的指导下,扩大高等学校的办学自主权,加强高等学校同生产、科研和社会其他各方面的联系,使高等学校具有主动适应经济和社会,发展需要的积极性和能力。

4. 规定基础教育权属于地方,学校逐步实行校长负责制

实行基础教育由地方负责、分级管理的原则,除大政方针和宏观规划由中央决定外,具体改革、制度、计划的制订和实施,以及对学校的领导、管理和检查,责任和权力都交给地方。在学校逐步实行校长负责制,并逐步建立和健全校务委员会和教职工代表大会等制度。

(四) 1993年的《中国教育改革和发展纲要》

为了指导20世纪末、21世纪初我国教育的改革和发展,使教育更好地为社会主义现代化建设服务,中共中央、国务院于1993年2月13日印发了《中国教育改革和发展纲要》,其中有关教育制度的内容如下。

1. 到20世纪末教育发展的总目标

基本普及九年义务教育,基本扫除青壮年文盲,要全面贯彻党的教育方针,全面提高教育质量,要建设好一批重点学校和一批重点学科。

2. 教育的结构

《中国教育改革和发展纲要》确定了基础教育、职业技术教育、成人教育和高等教育四种类型。基础教育是提高民族素质的奠基工程,必须大力加强。职业技术教育是现代化教育的重要组成部分,是工业化和生产社会化、现代化的重要支柱,要积极发展。成人教育是传统学校教育向终身教育发展的一种新型教育制度。高等教育担负着培养高级专门人才、发展科学技术文化和促进现代化建设的重大任务。另外,还要重视和扶持少数民族教育事业,重视和支持残疾人教育事业,积极发展广播电视教育。

3. 办学体制

改变政府包揽办学的传统格局,逐步建立以政府办学为主体、社会各界共同办学的体制。基础教育应以地方政府办学为主;高等教育要逐步形成以中央、省(自治区、直辖市)两级政府办学为主,社会各界参与办学的新格局;职业教育和成人教育主要依靠行业、企业、事业单位和社会各方面联合办学。

4. 改革高校的招生和毕业生就业制度

实行国家任务计划与调节计划相结合,并逐步实行收费制度,改变"统包统分"和

"包当干部"的就业制度,实行少数毕业生由国家"安排就业",多数毕业生"自主择业"的制度。

5. 改革和完善投资体制

增加教育经费,逐步建立以国家财政拨款为主,以征收教育税费、收取学费、校办产业收入、社会捐资集资、设立教育基金等为辅的多渠道筹措教育经费的制度。要努力实现"三个增长",即"中央和地方政府教育拨款的增长要高于财政经常性收入的增长,并使在校学生人数的平均教育费用逐步增长,切实保证教师工资和生均公用经费逐年有所增长"。

(五) 1999年的《中共中央国务院关于深化教育改革全面推进素质教育的决定》

(1) 明确基本普及九年义务教育和基本扫除青壮年文盲是全面推进素质教育的基础,是教育工作的"重中之重"。改造薄弱学校,提高义务教育阶段的整体办学水平。

(2) 调整现有教育体系结构,扩大高中阶段教育和高等教育的规模;大力发展高等职业教育,培养一大批急需的专门人才。

(3) 构建与社会主义市场经济体制和教育内在规律相适应、不同类型教育相互沟通相互衔接的教育体制。高等学校和中等职业学校要创造条件实行弹性的学习制度,放宽招生和入学的年龄限制;大力发展现代远程教育、职业资格证书教育和其他继续教育;逐步完善终身学习体系。

(4) 继续完善基础教育主要由地方负责、分级管理的体制;切实落实和扩大高等学校的办学自主权;深化学校内部管理体制改革。

(5) 积极鼓励和支持社会力量以多种形式办学,形成以政府办学为主体、公办学校和民办学校共同发展的格局。

(6) 加快改革招生考试和评价制度,逐步建立具有多种选择的、更加科学和公正的高等学校招生选拔制度;在普及九年义务教育的地区,实行小学毕业生免试就近升学的办法。

(7) 切实加大教育投入,逐步实现国家财政性教育经费支出占国民生产总值4%的目标;不断完善多渠道筹措教育经费的体制。

(六) 2001年的《国务院关于基础教育改革与发展的决定》

(1) 建立基础教育在社会主义现代化建设中的战略地位,坚持基础教育优先发展。将普及九年义务教育和扫除青壮年文盲作为教育工作的"重中之重";大力发展高中阶段教育,促进高中阶段教育协调发展;重视和发展学前教育。

(2) 进一步完善农村义务教育管理体制。确保农村中小学教师工资发放是地方各级人民政府的责任;坚决刹住一些地方和学校的乱收费,在国家扶贫开发工作重点县等农村贫困地区义务教育阶段,实行"一费制"收费制度;规范义务教育学制。国家将整体设置九年义务教育课程;完善并落实中小学助学金制度;巩固扩大扫除青壮年文盲成果。

(3) 改革考试评价和招生选拔制度。小学成绩评定应实行等级制;中学部分学科实行开卷考试,重视实验操作能力考查。学校和教师不得公布学生考试成绩和按考试结果公开排队。推进高等学校招生考试和选拔制度改革。在科学研究、发明创造及其他方面有特殊才能并取得突出成绩的学生,可免试进入高等学校学习。

（4）推进办学体制改革,促进社会力量办学健康发展。基础教育以政府办学为主,积极鼓励社会力量办学。

（七）2010年的《国家中长期教育改革和发展规划纲要（2010—2020年）》

1. 工作方针

把教育摆在优先发展的战略地位,把育人为本作为教育工作的根本要求,把改革创新作为教育发展的强大动力,把促进公平作为国家基本教育政策,把提高质量作为教育改革发展的核心任务。

2. 战略目标

到2020年,基本实现教育现代化,基本形成学习型社会,进入人力资源强国行列。

（1）实现更高水平的普及教育。基本普及学前教育；巩固提高九年义务教育水平；普及高中阶段教育,毛入学率达到90%；高等教育大众化水平进一步提高,毛入学率达到40%；扫除青壮年文盲。

（2）形成惠及全民的公平教育。坚持教育的公益性和普惠性,保障公民依法享有接受良好教育的机会。建成覆盖城乡的基本公共教育服务体系,逐步实现基本公共教育服务均等化。

（3）提供更加丰富的优质教育。教育质量整体提升,教育现代化水平明显提高。优质教育资源总量不断扩大,更好满足人民群众接受高质量教育的需求。

（4）构建体系完备的终身教育。学历教育和非学历教育协调发展,职业教育和普通教育相互沟通,职前教育和职后教育有效衔接。继续教育参与率大幅提升,从业人员继续教育年参与率达到50%。现代国民教育体系更加完善,终身教育体系基本形成,促进全体人民学有所教、学有所成、学有所用。

（5）健全充满活力的教育体制。全面形成与社会主义市场经济体制和全面建设小康社会目标相适应的充满活力、富有效率、更加开放、有利于科学发展的教育体制机制,办出具有中国特色、世界水平的现代教育。

3. 战略主题

坚持德育为先,立德树人,把社会主义核心价值体系融入国民教育全过程。坚持能力为重,优化知识结构,丰富社会实践,强化能力培养。坚持全面发展,全面加强和改进德育、智育、体育、美育,坚持文化知识学习与思想品德修养的统一、理论学习与社会实践的统一、全面发展与个性发展的统一。

（八）2017年的党的十九大报告

优先发展教育事业。建设教育强国是中华民族伟大复兴的基础工程,必须把教育事业放在优先位置,加快教育现代化,办好人民满意的教育。

要全面贯彻党的教育方针,落实立德树人根本任务,发展素质教育,推进教育公平,培养德智体美全面发展的社会主义建设者和接班人。

推动城乡义务教育一体化发展,高度重视农村义务教育,办好学前教育、特殊教育和网络教育,普及高中阶段教育,努力让每个孩子都能享有公平而有质量的教育。

完善职业教育和培训体系，深化产教融合、校企合作。加快一流大学和一流学科建设，实现高等教育内涵式发展。健全学生资助制度，使绝大多数城乡新增劳动力接受高中阶段教育、更多接受高等教育。支持和规范社会力量兴办教育。

加强师德师风建设，培养高素质教师队伍，倡导全社会尊师重教。办好继续教育，加快建设学习型社会，大力提高国民素质。

（九）2022年的党的二十大报告

坚持以人民为中心发展教育，加快建设高质量教育体系，发展素质教育，促进教育公平。加快义务教育优质均衡发展和城乡一体化，优化区域教育资源配置，强化学前教育、特殊教育普惠发展，坚持高中阶段学校多样化发展，完善覆盖全学段学生资助体系。统筹职业教育、高等教育、继续教育协同创新，推进职普融通、产教融合、科教融汇，优化职业教育类型定位。加强基础学科、新兴学科、交叉学科建设，加快建设中国特色、世界一流的大学和优势学科。引导规范民办教育发展。加大国家通用语言文字推广力度。深化教育领域综合改革，加强教材建设和管理，完善学校管理和教育评价体系，健全学校家庭社会育人机制。加强师德师风建设，培养高素质教师队伍，弘扬尊师重教社会风尚。推进教育数字化，建设全民终身学习的学习型社会、学习型大国。

三、我国的现行学制

1995年3月18日，我国正式颁布《中华人民共和国教育法》；2009年8月27日，进行了第一次修正；2015年12月27日，进行了第二次修正。2021年4月29日，进行了第三次修正。《中华人民共和国教育法》规定了我国现行教育的基本制度：国家实行学前教育、初等教育、中等教育、高等教育的学校教育制度；国家实行九年制义务教育制度；国家实行职业教育制度和继续教育制度；国家实行国家教育考试制度；国家实行学业证书制度和学位制度；国家实行教育督导制度和学校及其他教育机构教育评估制度。

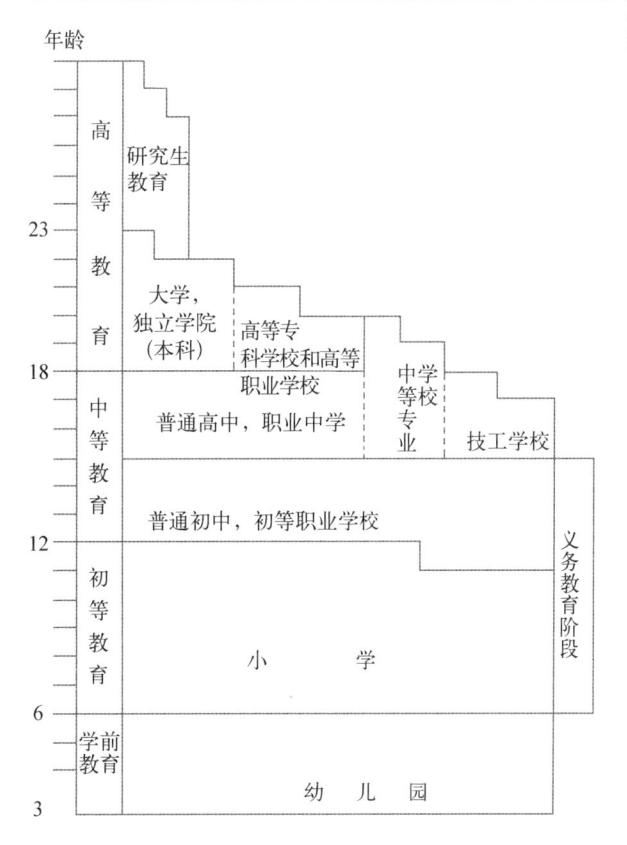

图 10-2 我国现行学制

（一）我国现行教育的形式构成

1. 教育领域构成：学校教育、家庭教育和社会教育

学校教育是教育者根据一定社会要求和受教育者身心发展的规律，在专门的教育机构进行的一种有目的、有计划、有组织地培养人的活动。其目的是把受教育者培养成为一定社会服务的人。它不仅包括全日制的学校教育，也包括半日制的、业余的学校教育、函授教育、广播电视学校的教育等。学校教育是最基本、最主要的教育形式，具有以下基本特征：有明确的目的，即培养目标；有确定的教育内容（主要体现为教材）；有固定的教育组织形式（以班级为基础）；有精心组织的教育活动；有专门的教育者和适龄的教育对象；有教育场地和教育设施；有稳定的教育周期。随着现代生产、现代科技的发展和人类文明程度的提高，学校教育又出现了许多新的特征：突破了传统的时空范围，出现了多类型、多层次、多规格的办学形式，教育普及化程度提高，接受学校教育的人数日益增多，学校与社会生活的联系越来越广泛、密切，逐渐成为开放的系统。

家庭教育是指父母或其他年长者在家庭内通过言传身教或其他教育形式、方法对子女及其他家庭成员施行的各种积极影响。家庭教育的特点具有启蒙性、个别性、终身性。

社会教育有广义与狭义。广义的社会教育指整个社会生活、社会环境对人身心发展的教育影响；狭义的社会教育则是指通过学校或家庭以外的社会文化教育机构，以及有关的社会团体或组织对社会成员，特别是青少年所进行的培养思想品德、增进知识、发展智能、强健体魄的教育活动。近些年，我国社会教育有了很大发展，社会教育机构的类型也很多。按担负的具体任务划分，社会教育机构主要有提高和普及两大类。其中，担负提高任务的校外教育机构有青少年宫、各种科技站（馆）、业余体校等，这类机构在于配合学校培养青少年和儿童的优良道德品质，帮助他们巩固课堂知识，发展多方面的兴趣和才能，促进全面发展；担负普及任务的社会教育机构有文化馆（站）、博物馆、纪念馆、图书馆、俱乐部、体育场、电影院、公园、广播电台、电视台等，这类机构的充分利用，可以使青少年接受积极的影响，汲取最新的知识信息，有利于身心的健康发展，对社会进步也将起到促进的作用。

2. 教育阶段构成：学前教育、学龄教育、继续教育

学前教育，即幼儿教育，是根据一定的培养目标和幼儿的身心特点，对入学前的幼儿所进行的有计划、有目的的教育。

学龄教育，指在学龄期所接受的学校教育，主要包括初等教育、中等教育、高等教育。

继续教育，是正规学龄期教育的延伸和发展，指通过业余、脱产或半脱产的途径，使那些已经受过大学的学历教育并已在工作岗位上工作的人员能够继续接受知识和技术更新的教育。近年来，我国继续教育实施体系很大的发展，逐渐显示出针对性和效益性，促进了社会经济的发展。

（二）我国现行教育的体系构成

学校教育体系的构成可从纵、横两个维度去认识，即纵向的类别结构和横向的层次结构，两者合称为学校教育结构。学校教育结构是指学校教育总体中各个部分的比例关系

和组合方式。

1. 我国现行教育的类别体系

（1）基础教育体系。基础教育是我国提高民族素质的奠基工程，是我国教育发展的"重中之重"，在教育中处于基础性的地位。基础教育中的基础性，不仅指其学历层次上的基础地位，还包括基础教育是为学生提供进一步学习的基础、学会做人的基础及学会生存的基础等。基础教育主要包括学前教育和普通中小学教育。

（2）职业技术教育体系。职业技术教育是现代教育的重要组成部分，是工业化和生产社会化、现代化的重要支柱。对于我国这样的发展中国家，急需大量中高级专门人才，因此必须根据各地实际，积极发展职业技术教育，并切实实行"先培训、后就业"的制度。职业技术教育主要包括技工学校、职业中学、中等专业学校和专业技术学院。

（3）高等教育体系。高等教育既包括综合大学、专门学院、专科学校、研究生院等，也包括与成人继续教育相重合的职工大学、农民大学、广播电视大学等各种成人高等教育机构。高等教育是培养高级专门人才的教育，反映着一个国家的科学文化发展水平。高等教育担负着培养高级专门人才、发展科学技术和促进现代化建设的重大任务。高等教育的发展，要坚持走内涵发展为主的道路，由重视扩张数量转为重视提高教育质量和效益。

（4）成人继续教育体系。它主要包括独立设置的职工大学、农民大学、干部管理学院、行政干部学院，也包括普通高校中设立的继续教育学院、成人教育学院等。这是专门为走上工作岗位以后的成人设置的教育机构，为成人再次接受学校教育提供机会，以适应知识不断更新的时代要求。在农村，要积极办好乡镇成人文化技术学校，抓紧扫除青壮年文盲。对于成人学历教育，要努力提高教育质量，完善自学考试制度和其他文凭考试等。

（5）师范教育体系。师范教育体系，是指幼儿师范、师范专科学校、师范学院和师范大学，以及综合大学里专门培养师资的系与专业。

（6）党政干部教育体系。党政干部教育体系，主要包括各级学校、干部学校和管理学院等。长期以来，在类别结构上，我国过多重视了高等教育，而忽视了其他方面。为此，党的十五大报告指出要"发挥各方面的积极性，大力普及九年义务教育，扫除青壮年文盲，积极发展各种形式的职业教育和成人教育，稳定发展高等教育"。

现阶段要坚持教育的低重心发展战略，确立"两基"为教育事业发展的"重中之重"，职业教育和成人教育要认真研究当前经济结构和产业结构调整、国有企业深化改革的形势，以及在岗、转岗、下岗人员技术培训的要求，积极面向市场、面向企业、面向基层，培养和培训大批适应生产第一线需要、具有较高素质的中高级实用型人才。高等教育要稳定发展，适应现代化建设规模和速度的要求，处理好发展规模、结构、质量、效益的相互关系。

2. 我国现行教育的学历体系

经过长时间的发展，我国已经建立起比较完备的学历教育系统，主要包括学前教育、初等教育、中等教育和高等教育四级层次。

学前教育（幼儿园）：招收3—6岁幼儿。

初等教育：主要指全日制小学教育，招收6—7岁的儿童入学，学制为5—6年。

中等教育：指全日制普通中学、各类中等职业学校和业余学校。全日制中学修业年限为6年,其中初中3年,高中3年。职业高中2—3年,中等专业学校3—4年,技工学校2—3年。

高等教育:指全日制大学、专门学院、专科学校、研究生院和各种形式的业余大学。高等学校招收高中毕业生和同等学力者。大学和专门学院为4—5年,毕业考试合格者,授予学士学位。专科学校修业年限为2—3年。业余大学修业年限可适当延长,学完规定课程经考核达到全日制高等学校同类专业水平者,承认学历,享受同等待遇。条件较好的大学、专门学院和科学研究机构设立研究生教育机构。硕士研究生修业年限为2—3年,招收获学士学位者和同等学力者,完成学业授予硕士学位。博士研究生修业年限为3—4年,招收获硕士学位者和同等学力者,完成学业授予博士学位。在职研究生修业年限适当延长,完成学业者可获得相应学位。

(三)教育机构

我国的学校教育制度,由学前教育、初等教育、中等教育、高等教育的四级教育机构构成。学制系统内的学校和其他教育机构的设置、教育形式、修业年限、招生对象和培养目标如下。

1. 学前教育机构

幼儿园及其他学前教育机构,对3周岁以上学龄前幼儿实施保育和教育。学前教育对幼儿习惯养成、智力开发和身心健康具有重要意义。其任务和培养目标是:遵循幼儿身心发展规律,坚持科学的保教方法,促进幼儿在体、智、德、美诸方面和谐发展,使他们健康、活泼地成长,为进入小学打好基础。

幼儿园有全日制、半日制、寄宿制、季节性幼儿园与学前班之别,性质有公办与民办之分。幼儿园一般为三年制,亦有一年制和二年制的,按幼儿的年龄分设小班(3—4岁)、中班(4—5岁)、大班和学前班(5—6岁)。

2010年3月颁布的《国家中长期教育改革和发展规划纲要(2010—2020年)》明确规定了基本普及学前教育的目标,即到2020年,全面普及学前一年教育,基本普及学前两年教育,有条件的地区普及学前三年教育;明确了政府的责任,把发展学前教育纳入城镇、新农村建设规划。同时建立政府主导、社会参与、公办民办并举的办园体制。积极发展公办幼儿园,大力扶持民办幼儿园。明确提出重点发展农村学前教育,努力提高农村学前教育普及程度。2023年,学前教育普及水平进一步提升。

2. 初等教育机构

初等教育是我国社会主义现代化建设的重要基础,政治建设、经济建设、社会建设、文化建设和生态环境建设,无不由此开始起步,开始奠基。实施初等教育的机构为小学,是学校教育的初等阶段。小学招6周岁儿童入学,对他们进行文化知识基础教育和初步生活准备教育,修业年限为6年,实行一贯制。

小学的培养目标为:使学生具有爱祖国、爱人民、爱劳动、爱科学、爱护公共财物等品德;拥护社会主义,拥护中国共产党;具有初步的阅读、写作和计算能力,初步的自然常识和社会常识,有良好的学习习惯;身心得到正常的发展,有健康的体质和良好的生活习惯和劳动习惯。

3. 中等教育机构

中等教育是在初等教育基础上实施的中等普通教育和职业教育，承担着培养高素质的劳动者和为高等教育机构输送合格新生的双重任务。实施中等普通教育的机构为进行普通教育的中学，分初级中学和高级中学两阶段，分别招收小学和初中毕业生，修业年限均为3年。分设的称初级中学和高级中学，合设的称中学或完全中学。

普通中学的培养目标为：使学生具有热爱社会主义祖国，热爱中国共产党，初步树立为人民服务的思想，为社会主义现代化建设献身的责任感，具有社会主义的思想品德和讲文明礼貌的良好习惯，有一定的分辨是非和抵制不良影响的能力；掌握必需的文化科学知识和必需的基本能力，实事求是的科学态度和不断探求新知的精神，初步掌握正确的学习方法，独立思考和动手操作的能力；具有健康的体魄、奋发向上的精神和一定的审美能力；具有劳动观点、劳动习惯和生活自理能力，初步掌握一些生产劳动的基础知识和基本技能。

与普通中学平行、进行中等职业技术教育的学校，为中等职业技术学校。过去曾有职业初中、"2+"或"3+"的实施职业技术教育的分流班、注入职业技术教育因素的普通初中等承担初等职业教育的任务，其修业年限一般为3—4年。初等职业教育的发展对于欠发达地区农村劳动力的培养和义务教育的普及发挥了重要作用。随着九年义务教育的全面普及，中等职业技术教育成为我国职业技术教育的主要组成部分。它主要包括职业高中、中等技术学校和技工学校三类。在高中教育阶段进行的职业教育，也包括部分高中后职业培训。这些学校主要招收初中毕业生，修业年限一般为3—4年，其定位是在义务教育的基础上培养大量技能型人才与高素质劳动者。中等职业学校在对学生进行高中程度文化知识教育的同时，根据职业岗位的要求，有针对性地实施职业知识与职业技能教育。

《国家中长期教育改革和发展规划纲要（2010—2020年）》明确规定，"根据经济社会发展需要，合理确定普通高中和中等职业学校招生比例，今后一个时期总体保持普通高中和中等职业学校招生规模大体相当"，"逐步实行中等职业教育免费制度，完善家庭经济困难学生资助政策"。由此可见，国家通过大力发展中等职业教育，作为普通高中段教育的突破口。

4. 高等教育机构

《中华人民共和国高等教育法》第十五条至第二十三条明确规定：高等教育包括学历教育和非学历教育两种类型，采用全日制和非全日制教育两种形式。高等学历教育分为专科教育、本科教育和研究生教育三种层次。专科教育应当使学生掌握本专业必备的基础理论、专门知识，具有从事本专业实际工作的基本技能和初步能力。本科教育应当使学生比较系统地掌握本学科、专业必需的基础理论、基本知识，掌握本专业必要的基本技能、方法和相关知识，具有从事本专业实际工作和研究工作的初步能力。研究生教育包括硕士研究生教育和博士研究生教育：硕士研究生教育应当使学生掌握本学科坚实的基础理论、系统的专业知识，掌握相应的技能、方法和相关知识，具有从事本专业实际工作和科学研究工作的能力；博士研究生教育应当使学生掌握本学科坚实宽广的基础理论、系统深入的专业知识、相应的技能和方法，具有独立从事本学科创造性科学研究工作和实际工作的能力。

专科教育的基本修业年限为2—3年，本科教育的基本修业年限为4—5年，硕士研究生教育的基本修业年限为2—3年，博士研究生教育的基本修业年限为3—4年。非全日制高等学历教育的修业年限应当适当延长。高等学校根据实际需要,可以对本学校的修业年限做出调整。

大学、独立设置的学院主要实施本科及本科以上教育。高等专科学校实施专科教育。经国务院教育行政部门批准,科学研究机构可以承担研究生教育的任务。其他高等教育机构实施非学历高等教育。

高级中等教育毕业或者具有同等学力的,经考试合格,由实施相应学历教育的高等学校录取,取得专科生或者本科生入学资格。本科毕业或者具有同等学力的,经考试合格,由实施相应学历教育的高等学校或者经批准承担研究生教育任务的科学研究机构录取,取得硕士研究生入学资格。硕士研究生或者具有同等学力的,经考试合格,由实施相应学历教育的高等学校或者经批准承担研究生教育任务的科学研究机构录取,取得博士研究生入学资格。允许特定学科和专业的本科毕业生直接取得博士研究生入学资格,具体办法由国务院教育行政部门规定。

接受高等学历教育的学生,由所在高等学校或者经批准承担研究生教育任务的科学研究机构根据其修业年限、学业成绩等,按照国家有关规定,发给相应的学历证书或者其他学业证书。接受非学历高等教育的学生,由所在高等学校或者其他高等教育机构发给相应的结业证书。结业证书应当载明修业年限和学业内容。

国家实行高等教育自学考试制度,经考试合格的,发给相应的学历证书或者其他学业证书。

国家实行学位制度。学位分为学士、硕士和博士。公民通过接受高等教育或者自学,其学业水平达到国家规定的学位标准,可以向学位授予单位申请授予相应的学位。

高等学校和其他高等教育机构应当根据社会需要和自身办学条件,承担实施继续教育的工作。

我国的高等职业教育诞生于改革开放之初,以培养既掌握较高技术技能又有一定理论知识的高层次技术人才为目标。高等职业技术教育的机构,主要有高等职业技术学院、高等技术专科学校、职业大学、普通院校中的职业教育学院、成人高校中的高等职业教育试点等,主要招收高中毕业生,修业年限一般为2—4年,学历有专科和本科两个层次。

四、教育制度改革趋势

(一)初等教育入学年龄提前,义务教育年限延长

20世纪60年代以来,早期教育受到了各国的普遍重视。大多数国家都提倡"早出人才,快出人才",强调培养儿童的创造力、独立性和个性,为儿童接受小学教育及其以后的全面发展打下基础。为此,许多国家采取了措施,如在幼儿园开办小学预备班等,以提前实施义务教育,把学前教育的后期和义务教育的前期有机地衔接起来,改变了过去学前教育与义务教育相互脱节的局面。有一些国家把学前教育纳入义务教育的范围。如英国规定,幼儿教育是义务教育的第一阶段,招收3—7岁的儿童。法国的学前教育是初等教育的组成部分,学前教育虽然不是强迫的,但免费实施,所有2—5岁的儿童均可以就近上幼儿园。此外,许多国家规定的儿童入学年龄都有所提前。据联合国教科文组织《1960—

1982年世界教育统计概述》介绍,在199个国家和地区中,绝大多数都规定儿童入学年龄在5—7岁之间,规定为7岁的占66.8%,比以前提早一两年。如苏联以前规定儿童7岁入学,1984年通过决议要在1990年前实现儿童6岁入学。中国近年来实行7岁入学,同时试行6岁入学,入学年龄也在提前。

义务教育制度是伴随大工业生产的发展逐渐实行的。历史发展到今天,各发达国家不但普遍实施了普及义务教育,而且其年限在不断延长;不仅要普及高中,还要普及职业技术教育,甚至是高等教育。在这方面,日本具有突出的代表性。日本于明治时代提出"文明开化"的口号,1883年开始实行小学三年义务教育,1886年改为四年,1900年普遍推行,1907年实行小学六年义务教育。第二次世界大战后,1947年颁布《教育基本法》,规定实行九年义务教育,在"教育是立国之本"的口号推动下,不仅很快普及了九年义务教育,而且促进了高中阶段教育的发展。到20世纪70年代,日本初中毕业生升学率已达90%以上。1989年,日本初中毕业生的升学率为94.7%。1996年,日本高中教育的入学率已经达到96.8%,实际上已经普及了高中。据联合国教科文组织1990年报告,世界发达国家的义务教育年限情况是:英国11年,意大利8年,法国10年,美国11年,日本9年,苏联10年,巴西8年,中国9年,印度8年。义务教育年限的长短成为一个国家教育发展程度的重要标志之一。

我国实行的是九年义务教育。1993年2月,中共中央、国务院印发的《中国教育改革和发展纲要》中指出,到2000年要实现"全国基本普及九年义务教育(包括初中阶段的职业技术教育);大城市市区和沿海经济发达地区积极普及高中阶段教育。大中城市基本满足幼儿接受教育的要求,广大农村积极发展学前一年教育"。1999年1月由国务院批准的教育部《面向21世纪教育振兴行动计划》指出,到2010年要全面实现普及九年义务教育的目标,在此基础上,"城市和经济发达地区有步骤地普及高中阶段教育,全国人口受教育年限达到发展中国家先进水平"。2010年《国家中长期教育改革和发展规划纲要(2010—2020年)》指出,巩固提高九年义务教育水平,到2020年,全面提高普及水平,全面提高教育质量,基本实现区域内均衡发展,确保适龄儿童少年接受良好义务教育。

(二)普通教育与职业技术教育的综合化

中等教育结构改革的中心问题是处理普通教育与职业技术教育的关系。加强两者之间的结合,成为当代中等教育结构改革的趋势。

在现代经济发展中,大批新兴产业均属技术密集型产业,其劳动力要经过严格职业培训。因而,培养熟练工人与初级技术人才成为中等教育阶段重要任务之一。在第二次世界大战后,适应经济发展的要求,各国在学制改革中,提高了职业技术教育的地位,使普通中学与职业技术学校相沟通。如联邦德国把职业技术教育视为"德国经济发展的柱石"和"秘密武器",全国16岁以上的青年86%都被纳入职业技术教育体系,在学制上保证普通中学与职业技术学校相沟通。日本在战后恢复与发展国民经济的过程中,实行高中分科,设多种职业技术课程,开办各种职业培训中心,为工人提高技术水平奠定了良好基础。日本的战后生产率增长速度在资本主义世界占第一位,与其职业技术教育的发展直接相关。美国自20世纪60年代以来,通过与职业相关的几十个法案,投入大量资金,发展职业技术教育。苏联于1984年制定《普通学校和职业学校改革的基本方针》,提出"中等普通教育学校和职业学校包括：普通教育学校的10—11年级、职业技术学校和中等专业学校。它们保证对青年实施普及中等教育、劳动训练和职业训练。""在最近第一个与第二个五年计划期间，对青年的普及中等教育将为普通职业教育所补充。所有的青年人在开始劳动活动之前，都将有可能掌握一种职业技能。"

综上，各国在学制改革中，处理中等教育阶段的普通教育与职业技术教育的关系，认识并不完全一致，采取的措施也不尽相同。如有的侧重发展与完善职业技术学校体系，有的在普通中学增加职业技术课程或设立职业技术班，但两者相互渗透、趋于结合的方向是共同的，即在普通中学增加职业技术教育内容，为中学毕业生做好就业准备，在职业技术学校增加普通教育课程，为学生打下更好的文化科学基础，增强对未来职业的适应能力。中等教育向综合统一的方向发展，乃是基本趋势。我国《国家中长期教育改革和发展规划纲要（2010—2020年）》指出，到2020年，形成适应经济发展方式转变和产业结构调整要求、体现终身教育理念、中等和高等职业教育协调发展的现代职业教育体系，满足人民群众接受职业教育的需求，满足经济社会对高素质劳动者和技能型人才的需要。

（三）高等教育大众化、普及化

在当前世界各国的学制改革中，高等教育的大众化和普及化表现特别明显。按照通行的说法，一个国家在校大学生人数占同龄人的比例在15%以下为精英教育，15%—50%为大众化教育，50%以上为普及教育。世界上很多发达国家的高等教育已经达到大众化阶段，正在向着普及化阶段迈进。大多数发展中国家正在向着高等教育的大众化努力。我国从20世纪90年代后期开始，出台了加速发展高等教育的一系列措施，高等教育迎来了加速发展的时期。1999年1月由国务院批准的教育部《面向21世纪教育振兴行动计划》明确提出了"到2010年高等教育入学率接近15%"的工作目标。2017年9月8日，教育部召开新闻发布会，教育部高等教育司负责人表示，2017年我国高等教育的毛入学率达到45.7%，高等教育已经进入大众化后期，即将进入普及化阶段，终身学习、灵活的学习制度将成常态。

高等教育的大众化、普及化，主要表现在高等教育机构日益多样化。除有学生全日在校学习的普通高等学校外，很多国家针对传统高校脱离社会、周期长、不能适应非正规学习的弱点，大力发展成人高等教育，采取灵活多样的办学形式。这种开放式的大学在发展高等教育中发挥着越来越大的作用。

高等教育的大众化、普及化，还表现在高等教育机构中学生的成分发生了变化，如成人大学生所占的比重越来越大，与普通大学生之间的界限将变得更加模糊。我国放宽了大学报考者的条件，不再有年龄限制，从而出现了"70岁老人考大学"的现象。

在新技术革命浪潮推动下，高等教育获得空前发展，打破了传统高等教育的结构与体制。大多数国家形成了高等学校的三级体制：初级层次是学习时间为2—3年的初级学院，如美国叫社区学院，日本叫短期大学，联邦德国叫高等专科学校，这类学校学制短、教育投资少、发展快、职业性强，受到产业部门的欢迎，在高等教育发展中占较大比重。中级层次学习时间为4—5年的综合大学及文、理、工、商、医等各种学院，是高等学校的基本部分，保持学术上严格要求，培养科技与学术的高级专门人才。高级层次指大学的研究生院，设置硕士、博士学位课程，分别攻读3年或2年，授予学位，培养科学研究的高级人才。

近年来,一些著名大学设立高级研究生院,为已经获得博士学位的人继续开设研究课程,称为"博士后教育",是高级层次教育的进一步发展,表明高等教育形成多级层次。

(四)以终身教育思想为指导,构建了终身教育体系

终身教育理论是由法国教育家保罗·郎格朗在1965年首次提出的。他认为,数百年来,社会把个人的生活分成两半,前半生受教育、后半生工作,这是毫无科学根据的,教育应是一个人一生中连续不断地学习的过程,今后的教育应当是能够在每一个人需要的时候以最好的方式提供必要的知识和技能。因此,他对终身教育的解释是:人在一生中所受的各种教育的总和。终身教育思想改变了传统的教育观念,实行教育制度的一体化,认为教育应包括学前教育、学校教育、成人教育、继续教育等。其中既有学校教育,又有社会教育;既有正规教育,又有非正规教育。教育不仅是授予学生走向生活所需要的知识,而且要发展学生的自学能力,以便将来走向社会能够独立获取知识。1965年,联合国教科文组织国际成人教育促进委员会讨论终身教育提案,决定把终身教育作为全部教育工作的指导思想。1972年,联合国教科文组织出版《学会生存——教育世界的今天和明天》一书,使终身教育思想广泛传播。许多国家调整教育结构、改革学制都以终身教育思想为指导。日本进行教育体制的第三次改革,明确宣布以终身教育为前景,规定中小学教育要成为"终身教育的基础",瑞士、法国等国家立法形式贯彻终身教育思想。

在终身教育思想推动下,继续教育被日益重视,成为学制体系中的重要组成部分。继续教育是指在接受完基础教育和职业技术教育之后,为适应知识与技术不断发展的要求,而继续开展的教育与训练。现代科学技术迅猛发展,这更要求人们接受的教育不断延伸。据统计,按一个人一生工作45年计算,他所用的知识大约20%是职前在学校学的,其余80%是在职后通过各种方式学习获得的,可见继续教育的重要。如瑞典、联邦德国、美国、日本、南斯拉夫等先后颁布法律、通过法案,对成人接受继续教育的经费、假日、工资等做出规定,为开展继续教育提供保障,把成人继续教育纳入学校教育体系之中。

相对于传统的阶段性教育(重视和强调学校教育)来说,终身教育思想主张在时间上贯穿人的一生,在空间上打通学校与社会、家庭的阻隔,拓展到全社会。

终身教育观念和理论带来了教育领域的一系列变革。在教育观念上,要求我们树立大教育观,同等重视正规教育和非正规教育;在教育体系上,要求构建终身教育体系,使教育贯穿人的一生;在教育目标上,要培养和提升人的终身学习的意识和能力,建设学习型社会,为所有人提供合适的教育,同时培养学习型个人;在教育方式上,要求是多样化的教育,促进学习者更加主动地学习。

本节小结

《钦定学堂章程》(也称壬寅学制),这是我国正式颁布的第一个学制(未实施)。《奏定学堂章程》(又称癸卯学制),是我国实施的第一个学制,成为中国近代学制的开始。1922年,颁布了"新学制系统",即壬戌学制。中华人民共和国成立后实行新学制,此后进行了多次改革。科技进步、经济增长和社会发展越来越取决于劳动者素质的高低。各国十分重视教育发展,都在积极调整和完善本国的教育制度,以适应教育发展的需要,各国

的学制改革出现了一些共同的趋势。

关键术语

学制改革　学制趋势

讨论与应用

请你运用本节所学内容对两位代表的陈述进行评析。

在2015年两会上，两会代表孙耀志提案：推行"十二年"义务教育。孙耀志介绍，初中毕业，十六七岁的孩子正是世界观、人生观、价值观、社会观形成的关键时期。如果离开学校，远离了正面的引导和环境的熏陶，不利于青少年健康成长，带来诸多的社会问题。初中生辍学率居高不下的主要原因有以下几点：一是我国广大农村偏远地区相对落后，高中阶段费用较高，贫困家庭供应不起高中以上阶段的费用；二是由于国家投入不足，高中阶段可供给的入学能力有限，不能满足初中生自然入学的需求；三是由于中西部落后地区教师待遇较差，师资队伍紧缺。孙耀志在发言会上提出，我国国内生产总值已从2007年的24万亿元增长到2014年的63万亿元，经济总量位居世界第二位，有足够的财力全面推广"十二"年义务教育。

2022年，全国政协委员、宜垦（天津）集团有限公司董事长陈中红建议，重新规划提升义务教育年限到十二年。陈中红表示，普及"十二年"义务教育可以分步逐年达到。首先，加快发达地区全覆盖"十二年"义务教育，由地方财政承担试行，逐步逐年扩大试行范围，至2025年完成发达地区全覆盖"十二年"义务教育。其次，对于贫困落后特别是刚脱贫地区由国家政策支持逐步推行"十二年"义务教育，补齐地区差异，提高受教育程度到高中高职阶段。"还要给予二孩、三孩高中阶段义务教育支持。"陈中红说，当前，为应对人口变局，我国生育政策持续放宽，但有的家庭担心养不起不敢生。为此，要为这些家庭减负。家庭收入较低的（经有关部门制定标准），或刚刚脱贫有效衔接乡村振兴地区的家庭，在普高、中专、职高、技校等高中教育阶段，首批纳入到义务教育范围之内；对于不在困难家庭标准内，又不在首批试行地区的，国家给予全额补贴高中职高阶段二孩、三孩教育费用，直到地方推行"十二年"义务教育止。

主要参考文献

1. 全国十二所重点师范大学联合编写.教育学基础(第2版)[M].北京：教育科学出版社,2008.
2. 王道俊,王汉澜.教育学(新编本)[M].北京：人民教育出版社,1989.
3. 孙喜亭.教育原理(修订版)[M].北京：北京师范大学出版社,2013.
4. 柳海民.教育学原理[M].北京：高等教育出版社,2011.
5. 杨兆山.教育学——培养人的科学与艺术[M].长春：东北师范大学出版社,2006.
6. 褚远辉,张平海,闫祯.教育学新编[M].武汉：华中师范大学出版社,2006.
7. 南京师范大学《教育学》编写组.教育学[M].北京：人民教育出版社,1984.
8. 袁凤琴.教育学导论[M].广州：暨南大学出版社,2010.
9. 金林祥.教育学概论[M].上海：华东师范大学出版社,2002.
10. 刘家访.教育学[M].成都：四川大学出版社,2002.
11. 邹群,王琦.教育学[M].大连：辽宁师范大学出版社,2009.
12. 丁锦宏.教育学[M].南京：南京大学出版社,2002.
13. 许红梅,马玉霞,周春玲.教育学[M].哈尔滨：哈尔滨工程大学出版社,2010.
14. 王策三.教学论稿(第二版)[M].北京：人民教育出版社,2005.
15. 陈侠.课程论[M].北京：人民教育出版社,1989.
16. 李秉德.教学论[M].北京：人民教育出版社,1991.
17. 江山野.简明国际教育百科全书·课程[M].北京：教育科学出版社,1991.
18. 程迪.现代教育学教程[M].杭州：浙江大学出版社,2011.
19. 朱家雄.幼儿园课程(第二版)[M].上海：华东师范大学出版社,2011.
20. [美]杜威.学校与社会·明日之学校[M].赵祥麟,任钟印,吴志宏,译.北京：人民教育出版社,2005.
21. 王道俊,郭文安.教育学[M].北京：人民教育出版社,2009.
22. 柳海民.教育原理[M].长春：东北师范大学出版社,2006.
23. 王承绪,赵祥麟.西方现代教育论著选[M].北京：人民教育出版社,2001.
24. 张万祥.德育智慧源何处：心灵感悟德育经典案例[M].北京：中国轻工业出版社,2010.
25. [美]拉尔夫·泰勒.课程与教学的基本原理[M].施良方,译.瞿葆奎,校.北京：人民教育出版社,1994.
26. [美]杜威.杜威教育论著选[M].赵祥麟,王承绪,编译.上海：华东师范大学出版社,1981.

27. 郑航.学校德育概论[M].北京：高等教育出版社,2007.
28. 胡厚福.德育学原理[M].北京：北京师范大学出版社,1997.
29. 莫雷.教育心理学[M].北京：教育科学出版社,2007.
30. 傅道春.教育学：情境与原理[M].北京：教育科学出版社,1999.
31. 陈瑞瑞.德育与班主任[M].北京：高等教育出版社,2004.
32. 裴娣娜.教育研究方法导论[M].合肥：安徽教育出版社,1995.
33. 教育部师范教育司.教师专业化的理论与实践[M].北京：人民教育出版社,2001.
34. 叶澜,白益民,王枬,等.教师角色与教师发展新探[M].北京：教育科学出版社,2001.
35. 靳玉乐,李森.现代教育学[M].成都：四川教育出版社,2005.
36. 施良方.课程理论：课程的基础、原理与问题[M].北京：教育科学出版社,1996.
37. 孙培青.中国教育史（修订版）[M].上海：华东师范大学出版社,2000.
38. 钟启泉.现代课程论（新版）[M].上海：上海教育出版社,2003.
39. 张华.课程与教学论[M].上海：上海教育出版社,2000.
40. 鲁洁,王逢贤.德育新论[M].南京：江苏教育出版社,2000.